신편 목민고

신편 목민고

백 승 철 역주

혜안

조선후기 목민서의 번역·발간에 붙여

뜻을 같이하는 사람들이 모여 조선후기 목민서를 강독하며 함께 공부한 지 오랜 시간이 흘렀다. 본격적으로 번역에 착수한 지도 많은 시간이 지났는데, 이제야 비로소 어느 정도 정돈하여 8종의 목민서 번역본을 간행한다.

목민서는 조선후기 연구자들에게는 매우 친숙한 자료이다. 조선후기 연구자들은 목민서의 안내를 받으며 조선시대 지방사회에 접근하는 경우가 많다. 목민서는 조선후기 지방사회의 실상을 드러내고, 국가와 관인층의 지방통치 방식을 보여주며, 당대 지식인들의 문제의식과 대응 노력을 담고 있다.

조선후기의 가장 대표적인 목민서가 바로 다산 정약용이 저술한 『목민심서』이다. 한국인이 무척 아끼고 사랑하는 고전 가운데 하나인 이 책은 조선후기 목민서 저술의 전통으로부터 만들어졌던 바, 이러한 사실은 이후 다수의 목민서가 발굴되어 소개되면서 알려지게 되었다. 목민서는 『목민심서』가 그렇듯이 '지방관을 위한 지방통치 지침서'이다. 수령을 행위 주체로 설정하여 지방사회라는 정치 공간에서 어떻게 하여야 나라가 부여한 임무를 제대로 수행하고 민을 보살피는 통치를 할 수 있을지 구체적인 방법을 제시한 책이다.

조선시대 누군가가 목민서를 저술하면 사람들은 이를 베껴서 간직하기도 하고 지방관으로 나가는 자제에게 주기도 하고, 베끼는 도중에 자신이 지방관을 하면서 얻은 지식을 보태기도 하였다. 때로는 여러 종의 목민서를 연달아 필사하여 한 책으로 꾸미기도 하고, 여러 종의 목민서를 토대로 체제를 새롭게 하여 새로운 책을 만들기도 하였다. 오늘날 규장각, 국립중앙도서관, 장서각, 연세대학교 도서관, 고려대학교 도서관 등에는 많은 목민서가 소장되어 있는데, 대부분 필사본으로서 베끼면서 덧붙이고 구성을 바꾸고 종합본을 만드는 등 목민서 유통의 역사를 그대로 담고 있다.

조선후기에 '어떤 목민서들이 만들어졌는가?', '이들 목민서는 지방관에게 어떤 통치술을 제안하였는가?', '이들 목민서는 지방통치를 어떤 방향으로 개선하려고 하였는가?', '어떤 내용의 목민서가 가장 많이 유통되었는가?', '왜 이 시기에 목민서가 많이 나타났는가?' 등등의 질문에 대답하기 위해서는 우선 다양한 목민서의 여러 판본들을 계통별로 정리하여 볼 필요가 있다.

조선후기의 목민서를 수집하여 계통적으로 정리하여 보려는 시도는 오래 전부터였다. 일제 치하 나이토 요시노스케(內藤吉之助)는 여러 종류의 목민서를 수집하여 중복된 내용은 빼고 편명을 새로 붙이는 등 재편집하여 일종의 새로운 종합본인 『조선민정자료 목민편』을 간행하였다. 이 책은 지금도 많은 연구자들이 편리하게 이용하는 자료이지만, 여러 자료를 재편집하여 간행함으로써 목민서 원본의 모습을 상실하였으며, 다양한 판본의 존재를 짐작하기 어렵게 만들었다.

목민서를 조선후기 지방사회의 실상을 이해하기 위한 안내서로만이 아니라 당대인들이 자신들의 사회문제에 개입하기 위한 지적인 노력, '지방통치의 이념 및 실천에 관한 지식 학술 체계(가칭 목민학)'의 산물로서 바라보기 위해서는 목민서가 저술되고, 덧붙여지고, 재구성되어 유통되며, 사회적 영향력을 행사하던 본 모습 그대로를 최대한 드러내어 살필 필요가 있다.

이 같은 문제의식으로 우리는 규장각, 국립중앙도서관, 장서각, 연세대학교 도서관, 고려대학교 도서관 등에 소장되어 있는 목민서를 수집하여 이를 계통화하였다. 이러한 계통화의 결과 다음과 같은 결론을 얻었다.

첫째, 18세기 전반에 『목민고』류에 포함되는 목민서들이 저술되었다. 18세기 중반이 되면 6~8편의 목민서를 같이 필사하여 한 질로 만든 종합본 '목민고'류가 나왔다. 18세기 말 이후에 '목민고'류의 영향 아래 내용은 '목민고'류 그대로이되 항목을 재구성한 책, 내용을 보충하고 체계를 재구성하여 새롭게 만든 책, 영향은 받았으나 독립적인 저술로 볼 수 있는 책들이 나왔다.

둘째, 18세기 말경에는 조선 목민서의 한 계통을 형성하는 『선각』이 편집되었다. 이후 『선각』은 다양한 필사본, 새로운 내용 첨가본, 재구성본 등이 나옴으로써 현존 목민서 가운데 가장 많은 이본이 존재하는 '선각'류를 이룬다.

셋째, 18세기 전반~19세기 전반 '목민고'류나 '선각'류에 속하지 않은 다양한 단독 저술이 동시에 이루어졌다. 18세기 중반의 안정복의 『임관정요』, 18세기 말 홍양호의 『목민대방』, 19세기 전반의 필자를 알 수 없는 『사정고』, 정약용의 『목민심서』, 또 필자 불명의 『거관대요』 등이 그것이다.

목민서의 효시가 되는 문헌은 이미 15, 16세기에 출현하였지만 어느 정도의 체제를 갖춘 목민서는 18세기 전반에 출현하였으며, '선각'류와 '목민고'류라는 두 계통의 목민서의 다양한 이본에 개인 저술의 개성적인 목민서들이 가세함으로써 18~19세기 조선 목민학의 세계는 풍성해졌다.

우리는 목민서의 이와 같은 계통과 각 계통의 다양한 이본의 존재, 기존의 목민서 번역 현황을 감안하여 다음 9종의 목민서를 번역 대상으로 선정하였다.

『선각(先覺)』(규장각 소장) : 주봉길(朱逢吉)의 『목민심감』과 이원익(李元翼, 1547~1634)의 편지글을 기반으로 편집하였다.

『칠사문답(七事問答)』(규장각 소장) : 『선각』 이본의 하나이다. 「칠사문답」을 맨 앞에 수록하였다.

『임관정요(臨官政要)』(순암전서본) : 안정복(1712~1791)이 46세(1757) 때에 완성하였다.

『목민고(牧民攷)A』(장서각 소장) : 이광좌(李光佐, 1674~1740), 한덕일(韓德一), 조현명(趙顯命, 1690~1752) 등 소론 계통의 인물이 쓴 목민서를 종합한 책이다.

『목민대방(牧民大方)』(규장각 소장) : 홍양호(洪良浩, 1724~1802)가 67세(1791) 때인 평안도 관찰사 시절 저술하였다.

『목민고(牧民攷)B』(규장각 소장) : 『목민고A』를 바탕으로 새로운 내용을 첨가하여 항목을 새롭게 구성하였다. 윤증(尹拯, 1629~1714)의 편지글을 대거 수록하고 있는 것으로 보아 역시 소론 계통의 목민서로 생각된다.

『거관대요(居官大要)』(규장각 소장) : 19세기 전반의 저술로서, 각 분야에 걸쳐 지방통치 지침을 요령 있게 정리하였다.

『목강(牧綱)』(고려대학교 도서관 소장) : 19세기 전반의 저술로서 재판에 관한 부분이 상세하다.

『사정고(四政考)』(국립중앙도서관 소장) : 19세기 전반의 저술로서, 조세 행정과 진휼이 중심을 이룬다.

번역을 마친 후, 우리는 『칠사문답』을 제외한 8종만 6책으로 묶어 출판하기로 하였다. 『칠사문답』이 『선각』과 내용상 많이 겹치기에, 굳이 독자적인 책으로 낼 필요가 없다는 판단에서였다. 대신 『칠사문답』과 『선각』과의 연관성은 『선각』의 해제에서 다루어 그 의미를 드러내기로 했다. 또, 장서각 소장본인 『목민고 A』는 『목민고』로, 규장각 소장 자료인 『목민고 B』는 『신편 목민고』로 이름을 새로 정했다. 그리하여 출판되는 6책은

『목민고』·『목민대방』, 『임관정요』, 『신편 목민고』, 『선각』, 『거관대요』·『목강』, 『사정고』로 제목이 정해졌다. 이 목민서들이 번역·발간됨으로써 조선후기의 지방사회 연구와 조선시대 학문의 한 갈래로서 '목민학' 연구가 활성화될 것을 기대한다. 나아가서 목민서 또는 목민학의 전통을 상실한 오늘날, 지방자치와 지방화 시대를 맞이하여 다시 한번 현재의 맥락에서 새롭게 목민학의 전통이 부활하기를 꿈꾼다.

각 연구자마다 자신의 공부의 역사를 담고 있는 자료가 있다. 우리 팀에게는 목민서가 그런 책이다. 필자는 연세대학교 학부 시절 김용섭 선생님의 강의 시간에 홍양호의 『목민대방』을 처음 읽었다. 이후, 연세대학교 대학원에서 오일주, 방기중, 백승철, 최원규 선배님, 윤정애 학형 등과 함께 목민서를 강독했으며, 시간이 조금 흐른 뒤 다시 왕현종, 정호훈, 원재린 등 후배들과 더불어 공부를 이어 나갔다. 그러다가 2005년, 연구책임자 백승철, 전임연구원 김선경, 김용흠, 정호훈, 원재린, 공동연구원 구덕회 선생님 등으로 번역과제 팀을 꾸려 학술진흥재단의 지원을 받을 수 있었다. 이때, 정두영·김정신 박사생이 보조 연구원으로 참여하였다. 번역은 전 연구원이 매주 한번 모여 강독하는 방식으로 진행했으며 이를 마무리하는 데 꼬박 1년이 걸렸다.

연구원별로 특정 서책을 분담하여 번역하는 것을 원칙으로 하되, 의심스러운 부분은 강독회에서 하나하나 검토하며 마무리하였다. 이번에 책을 출간하면서 번역의 최종 책임은 개별 서책을 담당한 번역자에게 있으므로, 책마다 번역자를 달리하여 명기했다.

그동안 목민서에 애정을 갖고 출판을 약속해주시고 또 우리 팀의 더딘 작업을 기다려주신 도서출판 혜안의 오일주 사장님께 깊은 감사를 드린다. 그리고 출판 지원을 해주신 연세대학교 원주캠퍼스 근대한국학연구소에도 감사를 드린다.

2012년 2월 1일

연구팀을 대표하여 김선경 씀

목 차

범 례

1. 번역 대본으로서 『신편 목민고』는 규장각에 소장되어 있는 『목민고』(古 5120-172)를 저본으로 사용하였다. 같은 내용으로 구성된 책이 법제처에서 『거관대요(居官大要)』란 이름으로 1차 번역된 바 있어 역자의 번역에 많은 도움이 되었다.
2. 문장의 교감이 필요한 경우, 장서각 본 『목민고(牧民考)』(B12FB12) 및 『퇴계선생속집(退溪先生續集)』, 『송자대전(宋子大全)』, 『명재선생유고(明齋先生遺稿)』, 『귀록집(歸鹿集)』 등에 실려 있는 원문과 비교 검토하여 가장 적합하다고 판단되는 문장으로 번역과 주해에 임하였다.
3. 법제처에서 번역한 『거관대요(居官大要)』나 장서각 본 『목민고(牧民考)』(B12FB12)와 차이가 있는 경우나 『퇴계선생속집(退溪先生續集)』, 『송자대전(宋子大全)』, 『명재선생유고(明齋先生遺稿)』, 『귀록집(歸鹿集)』 등에 원문이 실려 있는 경우 그 내용을 주를 달아 출전을 밝혔다.
4. 번역문은 가능한 한 현대 우리말로 풀어쓰는 것을 원칙으로 하였다. 그러나 당대에 상용한 용어에 대해서는 처음 나왔을 때 괄호 안에 한자를 병기하고 그 개념을 주해한 후 그대로 사용하였다. 이는 지나치게 풀어 쓸 경우 오히려 본문에 대한 이해를 해칠 우려가 있다는 판단에서이다.
5. 번역문에서 한자(漢字)는 필요한 경우 처음 나올 때 '( )'로 묶어 한글과 병기하였다.
6. 번역문에서 표현을 바꾸어 원문의 한자 표기를 밝힐 필요가 있을 때에는 '[ ]'안에 병기하였다.
7. 숫자는 특별한 경우가 아니면 아라비아 숫자로 표기하는 것을 원칙으로 하였다.
8. 역주에 참고한 자료는 일일이 밝히지 않고 권말에 참고문헌으로 제시하였다.

『신편 목민고』 해제

1. 저자 및 시기

16세기 말~17세기 무렵에 출현하기 시작한 목민서는 그 후 18세기 중·후반에 이르면 다양한 형태로 발전하였다. 현존하는 목민서는 대부분 필사본의 형태로 존재하고, 필사 과정에서 자기 견해를 첨부하여 한 책으로 꾸민 경우가 많다. 이러한 과정을 통해 다수의 이본(異本)이 생산되었던 것이다. 목민서 내용의 중복, 이본의 존재 자체가 목민서가 광범하게 활용되었다는 증거이기도 하다.

『신편 목민고』의 간행시기와 저자에 대해서는 밝혀져 있지 않다. 간행시기의 경우, 편목에 1755년(영조 31)에 반포된 「乙亥減尺時事目」과 시노비폐단(寺奴婢弊端)에 관한 편목을 둔 것을 보면, 1755년 이후 시노비가 폐지된 1801년(순조 원년) 사이에 저술된 것으로 추측된다. 저자 또한 밝혀져 있지 않다. 그런데 이이(李珥)의 『성학집요(聖學輯要)』, 송시열(宋時烈, 1607~1689), 박세채(朴世采, 1631~1695), 김창집(金昌集, 1648~1772)이 간행에 관여한 『자경편(自警編)』, 김육(金堉, 1580~1658)이 지은 『종덕편(種德編)』, 송시열의 『명신언행록(名臣言行錄)』 등을 항상 읽도록 권유하고 있고, 그 내용 중에 명재(明齋) 윤증(尹拯)이 그 아들 윤행교(尹行敎)에게 보낸 편지를 자주 인용하고 있음을 볼 때, 서인 계열의 학자가 저술한 것으로 추측된다.

2. 구성

『신편 목민고』는 『목민고』와 내용면에서 중복되는 부분이 많지만, 『목민고』에 수록된 한덕일(韓德一)이 이천부사(利川府使)로 재직 중에 누군가에게 보낸 편지와 「호은당난행결(好隱堂難行訣)」 등이 삭제되어 있고, 이광좌가 한지(韓祉)에게 보낸 편지를 수록하면서 의도적으로 편지투의 표현이 삭제한 점을 볼 때, 전혀 다른 책임을 알 수 있다. 또한 『목민고』에 비하여 훨씬 더 정리된 체제를 갖추고 있어, 조선후기 목민서의 종합판이라 할 수 있는 다산(茶山) 정약용(丁若鏞)의 『목민심서(牧民心書)』에 비견될 만한 구성과 체제를 갖추고 있다. 전체 목차를 살펴보면 다음과 같다.

居官大要, 自治, 嚴內外, 得人心, 除拜, 中路, 到任, 座衙, 聽訟, 傳令, 臨下, 鄕所, 得人, 文報, 考察下記文書, 官廳, 謹守公穀, 糶糴法, 先整斗斛升合, 以附近作統法, 定日分給, 分糶, 還上還捧法, 治民, 正風俗, 權農桑, 考案籍家座法, 五家統事目, 興學校, 小學講節目, 居齋節目, 武備, 火藥改擣法, 束伍, 軍布收捧法, 里定節目, 里定報草, 良役變通節目, 寺奴婢弊端. 乙亥減尺時事目, 治盜法, 治盜節目, 田政, 傳令, 單子規式, 作結法, 養戶之弊, 年分單子規式, 折給之法, 虛卜, 復戶, 査括漏結法, 踏驗定式, 獄政, 刑杖, 上司, 別星秩, 節用, 賑政, 解由, 刑獄, 私酬應

3. 특징

목민서는 조선후기 사회변동과정에서 야기된 체제위기 속에서 왕을 대신하여 지방을 통치하는 역할을 담당한 수령을 행위 주체로 설정하여, 지방사회라는 구체적 공간에서 무엇을 해야 하며 무엇을 할 수 있을지에 관해서, 경사(經史)에 보이는 성현·선배들의 충고와 사적(史蹟), 지방통치의 실무 지식, 경험으로부터 얻은 요령까지를 종합하여 만든 책이다. 저자가 명백하지 않은 채로 다수 유포되던 목민서는 19세기에 이르러 안정복의 『임관정요(任官政要)』, 홍양호의 『목민대방(牧民大放)』, 정약용의 『목민심서』에 이르러서 종합적이고 체계적인 저술 양식으로 발전하였다.

『신편 목민고』는 이전에 간행된 목민서들과 비교할 때, 나름대로의 항목분류와 체제를 갖춘 완성된 형태를 보여주고 있다. 이 책의 저본이 된 것으로 추정되는 『목민고』와 비교해 보아도 중복된 항목을 모두 삭제하고, 수령으로 임명된 시점부터 실제 행정을 수행하는데 필요한 실무 내용이 항목별로 체제를 갖추어 서술되고 있다.

목차상에 나타난 특징을 살펴보면, 「거관대요(居官大要)」에서 「근수공곡(謹守公穀)」의 항목에 이르기까지는 수령으로 제수된 시점에서 부임시까지 처리해야 할 실무적인 내용과, 지방수령으로 부임한 이후 주의해야 할 통치자세와 대인관계에 대한 지침이 서술되어 있다. 다음으로 「조적법(糶糴法)」 이하 「사수응(私酬應)」까지는 수령으로서 지방을 통치하면서 부딪치게 되는 실무내용을 다양한 항목으로 정리하고 있다. 그 서술방식을 살펴보면, 먼저 수령으로써 군정(郡政)을 행할 때 처리해야 할 업무의 내용을 서술하고, 그 다음에 관련 법규나 절목을 수록하여 수령행정을 행하는 데 참고하도록 하고 있다. 특히 환곡에 관한 항목이 맨 먼저 나오고 다른 항목에 비해 자세한 점은 18세기 후반 향촌사회의 가장 큰 폐단으로 대두된 환곡문제의 심각성을 반영한 것으로 보인다.

출판시기나 체제의 완성도에서 볼 때, 『신편 목민고』는 그 이전의 여러 목민서들이 종합적이고 체계적인 저술 양식으로 발전하는 과정의 위치를 차지하고 있는 목민서로 규정할 수 있다.

거관대요(居官大要)[1)]

주현(州縣)의 관직에 대해 옛 사람은 '사람을 수고롭게 하는 자리'라고 말하였다. 그러나 이 자리는 임금의 걱정을 나누어 가지는 책무를 지니고 있으며 백성과 사직이 여기에 의존한다. 정사가 제대로 이루어지면 백리(百里)의 지방이 편안해질 것이고, 그렇지 못하다면 폐해가 생민(生民)에게 미치게 된다. 시체처럼 자리나 지키면서 국록(國祿)을 소비하고 술과 여자를 즐기며 지방의 행정을 위하여 꾀하는 바 없는 자는 논할 필요도 없다.

만약 바른 마음을 가지고 있으며 백성을 아끼는 군자가 백성에게 정사를 베풀어 아래로는 나라의 근본을 굳게 하고 위로는 임금의 근심을 풀어주고자 한다면, 마땅히 우선 내 성품의 편벽한 곳을 잘 살펴 그것을 바로잡은 뒤에라야 일을 그릇되게 하는 단서가 되는 마음을 갖는 일이 없게 될 것이다.

나약하고 겁 많은 자는 마땅히 강하도록 교정(矯正)해야 하고, 나태하고 태만한 자는 마땅히 근실(勤實)하도록 교정하여야 하며, 치우치게 강경하고 사나운 자는 마땅히 관대(寬大)하도록 교정을 하고, 또 지나치게 느리고 게으른 자는 마땅히 용맹스럽도록 교정을 해야 한다.

---

1) 법제처에서 번역한 『거관대요(居官大要)』(1983)는 바로 이 『신편 목민고』이다. 그런데 이 책의 첫 편인 「거관대요(居官大要)」를 책 이름으로 잘못 오해하여 그대로 책 제목으로 삼았다.

이렇게 교정을 하기 위해서는 반드시 『대학연의(大學衍義)』,[2)] 『성학집요(聖學輯要)』,[3)] 『자경편(自警編)』,[4)] 설문청(薛文淸)[5)]의 『종정록(從政錄)』[6)] 중에서 마음에 드는 것을 골라서 항상 자세하게 살피고 반복하여 익혀서, 그 속의 좋은 말과 착한 행실을 나라를 깨끗하게 다스리는 근원으로 삼아야 한다.

또 『경국대전(經國大典)』과 『수교집록(受敎輯錄)』,[7)] 『결송유취(決訟類聚)』,[8)] 『무원록(無冤錄)』,[9)] 『종덕편(種德編)』,[10)] 『의옥집(疑獄集)』 등은 사건

---

2) 『대학연의(大學衍義)』 : 송나라의 학자 진덕수(眞德秀)의 『대학』 주석서. 『대학』의 핵심인 삼강령(三綱領)과 팔조목(八條目)을 세분해 경전에서 관련되는 설을 모두 인용해 입증하고, 제가(諸家)의 설을 부연해 『대학』의 원의를 해명하는 데 기본을 두었다. 이 책은 고려 말부터 중시되었으며 조선에 들어와서는 태종 3년(1403), 세종 16년(1434), 중종 22년(1527) 등 여러 차례 국비로 간행하였다.

3) 『성학집요(聖學輯要)』 : 1575년(선조 8)에 이이(李珥 : 1536~1584)가 제왕(帝王)의 학(學)을 위해 선조에게 지어 바친 책. 『성학집요』는 사서와 육경에 씌어 있는 도(道)의 개략을 추출, 간략하게 정리한 한 것인데, 이이는 『대학』을 '덕(德)으로 들어가는 입구(入德之門)'라고 간주하고 『대학』의 기본 이념에 입각해 『성학집요』의 구성을 계획하였다.

4) 『자경편(自警編)』 : 송나라 사람 조선료(趙善僚)가 편한 책으로 수신(修身)에서부터 치인(治人)에 필요한 여러 주제를 학문(學問), 조수(操修), 제가(齊家), 출처(出處), 사군(事君), 정사(政事) 등으로 분류하고 이에 해당하는 송대 여러 사람들의 언행을 모아 정리했다. 이 책은 17세기에 들어와 조선사회에서 주목을 받았다.

5) 설문청(薛文淸) : 명대(明代)의 유자(儒者)인 설선(薛瑄, 1389~1464)을 가리킨다.

6) 『종정록(從政錄)』 : 영조대 조현명(趙顯明)이 발문을 쓴 『종정명언(從政名言)』으로 추측된다(『歸麓集』 卷23, 跋從政名言). 한덕필(韓德弼)이 설선의 『독서록』에서 위정(爲政)과 관련한 내용을 추려서 만든 책이다.

7) 『수교집록(受敎輯錄)』 : 1698년(숙종 24)에 『대전후속록(大典後續錄)』 이후에 각 도 및 관청에 내려진 수교와 조례(條例) 등을 모아 편찬한 법전. 『대전후속록』 이후 약 150년 간 새로운 조례와 규식(規式)이 많이 나왔으나 법전으로 편찬된 바가 없어 이 책이 편찬되었고, 『속대전』 편찬에 기초가 되었다.

8) 『결송유취(決訟類聚)』 : 조선후기에 간행된 법률서. 『사송유취(詞訟類聚)』와 같은 내용의 책이나 『사송유취』가 간행된 뒤에 부록의 자구(字句)나 내용의 첨삭을 더한 점이 다르다.

9) 『무원록(無冤錄)』 : 중국 송나라 때의 『세원록(洗冤錄)』과 『평원록(平冤錄)』·『결안

을 만났을 때 상세히 살피고 검토하게 하는 근거로 삼아야 한다.

옛 사람이 의술(醫術)을 가르칠 때 매일 아침에 『선천도(先天圖)』, 『논어(論語)』, 『효경(孝經)』을 읽도록 한 것은 배우는 사람의 마음에 잡스러움이 없게 하여 기술이 더욱 정밀해지도록 하기 위해서였다. 마음 두기를 이와 같이 한다면 마음이 밖으로 흩어지지 않고 오로지 백성의 일에만 전념하게 될 것이다. 그 요체를 말한다면 의리(義理)를 두려워하고, 법(法)을 두려워하며, 관장(官長)을 두려워하고, 소민(小民)을 두려워하는 것이다. 마음에 항상 두려움을 간직하고 혹 함부로 방자하게 굴지 않으면 정치가 제대로 될 것이다.[11)]

고을을 다스림에 가장 중요한 것은 스스로를 다스리는 것[自治]이며, 그 다음은 사람을 얻는 것[得人], 그 다음은 타일러 훈계하는 것[飭勵]이다. 이 세 가지가 제대로 된 뒤에야 좋은 법과 아름다운 뜻이 비로소 헛되지 않을 것이다.[12)]

일을 다스리는 여가에는 반드시 『대전속록(大典續錄)』[13)]과 『결송유취(決訟類聚)』 등의 책을 보는 것이 좋다.[14)] 그 남는 시간은 또 『명신언행록(名臣

정식(結案程式)』을 원나라 왕여(王與)가 종합해 편찬한 책이다. 조선에서는 일찍부터 이 책을 이용하였다. 1440년(세종 22)에 주석을 붙여 『신주무원록(新註無冤錄)』으로 간행하여 활용했으며, 1748년(영조 24) 『증수무원록』(구본), 1790년(정조 14)에 한글로 토를 달고 필요한 주석을 붙여 1792년에 간행하였다.

10) 『종덕편(種德編)』 : 김육(金堉)이 지은 『종덕신편(種德新編)』으로 보인다. 이 책은 인조 22년(1644)에 김육이 『소학(小學)』을 읽고 도덕 함양(道德涵養)을 목적으로 지었다.

11) 이 부분까지는 『목민고』의 「거관대요(居官大要)」와 거의 같다.

12) 이 부분부터는 『신편 목민고』, 「거관대요(居官大要)」에만 있다. 즉 『목민고』에 추가된 부분으로 볼 수 있다.

13) 『대전속록(大典續錄)』 : 『경국대전(經國大典)』 시행 후 1491년(성종 22)까지의 현행 법령을 수집, 편찬한 공법전. 6권 1책. 목활자본. 1613년(광해군 5)의 훈련도감자본(訓鍊都監字本)이 전해온다. 『경국대전』 시행 후 많은 새 법령이 제정되었지만, 서로 저촉되고 있었다. 이 때문에 법의 시행에 차질을 가져왔으므로 영구히 시행할 만한 법령을 뽑아 다듬고 증감한 것이다.

言行錄)』[15]을 보는 것이 적절할 것이다. 우재(尤齋)[16]

모든 사무는 성의와 신실함으로 힘써 행하여 실제 혜택이 사람들에게 미치도록 해야 하며 거짓을 꾸며 이름을 구해서는 안된다. 위와 같음.[17]

망궐례(望闕禮), 향교의 분향(焚香), 사직단(社稷壇) 등의 일은 모두 예식을 한결같이 따르되 태만해서는 안 된다. 향리들은 성의와 신실함으로 대우한다. 사송(詞訟)을 다스릴 때는 먼저 교화로써 한다. 스스로의 의식생활은 일체 집에서와 같이 한다. 이와 같이 하되, 어떤 일을 하든 어느 곳에 머무르든, 반드시 삼가고 신중하게 한다면 허물이 적어질 것이다. 형장을 무겁게 해서는 안 되며, 희로의 감정을 가볍게 드러내어서는 안 된다. 모든 일을 성심으로 행하면 비록 완벽하지는 않더라도, 그 완벽함에서 멀어지지는 않을 것이다.[18]

각 창고의 돈과 곡식은 절대 유용하거나 대용(貸用)하지 말고 영문(營門)[19]에서 물건을 빌리는 것도 또한 청하지 말아야 한다.

이 밖에 학교의 진흥, 농상(農桑)의 권장, 군기(軍器)의 수선(修繕), 관사(官

---

14) 법제처의 『거관대요』 번역본에는 이 구절이 빠져 있다.

15) 『명신언행록(名臣言行錄)』: 17세기에 만들어진 『국조명신언행록(國朝名臣言行錄)』으로 여겨진다. 이 책은 조선초기부터 인조 또는 효종까지 명신들의 인적사항과 그들의 언행을 기록했는데, 몇 가지 종류가 있으며, 각각 그 편자와 책 수도 다르다. 아울러 책에 따라 취급한 인원에도 차이가 있다.

16) 우암(尤庵) 송시열(宋時烈, 1607~1689)을 가리킨다. 원문은 『송자대전(宋子大全)』 권123, 서(書), 「여숙제(與叔弟)」. 1662년 12월(壬寅十二月), 총간 112-298d에 실려 있다.

17) 이 부분은 송시열이 그 손자 송은석(宋殷錫)에게 보내는 편지에서 인용한 것이다. 출전은 『송자대전(宋子大全)』 권126, 서(書), 「답은석(答殷錫)」, 1682년 11월(壬戌十一月), 총간 112-347c.

18) 이 부분은 윤증(尹拯)이 그 아들 윤행교(尹行敎)에게 보낸 편지에서 인용한 것이다. 출전은 『명재선생유고(明齋先生遺稿)』 권28, 서(書), 「여자행교(與子行敎)」, 1697년 10월 21일, 총간 136-076a. 법제처본 『거관대요』에는 '刑杖不可重 喜怒不可輕'에서 '重 喜怒不可'가 누락되어 '刑杖不可輕'으로 되어 있다.

19) 영문(營門): 감영(監營)이나 군영(軍營)을 일컫는 말.

舍)의 보수 등에 관한 일은 어느 것이나 분수 한도 내에서 하도록 유의하며, 어느 일이든 성의를 다하는 것이 옳다.

경내(境內)에 만약 각 진(鎭)의 변장(邊將)이 있으면 예로써 대우하며, 서로 계교(計較)하여 불화가 생기게 하지 말아야 한다.[20]

한 수령이 경상도 어느 고을에 있을 때는 그 성적이 십고십상(十考十上)의 최고 평점[21]을 받아 잘 다스리는 자로서 칭찬을 받았는데, 전라도 어느 고을에 가서는 얼마 지나지 않아 어사에게 봉고(封庫)[22]·파출(罷黜)[23] 당하였다. 내가 어떤 어른에게 이를 애석해하며 말했더니 다음과 같이 답하였다.

> "내가 이 사람과 같은 도의 수령이 되어 그가 고을을 다스리는 것을 보았더니, 한결같이 근신(勤愼)으로 자신을 지켜 업적이 쌓여 크게 드러났었다. 지난 번 전라도 수령으로 간다고 인사를 왔을 때 보니, 규모(規模)[24]와 말투가 전일과 매우 달라 마음속으로 자못 의아스럽게 생각하였다. 몇 달 지나지 않아 갑자기 그가 곤욕을 당하였다. 무릇 '소심(小心)' 두 글자는 수령된 사람이라면 더욱 한 순간이라도 놓아버려서는 안 될 것이다."

---

20) 본문은 '勿輒相較其梗可也'로 되어 있고 법제처본은 '勿輒相較生梗可也'으로 되어 있는데 법제처본을 따라서 번역하였다. 위의 3문단은 『귀록집(歸鹿集)』 권13, 「여재건서(與載健書)」에 보인다.

21) 『경국대전(經國大典)』 「이전(吏典)」 '포폄(褒貶)' 항에는 다음과 같이 규정되어 있다. "京官 則其司堂上官·提調及屬曹堂上官 外官 則觀察使 每六月十五日·十二月十五日 等第啓聞 十考者 十上 則賞加一階".

22) 봉고(封庫) : 각 관에서 섣달 그믐께 사무를 마치고 사헌부(司憲府) 감찰(監察)의 감사를 청하거나, 또는 악한 정사를 행하는 수령을 파직할 때, 관고(官庫)를 봉하여 잠그는 일.

23) 파출(罷黜) : 현직을 파면하는 동시에 관등(官等)을 폄하(貶下)하는 것.

24) 규모(規模) : 사람의 재능과 기개.

스스로를 다스림[自治]

스스로를 다스리는 일에 관한 설은 마음가짐을 공정히 할 것, 이치를 밝게 살필 것, 지키기를 굳건히 할 것, 생활을 간소히 할 것, 이 네 가지를 벗어나지 않는다. 우리나라 사람들은 생활을 간소히 하는 것과 지키기를 굳건히 하는 것을 받들므로 이에 대해서는 더 보탤 말이 없다. 공정한 마음가짐에 대해서도 한 10년 정도 공부한 것으로 갑자기 공정성의 본체에 도달하였다고 말할 수는 없지만, 다른 사람의 말을 기다리지 않고도 스스로 힘쓰는 정도는 되니 조금은 여유가 있다. 오직 이치를 밝게 살피는 일이 다른 세 가지 보다 조금 뒤떨어진다. 그러나 이 역시 기미를 보아 묵묵히 운용하여 매사에 간직하고 살피기를 게을리하지 않으면, 보통 사람이 미칠 바가 아니게 될 것이다. 다시 덧붙이자면 뜻은 의리에 근본을 두고, 행하는 것은 촘촘하게 종합하여 낱낱이 분석하고 핵심을 파헤쳐서 벼리를 잘 잡고 세목을 밝혀서 일을 질서 정연하게 처리하면 이것이 진선(盡善)이다.

자기를 바르게 하고[正己] 나서 다른 사람을 바르게 한다는 것[正物]이 옛사람의 교훈이니, 자기가 바르지 않으면 내린 명령이 비록 사리에 합당해도 모두 헛될 뿐이다.

칠정(七情)[1] 가운데 오직 노여움이 가장 제어하기 어렵다. 일에 임하여

---

1) 칠정(七情) : 사람의 일곱 가지 감정, 희(喜)·노(怒)·애(愛)·구(懼)·애(哀)·오(惡)·욕

노여워하면 마음이 흔들려서 어두워지니 일의 처리가 곧 어긋나게 된다. 그런 때에는 맹렬하게 힘을 써서 억제하고 조용히 깊이 생각하여 처신한다.

여색은 반드시 몸을 망치고 말은 자기를 해칠 수 있으므로, 둘은 옛사람이 깊이 경계하였다.

마음을 황폐하게 하고 일을 소홀히 하게 하는 것으로는 술만 한 것이 없다. 경계하고 두려워하는 마음을 갖고서 절대로 빈객이나 친구에게 이끌리어 함부로 마시는 일이 없도록 하라.

대부인(大夫人)을 봉양하는 음식 이외에 자기를 살찌우는 비루한 일은 일체 제거해야 한다. 만일 장차 자기를 더럽힐 수밖에 없는 일이라도 그 일 처리에 있어서 결코 사사로운 정에 이끌리지 말아야 한다. 내아(內衙)[2]에서는 적서(嫡庶)의 구분을 엄히 밝혀 첩속(妾屬)이 조금이라도 적실(嫡室)에게 불손한 행동을 하지 못하도록 하라.

고과(考課)[3]가 최상등급으로 빛난다고 해서 기뻐할 일만도 아니다. 시남(市南) 유계(兪棨)[4]는 일찍이 일본 이야기를 들어서 그 친구에게 말하기를 "왜의 한 장수가 백전백승을 했는데, 그의 친구가 축하하면서 말하기를 '네가 속히 죽기를 원한다. 만일에 차질이 생기면 이전의 공로가 모두

(欲) 또는 희(喜)·노(怒)·애(愛)·락(樂)·애(哀)·오(惡)·욕(欲).

2) 내아(內衙) : 지방관의 생활 처소. 지방관이 정무를 보는 동헌과는 담으로 구분됨.

3) 고과(考課) : 고려·조선시대 경외관원(京外官員)의 근무 상태를 여러 면에서 조사해 성적을 매기는 고과(考課), 또는 그렇게 하던 기준. 전(殿)은 근무평정 고과에서 최하등의 등급을 말하고 최(最)는 최상등을 말하는데, 주로 합칭해 고과 평정의 뜻으로 사용되었다.

4) 유계(兪棨) : 1607(선조 40)~1664(현종 5). 조선후기의 문신·학자. 본관은 기계(杞溪). 자는 무중(武仲), 호는 시남(市南). 김장생(金長生)의 문하에서 성리학을 수학하였다. 예학과 사학에 정통하였으며, 송시열(宋時烈)·송준길(宋浚吉)·윤선거(尹宣擧)·이유태(李惟泰) 등과 더불어 충청도 유림의 오현(五賢)으로 일컬어졌다. 그는 이이(李珥)와 김장생의 학통을 잇고, 예론의 입장은 송시열을 중심으로 하는 서인에 속하였다. 이이의 『동호문답(東湖問答)』을 본받아 고금의 치도(治道)를 논하고 자신의 정치사상을 피력한 『강거문답(江居問答)』을 저술하였다.

삭제될 것이다'라고 했다네. 자네도 역시 빨리 그만두어 아름다운 명성을 무너뜨리지 말게나"라고 하고서 친구 간에 웃었던 일이 있었다. 그러나 이 말은 역시 이치가 있는 말이다.

청렴함과 삼가는 것은 본래 사대부가 관직에 있을 때 지켜야 할 법도이나 얻기가 쉽지 않다. 이는 내가 일찍이 남몰래 개탄해 온 바이므로 너에게서 기대하는 바가 얕지 않다. 요즈음 소를 비록 멋대로 죽이지 않더라도 잘못하면 곧장 우금(牛禁)[5]을 범하기 쉬우니 애초에 한칼에 끊어 버리는 것만 같지 못하다. 또 옛말에 색(色)을 피하기를 원수를 피하듯 한다고 하였으니, 이는 더욱 몸을 빠트리는 구렁텅이다. 무릇 공무를 끝낸 여가에는 쉬지 말고 독서하는 것이 마땅할 것이다.[6]

'의(義)는 외면을 반듯하게 한다'라는 말은 의가 곧 일의 마땅함이기 때문이다.[7] 무릇 모든 일을 의로써 재단하면 외면은 자연히 반듯하게 될 것이다. 악기를 뜯고 노래하는 등의 일은 내가 숙연하면 누가 감히 범하겠느냐. 이런 일을 방치해 둬서는 안 된다. 친구라면 명검(名檢)으로 단속하면 되고, 높으신 손님이라면 물리칠 수 없지만 아랫사람들이 감히 망동(妄動)하지 못하도록 엄하게 단속한다면, 어찌 관령(官令)이 없는데 자기 마음대로 기생배를 부를 리가 있겠느냐. 이 역시 네가 스스로를 돌아보아야 할 바이다.[8]

---

5) 우금(牛禁) : 소 잡는 것을 금함.

6) 이것은 송시열이 손자 송은석(宋殷錫)에게 보내는 편지를 인용한 것이다. 출전은 『송자대전(宋子大全)』 권126, 서(書), 「답은석(答殷錫)」(1681년 10월), 총간 112-346c.

7) 『주역(周易)』 곤괘(坤卦), 문언(文言), '義以方外 敬以直內'.

8) 이것은 윤증이 그 아들 윤행교에게 보내는 편지를 인용한 것이다. 출전은 『명재선생유고(明齋先生遺稿)』 권28, 서(書), 「여자행교(與子行敎)」, 1698년 정월 26일, 총간 136-076c.
윤행교(尹行敎, 1661~1725)는 조선후기의 문신으로 본관은 파평(坡平). 자는 장문(長文)이다. 대사간 황(煌)의 증손으로, 할아버지는 증 영의정 선거(宣擧)

너는 유학자의 집 자손으로서 벼슬이 시종의 지위에 올랐는데, 부모를 봉양하겠다고 요청하여 한 고을을 다스리는 은혜를 입었다. 마땅히 공순하고 검소하고 부지런하고 삼가서 몸을 단속하고 자신을 규율하여 임금의 은혜에 보답하고 집안의 명성을 떨쳐야 할 것이니 책임이 막중하다.

관아에서 일을 마치면 물러나 정결한 방에 거처하면서 마음을 맑게 하여 일을 살피고, 서책에 침잠하여 스스로를 개발하도록 하라. 이것이 이른바 사환과 학문은 서로 도움이 되며 움직임과 고요함은 서로 길러준다는 것이다. 송사를 심리하거나 도적을 다스리거나 군정을 뽑거나 환곡을 받아 내는 일 등의 정사는 단지 속리(俗吏)의 능사일 뿐이니 스스로 이름을 내세울 바가 아니다. 하물며 몸가짐을 흐트러뜨려 스스로 하류 잡객과 친하게 지내면서 서로 희롱하고 여색을 평론하는 일 따위는 이 무슨 구렁텅이에 빠지는 일이며, 이 무슨 수치스럽고 욕된 일이더냐. 그런데 차마 그런 곳에 자신을 버려둘 수 있겠느냐. 이와 같이 하고서 스스로 청결하고 추잡하지 않다고 하면 다른 사람이 누가 믿을 것이냐.

사람은 반드시 스스로 업신여기고 나서 다른 사람이 업신여긴다. 네가 절연(截然)[9]히 엄정하고 순수히 명백하면 다른 누가 감히 너를 희롱할 것이며, 누가 감히 너를 의심할 것이냐. 다른 사람들이 너를 희롱하게 하고 의심하게 한 것은 네가 스스로 취한 것이다. 네가 지금부터 두려워하면서 자책하고 분연히 몸을 빼어 내어 이전의 습관을 통절히 고치고 드높이 수립하여 날마다의 말과 행동을 앞 문장에서 말한 대로 한결같이 한다면 내가 기대하는 바와 같을 것이다. 그렇지 않으면 몸을 해치고 이름을

이고, 아버지는 소론의 영수로 우의정 증(拯)이며, 어머니는 안동 권씨로 한성부우윤 시(諰)의 딸이며, 부인은 병조좌랑 박태소(朴泰素)의 딸이다. 1694년(숙종 20) 별시 문과에 병과로 급제하고 홍문록에 선발되었다. 1696년(숙종 22) 세자시강원설서, 홍문관 수찬·부교리, 사간원 정언·헌납 등을 지냈다. 아래 인용된 편지에서 '侍從'을 역임했다는 것은 이것을 말한다.

9) 절연(截然) : 구별이 확실한 모양.

욕되게 하며 집안을 망하게 하는 것이 이로부터 시작됨을 너는 알아야 할 것이다.[10]

헐뜯음과 비방이 일어나면 변명하여서도 안 되고 함부로 날뛰어서도 안 된다. 단지 스스로를 고치는 데 힘쓸 뿐이며 남에게는 억지로 강요하지 말아야 한다. 마음을 화평하게 하여 자기를 지키고 스스로를 닦는 공부가 날로 새로워지면 비방은 자연히 사라질 것이다.[11]

임기를 마치고 돌아갈 때 노배(奴輩)들이 왕래하면 짐바리가 많다는 의심을 받을 만하니 왕래하지 못하게 하고, 돌아갈 때 동시에 한꺼번에 짐을 꾸려 가는 것이 좋다. 돌아갈 때 마땅히 더욱 청정(淸淨)해야 하며, 많은 사람들이 수선을 떨게 해서는 안 된다.[12]

퇴계가 단양을 다스리고 떠날 때,[13] 이서가 아사(衙舍)[14]를 수리하려고 들어가 보니 방과 창의 도배지가 마치 새것 같이 깨끗하여 전혀 더러움을 타지 않았다. 이 역시 공부의 결과가 드러난 바이다.

일찍이 『퇴도언행록(退陶言行錄)』[15]을 보았는데, 퇴계가 풍기 수령을 그만두고 집으로 돌아가는 날, 짐바리가 간소하여 오직 서적 몇 바리뿐이었다. 그 짐을 담았던 싸리 고리짝도 집에 도착하자 관인에게 부쳐 보내니, 이 어찌 본받을 만하지 않으랴.[16]

---

10) 『명재유고(明齋遺稿)』 권28, 서(書), 「여자행교(與子行敎)」, 무인(戊寅) 상원(上元), 총간 136-077d. 무인 상원은 1698년 정월 보름을 말한다.

11) 『명재유고(明齋遺稿)』 권28, 서(書), 「여자행교(與子行敎)」, 1698년 2월 10일, 총간 136-079a.

12) 『명재유고(明齋遺稿)』 권28, 서(書), 「여자행교(與子行敎), 1699년 11월 3일, 총간 136-089b.

13) 이황(李滉)은 명종 3년(1548) 정월에 단양(丹陽) 군수(郡守)가 되었고, 11월에 풍기(豊基) 군수로 옮겼으므로 이때는 1548년 11월을 가리키는 것 같다.

14) 아사(衙舍) : 관아의 건물.

15) 『퇴도언행록(退陶言行錄)』 : 퇴계 이황의 학문세계를 기록한 책으로서 1732년 영조의 명에 의해서 간행되었다.

16) 출전은 『학봉선생문집(鶴峯先生文集)』 속집(續集) 권5, 잡저(雜著), 「퇴계선생언행

퇴계가 일찍이 아들 준(寯)에게 보낸 편지에 말하기를 "몸이 낮은 벼슬에 있더라도 마음가짐을 평안하고 조용하고 맑고 단박하게 하지 않으면, 반드시 하지 말아야 할 일을 하는 경우가 있으니 마땅히 경계해야 한다."[17] 라고 하였다.

관에 있는 자는 우선 지나치게 노여워하는 것을 경계해야 한다. 일이 뜻에 마땅치 않아도 더욱 자세히 살펴 처리하면 반드시 치우치지 않을 것이다. 만일 먼저 지나치게 노여워하면 단지 스스로에게 해가 될 뿐 어떻게 다른 사람을 해칠 수 있겠는가. 말은 반드시 살펴서 말하여 적절하게 해야 하며, 행동거지는 편안하고 자세해야 하고, 몸가짐은 반드시 삼가고 가지런하게 하여야만 일에 따라서 대응할 수 있을 것이다.

어떤 고을 수령이 병이 들었는데, 경옥고(瓊玉膏)[18]를 복용하라고 권하는 사람이 있었다. 그러자 그 수령이 하는 말이 "고을의 힘이 비록 박하나 유의하여 운영하면 어찌 마련하여 먹지 못하겠습니까? 단지 염려하는 것은 내 복이 본래 두텁지 않아서 오래도록 관의 음식을 먹는 것도 과분한데 이 약을 먹으면 이 병은 차도가 있을지 몰라도 어찌 뜻밖의 재앙이 없을지 알겠습니까?"라고 하고는 끝내 조제해 먹지 않았다.

고을살이의 갖가지 일은 자기를 바르게 한다[正己]는 두 글자에서 벗어나지 않는다. 자신을 바르게 한 후에 다른 사람을 바르게 한다[正人]는 것은 고칠 수 없는 이치이다. 먼저 반드시 그 위의(威儀)를 엄중히 하여야 하며 말과 웃음과 행동거지에도 모두 일정한 법도가 있어야 한다.

자기를 바르게 하는 일은 탐욕하지 않는 것을 제일로 친다. 탐욕하지 않는 방법은 용도를 절약하는 데서 시작한다. 제사의 용도를 비롯하여

록(退溪先生言行錄)」, 총간 048-241c.

17) 『퇴계선생속집(退溪先生續集)』 권7, 서(書), 「답자준(答子寯)」, 총간 031-194c.

18) 경옥고(瓊玉膏) : 정(精)이 부족한 것을 보충하여 골수를 돕고 근골(筋骨)을 튼튼하게 하며 모든 병을 예방하는 데 사용하는 보약.

음식·의복 등 안으로 들이는 일용물품은 일정한 격식을 정하여 간단하고 소박하도록 힘쓰고, 이 격식 이외에는 털끝만큼도 남용해서는 안 된다.

읍의 여종을 몰래 범하는 일을 요즘 사람은 예사로 본다. 그러나 체모를 우습게 만들고 이서와 민에게 업신여김을 당하게 만드는 일로 이 보다 더한 것이 없고, 가지가지의 병폐가 이로부터 나온다. 더욱이 영문(營門)의 기생과 간통하면 영문에 가볍게 보이니 더욱 경계해야 마땅하다. 하물며 너는[19] 깊은 병이 있으니 한번 지나치면 그 해가 장차 집안 제사를 끊어지게 하는 지경에 이를 것이니, 잠시 고을 정사에 누를 끼치는데 그치지 않는다. 하지만 평소에 지키는 것이 견고하지 못한데다 이웃 고을 수령들과 쫓아다니며 즐기는 모임이 자연 많으니, 이러한 때 자기도 모르게 곧바로 그 속에 빠져들기 쉽다. 관의 일로 부득이하게 상종하는 일 이외에는 한만하고 잡다한 모임에는 절대 참가하지 말라.[20]

요즘의 사대부는 집에 있을 때는 한 필의 느린 말[款段][21]도 없고 한 명의 시동도 없더니, 한번 관리로 나서면 사치가 심해져서 행차에는 번번이 교자를 타고 좌우에는 희첩(姬妾)을 거느린다. 나는 이런 습속을 매우 미워한다.[22]

내가 어떤 읍에 임명되었을 때 두루 인사를 다니는데 한 재상이 막 방백(方伯[23])을 지내고 교체되어 온 사람이어서 그에게 수령이 고을 다스리는 법을 물어보았다. 그가 말하기를 "수령이 가장 경계해야 할 것은 영문에

---

19) 이것은 조현명이 그 아들 조재건에게 보낸 편지이므로 여기는 너는 조재건을 가리킨다.

20) 위의 3조항은 조현명이 그 아들 조재건에게 보낸 편지에 보인다. 『귀록집(歸鹿集)』 권13, 서(書), 「여재건서(與載健書)」, 총간 212-494d～495a.

21) 관단(款段) : 관단마(款段馬). 걸음이 느린 말.

22) 『귀록집(歸鹿集)』 권13, 서(書), 「여재건서(與載健書)」, 총간 212-496b.

23) 방백(方伯) : 조선시대 각 도에 파견되어 지방통치의 책임을 맡았던 최고의 지방장관. 감사(監司)·도백(道伯)·방백(方伯)·외헌(外憲)·도선생(道先生)·영문선생(營門先生) 등으로도 불리었다.

가서 기생과 간통하는 일이다. 한번 간통하면 그 다음날 즉각 영문 안으로 소문이 들어가고, 이후로는 비록 공사로 오고 가도 매양 문지기에게 왕래한다는 소리만 들어도 다른 사람들은 곧바로 그 기생을 연모하여 왔는가 하고 의심한다. 이는 가벼이 보이는 최고의 단서이다."라고 하였다.

내외를 엄하게 경계하라[嚴內外]

바깥 사람은 일절 안으로 통하지 못하게 하고 안 사람도 일절 밖과 통하지 못하게 하라. 만약 관아(官衙) 안에 사잇길이나 샛문이 있으면 아객(衙客)[1]과 관아의 노비가 멋대로 출입하게 된다. 바깥 사람들도 또한 점점 왕래하는 일이 늘어나 반드시 다른 사람의 입에 오르내리게 되고 정치에 해를 끼친다. 도임(到任) 후 수일 이내 바로 순시하여 모두 담장을 쌓아서 막아야 한다.

내외가 반드시 엄하게 단절된 연후에야 바깥의 말들이 유입되는 일이 없다. 남녀를 물론하고 관속(官屬)이 관아의 노비들을 상대로 사사로이 대화를 주고받다 보면 반드시 뇌물을 받거나 청탁을 받는 일이 생긴다. 비록 뇌물을 받거나 청탁을 받는 일이 없더라도 반드시 남의 의심을 불러일으켜 애매하게 남의 입에 오르내릴 위험이 있다. 믿을 수 있는 노비를 가려 정하여 주렴이 처진 문 밖에 대령하게 하여, 침장(針匠)[2]이나 베짜는 여종 등에게 분부할 일이 있거나 그릇을 출입시킬 때에는 반드시 그 노비가 맡아서 거행하게 하고 다른 노비가 출두하는 일이 없게 해야 한다. 오래 지나면 점차 해이해지고 스스로도 친숙해지기 쉬우니 날마다 경계해서

---

1) 아객(衙客) : 지방 관아의 수령을 찾아와 묵고 있는 손.

2) 침장(針匠) : 바늘을 만드는 상의원(尚衣院) 소속 장인(匠人).

각별히 통렬하게 금지해야 한다.

호령이 여러 곳에서 나오면 정치는 볼 것이 없어진다. 아무리 작은 일이라도 관아 내의 대소인원과 아객은 반드시 수령(守令)에게 보고하고 행하여야 한다. 또한 풀 한 포기 나무 한 그루라도 상정(詳定)[3]한 것 이외에 만약 추가로 더 사용해야 할 물건이 있다면 반드시 수령에게 고하고 난 뒤에 들여다가 사용하고, 담당 창고지기에게도 또한 반드시 와서 고한 이후에 들여보내야 한다는 뜻을 엄하게 밝혀서 정식(定式)[4]으로 삼아야 할 것이다.

아객이 기생에 빠지면 남의 입에 오르내리기 쉽다. 기생의 무리가 책방(冊房)[5]에 왔다 갔다 하는 것을 각별히 금지해야 한다. 만약 부득이하게 허용해야 하는 경우에는 사람됨이 공손하고 충직한 기생을 각별히 가려 뽑아서 안팎의 말이 서로 통해서는 안 된다는 뜻으로 항상 엄하게 신칙해야 한다. 기생 등에게 반드시 위엄을 세워서 사사로이 친하게 지내지 말 것이며, 무례하게 굴어서 웃음거리가 되는 일이 없게 해야 할 것이다.

관직에 있는 사람은 사인(私人)을 거느리면 이익을 탐했다는 비방을 받기 쉽다. 따라서 네가 이미 다른 사람의 입에 오르내린 어떤 사람을 데리고 갔다면 너의 그런 행동은 마음대로 가볍게 믿고 전후의 잘못을 돌아보지 않은 것이다.[6] 아객(衙客)은 신중하게 가리지 않을 수 없다.

안팎의 구분은 마땅히 엄하게 하여 안의 말이 밖으로 나가지 못하게 해야 하고, 밖의 말이 안으로 들어오지 못하게 해야 한다. 혹시라도 관속이

---

3) 상정(詳定) : 지방이나 중앙의 관청에서 필요한 세액이나 공물액 등을 심사하여 결정하는 것.

4) 정식(定式) : 일정한 표준이 되는 방식이나 규정.

5) 책방(冊房) : 수령의 비서(秘書) 사무를 맡아보던 사람 또는 그가 거처하는 곳. 관제에 있는 것이 아니고 사사로이 임명하였음.

6) 이 항목의 여기까지는 윤증이 그 아들 윤행교에게 보낸 편지에서 인용한 것이다. 출전은 『명재선생유고(明齋先生遺稿)』 권28, 서(書), 「여자행교(與子行敎)」, 21일, 총간 136-076a.

나 노복의 무리들이 안팎이 서로 통하여 이러한 규정을 범하는 자가 있으면 무겁게 다스려야 한다. 무당이나 점쟁이 등과 같은 부류는 절대로 관아 출입을 허용해서는 안 된다.[7)]

7) 이것은 조현명이 그 아들 조재건에게 보낸 편지에서 인용한 것이다. 출전은 『귀록집(歸鹿集)』 권13, 서(書), 「여재건서(與載健書)」, 총간 212-494d. 법제처본에는 이 항목이 누락되었다.

인심을 얻는 방법[得人心]

수령 된 자가 너무 강하면 부러지고, 너무 약하면 일이 되지 않으므로 중도를 얻어야만 일을 처리할 수 있다. 천하의 모든 일은 인심(人心)을 근본으로 삼아야 한다. 만약 인화(人和)를 잃으면 되는 일이 없을 것이다.

현(縣)이 비록 작을지라도 이서(吏胥)와 민인(民人) 사이에는 상하의 체통이 있으니, 민의 윗사람이 된 자는 반드시 인심을 밝게 살펴서 아랫사람들이 거스르거나 아랫사람들의 원망을 초래하는 일이 없게 해야 할 것이다.

인심을 얻는 데 다른 방법이 있는 것은 아니다. 나의 마음에서부터 먼저 민(民)에게 인(仁)을 베풀며 다른 사람을 아끼는 것을 위주로 하고, 형상(刑賞)과 호령을 공평무사하게 하면 인심은 저절로 기뻐할 것이다. 옛 사람이 말하기를 "오로지 공(公)만이 다른 사람을 복종시킬 수 있다"고 하였다.

부임 인사를 할 때 한 재상(宰相)을 만나서 다스리는 기술을 물었더니 답하기를 "다스리는 데 별다른 기술이 없으니, 도를 어기면서 백성들의 칭찬을 구하지 말고 백성들을 거스르면서 자기의 욕심을 따르지 않는 것, 이 두 가지면 충분하다."라고 하였다.

고을을 잘 다스리는 것으로 이름이 난 사람이 있어서 내가 편지를 보내 그 다스리는 기술을 듣기를 청하였더니, 그가 답하기를 "'그 가르침을 따르고 풍속을 거스리지 않는다[因其敎 不逆其俗]'는 7자면 인화(人和)를 잃지 않을 수 있을 것이다."라고 하였다.

한 수령이 임금에게 부임 인사를 할 때 임금께서 불러들여 "어떻게 민(民)을 다스릴 것인가?"라고 묻자, 그가 "소신(小臣)은 다른 재능은 없고 단지 민을 소요스럽게 만들지 않으려고 할 뿐입니다."라고 답하자 임금이 그를 매우 칭찬하였다.[1)]

내가 처음에 어떤 고을에 제수되었을 때 어떤 관원이 나에게 편지를 보내 경계하기를 "반드시 사소한 일에 집착하는 것을 밝다고 여기지 말며 가혹한 것으로 위엄을 세우지 말라."라고 하였는데, 나는 이 말에 진실로 승복한다.

---

1) 법제처본에는 이 항목이 누락되었다.

수령에 임명된 뒤 처리할 일[除拜]

수령으로 임명된 이후 경주인(京主人)[1]이 바로 찾아오면, 거행할 일들을 의논하여 정하고, 부임할 현(縣)에 사적으로 통지할 때는 다음과 같이 분부해야 한다. 즉 "신구(新舊) 수령을 맞이하고 보낼 때 관아(官衙) 수리와 민을 번거롭게 할 만한 일들은 비록 이전부터 규정이 있더라도 이를 따라서 그대로 거행하지 말고 우선 정지하였다가 내가 부임한 이후 분부를 받고 거행하라."라고 해두어야 한다. 만약 불가피하게 고쳐야 될 곳이 있다면 좌수(座首)[2]가 반드시 공형(公兄)[3]과 상세하게 상의하고 충분히 참작해서 수리할 것이며, 일꾼은 반드시 군속(軍屬)과 각 창고지기 및 면주인(面主人)[4]을 부릴 것이요, 절대로 거리가 먼 촌에 있는 민인(民人)들을 배정해서

---

1) 경주인(京主人) : 지방 관청과 중앙의 연락 사무를 맡아 보기 위해 지방으로부터 파견된 향리(鄕吏). 이들은 해당 지방의 공물(貢物)·입역(入役) 등에 관한 사무를 책임짐.

2) 좌수(座首) : 조선시대 지방의 주(州)·부(府)·군(郡)·현(縣)에 둔 향청(鄕廳)의 직. 육방(六房) 중 이방(吏房)과 병방(兵房)을 맡아봄.

3) 공형(公兄) : 삼공형(三公兄)의 준말로, 조선시대 관찰사나 수령 아래 각 고을의 호장(戶長)·이방(吏房)·수형리(首刑吏)의 세 상급 관속. 조선후기에는 이들을 중심으로 향리제도가 운영되었으며, 호장과 이방의 직임을 중심으로 지역에 따라 수형방(首刑房)·부이방(副吏房)·승발(承發) 등이 포함되기도 하였음.

4) 면주인(面主人) : 특정한 면과 다른 행정 구역 사이를 왕래하면서 물건을 전달하거나 행정 서류 업무를 수행하던 사람.

데려다가 부리는 일이 없도록 하여 민간의 폐단을 조금이라도 덜어줘야 할 것이다. 등록(謄錄)[5]을 핑계로 이전대로 부렸다가 부임 후 다른 일로 인해 탄로나거나 염문(廉問)[6]하여 발각되면 이를 담당한 우두머리 좌수와 공형 및 담당 이서는 중죄를 면하기 어려울 것이니 각별히 삼가서 거행하여 후회할 일이 생기지 않게 하라고 사적으로 통지한다.

수령으로 막 제수받고 나서는 서경(署經)[7] 전에 먼저 친척이나 친구들에게 인사를 한다. 그래야 조정에 작별 인사를 하고 떠날 때가 되어 갑자기 모두 찾아보지 못하는 일이 생기지 않는다. 그래도 찾아보지 못한 사람들에게는 편지로 고별하는 것이 좋다.[8]

임지에 부임하는 날이 결정된 이후에는 미리 다음과 같이 사적으로 통지하여 명령을 전해 두는 것[知委][9]이 좋다. 즉 현직 향소[10]와 향리,[11] 노비, 군관, 장관[12]들 중 읍내에 거주하는 자 이외의 여러 명목의 구실아치들은 수령이 부임하는 날 대령하지 않게 해도 좋다고 한다. 그들이 왕래하면 농사에 방해가 될 뿐만 아니라 각 구실아치들의 두목들이 술과 돈을 토색하니 통탄할 일이다. 그리고 여러 구실아치들이 모이면 여러 가지 건의

---

5) 등록(謄錄) : 관청에서 조치하여 행한 일이나 사실 가운데 중요한 것을 주무 관서에서 그대로 기록하여 만든 책.

6) 염문(廉問) : 남이 모르게 사정을 물어 봄.

7) 서경(署經) : 당하관을 임명할 때 대간에게 가부를 묻는 절차.

8) 여기서부터 아래로 3문단은 『목민고』, 「미도전잡세사의(未到前雜細事宜)」와 같다. 즉 여기에 나머지 문단을 추가하여 『신편 목민고』에 「제배(除拜)」 항목이 구성되었음을 알 수 있다.

9) 지위(知委) : 통지나 고시 따위의 형식으로 명령을 내려 알려줌.

10) 향소(鄕所) : 각 고을 수령의 자문기관으로서 수령을 보좌하고 풍속을 바로 잡고 향리(鄕吏)의 부정을 규찰하며, 국가의 정령을 민간에 전달하고 민정(民情)을 대표하는 자치 기구.

11) 향리(鄕吏) : 지방의 수령을 보좌하여 지방 행정의 말단을 담당한 계층.

12) 장관(將官) : 군부대장인 대장(大將)을 제외하고 자신의 휘하장병을 거느린 지휘관의 통칭.

사항이 분분하니 그 또한 괴로운 일이다.

가난한 선비가 하루아침에 수령이 되었다고 해서 갑자기 의복과 말 장식에서 부귀한 자들의 모양을 본받으려 한다면 그 취향과 식견의 비루함은 더 말할 것도 없으려니와 이것은 빚을 지고 낭패하는 지름길이니 집안 사람들[家人]을 엄하게 경계해야 한다. 가난한 선비처럼 부임하는 것이 무엇이 부끄러운 일인가? 마땅히 자기 스스로 먼저 절약을 실천하여 청렴하게 곤궁을 견디는[淸苦] 씀씀이를 보인 연후에야 횡렴과 같은 불법을 저지르는 죄과[贓汚不法之科][13]에 빠지는 일이 없을 것이며, 관아의 재용(財用)이 자연히 여유 있게 될 것이다. 항상 민(民)에게서 거두어들인 것은 민에게 되돌려 준다는 마음으로 임하고 나서야 비로소 하늘을 우러러 한 점 부끄러움이 없게 될 것이다.

사조(辭朝)[14] 전에 관노비[15]·아전[16]·통인(通引)[17]·사령(使令)[18]은 물론이고 역(役)을 면제받았거나 면천(免賤)한 자들에 대해서는 그 기록을 뽑아내어 관아에 나가 업무를 처리[坐起][19]할 때 현재 일을 맡고 있는 자들과 같이 점고하겠다는 뜻으로 수리(首吏)[20]를 엄하게 신칙해야 한다.

하직(下直) 인사를 할 때는 모름지기 몸가짐을 조심하는 것이 좋다.

---

13) 『경국대전(經國大典)』 형전(刑典) 장도(贓盜)조는 『대명률(大明律)』 형률(刑律) 강도(强盜)조를 적용하도록 되어 있는데, 그에 의하면 "凡强盜已行 而不得財者 皆杖一百 流三千里 但得財 不分首從 皆斬"으로 되어 있다.

14) 사조(辭朝) : 관직에 새로 임명된 관원이 부임하기에 앞서 임금에게 하직함.

15) 관노비(官奴婢) : 공노비(公奴婢) 중에서도 지방의 각 군현이나 감영(監營)·병영(兵營)에 소속되어 노역(勞役)이나 현물 공납의 의무를 졌던 노비.

16) 아전(衙前) : 중앙과 지방의 각 관청에 근무하던 하급 관리. 경아전(京衙前)과 외아전(外衙前)으로 구분된다.

17) 통인(通引) : 지방관서에 소속된 이속(吏屬)으로서 수령(守令)의 신변에서 호소(呼召)·사환(使喚)에 응하였다.

18) 사령(使令) : 관사(官司) 등에서 잡무를 보는 하급 관원 혹은 심부름꾼.

19) 좌기(坐起) : 관청의 으뜸 벼슬에 있는 이가 출근하여 정무(政務)를 처리함.

20) 수리(首吏) : 으뜸이 되는 향리(鄕吏).

일찍이 아무개 재상의 가인(家人)이 말하는 것을 듣건대 "아무개 수령은 등이 너무 뻣뻣하다."라고 하였다. 대개 아무개라고 가리키면서 뭐라고 말하는 것은 오늘날 흠잡는 것이 너무 지나친 것을 보여주는 것이니 두려운 일이 아닐 수 없다.[21]

조정을 하직할 때 그 고을의 폐단이나 백성들을 병들게 하는 일이 중앙의 관서와 관계되는 일이면 해당 육조[該曹]의 당상관(堂上官)에게 품의(稟議)하여 변통할 바탕으로 삼는다.

처음 부임하는 수령을 맞이할 때[新延][22] 하인배들이 와서 인사한 후 전례대로 술과 안주를 갖추어 노비들을 대접하는 일이 있는데, 각별히 엄금해야 한다.

친척들의 원망은 고을에서 바친 예물을 나누어 주는 일[支裝][23]에서 비롯되니, 비록 간략하게 하더라도 반드시 균등하게 하는 것이 좋다.

임금께 하직 인사를 할 때 궁궐 안 각 관청의 대서료[筆債][24]와 각 관청에 소속된 사람들에게 관례에 따라 체하(帖下)[25]하는 일이 있으니, 단골(丹骨)[26] 서리(書吏)에게 물어서 힘닿는 대로 마련해 준다. 승정원 주서(注書)의 대서료는 2냥이다.

대궐 안에서 소용되는 문서를 내려 보내는 데 드는 돈 및 단골서리에게

---

21) 법제처본에는 이 항목이 누락되었다.

22) 신연(新延) : 감영(監營)이나 고을에서 새로 부임하여 오는 감사나 수령을 장교(將校)나 이속(吏屬)들이 맞아 오는 일.

23) 지장(支裝) : 새로이 부임하는 수령을 맞기 위해 그 군아(郡衙)에서 신임 수령에게 바치던 물건. 수령은 이 예물을 받아서 친척에게 나누어주는 것이 옛날의 도리였다고 한다(『목민심서(牧民心書)』 부임육조 제배).

24) 필채(筆債) : 아전들이 백성들의 민원서류를 필사해주고 삯으로 받던 돈. 대서수수료.

25) 체하(帖下) : 관에서 사용하는 문서 양식의 하나. 이두문자로서 하급 이례(下級吏隷)에게 전곡(錢穀)을 지급할 때, 그 물품 지령서에 체자(帖字)의 목인(木印)을 찍어 내려보내면 이에 따라 현물을 지급하였음.

26) 단골(丹骨) : 늘 정해놓고 거래하는 자리나 손님.

주는 당참전(堂參錢)[27]은 즉각 마련해 보내야 하는데, 민간에서 징수하거나 혹은 관에서 마련해서 보내는 등 읍마다 다르다. 관에서 마련하든 민에게서 거두어들이든 반드시 곱으로 마련해 보내야 한다. 임지로 출발하기 전에 빌린 돈은 스스로 마련한 뒤 즉시 계산하여 단골서리와 경주인에게 지급해야 한다. 도임 후 이처럼 즉시 빚을 갚으면 갑리(甲利)[28]의 폐단을 제거할 수 있다.[29]

27) 당참전(堂參錢) : 당참채(堂參債). 지방관이 임명·전출될 때, 의정부(議政府)·이조(吏曹)·병조(兵曹)에 사례용으로 상납하였던 물품.
28) 갑리(甲利) : 고리대금업자들이 곱쳐서 받는 금리.
29) 법제처본에는 이 항목이 누락되었다.

부임하는 길[中路]

부임하는 도중에 문안하는 물품을 관청에서 준비하여 보내면 그 짐무게는 반바리[半駄]를 넘지 않아도, 쇄마가(刷馬價)[1]는 많을 경우 10여 냥에 이른다. 반드시 관인 1명을 따로 정하여, 관청에서 각종 물품을 보내지 말고, 쇄마가를 부임 길 도중에 있는 감상처(監嘗處)[2]로 보내어 각기 참(站)[3]에서 구입하여 쓰도록 한다.

부임하는 길의 하인들 중에는 혹 고의로 잘못을 저지르는 자도 있고, 혹 조심하지 않아 잘못을 저지르는 자도 있으며, 혹 위엄스런 풍모에 겁을 먹고 죄를 짓는 자도 있는데, 이 모든 경우 보고도 모르는 체하여 죄를 다스리지도 말고 부과(付過)[4]하지도 말라. 다만, 마음에 그 잘못을 기억에 두었다가 임지에 도착한 후 서서히 심문하여 징치(懲治)하라. 이렇게 하면 하인배들이 조심하는 것이 부임하는 길 도중에 일일이 부과하고 치죄하는 것보다 훨씬 낫다.

신관(新官)이 부임하는 도중에 형장(刑杖)을 사용하는 것은 정말 긴요하

---

1) 쇄마가(刷馬價) : 지방의 저치미(儲置米) 중에서 쇄마(刷馬)의 댓가로 지불하는 것.

2) 감상처(監嘗處) : 귀인에게 올릴 음식상을 미리 검사하는 곳.

3) 참(站) : 역로(驛路)의 일정한 거리에 마련되어 있는 역참(驛站). 역로(驛路)에 마련되어 공문(公文)을 중계하고 공용 여행자에게 교통 편의를 제공하던 시설.

4) 부과(付過) : 잘못된 허물을 적어 둠.

지 않다. 잘못이 있는 자들은 그때그때 부과해 두며, 부임하는 날 또한 형장을 사용하지 말고 다른 날 공로와 허물을 조사하여 다스린다.[5]

부임하는 길 도중에 노비들을 각별히 신칙하여 이들이 관속 등과 허물없이 친해지지 말도록 하며, 하인들이 술과 안주를 준비하여 노비를 접대하는 일을 통렬하게 금한다. 또한 노비배들이 부임하는 길 도중에 폐해를 일으키지 않도록 엄금한다.

부임하는 길 도중에 군병(軍兵), 장교(將校), 각 면(面)의 소임(所任),[6] 교생(校生)[7] 및 기타 원촌(遠村)의 각종 점고 받을 사람[逢點人][8] 등에게 미리 사사로이 통지하여 그들이 모이지 말도록 하며, 장교와 교생은 다만 당번인만 대령하라는 뜻을 엄중히 분부한다.

중군(中軍)[9] 혹은 별장(別將),[10] 천총(千摠),[11] 파총(把摠)[12]이 큰 깃발을 든 군병을 이끌고 삼향소(三鄕所)[13] 및 관속들과 더불어 군현의 경계에서

---

5) 법제처본에는 이 항목과 아래 항목이 누락되었다.

6) 각 면(面)의 소임(所任) : 면리제 하에서 면의 행정을 담당한 사람들. 면윤(面尹)과 부윤(副尹)을 말함.

7) 교생(校生) : 조선시대 각 고을의 향교에 등록된 학생.

8) 봉점인(逢點人) : 점고(點考)를 받는 사람.

9) 중군(中軍) : 좌우, 또는 전후의 부대의 중간에 있어 대개는 장수(將帥) 스스로가 통솔하는 군대.

10) 별장(別將) : 당상군관(堂上軍官)과 종9품 무관(武官)의 두 종류가 있는데, 여기서는 종9품 무관을 가리킨다. 지방의 산성, 나루, 포구, 보루, 소도(小島) 등의 수비를 맡아보았는데, 조선후기에는 광산개발 빛 둔전개척 등 특수임무를 맡기도 하였다.

11) 천총(千摠) : 속오군의 지휘관. 본래 조선후기 훈련도감(訓練都監)·금위영(禁衛營)·어영청(御營廳)·수어청(守禦廳)·총융청(摠戎廳)등의 군영에 딸렸던 정3품의 무관직, 또는 그 벼슬아치를 말하나, 여기서는 파총(把摠), 초관(哨官)과 함께 속오군(束伍軍)의 지휘관을 의미한다.

12) 파총(把摠) : 천총(千摠)·초관(哨官)과 함께 속오군(束伍軍)의 지휘관. 본래, 조선후기 오군영(五軍營)·관리영(管理營)·총리영(摠理營) 등에 두었던 서반 관직이었다.

13) 삼향소(三鄕所) : 유향소 품관은 처음에는 부 이상 5인, 군 4인, 현 3인이었다가 성종 때는 부 4인, 군 3인, 현 2인이었다. 후기에 와서 현은 1인을 늘려 3인이었으며,

수령을 기다릴 경우에는 경계에 거주하는 백성들에게 반드시 폐해를 주게 되므로 경계에 나와 기다리지 못하게 한다. 긴요하지 않은 군병은 빼고 모두 읍에서 5리 정도 나와 기다리게 한다. 깃발을 드는 사람은 각 면의 면주인(面主人)[14]과 각 창고의 창고지기 등이 담당하게 하며, 원촌(遠村)의 민인들을 뽑지 말라는 뜻을 전하여 조그만 폐단도 없게 한다.

신관이 임지에 부임할 때 본 읍의 경내에서 잠을 잘 경우, 읍에 미치는 폐해가 적지 아니하므로 반드시 본 읍에서 40~50리 떨어져 있는 다른 고을에 머물며 숙박해야 한다. 그 숙박지가 만약 본 읍과 경계가 붙어 있는 곳이라면 폐해를 미치는 것은 똑 같으므로 각별히 엄하게 신칙하되, 경계로부터 읍까지의 거리가 멀어 어쩔 수 없이 경내에서 숙박해야 할 경우에는 또한 반드시 자세히 살펴서 엄중히 신칙해야 한다.

다른 고을에 머물며 숙박할 때에는 여러 관인들이 오고 가는 사이에 길가의 촌민들에게 또한 폐를 끼치게 되므로 긴요하지 않은 왕래를 엄격하게 금한다. 만약 어쩔 수 없이 왕래해야 할 일이 있을 경우에는 왕래할지라도 폐단을 일으키지 말라는 뜻을 혹은 전령(傳令)으로 혹은 사사로운 통지로 좌수(座首)와 공형(公兄)[15]에게 각별히 엄하게 신칙하는 것이 좋다.

임지에 도착하기 전날 저녁의 숙소는 반드시 다른 고을의 경내에 정하며 본 읍의 경내에는 정하지 않는다. 신관의 행차에 많은 사람들이 역을

좌수 1인, 별감 2인의 3인을 삼향소(三鄕所)라고 하였다. 유향소·삼향소는 모두 사람을 가리키는 말인 동시에 청사를 의미하기도 하였다.

14) 면주인(面主人) : 조선시대 특정한 면과 다른 행정 구역 사이를 왕래하면서 물건을 전달하거나 행정 서류업무를 수행하던 사람. 조선시대에는 지방의 행정단위에서 행정 사무의 편의와 효율을 기하기 위해 행정 소재지 및 서울에, 관련 행정업무를 담당하는 사람을 경주인이라 부른 것 등이 그러한 예에 속함.

15) 공형(公兄) : 삼공형(三公兄)의 준말로, 조선시대 관찰사나 수령 아래 각 고을의 호장(戶長)·이방(吏房)·수형리(首刑吏)의 세 상급 관속. 조선후기에 이르러서는 이들을 중심으로 향리제도가 운영되었으며, 호장과 이방의 직임을 중심으로 지역에 따라 수형방(首刑房)·부이방(副吏房)·승발(承發) 등이 포함되기도 하였음.

부담하므로 향촌에 폐단을 끼치는 것을 염려하지 않으면 안 된다. 만약 도로가 평탄하지 못하여 앞으로 나아가기가 쉽지 않다면 어쩔 수 없으나, 융통성을 발휘할 수 있는 상황이라면 모름지기 이와 같이 해야 한다. 경내에서 숙박할 경우, 비록 읍내에서 유숙할지라도 읍내 밖의 마을에서 숙박하는 것은 적절하지 않다.[16]

임지에 도착하기 전날 밤 임지의 전참(前站)에 도착하였을 때, 본 읍(本邑)의 병방(兵房) 군관(軍官) 또는 이방(吏房)이 '도임절차례'(到任節次例)에 따라 미리 품정(稟定)[17]하는 규정이 있으므로, 그들이 관장하는 일에 대해 소견에 따라 분부를 내리는 것이 좋다.

임지에 도착하는 도중에서 다담찬물(茶啖饌物)[18] 등 여러 종의 물품은 비록 전례가 있다 할지라도 모두 없애고, 다만 문안찬물(問安饌物)만을 사용하는 것이 좋다.

임지에 도착할 때 지경(地境) 내에 역촌(驛村)이 있을 경우 으레 역의 큰 말을 대령하는데, 말을 대령하지 말라는 뜻을 길을 떠난 후 사통(私通)으로 알리는 것이 좋다. 역마를 함부로 타지 말라는 규정[19]을 어기게 될까 불안하기 때문이다.

---

16) 이 문단은 『목민고』, 「미도전잡세사의(未到前雜細事宜)」에 보인다.

17) 품정(稟定) : 임금이나 윗사람에게 아뢰어서 의논하여 결정함.

18) 다담찬물(茶啖饌物) : 다담에 소요되는 찬물.

19) 『대전회통(大典會通)』 권5, 형전(刑典), 금제(禁制), "驛馬 濫乘者 私與者 並杖一百 流三千里."

임지 도착[到任]

관아에 수령이 없을 때 소소한 물건을 함부로 징수했을 경우에는 모두 그냥 둔다. 크게 횡렴(橫斂)했을 경우에는 불가불 조사하여 징계해야 하는데, 또한 반드시 명백하게 민역을 보충한 연후에라야 큰 비방을 면할 수 있을 것이다. 수령이 관아를 비웠을 때의 모든 남봉(濫捧)은 반드시 징계해야 한다.

교대관이 사무를 인수·인계할 때, 신임관이 전임관을 욕하고 헐뜯는 야박한 기풍이 이미 조성되어 있으니 참으로 한심하다. 이러한 폐습을 일체 따르지 마라.

취임한 그 다음 날 향교의 문묘(文廟)[1]를 배알하고 이어 마중 나온 향교의 교생들에게 향교의 위답(位畓)과 노비의 숫자[2]를 자세히 묻고,

---

1) 문묘(文廟) : 공자를 비롯한 중국과 조선의 여러 성현의 위패를 모신 사당. 공자를 비롯하여 4성(四聖)·10철과 송조(宋朝) 6현(六賢) 등 21위를 봉안하고 동무(東簾)·서무(西簾)에 우리나라 명현 18위와 중국 유현(儒賢) 94위 등 모두 112위를 봉안했다. 중앙의 성균관과 지방의 향교에 문묘를 설치하고 봄·가을 정기적으로 석전을 올렸다.

2) 향교의 위답(位畓)과 노비의 숫자 : 향교의 운영을 위해서 국가가 지원한 재정의 근원. 향교의 교사(敎舍) 등 시설물의 설치·보수·유지, 교수관(敎授官)의 후생비, 교생들의 숙식비, 학업 활동에 부수되는 제반 비용, 그리고 향교를 중심으로 준행되는 석전례·향음례 등에 이르는 비용이 막대하였는데, 조선왕조는 학전(學田)과 학노비(學奴婢)를 공급하여 그 운영을 도왔다.

그들에게 향교에서의 1년 수입 및 지출을 자세히 적어 1통의 문서로 만들어 제시하도록 종용(從容)하는 것이 좋다.

관아의 형세를 자세히 살펴 중간에 통하는 문을 굳게 닫는다. 관아에 무녀가 드나드는 것을 엄격하게 막고, 급창(及唱)[3]과 노비들을 엄격하게 신칙하여 서로 만나지 못하게 하고 내외가 완전히 막히도록 하는 것이 좋다.

사령(司令)에게 분부하여 민인들이 소장(訴狀)를 올릴 경우에는 잠시라도 문 밖에 머물러 있게 하지 말고 이들이 직접 수령 앞에서 소장을 올릴 수 있게 한다. 깊은 밤이나 이른 아침이라 할지라도 구애받지 말고 일일이 받아들이도록 엄격하게 신칙하여 이를 정식(定式)으로 삼는 것이 좋다.

부임한 초기에 우두머리 아전에게 분부하여 전후로 곡식을 축낸 수가 많은 담당 이서와 창고지기의 성명을 적어 내게 하여 벽 위에 붙여두고, 나중에 임무를 부과할 때 특히 심한 자는 대동(大同),[4] 사창(司倉),[5] 외창(外倉)[6] 등의 소임을 맡기지 않는 것이 좋다.[7]

아랫사람들을 처음 만날 때 형장을 경솔하게 시행해서는 안 된다. 그러나 지나치면 일 처리 하는 사이에 다른 사람으로 하여금 그의 나태함을 지적하도록 하는 것이 필요하다.

---

3) 급창(及唱) : 관아에 딸린 사령의 하나. 섬돌 위에 서서 관장(官長)의 명령을 간접으로 받아서 큰 소리로 전달하는 일을 맡아서 하였다.

4) 대동(大同) : ①대동법(大同法)의 준말. ②조선시대 대동법(大同法)에 의하여 거두던 쌀, 무명 따위를 두루 이르는 말.

5) 사창(司倉) : 원래는 개성부(開城府)에 있는 여섯 창고 중 하나로서, 능침(陵寢)의 수치(修治), 향사(享祀)의 공구(供具), 관해(館解)·교량(橋梁)의 보수, 내왕하는 사신[使价]의 접대 등을 담당하였다. 『증보문헌비고(增補文獻備考)』 권155, 국용(國用) 2 참조. 여기서는 지방에 있는 각 사(司) 소속 창고를 가리킨다.

6) 외창(外倉) : 중앙정부의 외창은 조창(漕倉)을, 지방의 경우는 읍내 이외에 있는 창고를 가리킨다.

7) 법제처본에는 이 항목과 아래 항목이 누락되었다.

임지에 도착하면 단령(團領)[8]을 입고 객사에서 부임한다. 여러 장교와 향소 등이 나와 인사를 하면, 각종 관속들을 순서대로 점고(點考)[9]한 뒤 형방(刑房)으로 하여금 공사(公事)를 보고하도록 한다.

임지에 도착하여 소지(所志)[10]가 적은지 많은지를 물어, 많을 경우 그것을 올린 자의 거주지가 멀고 가까운지를 살펴 3등급으로 나누고 미리 문서축을 만든다. 멀리 떨어진 면에 사는 사람이 올린 소지에 대해 먼저 판결을 하고, 다음으로 중간쯤 떨어진 면에서 사는 사람이 올린 소지축에 대해 판결을 하며, 다음 가까운 면에서 사는 사람이 올린 소지축에 대해 판결을 한다. 먼 곳으로부터 가까운 곳 순서로 판결하되 반드시 엄격히 판결문을 작성한다. 소지 하나하나마다 정신을 쏟아 자세히 살펴서 작성할 경우 판결을 미룬다는 비방을 면할 수 있을 것이며, 백성들 또한 그날로 집으로 돌아갈 수 있을 것이다.

관장(官長)의 권위는 형장(刑杖)으로 세우는 것이 아니라 자기 자신을 엄격히 다스릴 때 선다. 형장으로 권위를 세울 경우 아랫 사람들이 눈앞에서는 두려워하고 복종하는 모양을 취하지만 관아 문을 나서게 되면 거리끼는 마음이 조금도 없게 된다. 자신을 엄격히 다스려 권위를 세울 경우, 그들이 비록 눈에 보이지 않는 곳에 있다 할지라도 항상 조심하는 마음을 가지게 된다. 부임하는 날 곤장을 쓸 필요가 없으며, 비록 범죄를 저지른 사람이 있다 할지라도 며칠 기다려 서서히 징치하는 것이 좋다.

임지에 도착한 날부터 '나라의 은혜에 보답한다'는 마음을 가슴 속에

8) 단령(團領) : 신라 이래의 관복(官服)으로서 특히, 조선시대는 공복(公服)·상복(喪服)·시복(時服)에 착용하여 관복 중 가장 중요한 자리를 차지하게 되었다. 품계에 따라 홍·청·녹·조(皂)·토황(土黃)·초록 등으로 구별하였으며, 품계가 없는 사람도 부서에 따른 색의 구별이 있었다.

9) 점고(點考) : 명부(名簿)에 하나하나 점을 찍어 가며 수효(數爻)를 점검(點檢)하는 일.

10) 소지(所志) : 청원이 있을 때에 관아에 내는 소장(訴狀).

새겨두고, 또한 백성 보기를 병들고 허약한 고아 돌보듯이 한다면 정치를 그르칠 근심은 없을 것이다.

반드시 성심(誠心)으로 정치를 하여 거꾸로 매달린 듯 위태로운 지경에 처해 있는 백성들을 구해 살린다면 이것이 곧 '나라의 은혜에 보답'하는 일이다. 또한 여러 군사용 장비는 예기치 못한 사태에 대비하기 위한 것이므로 결코 소홀히 해서는 안 된다. 고칠 수 있는 것은 고치고 부족한 것은 따로 갖추어야 하는데, 임지에 도착한 처음부터 이를 유념해야만 성과를 거둘 수 있다. 이 또한 '나라의 은혜'에 만분의 일이라도 보답하는 길이니 가슴 속 깊이 새겨 처리해야 할 것이다. 공해(公廨) 또한 일체 고치고 보수하는 것이 좋다.

정부에서 민간의 일을 크게 걱정하는 일이 있으면, 정부에서 반포한 관문(關文)[11]이 없더라도 소문을 듣는 즉시 그 내용을 반포하여 모든 마을의 민인들이 잘 알아 나라를 원망하는 마음이 없게 한다.

몸이 힘든 것을 꺼리지 말아야 한다. 그래야 백성을 구할 수 있다. 백성에게 폐단을 끼치는 것과 연관된 일은 반드시 온 힘을 다하여 해결한다. 감영(監營)과 관련된 일은 반드시 직접 나아가서 사유를 갖추어 진달하고 소청한 내용에 준하여 그 폐단을 구하기를 도모한다. 게을리 해서는 안 되며 처음부터 끝까지 한결같아야 한다.

부임한 뒤 조석으로 먹는 찬물(饌物)과 각종 필요한 물품을 상세하게 규정된 식례(式例)를 참작하여 그것에 따라서 여러 물품을 들여서 써야만

---

11) 관문(關文) : 조선시대 동등한 관서 상호간이나 상급 관서에서 하급 관서로 보내는 문서. 관(關) 또는 관자(關子)라고도 함. 동격 이하의 관아 사이, 즉 동등한 관부 상호간과 상급 관아에서 그 하급 관아에 보내는 문서양식으로, 오늘날의 공문서와 비슷하다. 동격 관아 사이에서 수수되는 경우에는 평관(平關)이라 하고, 하급 관아에서 상급 관아로 올리는 문서는 관을 쓰지 않고 첩정(牒呈)을 쓰는데, 관문의 내용은 주로 두 관아 사이의 관계 있는 일을 서로 고찰하여 시행하기 위한 것이다.

그 기록이 어지럽지 않게 되고 살피는 것도 어렵지 않게 된다. 고을의 경제력이 풍요롭지 못할 경우, 부임할 때의 다담(茶啖)은 다만 내아(內衙)에서 차려도 무방하다.

부임한 뒤 형장을 베푸는 일에 급급할 필요는 없다. 부임한 뒤 3, 4일 후 서서히 형을 가해도 무방하다.

관아에 나아가 집무를 봄[坐衙]

정무를 처리하는 곳은 의당 엄숙하고 정돈되어 있어야 하며, 아객(衙客)[1]이나 잡인과 같이 앉아서는 안 된다. 향소(鄕所)[2]와 군교(軍校)[3]를 섬돌 위에 줄지어 세워놓아서도 안 된다. 관속이 옆에서 시끄럽게 떠들도록 해서도 안 된다. 나와서 아뢰는 일 외에는 일체 자신의 일 보는 곳으로 물러나 기다리도록 한다. 이와 같이 한 연후에야 누가 보아도 엄숙하고 내가 보고 듣는 것도 자연히 정밀하고 분명해질 것이다.[4]

초하루와 보름에는 형식을 갖추어 개좌(開坐)[5]하고 관안(官案)[6]에 이름이 올라있는 구실아치를 점열하되, 보통 때는 이렇게 개좌할 필요가 없다.

---

1) 아객(衙客) : 지방 관아의 수령을 찾아와 묵고 있는 손.

2) 향소(鄕所) : 유향소의 줄인 말. 향청(鄕廳)이라고도 하는데 지방 품관(品官)들의 자치기구적인 성격과 수령을 도와 지방을 통치하는 지방통치기구적의 성격을 동시에 지닌다. 향소의 주요 직임인 좌수·별감을 향소라고도 칭하는데, 여기서는 좌수·별감을 가리킨다.

3) 군교(軍校) : 각 군영(軍營)에 속한 권무군관(勸武軍官)·별무관(別武官)·지구관(知觳官)·기패관(旗牌官)·별무사(別武士)·교련관(敎鍊官)·별기위(別騎衛) 등과, 지방 관아의 군무에 종사하는 속역(屬役)의 총칭. 군관(軍官), 군교(軍校), 병교(兵校).

4) 이 문단은 『목민고』, 「도임후사(到任後事)」에 보인다.

5) 개좌(開坐) : 법정이나 관청에서 공사(公事)를 처리하기 위해서 관원들이 자리를 정하고 벌여 앉는 것.

6) 관안(官案) : 벼슬아치의 성명·관직 등을 기록한 명부.

식전이거나 식후이거나 아침에 잠이 깨 일어난 이후부터 어두운 저녁 취침하기 이전까지는 소장을 가지고 온 민은 곧바로 마치 자기 집에 들어오듯이 들어와서 소를 내게 한다. 친근함을 다하여서 마치 부모 앞으로 나오는 듯하게 한다. 매번 이러한 격식을 고을 전체에 널리 알려서 관과 민 사이가 환하게 통하고 거리낌이 없게 한다. (소를 내러 온) 민에게 "너는 언제 관문에 도착하였느냐?"라고 묻고, 혹 지체되어 들어 온 사람이 있으면 그 까닭을 묻는다. 만일 문지기가 관에서 지금 식사중이라는 말을 듣고 지체시킨 것이면 그렇게 말한 자와 문지기를 큰 장으로 서너 차례 친 다음에 "다시는 이와 같이 하지 말라."라고 이른다.[7)]

개좌 시에는 대문을 활짝 열어놓고 하인이 중간에서 농간을 부리는 폐단이 없게 해야 한다.

좌기할 때는 반드시 겉옷을 착용하고 아침 일찍 개좌한다.[8)]

개좌 후에는 아객이 곁에 있지 못하게 한다. 그리고 향소(鄕所)와 장교(將校)[9)]배는 나와서 맡은 일을 아뢴 후에는 곧바로 물러나가 근처에 머물지 못하게 한다. 형방(刑房)[10)] 이외의 다른 이서들은 자신이 맡은 일을 아뢴 후에는 역시 즉시 물러나라는 뜻으로 분부하며, 이를 정식으로 삼는 것이 좋다.

---

7) 이 문단은 『목민고』, 「좌아(坐衙)」와 거의 일치한다.

8) 법제처본에는 이 항목과 아래 항목이 누락되었다.

9) 장교(將校) : 조선시대 각 군영에 속하여 있던 군관. 양반 자손으로 구성되는 권무군관(權務軍官), 한산(閑散) 출신의 별군관(別軍官) 외에 각종 도제조 군관(都提調軍官)·기패관(旗牌官)·별무사(別武士)·교련관(敎鍊官)·별기위(別騎衛)·마의(馬醫)·출신군관(出身軍官)·가전별초(駕前別抄) 및 지방관청의 군에 종사하는 이속인 기관(記官) 등을 총칭하였다.

10) 형방(刑房) : 조선시대 지방관서에서 형전 관계(刑典關係)의 실무를 담당하던 부서, 또는 그 일을 맡은 책임 향리. 수형리(首刑吏)라고도 하였는데, 이방·호방과 함께 삼공형(三公兄)으로 통칭되어 향리의 중심세력을 형성하였다. 지방관서의 행정업무도 중앙에서와 같이 육전체제로 편성되었으므로, 형방은 지방에서의 소송·형옥·법률·노비 등에 관계된 실무를 맡았다.

읍의 지도를 만들어서 업무를 보는 곳의 벽 위에 붙여놓고 그 지도 가운데 동서남북의 면 이름과 거리가 몇 리인지, 주변 이웃 네 고을과의 거리, 영문으로 가는 길이 몇 리인지를 써놓고, 크고 작은 길과 교량, 큰 내를 그려두는 것이 좋다. 이를 알면 요역(徭役)[11]을 징발할 때 편하고 또 이서와 민의 왕래가 느린지 빠른지를 알 수 있다.[12]

11) 요역(徭役) : 역역(力役). 국가권력에 의하여 백성들의 노동력이 무상으로 수취되는 것을 말함. 요역은 대체로 16세부터 59세까지의 연령층에 해당하는 정남(丁男)에 부과되었음.

12) 이 문단도 『목민고』, 「도임후사(到任後事)」에 보인다. 즉 『목민고』의 「도임후사(到任後事)」 2문단에 나머지 문단을 추가하여 『신편 목민고』, 「좌아(坐衙)」가 작성된 것을 알 수 있다.

소송을 들음[聽訟]

소지(所志)[1]는 잠잘 때나 밥 먹을 때, 아직 업무를 보지 않을 때라도 이에 얽매이지 말고 관아에 도착하면 즉시 수령에게 올리라는 내용으로 방문(榜文)[2]을 만들어 대문과 중문에 붙이도록 한다.

소지는 반드시 소장을 낸 사람이 관정(官庭)[3]에 들어와 직접 올리게 하며, 그가 밖에서 들어오지 못하게 막는 것을 엄금하되, 발각되는 대로 호되게 매를 친다. 도사령(都使令)[4]에게 엄하게 신칙(申飭)하여 들어오는 것을 막지 못하게 한다. 아래에 거느린 사령이 촌민(村民)을 공갈하여 문으로 들어오는 것을 막을 경우에도 발각되는 대로 도사령을 무거운 죄로 다스려야 한다.[5]

모든 소지에 엄격히 제사(題辭)[6]하는 것은 적합하지 않다. 민장(民狀)이

---

1) 소지(所志) : 청원이 있을 때에 관아에 내는 소장(訴狀). 관부(官府)에 올리는 소장·청원서·진정서.

2) 방문(榜文) : 여러 사람에게 어떤 일을 알리기 위하여 길거리나 사람이 많이 모이는 곳에 써 붙이는 글.

3) 관정(官庭) : 관가(官家)의 앞 뜰.

4) 도사령(都使令) : 각 관아에서 심부름 따위를 하는 사령(使令) 가운데 서열이 가장 높은 우두머리 사령.

5) 법제처본에는 이 항목이 누락되었다.

6) 제사(題辭) : 백성이 올린 소장·청원서·진정서의 좌편 하단 여백에 관에서 써주는 판결문 또는 처결문.

란 대개 별일이 아닌 것으로 다투는 일이 많다. 갑자기 보고 들으면 놀라지 않을 일이 없지만 양측을 나오게 한 후에 소장의 일을 자세히 살펴보면, 대부분 처음 낸 소장과 상반되는 경우가 많다. 당초에 엄중히 제사한 것을 돌이켜 보면 실제 맹랑한 것이 열에 여덟 아홉이다.

소장을 낸 사람은 엄격한 제사를 얻어 이를 가지고 위협하고, 피고는 겁을 먹고 또한 일어나 소장을 올리게 된다. 그러면 수령은 바쁜 가운데 원고(元告)에게 처음 써준 소장의 제사는 기억하지 못하고 또 다시 엄중한 제사를 써주게 된다. 그 결과 원고에게 써준 소장도 엄중한 제사이고, 원고와 피고가 추가로 올린 소장도 역시 엄중한 제사일 수밖에 없게 된다. 양측 모두 각자 엄중한 제사를 얻어, 한꺼번에 일어나 관정에 나오게 되니 관의 제사로 인해 송사가 맹랑해 지고, 쟁송을 일으키는 단서가 관의 엄중한 제사로부터 시작되는 일이 많다. 강상윤리와 관계된 사안을 제외하고는 이치의 옳고 그름을 물론하고 일률적으로 "소장의 글이 비록 이와 같으나 한쪽의 말만 믿기 어려우니 양측이 모두 나온 뒤에, 이치에서 어긋난 자를 엄중히 다스릴 터이니 데리고 와서 대면해서 변론하라."라고 제사한다.

양반(兩班)이 만약 성질이 흉악한 민[頑民]에게 욕을 당했다고 관아에 와서 소장을 올릴 경우 "근래 기강이 엄중하지 않고 등급이 밝지 않아 흉악한 놈이 힘없는 양반을 침탈하여 욕보이니 진실로 통탄스러운 일이지만, 세력이 강한 양반이 먼저 그 도리를 잃어 스스로 모욕을 초래한 경우 또한 있을 수 있으므로 실상을 조사한 후에 이치에서 어긋난 자를 엄중히 다스릴 터이니 붙잡아 와서 대면해서 변론하라."라고 제사한다.

소민(小民)이 양반의 침탈과 학대를 받았다고 관아에 나와 소장을 올릴 경우 "근래 호강한 양반이 국법을 무시하고 힘없는 민을 침탈하여 괴롭히는 것은 진실로 통탄스러운 일이지만 등급이 밝지 않아 아랫사람이 윗사람을 능멸하고, 성질이 흉악한 민이 양반에게 불손하게 대하는 경우도 역시 많이 있으므로 심문한 후에 이치에서 어긋난 자를 엄중히 다스릴 터이니 붙잡아 와서 대면해서 변론하라."라고 제사한다. 양반과 상민이 서로 싸우는 경우 상투적인 말로 제사해서는 안 될 것이다. 사실을 조사하기 전에 또한 부양하거나 억압하는 의도를 드러내서도 안 된다. 이와 같이 양쪽 다 잘못되었다는 제사가 있으면 그 나머지의 성질이 흉악한 놈과 호강한 양반은 풍문만 듣고서도 두려워하고 꺼리게 될 것이다.

그 가운데 힘세고 사나운 자와 지극히 원통한 자를 제외하고 긴요하지 않은 다툼은 밖에서 서로 화해하여 송정(訟庭)에 들어오지 않게 되니 송사가 많이 줄어들 것이다. 근래 고을의 수령들이 스스로 강자를 억누르고 약자를 부양하는 정치를 한다고 하면서도 진짜 세력이 강한 민들을 누르지 못하고 도리어 외롭고 약한 양반으로 하여금 억세고 사나운 상민에게 능멸을 받게 만든다. 이렇게하면 풍속은 무너지고 상하의 구분이 없어질 것이니 풍속을 좋아지게 만드는 정치가 아니다. 마땅히 옳고 그름의 소재를 가려 처리하되, 그 사이에 어떻게 하겠다는 생각을 미리 가져서는 안 된다. 만약 이것이 이름난 사부(士夫)라면 더욱 경솔히 호강이라는 명목을 붙이는 것은 부당하다.

민장(民狀)에 만약 관속(官屬)이 언급되어 있으면 이는 별도로 엄중히 조사하여 반드시 눈앞에서 즉시 판결하고 죄가 관속에게 있으면 소장을 올린 사람이 보는 곳에서 호되게 매를 쳐야 한다. 이렇게 한 뒤에라야 이서들이 감히 민을 침탈하지 못하며, 민정(民情)도 의지하는 데가 있어 편안해질 것이다.

수령이 첩소(諜訴)[7]에 묻혀 지내는 일은 말단의 사무이다. 정신은 한계가

---

7) 첩소(諜訴) : 문서를 관청에 올려 소송하는 것, 또는 그 문서. 백성들이 관청에 올리는 문서로는 소지(所志)·등장(等狀)·의송(議送) 등이 있는데, 관청에서는 이에 대한 처분을 대개 해당 문서와 좌측 하단에 써서 올린 자에게 되돌려 주어 증빙 자료로 삼게 하였음.

있는데 이 일에만 몰두하면 날도 또한 부족하여 무슨 일을 할 수 있겠는가? 대략 민의 소장 중에 응당 있을 수 있는 일을 종류별로 생각하여 미리 수십 개의 상투적인 말로 제사를 강구(講究)하고, 3~4명의 형방(刑房)으로 하여금 올라온 민의 소장을 분류하여 그 종류에 따라 제사를 나누고, 제사 아래 반드시 담당한 형방의 성명을 기록하여 농간을 막는다면 정력(精力)을 번거롭게 하지 않고서도 많은 첩소를 하루에 처리할 수 있다.

가령 노비와 토지 및 재산에 관한 소장이면 '과연 네가 차지할 물건인지 소장의 글로는 믿기 어려우니 양측이 모두 나오라'고 하는 것이 마땅하다. 춘분(春分)이 지났으면 '농사일이 매우 급하여 서로 쟁송할 때가 아니니 추분(秋分)을 기다려 다시 소장을 올리라'고 한다.

노비를 추쇄(推刷)[8]하는 경우 '흉년에 노비를 추쇄하는 것은 이미 법[9]으로 금지하였으니 풍년을 기다려 다시 소장을 올리라'고 한다. 만약 직접 부리는 노비가 눈앞에서 도망하여 경내에 숨어 있는 경우 추쇄를 허락하는 제사를 내리지 않을 수 없다.

꿔준 돈을 받아들이는 경우 '남에게서 빌린 물건을 오랫동안 갚지 않은 것은 자못 놀랄 만한 일이지만 만약 법에도 없는 갑리(甲利)[10]를 거둔다면 그 잘못은 돈을 빌려준 사람에게 있다. 조사하여 물을 것이니 돈을 빌린 사람을 데리고 나와 변론하라'고 한다. 절기가 가을과 겨울이 지났으면 '곤궁한 봄에 빌려준 돈[負債]을 거두는 일은 규정[事目]에 어긋난 일이니 가을을 기다려 다시 소장을 올리라'고 한다.

혹 농사철에 이르러 본주(本主)가 경작을 못하게 한다고 소장을 올리면 '남의 전지(田地)를 네가 경작하여 과연 열심히 농사지어 곡식을 생산하여

8) 추쇄(推刷) : 도망간 노비를 수색하여 잡아서 본주인에게 되돌려 주던 일.

9) 『속대전(續大典)』 권5, 형전(刑典), 「정송(停訟)」, "遇荒年 則本曹取旨 行移該道 凡推奴徵債等項 一切停止."

10) 갑리(甲利) : 고리대금업자들이 곱쳐서 받는 금리.

도지(賭地)이거나 혹은 병작이거나 간에 착실히 마련해서 주었다면 본주가 어찌 경작을 빼앗을 리가 있겠는가. 네가 반드시 농사를 부지런히 짓지 않았기에 본주가 미워하여 그렇게 된 것이다. 심문한 뒤에 잘못한 자를 엄중히 다스릴 것이니 본주를 데리고 나와서 대면해서 변론하라'고 한다. 제사는 비록 이와 같이 내려 주지만 땅주인이 만약 부유하고 토지가 많은 사람이라면 경작을 빼앗긴 자로 하여금 경작에 임박해서 농사를 못 짓게 해서는 안 되니 사정을 헤아려 잘 처리해야 한다.

물을 둘러싼 다툼과 사소한 다툼으로 소장을 올린 경우 '바야흐로 농사철에 잡아오게 하는 폐단이 있으니 일체 동(洞) 안의 공론에 따라 사실을 조사하여 처결한 뒤에 첩보(牒報)[11]하도록 하며, 만일 불공정하여 민의 소장이 다시 올라오면 풍헌(風憲)[12]은 그 책임을 면하기 어려울 것이니 두려워하는 마음으로 거행하라'고 제사를 내려서 풍헌에게 맡긴다. 그러나 사안이 만약 중대하면 면임(面任)[13]에게만 맡겨둬서는 안 된다.

이같이 제사는 종류에 따라 생각하여 전례에 따라서 받아들이는 제사에는 '한쪽의 말만 믿기 어려우므로 양측이 모두 나온 뒤에, 이치에 어긋난 자를 엄중히 다스릴 터이니 데리고 와서 대면해서 변론하라'는 제사나 "양쪽 모두 잘못이다"는 제사가 있으며, 돌려보내는 제사에는 징채(徵債)와 탈경(奪耕)의 제사가 있다. 받아들이는 제사는 거의 없고, 돌려보내는 제사가 매번 많으면 남과 송사하기를 즐기는 경우가 점점 없어져서 소장을 올리는 것도 줄어들 것이다. 간혹 그 가운데 가장 성질이 흉악하고 이치가 그릇된 자를 가려 인정사정 볼 것 없이 호되게 매를 치면 간활히 소장을

---

11) 첩보(牒報) : 조선시대 하급 관청 관원이 상급 관청 관원에게 문서로 보고함. 또는 그 보고 문서를 가리킴.

12) 풍헌(風憲) : 풍기를 바로잡고, 관리의 정사(正邪) 청탁을 감찰 규탄하는 면이나 이(里)의 한 직임.

13) 면임(面任) : 지방의 각 면에서 호적(戶籍) 기타의 공공사무(公共事務)를 맡아보는 사람. 임장(任掌)의 하나.

가져오는 일은 거의 사라질 것이다.

만약 장날을 맞아 첩소가 책상에 쌓이면 멀고 가까운 면(面) 별로 소장을 따로 분류하여 묶음을 만든 뒤, 먼저 멀리 떨어진 면부터 제사를 내려주어 먼 곳에 사는 민이 체류하여 하룻밤을 지내는 폐단이 없도록 한다.

민의 소장에는 맹랑(孟浪)[14]한 것이 많이 있다. 원고가 반드시 피고에게 분풀이 하고자 소장을 올려 관의 제사를 받아 공갈하려 하기 때문이다. 따라서 잡아오라는 제사를 얻으면 피고에게는 보이지도 않고, 다시 와서 피고가 거역한다고 고소하여 피고로 하여금 공연히 거역의 죄를 얻게 하는 일이 많이 발생한다. 마땅히 각 마을에 명령을 내려 알리기를

> "맹랑한 소장을 올려 '잡아오라'는 제사를 받고 처음부터 피고에게 가지도 않고 거역한다고 와서 고소하는 소장은 일체 무효로 처리할 것이다. 원고가 피고를 잡아오려 하는데도 피고가 끝내 움직이지 않는 경우 갓[笠子]을 빼앗거나, 그 방안에 있는 표식이 될 만한 물건을 빼앗아서 피고의 집 이웃에 살고 있는 세 사람에게 알게 하여 증인으로 삼게 한 연후에야 거역하는 자는 엄중히 다스리며, 이렇게 하지 않고 거짓으로 거역한다고 칭하는 자는 각별히 호되게 매를 칠 것이다."

라고 이른다.

민의 고통과 즐거움은 긴요하지 않은 소장을 잘 처리하는지의 여부에 있지 않고, 오로지 신역(身役)[15]과 전·호역(田戶役),[16] 잡요역(雜繇役)[17] 및 토호와 간사한 이서의 침학을 처리하는데 있다. 관장(官長)이 군정(軍政)

---

14) 맹랑(孟浪) : 소활(疎闊)하고 정요(精要)롭지 못함.

15) 신역(身役) : 조선시대에 개별적으로 파악된 인정(人丁)을 대상으로 특정한 공역(公役)을 부과하는 것, 크게 직역(職役)과 군역(軍役)으로 나눌 수 있다.

16) 전호역(田戶役) : 토지에 부과하는 세금과 호에 부과하는 역. 일반적으로는 전세와 공납을 의미하였다.

17) 잡요역(雜繇役) : 국가가 정례적(定例的)으로 부과하는 요역 이외의 각가지 부역.

과 전(田)·호(戶)·요역의 대절목(大節目)을 조리에 따라 구분하여 각각 그 마땅함을 얻으며 세력이 강한 무리를 위엄으로 억압하고 이서의 간특함을 명석하게 밝혀서 깨뜨린다면, 민의 원망은 발생하지 않을 것이고 첩소도 올라오지 않을 것이다. 이렇게 하면 비록 1만실(萬室) 규모의 큰 읍이라 할지라도 하루 종일 민의 소송이 없게 할 수 있다. 마땅히 대절목에 힘을 쓰고 민소(民訴)에 대해서는 지체 없이 판결하여 주어야 한다. 밤낮으로 이 일에 몰두하여 마음과 힘을 소비해서는 안될 것이다.

민인 가운데 관정에 자주 왕래하는 자는 반드시 큰 원한과 고통이 있기 때문이다. 만일 신역 때문에 고소한다면 이는 내가 군정을 잘못 처리했음을 알 수 있고, 만일 간사한 이서들의 침탈로 고소한다면 이는 내가 간사한 이서를 제대로 제어하지 못했음을 알 수 있다. 만일 토호(土豪)의 포학함으로 고소한다면 이는 내가 세력이 강한 무리를 제대로 제어하지 못했음을 알 수 있고, 만일 요역(繇役)으로 와서 고소한다면 이는 요역이 균등하지 못함을 알 수 있다. 민소의 번거로움은 모두 내가 제대로 다스리지 못했기 때문에 일어난 것이다. 지금 그 근원을 막지 못하면서 말단을 다스리는 일이 가능하겠는가? 과연 이와 같은 대절목을 잘 처리하여 폐단이 생기지 않게 한다면 민의 소송은 서로 다투는 데에 불과할 뿐이니 대처하는 데에 무슨 어려움이 있겠는가.

혹 나태한 수령이 민소를 듣는데 눈썹을 찡그리며, 첩소를 보고 문서를 가지고 문을 닫고 관아 깊은 곳에 거처하고, 사령(使令)[18]들이 큰소리로 꾸짖고 못 들어오게 막는다면 민들도 어찌할 바를 몰라 억울함이 있어도 소송을 하지 못하여 첩소가 끊어질 것이다. 혹은 사리에 어두운 수령이 시비를 구분하지 못하면 모든 일이 이치에 어긋나게 될 것이니, 세력이 강한[豪强] 무리와 얽히면 그들이 이길 것이고, 힘없는 자는 패배하게

18) 사령(使令) : 각 관아에서 심부름하는 하인. 관사(官司) 등에서 잡무를 보는 하급 관원 혹은 심부름꾼.

될 것이다. 관속과 얽히면 관속이 이기고 민들은 지게 된다. (민들이) 문을 나서면 관리들이 위의(威儀)를 빌어 백배로 침학하고 집에 돌아오면 세력이 강한 무리들의 무단(武斷)[19]은 더욱 심해질 것이니 민들은 소장을 올리는 것이 이로움이 없고 해가 됨을 알게 되어 첩소가 또한 끊어질 것이다. 이 두 부류의 수령과는 함께 다스림의 방법을 논할 수 없다. 비록 부지런히 힘써 다스려지기를 원하는 수령이 있다 할지라도 근본과 요체를 알지 못한다면, 간편함으로 번거로움을 제어하고, 정(精)으로 동(動)을 제어하는 통치술을 발휘하지 못할 것이다.[20] 한 해가 다 가도록 구차하게 첩소를 처결하는 데만 몰두한다면 어느 겨를에 대절목에 신경을 쓸 수 있겠는가?

업무를 볼 때는 먼저 책상 위에 각 면의 자세한 지명을 쓴 서책을 두고, 그 거리가 몇 리인지를 적어 둔다. 가령 해당 면 아무 이(里)의 아무개가 올린 소장이 있다면, 한편으로 그 소장을 듣고 한편으로는 그 이름을 이(里) 아래에 적는다. 소장의 내용 중에서 가장 맹랑하고 놀라운 일을 선택하여 수 일이 지나도록 피고를 붙잡아오지 않으면 패자(牌子)[21]를 내려서 붙잡아들여 양측을 조사하고 심문한 후 만약 맹랑하고 별것 아닌 일인데 원고가 사소한 일로써 소송을 야기한 것이라면, 이는 반드시 소송하기를 좋아하고 싸우기를 좋아하는 자이니 그 정상을 헤아려 호되게 매를

19) 무단(武斷) : 권력이나 세력을 이용해 강제로 일을 처리하거나 다른 사람을 억압하는 일.

20) 간편함으로……것이다 : 『論語』「爲政」편에 실려 있는 "范氏曰 爲政以德 則不動而化 不言而信 無爲而成 所守者至簡 而能御煩 所處者至靜 而能制動 所務者至寡 而能服衆"에서 나온 것으로서 "정사(政事)를 덕(德)으로 하면 동(動)하지 않아도 교화되고, 말하지 않아도 믿고, 하는 일이 없어도 이루어지니 지키는 것이 지극히 간략하면서도 번거로움을 제어할 수 있으며, 처(處)하는 것이 지극히 고요하면서도 움직이는 것을 제어할 수 있으며, 일삼는 것이 지극히 적으면서도 여러 사람을 복종시킬 수 있는 것이다."는 뜻이다.

21) 패자(牌子) : ① 관공서의 직인 따위가 찍혀 있는 문서류. 패지(牌旨)라고도 함. ② 조선전기 관청에서 발행하였던 일종의 신분증명서

친다면 맹랑한 첩소는 근절될 것이다.

실수로 불이 나서 문서가 타 버리거나 도적을 만나 문서를 잃어버렸다고 소지를 올려 입지(立旨)[22]해 달라고 할 경우, 만약 다 타 버렸다면 이웃에 살고 있는 세 사람과 면임 등에게 진술을 받아 처리한 후 문서를 작성해 준다. 도적에게 문서를 잃어버린 경우 그 진위를 파악할 수 없으나 전답문서 중에는 뒷날 폐해가 생길 수 있으니 '분실여부를 비록 확실히 알지 못하더라도 다만 입지만 만들어 주겠다'고 제사해 주어야 할 것이다. 또 아명(兒名)을 관명(冠名)[23]으로 고쳐 달라고 입지를 요구하는 경우 이는 후일 신역(身役)을 탈(頉) 났다고 칭하는 간사한 음모이니 "한 사람이 두 이름을 쓰게 되면 반드시 간사한 폐단이 생긴다. 상민이 아명으로 살아가는데 무슨 문제가 있겠는가"라고 제사해야 한다. 정군(正軍)[24]의 호수(戶首)[25]가 혹 자청해서 보인(保人)[26]으로 내려 달라고 할 경우 경솔히 허락하는 제사를 내려주어서는 안 된다. 일절 막아서 군정(軍政)을 어지럽히는 폐단을 제거해야 할 것이다. 대개 입지를 요청하는 경우 쉽게 제사를 내려주어서는 안 된다.

민장(民狀) 가운데 '아무개가 저의 이웃집에 잠시 의탁하여 머무르다가 공연히 저의 물건을 가지고 갔다'고 하는 것은 태반이 거짓말이다. 이는 반드시 도망친 자와 서로 친한 사람이 도망갔다는 공문을 만들려고 하는 것이다. 이 같은 일은 반드시 막아야 하니 먼저 도망친 사람의 친족 내력과 신역의 유무(有無)를 물어본 후에 비로소 입지하여 제사해 주어야 할 것이

---

22) 입지(立旨) : 신청서 끝에 신청한 사실을 입증하는 뜻을 부기(附記)하는 관부의 증명.

23) 관명(冠名) : 관례(冠禮)때 아명(兒名)을 버리고 새로 지은 이름.

24) 정군(正軍) : 군사제도의 기간을 이루었던 일반 양인 농민 출신의 병종(兵種). 정병(正兵).

25) 호수(戶首) : 민호(民戶)의 대표자. 군역(軍役)이나 공부(貢賦) 납부의 책임을 짐.

26) 보인(保人) : 병역에 복무하지 아니하고 보포(保布)를 바치는 장정.

다. 그가 만약 신역이 있는 사람이라면 이임(里任)[27]과 이(里) 중에 오랫동안 살고 있어 실정을 잘 아는 사람에게 물어서 철저하게 조사하여 처리해야 한다.

민장 가운데 나를 깨우쳐주는 것도 많다. 만약 꿔준 돈을 받게 해달라는 소지가 있을 경우에는 그가 부유한 사람임을 알 수 있으니, 황정(荒政)[28]이나 부유한 사람을 뽑아서 소임을 맡길 때 이들을 활용할 수 있다. 양반이 여러 번 민장에서 거론되면 세력이 강한 자임을 알 수 있다. 민인으로서 만약 송정(訟庭)에 자주 들어와서 논변하여 다투기를 잘하는 자는 소송을 즐겨하는 사람임을 알 수 있다. 혹은 그 신역과 입적(入籍)을 고찰하며, 혹은 겉을 보고 속을 알고, 혹은 흐름을 거슬러 근원을 탐색하며, 혹은 민속을 살피고, 혹은 진위를 분변하여 일을 처리할 때 마음을 쓰고 미루어서 확장시킨다면 총명한 방법과 지혜가 자연히 자라날 것이다. 일을 전도(顚倒)시키는 권세를 행하거나 예측할 수 없는 위엄을 예상 밖에 드러내면 간사한 민과 교활한 이서는 저절로 순종하게 될 것이다.[29]

첩소 내용이 추궁해서 판단해야 할 사안이라면 모두 '심문할 것이니 붙잡아 오라'고 하며, 꿔준 돈을 받아달라고 하면 모두 '심문하여 받아줄 것이니 붙잡아 오라'고 제사한다. 그 중에 인정과 도리에 억울한 것이 있으면 대부분 '그 죄를 다스려 징급할 것이다'라고 제사한다. 이런 일들은 모두 정신을 허비하지 말고 신속히 제사를 내려주어야 한다. 결국 다시 잡아들여 관장 앞에서 변론을 들어야 하기 때문이다.

오직 입지를 해달라는 소지는 모두 뽑아 모아두었다가 끝까지 자세히 살펴본다. 잃어버린 물건의 입지면 예에 따라 제사해주되 중요하거나

---

27) 이임(里任) : 지방의 동리에서 호적(戶籍) 기타의 공공 사무를 맡아보던 사역(使役)의 하나. 이장(里長). 이정(里正).

28) 황정(荒政) : 흉년이 들었을 때 백성을 구제하는 정치. 기근구제의 정책. 구황(救荒) 정책.

29) 여기까지는 『목민고』, 「민소(民訴)」와 거의 일치한다.

의심스러운 사안은 이임을 데려와 사실을 조사한 후 진술한 곳에서 제사를 내려준다. 진처(陳處)[30]를 개간하거나 산소를 쓰는 일과 관련된 입지이면 반드시 그 마을에 사는 세 부류의 색장(色掌)[31]으로 하여금 호구단자(戶口單子)를 가지고 들어오게 하여, 그 공한처(空閑處)를 물어서 알아낸 후 확인을 받아서 문서를 작성하여 준다. 그 가운데 혹 어떤 사람이 땅과 민을 침탈하였다가 자기가 패할 줄 미리 알고 물러가는 자가 있다면 '무엇으로써 그 실상을 알겠는가'라고 제사하여 물러가게 해야 할 것이다. 양역(良役)[32]을 피해 도망간 경우 절대 제사해 주지 말고 소장 그대로 돌려준다.

혹 관속을 고소한 경우 처음부터 제사해 주지 말고, 애초에 피소된 관속을 잡아들여 사실을 명백히 조사하고 처결한다. 혹 빚을 지거나 뇌물을 받은 자라면 즉시 그 자리에서 받아 주고, 뇌물을 받은 자는 가볍고 무거움, 오래되고 가까움을 구분하여 죄를 다스려야 한다.[33]

모든 관속과 이서배들은 업무 보는 곳에서 공적으로 발괄[白活][34]하거나 소장을 올리지 않고, 삐뚤어진 방법과 잘못된 길로[傍谿曲逕][35] 암암리에 사사롭게 도모하는 자는 반드시 그 죄를 다스려야 한다.

소지와 발괄은 색리에게 맡기지 말고, 낱낱이 조사하여 결정하되 허가할

---

30) 진처(陳處) : 진전(陳田). 토지대장에는 올라 있지만 실제로는 경작하지 않고 묵히는 논밭.

31) 색장(色掌) : 조선시대 관청 내 제반 부서의 실무 담당자. 지방의 면리(面里)나 방(坊), 부(部) 등에서 수령을 보좌하여 풍속을 규찰하고 규율을 바로잡는 업무를 담당했음.

32) 양역(良役) : 국가에서 필요로 하는 역역(力役) 징발과 재정확보를 위해 원칙적으로 16세 이상 60세까지의 양인(良人) 또는 양민(良民)의 남자 즉, 양정(良丁)에게 부과하던 각종 신역(身役)의 통칭.

33) 바로 위의 문단과 이 문단은 『목민고』, 「소첩(訴牒)」에 보인다.

34) 발괄[白活] : 이두로 고려와 조선시대에 관청에 올리는 소장·청원서·진정서 등의 소지류. 억울한 사정을 글로 하소연함.

35) 방계곡경(傍谿曲逕) : 이익이나 권세를 위하여 취하는 삐뚤어진 방법과 바르지 못한 길의 비유.

만하면 허가하고 허가할 수 없으면 허가해서는 안 되니 지체하지 말아야 한다.

소지는 올라오는 대로 받아들여야 한다. 이를 처음 부임한 초기에 법령으로 정한다.

발괄은 소지의 제사를 다 마친 후 마음을 다해 자세히 듣는다.

그 날의 발괄은 오는 대로 몇 번이고 나오게 하여 들어주고, 들을 때에는 잡다한 공사를 잠시 정지하고 듣는다. 한 사람이 거듭 발괄해도 상세히 들어주고, 2~3차례 이르러 끝내 들어줄 수 없는 것이라도 그대로 내보낸다.

소지는 아래 이서들로 하여금 읽게 해도 좋고, 취합해서 책상에 놓고 친히 손수 제사해도 좋다. 소지를 물리칠 때는 일일이 민들에게 출급해 주되 소지가 많으면 20장 혹 10장이 모인 뒤에 즉시 출급하며, 혹 6~7장 혹 3~4장이 되어도 즉시 출급한다.

송사(訟事)에 관한 소지는 원고와 피고를 붙잡아 온 뒤에 송사를 시작하고 다짐을 받는 것은 법례에 따른다. 서로 소송하는 것이 아니면 양측을 심문하여 사실을 확인한 후, 소지에 입지(立旨)[36]를 붙여 이긴 사람에게 제사를 내린다. 법례로 판결하여 입안(立案)[37]해 주기를 원할 경우 역시 들어준다. 입지로 판결하면 수수료[作紙][38]를 받지 않으며, 관식(官式)[39]으로 판결하면 관식에 의하여 수수료를 징수하되 원하는 대로 받아야지 지정해서 받아서는 안 된다.

소지 가운데 사연이 중대한 것은 치부(置簿)해서 지통(紙筒)에 넣어둔다.

---

36) 입지(立旨) : 개인이 청원한 사실에 대하여 관부에서 공증해주는 문서.
37) 입안(立案) : 관부(官府)에서 개인의 청원에 따라 발급하는 문서.
38) 작지(作紙) : 관부에서 문서를 만드는 데 소용되는 종이 값을 거둬들이는 것.
39) 관식(官式) : 입안을 발급하는 경우를 말한다.

다른 사람이 자기 노비를 숨겨서 데리고 살고 있다고 고발하는 경우에는 그로 하여금 스스로 잡아오게 하되 잡아온 노비는 관아에 보내 처리하게끔 법을 거듭 밝힌다. 때로 숨겨준 정황이 분명한 경우에는 혹 면임을 보내어 잡아오도록 하며, 끝내 체포하지 못하더라도 붙여 살도록 한 사람에게 침채(侵責)[40]와 징공(徵貢)[41]을 경솔히 쉽게 시행해서는 안 된다.

고을에서 올린 등장(等狀)[42] 가운데 혹 선행을 표창하거나, 악행을 다스려 달라는 경우 다시 자세히 실상을 조사하여 중대한 사안은 감사(監司)에게 보고하고 가벼운 사안은 자체적으로 관아에서 상벌을 논한다.

부모·형제의 인륜과 같이 풍교(風敎)에 관계된 일이 있으면 관차(官差)[43]를 보내 잡아오게 한다.

도임한 직후 업무를 볼 때에는 소지(所志)[44]에 여러 말로 제사(題辭)[45]를 내릴 필요가 없다. '상쟁(相爭)'의 소지는 "과연 호소한 대로라면 매우 근거 없는 일이다. 조사할 것이니 잡아오라"고 제사를 써준다. '채무를 받아 달라'는 소지이면 "조사해서 받아줄 것이니 잡아오라"고 제사를 내린다. 혹 '늙었으니 군역에서 제외시켜 달라[老除][46]'고 청하거나 혹

---

40) 침채(侵責) : 간접으로 관계되는 사람에게 책임을 추궁하거나 각종 트집을 붙여서 물품 수납을 강요함.

41) 징공(徵貢) : 지방의 특산물인 공물(貢物)을 징수하는 것인데, 여기서는 노비공을 징수하는 것을 말한다.

42) 등장(等狀) : 민인들이 연명으로 작성한 소장.

43) 관차(官差) : 관아(官衙)에서 파견하는 아전. 곧, 군뢰(軍牢), 사령(使令) 등을 가리킴.

44) 소지(所志) : 관부(官府)에 올리는 소장(訴狀)·청원서·진정서. 발괄[白活]이라고도 한다. 소지는 당시 사람들의 생활 가운데 일어난 일 중에서 관부의 결정과 도움을 필요로 하는 모든 종류의 민원에 관한 문서이므로 그 내용은 아주 다양하다.

45) 제사(題辭) : 소지를 수령이나 관계 관부에 올리면 해당 관원은 소지의 내용을 살펴본 뒤 그 소지에 대한 판결을 내리게 되는데, 이를 '뎨김[題音]' 또는 '제사(題辭)'라고 한다. 뎨김은 소지의 왼쪽 아래 여백에 쓰며, 그 여백이 모자라면 뒷면에 계속해서 쓰기도 하고 별지를 붙여 쓰기도 하였다. 뎨김을 적은 소지는 그 소지를 올린 사람에게 돌려주어 그 판결에 대한 증거 자료로 보관하도록 하였다.

46) 노제(老除) : 국역을 진 정남(丁男)이 나이 60이 되면 '노(老)'라 칭하여 역에서

'병이 폐질이 되었다고 군역에서 제외시켜 달라'고 청하면 "친히 살펴볼 터이니 직접 오도록 하라"고 제사를 내린다. 양반이 '상민에게 욕을 당했다'고 소장을 낸 경우는, '상민이 양반을 능욕하다니 참으로 놀랍고 개탄스러운 일이다. 심문하여 엄히 다스릴 터이니 붙잡아오라'고 제사를 내리는 것이 좋다. 대개 양반이라고 칭하는 자가 이런 일로 소장을 내어 받은 제사가 제 입맛에 맞지 않으면 처음부터 반드시 비방할 것이니 문서를 잘 살펴보지 않을 수 없다. 대질 심문한 후에 양반의 말이 거짓이면 그 민인을 벌줄 필요가 없다. 혹은 '이(里)를 나누고 동(洞)을 나누는 문제'로 소장을 낸 경우는 '갑자기 변통하기 어려우니 번거롭게 소를 내지 말라'고 제사를 내리고, 가벼이 허가하지 않는 것이 좋다. 산송(山訟)[47] 소지는 '묘가 자리한 산의 생김새와 보수(步數), 원근(遠近)을 도형으로 그려서 간폐(奸弊)를 파악하여 문서를 갖추어 보고하라'고 제사하고, 그 명령을 실행할 자로서 향소나 면임(面任)[48]을 지정해 써넣는다. 그러나 큰 송사이면 불가불 직접 간폐를 살펴야 한다. 송사를 판결한 후라도 쉽사리 "당장 파내라"고 해서는 안 된다.

읍이 비록 대로변에 처해 있어도 문에서 사람들을 금할 필요는 없다. 대문을 활짝 열어놓고 고소할 일로 소장을 내는 자가 있거든 곧바로 섬돌 아래까지 와서 소를 내도록 명령하고 즉시 친히 제결하여 내준다. 이렇게 하면 문지기에게 저지당하여 지체된다는 원망이 없을 것이다. 무릇 소지와 공사(公事)는 비록 깊은 밤이거나 이른 새벽이라도 낱낱이 바치게 해서 제급하는 것이 좋다. 소장을 내려는 사람을 가로막는 문지기와 사령은 부임 첫머리에 여러 차례 맹렬히 다스리는 것이 좋다.

어떤 이가 고을 수령이 되었을 때 큰 송사를 처결할 때는 반드시 옛

면제되는 일.

47) 산송(山訟) : 묘지와 묘지 주변의 산림에 관한 소송사건.

48) 면임(面任) : 지방 행정 구역 단위인 면(面)의 소임. 또는 그것을 맡아 보는 사람.

책을 준거로 삼았다. 사람들이 처음에는 모두 웃었으나 끝내는 신복하지 않음이 없었다. 방백 역시 의문이 나는 일은 자문을 구하였으니 법을 따르고 옛 것을 따르고서 사람들에게 믿음을 얻지 못하는 자는 없다. 우재(尤齋)[49)]

산송은 인조 조에 보수(步數)만을 따지지 않는다는 수교(受敎)[50)]가 있었다. 이는 반드시 감사에게 보고하여 처리하는 것이 좋다.

노비를 추쇄(推刷)[51)]하고 노비공(奴婢貢)[52)]을 받아 내는 일은 일절 가로막는 것도 안 되지만 침해하도록 일임하는 것도 안 된다. 대개 노비가 주인을 배반하고 몰래 숨었으면 반드시 다스려서 징계하여야 한다. 그러나 상전(上典)이 해마다 침탈하여 궁민(窮民)을 파산지경에 몰아넣는 것 역시 금하지 않을 수 없다. 노주(奴主) 간에 한쪽 편의 말만 일방적으로 들어서는 안 되며, 밝게 살필 뿐이다.

문지기에게 엄히 분부하여 소장을 내거나 발괄[白活]하러 오는 민인들은 개좌(開坐) 여부나 식사 중이거나에 구애받지 말고 낱낱이 곧바로 들어와서 자기 생각대로 친히 내게 하여 문밖에 머물러 방황하게 하지 말아야 한다. 그리고 어리석은 백성이 다른 사람에게 소장을 대필 받으면 하고 싶은 말이 있어도 다 전달하지 못할 염려가 있으니, 소장을 낸 다음에 직접 말로 호소하는 길을 터놓아 그 뜻을 펼 수 있도록 한다. 만일 급한 소를 내어야 할 민인이 있으면 비록 밤이 깊어 취침한 후라도 문지기가 급창(及唱)[53)]에게 전하고 급창이 아노(衙奴)[54)]나 혹은 책방(冊房)[55)]에게 전하여

---

49) 우재(尤齋) : 송시열을 가리킨다. 출전은 『송자대전(宋子大全)』 권123, 서(書), 「여숙제(與叔弟)」, 1662년 12월(壬寅十二月), 총간 112-298c.

50) 수교(受敎) : 임금의 교명(敎命). 교령(敎令)을 받은 관사에서는 이를 수교(受敎)라고 하였다.

51) 추쇄(推刷) : 도망한 노비를 수색하여 잡아서 본 주인에게 되돌려 주던 일.

52) 노비공(奴婢貢) : 노비 신공을 말함.

53) 급창(及唱) : 관아에 딸린 사령의 하나. 섬돌 위에 서서 관장(官長)의 명령을 간접으로 받아서 큰 소리로 전달하는 일을 맡아서 하였다.

차례로 통고하게 하고 즉시 판결을 내린다.

비록 국가적 기일[國忌][56]이나 개인적 기일이어서 재계(齋戒)하는 날이더라도 조사 심문하여야 할 일 이외에는 소장을 내거나 발괄하러온 민인은 절대로 시간을 지체하지 말고 그때그때 들여보내도록 명령하고, 소지는 즉시즉시 제사를 내려 주어 먼 마을에 사는 민들이 읍내에 머무르지 않도록 하라.

공책 5권을 만들어서 매번 통인(通引)[57] 가운데서 문자를 알고 믿을 만한 사람 한두 명, 혹은 서너 명을 골라서 매일 소지(所志) 가운데 윤기(倫紀)[58]에 관계되는 일, 전정(田政),[59] 군정(軍政),[60] 환곡(還穀),[61] 관속(官屬)[62]의 작폐에 관계되는 일 등 다섯 가지 사항과 그 밖의 '다스릴 만한

---

54) 아노(衙奴) : 관아의 노비.

55) 책방(冊房) : 조선시대 고을 수령의 비서(秘書)사무를 맡아보던 사람. 관제(官制)에 있는 것이 아니고 사사로이 임용(任用)하였음.

56) 국기(國忌) : 왕 또는 왕비의 돌아가신 날. 즉 나라의 제삿날을 말하는데, 추존한 왕 또는 왕후의 돌아가신 날도 이에 포함된다. 국기일에는 전국적으로 가무·음주 등 환락이 일체 법으로 금지되고, 그 밖에 모든 도살(屠殺)도 금지되었다. 그리고 궁중에서는 국기제(國忌祭)가 거행되고 왕의 능침참배 등이 있었다.

57) 통인(通引) : 지방관서에 소속된 이속. 수령(守令)의 신변에서 호소(呼召)·사환(使喚)에 응하던 이속이다.

58) 윤기(倫紀) : 윤리와 기강(紀綱).

59) 전정(田政) : 조선후기 토지에 부과되던 조세에 관한 행정. 17세기 이후 대동법(大同法)·균역법(均役法)의 실시 등 일련의 세제개혁을 통하여 각종 조세가 토지로 집중되고, 『경국대전』으로 법제화된 전기의 조용조(租庸調) 체제가 무너지면서 토지에 세를 부과하여 수취하는 일련의 제도 및 그와 관련한 행정을 전정이라 일컬었다.

60) 군정(軍政) : 조선시대 군사(軍事)에 관한 군행정(軍行政)과 군재정(軍財政)의 총칭. 즉, 전정(田政) 및 환곡(還穀)제도와 함께 삼정(三政)의 하나로서 군역을 중심으로 한 군적(軍籍)과 군보포(軍保布)의 군 행정과 군 재정을 의미한다.

61) 환곡(還穀) : 국가가 춘궁기(春窮期)에 대여했다가 추수 후에 회수하던 국가 비축(備蓄)의 곡물. 일정한 규정에 따라 대여하고 또 회수, 보관했기 때문에 이러한 제도 자체를 말하기도 한다.

62) 관속(官屬) : 각 관아의 아전과 하인.

일'은 반드시 엄한 제사를 내려서 낱낱이 통인에게 넘겨주어 공책에 치부하게 한 다음 소지를 내어준다. 그 가운데서 '다스릴 만한 일'에 관한 소지는 그 날짜를 계산하여 '조사 심문할 터이니 붙잡아 오라'고 한 기한이 지나도 끝내 옳고 그름을 따지러 오지 않으면, 따로 뽑아서 사건 내용을 후록(後錄)하여 각 면에 조사하도록 전령을 보낸다. 조사 보고를 기다려서 혹 뇌물을 받고 사사로이 화해했는지, 혹 원래 소장을 낸 사람이 무고하였다가 스스로 자신이 잘못했음을 알고 중간에 스스로 물러났는지, 혹 힘의 강약이 비슷하지 않아 위세에 눌리거나 혹 안면과 인정에 구애되어 제대로 심리받기 어려운 형세이므로 그대로 묻어두고 분변(分辨)하지 못하였는지, 그 사안의 경중을 따져서 각 면의 풍헌(風憲)과 해당 이(里)의 존위(尊位)[63]가 죄를 다스려 징계하도록 한다. 그 가운데서도 사안이 중대한 것은 관장 앞에 붙잡아 와서 각별히 처리하면 간사한 민이 두려워하여 이후로 망령되이 속이는 폐단을 막을 수 있다. 처리한 이후에는 각기 그 이름 아래 효주(爻周)[64]하고 도장을 찍어 두며, 자주 친히 살펴 통인의 농간을 방지한다.

인심이 간사(巧詐)하여 면의 보고서를 가짜로 만들어서 관가를 속이는 폐단이 자주 있다. 각 면의 풍헌과 각 이(里)의 존위에게 각기 도장을 만들어서 대소의 보고서에 반드시 도장을 찍어 보고하게 함으로써 간계를 막는다.

송사를 들을 때에는 반드시 아객(衙客)과 방문한 손님이 자리에 같이 앉지 못하도록 한다. 그리고 책방이 내아(內衙)와 부득이 서로 통할 일이 있으면 쪽지로 하지 말고, 전갈이 분명하게 말로 오가게 하여 송사를 낸 민이 의심을 일으키지 않도록 한다.

---

63) 존위(尊位) : 동리나 면에서 우두머리가 되는 어른을 가리킴. 조선후기에는 면리임의 호칭의 하나.

64) 효주(爻周) : 장부 점검용 기호를 명사화한 것. 효(爻)는 효(爻) 자 모양의 표(×)를 그어 글자를 지워버려 사실을 말소시키는 것이며, 주(周)는 동그라미(○)로 동의나 조사에서 이상이 없음을 뜻함.

크고 작은 송사를 들을 때 반드시 공정한 마음으로 충분히 자세히 살핀다. 개좌 후에는 마음을 가라앉혀 양쪽의 문안을 여러 번 주의 깊게 읽고, 의심이 가는 곳이 있으면 표시를 해서 따로 뽑아 질문 목록을 만들어 초사(招辭)[65]를 받는다. 그리고도 의심스러운 단서가 있으면 질문 목록을 만들어서 다시 초사를 받아, 깊이 헤아리고 자세히 살펴서 처리한다.

그릇된 것을 알고도 잘못 판결하면 재앙이 자손에게 미치니 참으로 조심하라.

부임 초의 소지 가운데는 군역을 빼달라고 청하는 것이 많다. 노제자(老除者)[66]와 병폐자(病廢者)[67]의 경우는 '조용할 때 친히 살펴서 빼줄 터이니, 이 제사(題辭)를 가지고 다시 고하도록 하라'고 제사를 내린다. 4부자가 모두 실역(實役)에 충당된 경우에는 '조용할 때 문서를 살펴서 빼줄 것이니 이 제사를 가지고 다시 고하도록 하라'고 제사를 내린다. 사망[物故]하였는데도 군역에서 아직 빠지지 못한 경우는 '사망이 확실한데 아직 빠지지 못하였다니 매우 놀랍다. 허실을 각별히 조사하여 보고하라'고 면임 앞으로 보내는 제사를 써서 준다. 고을의 규례가 만일 이대정(里代定)[68]하도록 되어 있으면 이임(里任)[69] 앞으로 보내는 것도 좋다.

매일 일찍 일어나서 관아를 열며, 민의 소(訴)를 들을 때는 안색을 온화하게 하여 민이 하고 싶은 말을 다 할 수 있게 한다. 송사를 들을 때는 절대로 먼저 자신의 의견을 세우지 말고 마음을 평안히 하여 공정히 듣고 법문을 자세하게 고찰하여 처결한다.[70]

---

65) 초사(招辭) : 관의 심문에 답하여 진술하는 말.

66) 노제자(老除者) : 나이 60이 되어 역(役)에서 면제(免除)자.

67) 병폐자(病廢者) : 폐질자. 폐질자는 백치(白痴), 벙어리, 난장이, 꼽사등이, 절뚝발이 등의 장애자를 의미한다.

68) 이대정(里代定) : 이(里)에서 자기 이(里)의 사람이 군역을 지다가 면제 사유가 생겼을 경우, 이에서 주관하여 같은 이의 사람으로 대신 교체하는 법. 이정법(里定法).

69) 이임(里任) : 이장(里長)을 말한다.

송사를 들을 때 간혹 서로 시끄럽게 다투는 폐단이 있는데, 절대로 쫓아내지 말고 반드시 그 사설을 마치도록 하여 처음부터 끝까지 들은 다음 그 이기고 진 경위를 자세히 말한다. 그들의 하는 모양이 매우 밉더라도 결코 쫓아내지 않는 것이 좋다.

70) 법제처본에는 이 항목 이하 2항목이 누락되었다.

전령(傳令)

신임 수령이 임지에 도착하면 군역에 대해 죽었다거나 도망했다거나 노제(老除)라거나, 첩역(疊役)[1]을 칭하면서 탈로 처리해달라고 청하는 소지(所志)[2]가 분분할 것이다. 전령(傳令)으로 알려[知委][3] 관의 분부를 기다리게 하고, 7·8월간 농사일이 덜 바쁠 때 마땅히 조사해서 바로잡도록 할 것이니 그 전에 와서 소장을 내는 일이 없도록 하라는 뜻을 각 동네에 신칙하여 알려서 농민이 공연히 왕래하는 폐단을 없애고, 또한 부임 초에 일일이 응대해야 할 일을 줄인다. 이러한 전령은 부임한 다음날 명백하게 알리는 것이 좋다.

부임한 뒤 수일 이내에 각 면에 전령으로 알려 각 면·각 촌·각 주막·각 사찰·포호(浦戶)·산점(山店)의 폐막을 다음과 같이 상세하게 묻는다.

"본 고을은 대로변에 처해 있고 흉년을 계속 만나 민간의 고통과 근심은 묻지 않아도 알 수 있다. 그 중에서 가장 감당하기 어려워서 크게 민폐가 되고 있는 것을, 늙은 향리나 부로(父老)가 식견 있는 사대부와 상의하여

1) 첩역(疊役) : 신역 부담자 한 사람이 동시에 두 가지 이상의 신역을 수행하는 것.
2) 소지(所志) : 청원이 있을 때 관아에 내는 소장(訴狀).
3) 지위(知委) : 통지나 고시 따위의 형식으로 명령을 내려 알려줌.

폐단을 기록하여 즉시 올린다면 본관이 마땅히 상세히 살피고 널리 의견을 물어서 큰 것은 영문(營門)에 보고하여 변통하고 작은 것은 관가에서 개혁할 것이다. 관가 정치의 득실로부터 향청(鄕廳)[4]과 작청(作廳)[5]의 폐단, 여항(閭巷)의 곤란하고 화급한 형상에 이르기까지 조금도 꺼리지 말고 일일이 진언하도록 하라."

사찰에는 다음과 같이 전령한다.

"승역(僧役)이 편중된 것은 마땅히 고쳐야 한다. 삼보(三寶)[6]의 우두머리 승려는 일을 잘 아는 승려들과 상의하여 비록 관에 내는 물건일지라도 향청과 작청이 토색한 것이나 호강 양반(豪强兩班)이 침책(侵責)[7]한 일 등은 감추거나 꺼리지 말고 일일이 나열하여 적어서 제출하게 하여 변통하는 근거로 삼는 것이 마땅하다."

주막에는 다음과 같이 전령한다.

"주막은 길 옆에 있어서 크고 작은 사성(使星)[8]이 지나 가고 오르내리는 여행객이 거쳐 가는 곳이다. 따라서 그 사이에 부역 부담이 간단치 않았으리라는 것은 상상하고도 남는다. 그 가운데 그대로 두어야 할 것은 그대로 두지만 혁파할 수 있는 것은 혁파해야 할 것이다. 하나하나 기록하여 올리는 것이 마땅하다. 만약 한문을 아는 사람이 없다면 한글로 기록하여 제출해도 좋다."

---

4) 향청(鄕廳) : 조선시대 수령을 보좌하던 자문기관. 조선초기에 설치된 유향소를 임진왜란 이후 대개 향청이라 불렀음.

5) 작청(作廳) : 아전이 집무하던 청사로서 길청(吉廳) 또는 연청(椽廳)이라고도 함.

6) 삼보(三寶) : 불교도가 존경하고 섬기는 가장 중요한 세 가지 보배. 곧 불(佛)·법(法)·승(僧)이니, 이는 깨달음·교법·교법 수행을 말한다.

7) 침책(侵責) : 물품 수납에서 각종 트집을 붙여서 강요함.

8) 사성(使星) : 임금의 명령으로 지방에 파견되는 관원.

이어서 향청 및 나이 들어서 역이 면제된 영리나 아전 및 일을 잘 아는 군교 중 읍에 사는 자들에게 명령을 내려서 각각 읍의 폐단을 개진하게 하고 이어서 글로 써서 납부하게 한다. 이와 같이 하면 수일 이내에 한 읍의 폐단과 백성의 괴로움을 한눈에 파악할 수 있다. 그 가운데 시급하게 고쳐야 하는 것 이외에 오래된 폐단에 대해서는 경솔하게 손대지 말고 책자를 하나 만들어 책상 위에 두고서 틈나는 대로 거듭 살펴보고, 혹은 친구나 이웃 수령, 읍의 부로(父老) 중에서 더불어 상의할 만한 자들에게 널리 의견을 듣고 좋은 계책을 얻어서 개혁의 바탕으로 삼는 것이 좋다. 폐단을 고치려다가 좋은 방책을 얻지 못하면 반드시 멀리 내다보는 계책이 되지 못하고 새로운 폐단이 생길 수도 있으므로 삼가지 않을 수 없다.

전령으로 알리는 일은 민(民)에게는 유익하지만 일을 맡은 담당자에게는 해로운 일이 많아 담당자들이 애초부터 민간에 반포하지 않는 일이 왕왕 있다. 혹 관청에 들어오는 민(民)이 있으면 갑자기 '아무 날 관청에서 전령한 일이 있는데 너희들은 보았느냐?'고 물으면 본 자는 보았다고 대답할 것이고 못 본 자는 못 보았다고 대답할 것이다. 그러면 보았다고 대답한 자에게는 전령의 내용을 상세하게 물어서 만약 잘 이해하지 못하고 있다면 형방으로 하여금 다시 깨우쳐 주게 한다. 못 보았다고 대답한 자에게는 그 면리(面里)의 이름을 물어서 해당 면임을 즉각 잡아 오게 하여 관의 명령을 민간에 반포하지 않은 죄로 엄하게 매를 때린다. 또한 '아무개 면임이 아무 날 관에서 내린 명령을 전하지 않은 죄로 매를 몇 대 맞았다'고 각 면에 알리고 그 날의 전령을 다시 반포한 뒤, 이후 관의 명령을 반포하지 않은 자는 마땅히 엄하게 징치하겠다는 뜻으로 신칙해야 한다. 이것이 이른바 예측할 수 없는 위엄이고 예상을 뒤집는 기술이다.

모든 알리는 명령과 패자(牌子)[9]에 대해서는, 예를 들면 아무 마을의

---

9) 패자(牌子) : 관공서의 직인 따위가 찍힌 문서류.

아무개를 잡아오라는 것과 같은 것은, 반드시 담당 이서에게 먼저 책자에 기록하고 문서를 만들어서 내어 주게 한다. 전령과 패자는 담당 이서의 명을 기록한 이후에야 전령을 위조하여 중간에서 간계를 부리는 일을 없앨 수 있다. 또 전령을 면임이 즉시 반납하게 한 이후에야 마을에 머물러 두고 상관없는 민에게 공갈하는 폐단을 없앨 수 있다. 상민은 문자를 알지 못하여 관공서의 직인이 찍힌 문서를 보기만 해도 겁을 내기 쉽기 때문이다.[10)]

각 면과 리에 다음과 같이 전령한다.

> "감영(監營)과 병영(兵營)의 영속(營屬)[11)]이나 진영(鎭營)에서 사절로 나온 장교(將校)[12)]나 나장(羅將)[13)] 또는 다른 관인이 관자(關子)[14)]나 전령을 갖고 이문(移文)[15)]하거나 의송(議送)[16)]할 때, 본관(本官)에게 먼저 가져오지 않고 바로 마을[村閭]로 나아가서 공갈하여 폐단을 일으키는 자 및 본 읍 관속의 무리로서 마을로 나아가서 폐단을 일으키는 자는 본 면리의 토포장(討捕將)이 같이 가서 잡아다가 처치할 것이다."

그러나 본 (읍의) 관속들은 비록 잘못을 범하는 일이 있더라도 촌민이 잡아다 발고하기 어려울 것이다. 각 청(廳)의 우두머리에게 만약 침범하는

---

10) 여기까지는 『목민고』, 「전령(傳令)」과 일치한다.

11) 영속(營屬) : 각 군영(軍營)이나 감영(監營)에 딸린 영리(營吏)와 영노(營奴)를 총칭하는 말.

12) 장교(將校) : 각 군영이나 지방 관아에서 군무에 종사하는 하급 무관.

13) 나장(羅將) : 칠반천역(七般賤役)의 하나로 의금부·병조·오위도총부·사헌부·사간원·평시서·전옥서 등에 예속한 하례(下隷)로서 죄인을 잡아들이거나 죄인을 문초할 때 매를 때리는 일과 귀양가는 죄인을 압송하는 일을 맡아 보았음.

14) 관자(關子) : 상급 관청에서 하급 관청으로 시달하는 공문서 또는 허가서.

15) 이문(移文) : 동등한 아문에 보내는 공문서. 공이(公移)라고도 함.

16) 의송(議送) : 백성이 고을 수령의 결정에 승복하지 못하고 다시 관찰사에게 상소하던 일.

자가 있으면 그 우두머리와 함께 각별히 무겁게 다스리겠다고 분부하고, 이를 정식(定式)으로 삼아서 엄하게 실천해야 한다. 면임(面任)과 이임(里任)에게는 감히 사사로운 정리에 따르지 말고 낱낱이 조사하여 보고해야 한다는 뜻을 엄하게 밝혀 분부해야 한다.

전령(傳令)으로 민간을 깨우칠 긴요한 일이 있으면 한글[諺文] 전령을 한문[眞書] 전령 뒤에 붙여서 어리석은 백성도 잘 알 수 있도록 한다.

논과 밭에서 여러 곡식들이 한창 자랄 때 양반집 노비나 혹은 힘세고 사나운 일반 백성, 혹은 형제나 족속이 많은 사람이 소와 말을 풀어놓아 농사에 해를 끼치는 일이 빈번하게 일어난다. 전령으로 각 면에 엄하게 신칙한 뒤 간혹 적발하여 만약에 발각되는 자가 있으면 각별하게 치죄하여 통렬하게 금단해야 한다. 그러나 적발할 때 폐를 끼치는 일이 있을 수 있으므로 또한 상세하게 살펴서 처리해야 한다.

각 면에 다음과 같이 전령한다.

> "만약 실수로 불을 내는 집이 있으면 몇 월 몇 일, 아무 마을에서 아무개가 실수로 불을 내어 아무 물건이 모두 타버렸다고 면임과 이임이 즉시 관가에 달려가 보고하라."

담당 이서로 하여금 공책[空冊]을 만들어 낱낱이 기록하게 하여 후일의 증거로 삼아서 간사한 백성이 농간을 부리는 폐단을 막아야 한다.

부임한 후 삼일이 지나면 각 면에 체문(帖文)[17]을 내려[18] 권농(勸農)을 신칙(申飭)한다. 대략 '소가 있는 사람은 없는 사람에게 빌려주고 이웃이 병으로 농사일을 못한다면 동네에서 힘을 모아 서로 도와 때맞추어 땅을

---

17) 체문(帖文) : ① 상급 관아에서 하급 관아에 보내는 공문. ② 관아에서 발급하는 임명장·증명서·영수증 등을 말함. ③ 수령이 관하(管下)의 면임(面任)·훈장(訓長)·향교 유생 등에게 유시(諭示)하는 글.

18) 하체(下帖) : 수령이 체문(帖文)을 내림.

갈고 씨 뿌리고 잡초를 제거하라'고 한다. 관에서 조사하여 적발할 때 만약 태만한 곳이 있으면 동임(洞任)은 그 밭머리에서 일에 따라 무겁게 다스린다.

아랫사람을 대함[臨下]

아랫사람을 대하는 것은 마땅히 엄중하고 말이 적어야 한다. 어쩔 수 없어서 일의 실태에 대해 묻더라도 전례(前例)를 따르고 언어는 반드시 간결하게 해야 한다. 말을 함부로 많이 하고 행동을 경솔하게 하는 것만큼 위의(威儀)를 손상시키는 것이 없으니 반드시 경계해야 할 것이다.

이서를 다스리는 방법은 그 요령을 얻기가 가장 어렵다. 위엄을 숭상하면 이서 또한 민인이라 살아갈 길이 없으며, 관용을 숭상하면 이서는 이에 백성의 좀이 되니 그들이 민인에게 미치는 폐해가 또 많아진다. 그런즉 마땅히 엄격함을 숭상하되 백성에게 해를 끼치지 않도록 하는 것이 좋다. 그러나 이 또한 본말(本末)이 있다. 호령(號令)을 내고 거두는 일이 모두 관장(官長)에게서 나오게 되면, 이서는 민인들에게 감히 해를 끼치지 못하고 민인 또한 이서를 거칠 일이 없게 되어 이서와 민들이 서로 간섭하지 않는 지경에 이를 것이니, 그러한 연후에라야 제대로 다스려졌다고 할 수 있을 것이다. 만약 가혹하기만 하여 세세한 일에 대하여 구차스럽게 형장(刑杖)으로 다스리려고 힘쓴다면, 이서의 횡포는 그대로 계속될 것이고 그들이 백성에 대해 벌이는 침해 또한 없앨 수 없을 것이다. 군정(軍政), 전정(田政), 요역(徭役), 환자(還上) 등의 대절목(大節目)에 모두 일정한 규식을 정해 두면 이서의 간사한 행동은 막으려 하지 않아도 자연 막힐 것이다.

그러므로 긴급히 대절목을 정돈하는 것, 이것이 근본이다.

모든 이서는 이방(吏房)[1]과 호장(戶長)[2]으로 하여금 영솔(領率)하게 한다. 이서들이 관장을 속이고 민인들을 병들게 하는 것은 수리(首吏)[3]로 하여금 검찰하게 한다. 그들과 약속하기를[4]

> "같이 근무하는 여러 이서들이 관장을 속이고 백성을 병들게 하는 것을 같은 청사에서 지내는 수리들이 모를 리가 없다. 그들이 저지르는 간사한 범죄를 양 수리(兩首吏)[5]가 즉시 관장에게 알린다면 그 죄가 태(笞) 50에 해당되는 것일지라도 관장이 절반을 줄여 죄를 다스릴 것이다. 만약 수리가 안면과 정리에 얽매어 먼저 알리지 않고 있다가 혹 민의 소장 때문에 드러나거나 혹 관장이 절로 알게 될 경우, 그 죄가 태 50에 해당하면[6] 양 수리 또한 그들과 똑 같이 태 50의 벌을 받을 것이니 그리 알고 조심하여 단속해야 한다."

라고 말해두는 것이 좋다.

무릇 각 방의 하기문서(下記文書)[7]와 패자(牌子)·전령(傳令), 각 해당 장임(掌任)이 거행할 일에 대해서는 문서를 마무리 짓기 전에 두 수리가 미리 살펴 서명하고 관장에게 바치게 한다. 그리고 '꼭 해야 할 일은 서명하고, 행할 수 없는 일은 여러 이서에게 경계를 내려 서로 같이 죄짓고 벌 받는 근심을 뒤집어쓰지 않게 하는 것이 마땅하다'라고 분부하고, 이

---

1) 이방(吏房) : 지방 관아에 딸린 6방의 하나로서 지방관서에서 인사 관계의 실무를 맡아보던 부서 또는 그 일에 종사하던 책임 향리.
2) 호장(戶長) : 지방관부에서 수령을 도와 지방행정을 수행하던 향리의 수장(首長).
3) 수리(首吏) : 으뜸이 되는 향리(鄕吏), 곧 호장(戶長)을 말함.
4) 저본에는 '여지약속동(與之約束同)'으로 되어 있으나 『목민고』에는 '여지약속왈(與之約束曰)'로 되어 있어 이에 따른다.
5) 양수리(兩首吏) : 이방(吏房)과 호방(戶房)을 가리킨다.
6) 고을 수령이 내릴 수 있는 최고의 형벌이다.
7) 하기문서(下記文書) : 상급 기관에서 하급 기관에 보내는 문서.

두 조항을 관청의 벽 위에 써 붙이는 것이 좋다.

관의 노비와 사령 또한 그 청의 행수(行首)[8]를 정하여 이서배들에게 행하는 예에 따라 그들로 하여금 검속하게 하고 또 양 수리(兩首吏)에게 이들을 통령하게 한다. 양 수리에 대해서는 또한 향청(鄕廳)으로 하여금 간사한 범법행위를 규찰하게 하여 관장에게 낱낱이 보고하게 하는 것이 좋다.

관속과 면주인(面主人)이 바깥 촌으로 나가는 것은 민간에게 큰 폐단이 된다. 관속들을 간간히 불시에 점고하기도 하고 또 각 면의 존위(尊位)와 풍헌[9]·약정[10]에게 다음과 같은 전령을 내려 경계한다.

> "역을 지고 있는 관속은 감히 촌가에 함부로 나다니지 않을지라도, 그들의 처자·형제·고공(雇工)의 무리로서 서로 번갈아 오가면서 민간에 폐해를 끼치는 자가 있을 때는 해당 면 해당 리의 두두인(頭頭人)[11]들이 풍헌과 약정에게 차례로 보고하기를 '아무개 관속이 거느리는 아무개가 아무개 집에 와서 어떤 일을 하고 어떤 물건을 얻어 갔다'라고 하면, 풍헌과 약정은 곧바로 관장에게 보고한다. 두두인과 풍헌과 약정 등이 혹 이속(吏屬)들이 앙심을 품을 것을 두려워하여 관장에게 즉시 보고하지 않았다가

---

8) 행수(行首) : 동급의 품계나 신분을 가진 여러 사람 중에서 우두머리를 가리키는 말.

9) 풍헌(風憲) : 풍기를 바로잡고, 관리의 정사(正邪) 청탁을 감찰 규탄하는 직임. 조선시대 면이나 이(里)의 한 직임.

10) 약정(約正) : 조선왕조 때 향약(鄕約) 단체의 임원(任員). 도약정(都約正)과 부약정(副約正)이 있었음. 풍속과 기강, 상부 상조 등에 관한 일을 맡고, 수령이 향약을 실시할 때는 보조 실무의 구실을 하기도 함.

11) 두두인(頭頭人) : 상민으로서 힘깨나 쓰며 가장 우두머리가 되는 사람. 두민(頭民). 행정조직이나 군사조직의 정식 직급은 아니지만 일정 집단의 우두머리를 지칭할 때 사용함. 예컨대 향촌의 부세를 책납할 때 또는 공론을 모을 필요가 있을 때 향촌 존위(尊位), 유사(有司), 색장(色掌)과 함께 참가하는 두두인의 경우가 그러함.

일 때문에 드러나거나 탐문으로 인하여 발각된다면 당사자는 물론이고 면임도 무거운 벌을 면하기 어려울 것이니 이를 가슴 깊이 새겨 거행하라."

그리고 간혹 발각될 경우 면임을 엄하게 징치하면 이러한 폐단을 제거할 수 있을 것이다.[12] 이들 무리들이 관과 민간 사이에 자리 잡고 있는 것이 마치 몸쓸 담(痰)이 상초(上焦)[13]와 하초(下焦)[14]를 가로막는 것과 같으니, 이러한 폐단을 반드시 통렬히 제거해야만 관민 사이의 소통이 원활하게 이루어질 것이다.

이졸(吏卒)이라는 자들 또한 가난하고 병들어 심히 괴로워하는 자가 많아 굶주림과 추위에 절박하게 내몰리니 참으로 불쌍하다. 반드시 그들의 질병과 가난의 고통을 걱정하고 그들 또한 사람이라는 생각을 항상 가지고 있어야 한다.

이서배들에게 미리 분부하기를 "내 임기 중에 속이거나 간사한 일을 저지르는 자는 법에 따라 엄하게 다스릴 것이나 부임 이전에 저질렀던 일이 발각될 경우에는 마땅히 참작하여 처리하겠다"고 하여 그들이 크게 겁내지 않도록 하는 것이 좋다.

관속을 대하거나 품관(品官)을 대하거나 백성(百姓)을 대하거나 간에 절대 일에 앞서 화를 내지 말아야 하며, 유죄든 무죄든 일이 드러난 이후에 공평하게 처리해야 한다. 백성은 애정을 위주로 대하고 관속은 엄함을 위주로 대한다. 애정을 위주로 대할지라도 백성들이 명령을 좇게 하지 않을 수 없고, 엄함을 위주로 대할지라도 그들을 지탱하여 보존케 하지 않을 수 없다. 품관을 대할 때는 친밀하게도 소원하게도 하지 않는다.

---

12) 여기까지는 『목민고』, 「임하(臨下)」와 일치한다.

13) 상초(上焦) : 한방에서 이르는 삼초(三焦)의 하나. 횡격막(橫膈膜)의 위. 혈액의 순환과 호흡 기능을 맡은 부위로 심장과 폐장이 이에 딸림.

14) 하초(下焦) : 한방에서 이르는 삼초(三焦)의 하나. 배꼽 아래, 방광의 위. 노폐물의 배설을 맡은 부위로 대장·방광·소장·신장 따위가 딸림.

관속들이 생계를 지탱하기 어려운 폐단은 반드시 변통하여야 하며, 그들이 저지른 잘못 또한 너그럽게 대한다. 다만, 관장을 속이고 백성들을 병들게 만드는 행위는 일체 무겁게 다스린다. 관속의 일족으로서 근래 도망한 자 외 도망간 해가 오래된 자와 일족이 아니면서도 관계없는 사람에게 함부로 징수한 자는 마땅히 사정에 따라 가려서 처리한다.

통인(通引)이나 급창(及唱)의 무리들과는 세세한 이야기를 나누지 마라. 만약 의문 나는 일이 있으면 늙은 이서를 불러 와 격식에 맞추어 질문하여 위의(威儀)를 잃지 않는 것이 좋다.

이방(吏旁)이 비록 적합하지 않다 하여 죄도 없이 바꾸면 매우 곤란해진다. 이서 중에 사리에 밝고 사무를 근실히 하는 자를 골라 '도검독(都檢督)'이라 하여 임명장을 내리고 그로 하여금 이방 이하 여러 사람들을 검칙(檢飭)하게 한다. 만약 여러 항리 가운데 일을 그르치는 자가 있으면 해당 이서와 도검독 및 이방을 모두 매질하여 그들이 항시 힘을 합하여 일을 하게 한다.

익명서를 믿지 말고 종들이 중간에서 고자질한 것을 믿지 말라. 아랫사람들이 전례에 따라 챙겨 먹은 사소한 물품에 대해서는 심하게 추궁하지 말고 대체를 지키는데 힘써서 아랫사람들이 안심하고 임무를 수행하게 하는 것이 좋다.

면주인(面主人)[15]들을 수시로 점고(点考)하여 외촌(外村)으로 나가지 못하게 하고, 붙잡아 오라는 패자(牌子)를 발급할 때에는 반드시 하나하나 문서로 기록하여 두고, 기한을 넘긴 자의 경우에는 매질하는 것이 좋다.

하인배들이 죄를 지었는데 매우 밉고 감정을 거스르게 하여 혹 눈앞에서

---

15) 면주인(面主人) : 조선시대 특정한 면과 다른 행정구역 사이를 왕래하면서 물건을 전달하거나 행정 서류업무를 수행하던 사람. 조선시대에는 지방의 행정단위에서 행정 사무의 편의와 효율을 기하기 위해 행정 소재지 및 서울에서 관련 행정업무를 담당하는 사람을 경주인이라 부른 것 등이 그러한 예에 속함.

때려 죽이고 싶은 마음이 들더라도 절대 가벼이 엄한 곤장을 치지 말고 반드시 감옥에 가두어 두었다가 하룻밤 지나 분노의 기운이 조금 가라앉은 뒤 징치해야 분에 못 이겨 마구 매질하는 염려가 없게 될 것이다. 이것은 조풍릉(趙豊陵)[16]과 박상서(朴尙書)[17]가 늘 하던 말이다.

유리(由吏)[18]가 신임할 만한 사람이라면 굳이 소원하게 대할 필요는 없다. 다만 부임 초기에 때때로 죄과를 찾아내어 가벼이 매질하면 민간에서는 쑥덕거리는 비방이 없어질 것이며 다른 이서들도 또한 자못 두려워할 것이다. 그를 때때로 불러 친근한 얼굴로 신임함을 보이면 다른 이서들에게 매일 형장을 가하더라도 위엄 있는 권위가 서지 않을 것이다. 그러므로 먼저 기세를 꺾어 두는 것이 좋다.

모든 부과기(付過記)[19]를 읍에 장이 열리는 날에 불시에 살펴 보고 그 중 2, 3명을 가려 뽑아 징치하면 아랫사람들이 오랫동안 두려워하는 마음을 갖는다. 외촌의 민인들 또한 이서를 단속하는 위엄을 모두 알게 될 것이다. 중앙정부의 관원(官員)이 각 방(房)에 물어보는 일이 있으면 각기 그 담당 아전이 관장하는 사항만 대답하게 하고 다른 아전이 대신 답하지 말게 하라고 분부하여 이를 정식으로 삼아 체통을 엄하게 하고 간사한 아전들이 이로 인하여 관장을 넘볼 마음을 갖지 않게 한다.

각 면의 면임(面任)과 이임(里任) 및 민인의 무리가 읍내에 들어오면 사령의 무리와 관속(官屬)들이 술과 음식을 침징(侵徵)하는 일이 자주 있다. 혹 일 때문에 발각되거나 혹 몰래 탐문하여 발각되면 각각의 해당 우두머리와 함께 각별히 무겁게 징치하겠다는 뜻을 도임 후에 즉시 엄하게 신칙하여 분부해 두고 혹은 대문에 방을 걸어 두어 민이 분명히 알게 한다. 그러나

---

16) 조풍릉(趙豊陵) : 조현명(趙顯明, 1691~1752)을 가리킨다.

17) 박상서(朴尙書) : 박문수(朴文秀, 1691~1756)를 가리킨다.

18) 유리(由吏) : 해유(解由)에 관한 일을 맡아보는 아전. 즉 각 고을의 이방 아전을 말한다.

19) 부과기(付過記) : 관리의 허물을 기록한 문서.

방을 걸어두는 것은 명예를 구하는 것에 가까우니 잘 헤아려서 처리하는 것이 좋다.

면주인이 면민들에게 폐단을 짓는 일 또한 많으니, 각 면까지의 거리가 얼마나 되는지를 써서 벽 위에 붙여두고 간간이 무시로 점고(点考)하고 매일 그들이 폐단을 짓지 못하도록 엄칙한다. 패자(牌子)를 낼 때에는 그 거리가 멀고 가까운지를 헤아려 시간을 정해 내보내며 급하지 않은 일은 일일이 패자를 내지 않는다. 각 방에 패자를 내보낼 일이 있는 지를 물어, 각각 모았다가 한꺼번에 패자를 내린다.

장부와 첩보[簿牒]를 바쁜 중에 아직 다 살피지 못하였는데, 간사한 아전들이 농간을 부려 전령과 패자를 함부로 받아 내려 하거나 혹은 사리에 가까운 말로 보고하여 이것을 발급받아 민간에 내려 보내는 폐단이 매우 많다. 절대 예사로 지나치지 말고 각별하게 자세히 살펴야 한다.

서울에서 내려온 손님뿐만 아니라 고을 안의 유(儒)·향(鄕), 향교·서원의 재임(齋任)들이 드나들 때 문 밖에서 대령하는 관속 등은 반드시 엎드려 이들을 공경스럽게 맞이하게 하여 명분을 바르게 하는 뜻을 엄하게 신칙하는 것이 좋다.

퇴계의 아들 준(寯)이 안기찰방(安奇察訪)을 지낼 때, 퇴계가 그에게 편지를 보내 다음과 같이 경계하였다.

> "근래 김명(金溟)을 만났는데, 그가 통과하던 역로(驛路)의 역노(驛奴)들의 말을 들으니 누구나 말하길 '찰방이 비록 선의를 가지고 있지만 오랫동안 본댁(本宅)에만 있을 뿐이다. 이에 역리배들이 이를 틈타 심하게 침학하니 그 괴로움을 견딜 수 없다'고 한 입으로 말하듯 했다고 한다. 네가 지나치게 관대하게 풀어 놓아 아랫사람들이 두려워하지 않았기 때문이 아닌가? 천만 번 신경 써서 적발하는 대로 엄격하게 징치해야 잘못을 면할 수 있을 것이다."

근래 한 고을의 수령이 자기는 정치를 잘한다고 했지만 아전을 엄하게 단속하지 않았다. 사람들이 잘못을 지적하면 곧 말하길 "그들 또한 사람이다. 내가 그들을 군자(君子)·장자(長者)의 도로써 대한다면 그들 또한 어찌 온 힘을 다하지 않겠는가?"라고 하였다. 오래지 않아 이서들이 불법을 자행하여 백성들이 괴로워한다는 비방의 소리가 길에 가득 찼으며, 마침내 그는 그 자리를 떠났다.

향임 보기를 도적같이 하여 그들을 하루라도 막지 않으면 그들에게 속임을 당할 것처럼 두려워하라. 이서를 원수 대하듯 하여 조그만 과실이라도 채찍질과 매질을 아끼지 말고, 접할 때마다 눈 부릅뜨고 수염을 쓰다듬는 태도를 풀지 말라. 그런 뒤에야 정치가 맑아지고 민인들은 편안해질 것이며 세상에서는 그를 '양리(良吏)'로 인정할 것이다.

아전을 엄하게 단속하지 않을 수 없으나 너그러운 방도가 없어서는 안 된다. 그러나 마땅히 엄함을 위주로 해야 한다. 향소와 이속 중에 비록 신임하는 자가 있다 할지라도 그러한 마음과 기색을 드러내어 아랫사람들이 넘볼 마음을 갖게 해서는 절대 안 된다.

향소(鄕所)[1)]

향에서 천거 받아 사람을 차출할 때에는 향청(鄕廳)[2)]에 일임해서는 안 된다. 현임 향소와 기타 소임을 맡은 사람들이 각기 고을에서 재주가 있어 쓸 만한 사람을 그 수에 구애받지 말고 각기 추천하게 한다. 추천자 명단이 들어온 후, 그 가운데 적절하지 않은 자를 천거한 자는 죄를 주고, 추천자 명단을 향청에 주어 그들로 하여금 다시 추천하게 하면 향임(鄕任)을 천거 받아 선정하는 것이 참으로 정밀해질 것이다. 또 향임[3)]과 풍헌을

---

1) 향소(鄕所) : 조선시대 각 고을 수령(守令)의 자문 기관으로서 수령을 보좌하고 풍속을 바로 잡고 향리의 부정을 규찰하며, 국가의 정령(政令)을 민간에 전달하고 민정(民情)을 대표하는 자치기구. 임원(任員)으로는 향정(鄕正) 또는 좌수(座首) 1명과 별감(別監) 약간 명을 두었음. 좌수 1인, 별감 2인의 3인을 삼향소(三鄕所)라고 하였다. 향소·삼향소는 모두 사람을 가리키는 말인 동시에 청사를 의미하기도 하였다.

2) 향청(鄕廳) : 조선시대 지방의 수령을 자문, 보좌하던 자치기구. 조선초기에 설치된 유향소(留鄕所)를 임진왜란 이후 대개 향청이라 불렀다. 조선초기의 유향소는 고려시대의 사심관제(事審官制)가 부활된 것으로서 향촌 사회의 자치적 기구라 할 수 있다.

3) 향임(鄕任) : 조선시대 지방 자치기구의 하나인 유향소(留鄕所)의 직임. 일반적으로 좌수(座首)나 별감(別監)을 가리키며, 이들은 향리의 악폐를 방지하고 수령의 사무를 보좌하는 역할을 담당하였다. 초기에는 좌수를 유향품관(留鄕品官) 중에서 천거하여 경재소(京在所)에서 임명하였으나, 이후 향안(鄕案) 입록자 곧 향원(鄕員)들의 모임인 향회(鄕會)의 추천으로 수령이 좌수를 임명하고, 좌수가 별감 등을 추천하여 수령이 임명하였는데, 본문의 내용은 그러한 변화 과정을 잘

역임한 자를 차례로 하나하나 불러 그 말을 자세히 묻고 그 행동거지를 자세히 살핀다. 또한 그가 재임할 때의 능력이 어떠했는지를 물어 그 중에 합당한 자는 직접 몰래 기록해 두었다가 궐원이 생기는 대로 보충해 넣으면 향원(鄕員)[4] 가운데 재주 있는 사람들은 모두 거둘 수 있을 것이다.

고을의 일에 대하여 유식한 향소를 얻으면 믿고 맡길 일이 많아진다. 향소를 비록 다 유능한 사람으로 고를 수 없다 하더라도 좌수(座首)로 삼을 만한 공평하고 조심스러운 사람을 미리 수소문하여 그 이름을 적어 두었다가 부임한 뒤 천천히 자세하게 관찰한 뒤, 좌수를 맡고 있는 사람이 적합하지 않으면 모양 좋게 교체하고 일이 생기면 자문을 구한다.

향소와 감관(監官)[5]이 적합하지 않으면 일처리를 빌미로 그만두게 하고 이를 향회(鄕會)[6]에 알린다. 그리고 이전에 향임을 거쳐 사리에 밝은 자를 공론에 따라 삼망(三望)[7]을 갖추어 들이게 한 후 그의 사람 됨됨이를 살펴

보여 준다.

4) 향원(鄕員) : 조선시대 초기부터 지방에는 각 지역마다 지역 사회의 지배층인 현족(顯族)으로 구성되는 계(契)가 있었다. 그 구성원을 향원(鄕員)이라 하였다. 향원의 명부를 향안이라 하며, 향안에 오르는 것은 내외 혈통에 하자가 없어야 하는 등 무척 어려웠다.

5) 감관(監官) : 조선시대 각 관아나 궁방에서 금전출납을 맡아보거나 중앙정부를 대신하여 특정업무의 진행을 감독하던 관직.

6) 향회(鄕會) : 조선시대 양반의 지방지배기구. 16, 17세기에는 향안(鄕案)에 이름이 수록된 양반(이들을 鄕員이라고 함)들로 구성되었다. 향원 가운데에서 뽑힌 향임(鄕任)들의 모임을 의미하기도 한다. 향회의 구조와 성격·기능·운영 등은 지역에 따라 조금씩 다르지만 대체로 향임 선출과 향안에의 등록, 사족(士族) 내부 결속, 이서층의 임면, 부역체제 운영에의 간여 등이었다. 이를 통해 사족의 공통된 이해를 지키고 수령의 권한을 견제하고 이서층을 통제하였으며 민(民)에게 지배력을 행사하였다. 즉 사족이 한 군(郡)을 지배할 수 있었던 실질적인 최고기구였다. 그런데 후기에 와서 점차 수령이 향회를 장악하였는데, 본 자료는 그 과정을 보여 주는 것이다.

7) 삼망(三望) : 조선시대 공정한 인사 행정을 위해 운영된 3배수 추천제도. 비삼망(備三望)·천망(薦望)이라고도 하였다. 어디에서 기원되었는지는 불분명하나, 조선시대는 국초 이래로 삼망제를 실시하여 관직 제수의 최종결정권을 국왕이 행사하였

차출한다. 부임할 때 풍헌·약정 등을 모두 모아 놓고 그 용모와 행동을 살핀 뒤, 그 가운데 매우 적합하지 않은 자들은 향청으로 하여금 교체토록 하는 것이 좋다.

삼향소(三鄕所)에게 각 창고와 현사(縣司)·빙고(氷庫)·회계 등의 임무를 분장하게 하고, 상사(上司)[8]의 공사 또한 때 맞춰 거행하고 고을 민인들의 억울함 또한 일일이 찾아서 보고하게 하는 것이 좋다. 향소의 무리들이 출입할 때는 반드시 눈에 보이는 협문으로 통과하게 하고 샛길은 허용하지 않는다. 또한 책방(冊房)에 왕래하며 아객(衙客)의 일을 훤히 보도록 하지 못하게 한다.

다. 여기서 삼망은 지방 차원에서 시행된 것으로 중앙의 삼망과는 그 내용이 다르다.

8) 상사(上司) : 감영과 같은 지방의 상급 기관.

사람을 얻음[得人]

사람을 얻는 방법은 성의로 구하는 것, 자세히 살피는 것, 널리 자문하는 것이 있다. 이른바 성의로 구하는 것이란 한 마음에 달려 있을 뿐이다. 이른바 자세히 살피는 것에는 성현이 남긴 법(『논어』와 『맹자』에서 논한 바이다.)이 있다. 그러나 사람의 안목이란 두루 살피기 어려우니 오로지 널리 자문하는 것에 힘써야 할 것이다. 한 고을의 일을 가지고 말한다면, 이졸(吏卒)·군교(軍校)는 명단을 펼쳐 두고 그들이 성실한지 간사한지의 여부를 일일이 알 만한 사람에게 몰래 물어 기록해 둔다. 또 반드시 이를 참고하여 몸소 확인한 뒤 비밀스런 참고자료로 만들었다가 재주에 따라 일을 시키면 일거일동이 모두 적당할 것이다. 한 고을에서 문(文)과 무(武) 양 방면에서 위 아래로 쓸 만한 사람은 별도로 방문하여 구한다. 좌수·별감·별장·천총·파총에서 초관·교련관·풍헌·약정에 이르기까지 상세히 살펴서 선발하면, 도모하는 일 모두 쉽게 공을 이룰 수 있을 것이다. 그러나 한꺼번에 갑자기 바꾸어 소요를 불러 일으켜서는 안 되므로 점차로 바꾸어 흔적을 남기지 않는 것이 좋다.

질문하는 방법은 혹 향소 중에 질박하고 정직한 자나 혹 외촌의 사람들에게 묻는다. 그들이 비록 반드시 사람들을 안다고 할 수는 없더라도 나름대로 한 고을의 공론이 있으니, 대개 같은 고을에 살면 습속이 익숙하고 본말을 더 보았기 때문에 똑똑한 자가 아니더라도 잘 알기 때문이다. 다음과 같이 질문한다.

> "아무 마을의 양반 가운데 깨끗하고 엄하게 지키는 것이 있고 사리에 밝다고 알려진 사람은 누구인가?" 그 다음은 "질박·정직하고 착실하며 신중한 사람은 누구인가?" 그 다음, "재능이 있어 일을 잘 처리할 줄 아는 사람은 누구인가?" "무인(武人) 가운데 인정할 만한 사람은 누구인가?"

아울러 현직에서 물러나 있는 사람이나 백성(百姓)과 같은 부류를 각 지역에서 각 분야마다 여러 사람 얻게 되면 그 우열(優劣)과 장단점을 물어 그 순서를 정하고 여러 방면으로 묻는다. 거듭 확인하여 구별하고 기록해 두었다가 이름을 살펴 조용(調用)한다. 행실과 재능이 특이하고 뛰어나 전임 수령에게 굽히지 않았던 자의 경우에는 자주 방문하여 여러 일을 문의하거나 혹은 특별히 주관할 일을 위탁하며, 뒷날 조정에 천거하여 당대에 쓰일 수 있도록 하면 매우 좋다.

이미 좋은 사람을 얻었다 할지라도 모든 일은 항상 신칙하여 힘쓰게 해야 한다. 대개 뛰어난 재주를 가진 사람을 만나는 것은 매우 어렵고 얻은 사람들은 흔히 평범한 사람 가운데 조금 똑똑한 자들이다. 이들 무리는 풀어주면 나태해져 쉽게 풀려 버리고, 조이면 근면해지고 더욱 힘쓰게 되므로 신칙하고 격려하여 날로 새로워진 뒤에야 일이 제대로 될 것이다. 이 또한 일을 이루게 하는 핵심 요령이다. 종종 같은 사람을 활용하고 같은 법을 행해도 다스림에 현격한 차이가 생기는 것은 풀어주는 것과 조이는 것의 차이 때문이다. 그러므로 사람을 얻는 것과 신칙하여 힘쓰도록 하는 것은 서로 처음과 끝이 되니, 하나라도 빠트려서는 안 된다.

한 사람이 총명하더라도 실제 모든 일은 혼자 맡기는 어렵다. 향소 및 신실(信實)한 아전을 가려 뽑아 믿고 맡겨 그들이 온 마음을 다 쓰도록 하는 것이 제일 좋다. 내가 성심으로 타인을 대한 후에야 그들의 성실함을 따질 수 있으니, 치도(治道)에는 대소(大小)가 없다.[1]

1) 법제처본에는 이 항목이 누락되었다.

문서로 보고함[文報]

모든 문서는 한자라도 빠트리거나 잘못 쓰거나 더해서는 안 된다. 전곡(錢穀) 문서 같은 경우는 더욱 더 신중히 다루지 않으면 안 된다. 아전들과 약속하기를 '각 방의 모든 아전들이 작성한 문서 가운데 글자를 잘못 쓰거나 빠트리는 경우, 그리고 행간에 글자를 첨가한 것이 있으면 마땅히 그 많고 적음에 따라 엄하게 징치하겠다'고 하고, 그 가운데 노성하고 근실하며 문자를 해독할 줄 아는 자를 뽑아 감영에 올리는 보고서를 베끼고 대조하는 등의 일을 전적으로 맡기는 것이 좋다.[1)]

영문에 올리는 문서는 기한 전에 손질하여 정리하고 저녁을 먹은 뒤 일이 없을 때 마무리 짓는 것[成貼]이 좋다.

부임한 초기에 먼저 공책을 한 권 만든다. 여기에 정자(井字) 모양의 칸을 만들고 또 옆으로 줄을 그어 2층으로 나눈 뒤, 부임한 달부터 시작하여 제1칸에 '아무 달'이라고 쓴다. 제2칸부터 시작하여 각 영문에서 온 관자(關子)[2)]의 중요한 말을 추려서 칸칸이 적되, '아무 달 아무 영문에서 온 관자'라고 쓴다. 아래층의 제1행에도 또한 '아무 달'이라고 쓰고, 제2칸부터 각 관자 가운데 이미 거행한 것은 윗층의 아무 영에서 온 관자에 맞추어

1) 이 문단은 『목민고』, 「고찰문서하기(考察文書下記)」에 있다.
2) 관자(關子) : 상급 관청에서 하급 관청으로 시달하는 공문서. 또는 상급 관청에서 하급 관청에 내리는 허가서.

'아무 날 시행했다'고 기록한다. 실행한 것과 실행하지 않은 것을 아래 윗층을 서로 비교하여 살피고 하나하나 신칙한 연후에야 지체되었다고 그 책임을 따지는 폐단이 없어질 것이다.

또 공책 한 권을 만들어 정자 모양의 칸을 만들고 아래 윗층에 줄을 그어 12달에 배분한다. 가령 정월에는 아무 아문에 아무 물건 얼마를 바쳐야 하고 2월에는 아무 아문에 아무 물건 얼마를 바쳐야 한다고 적는 등, 달마다 해야 할 일을 자세히 기록한다. 12월에 이르기까지 달마다 해야 할 일을 기록하며, 또 아래 한 층에 달에 맞추어 그 발송일자를 기록하고 그 달에 해야 할 일은 날짜에 앞서 미리 담당 아전에게 신칙하여 각기 상납하는 일이 기한을 어기지 않도록 한다.

문서와 하기를 살핌[考察文書下記][1]

관청(官廳)·공고(工庫)[2]·현사(縣司)[3]·빙고(氷庫)[4]의 항목을 덧붙여 기록해 둔다

1년간 사용할 재물의 용도는 긴급하고 늦고를 떠나 먼저 월별로 배정한다. 가령 조기[石魚] 12속(束)이 있다면 한 달에 1속씩 사용하는 것으로 정하고, 이 수를 넘어서지 말아야 한다. 모든 일을 이와 같이 한 후에야 월별로 배정된 양을 초과하는 근심이 없을 것이다. 먼저 앞으로 한 고을에서 1년간 거둬들일 재물을 월별로 배정한다. 월름(月廩)[5]을 예로 들면 아료(衙料)[6]와 제수(祭需)로 몇 석을 배정하며, 사객(使客)[7]을 대접하기 위한 물품으로 몇 석을 배정하고, 각종 수령의 사적인 응대 비용으로 몇 석을 배정한

1) 이 항목에는 『목민고』의 「정배삭(定排朔)」, 「정식례(定式例)」, 「빈려지공(賓旅之供)」, 「작읍총(作邑摠)」 등의 항목이 포함되어 있다.

2) 공고(工庫) : 각 관청의 기구를 두던 창고.

3) 현사(縣司) : 현(縣)의 관아.

4) 빙고(氷庫) : 얼음을 저장하던 창고 또는 얼음을 지급하던 일을 맡은 관서. 중앙만이 아니라 지방 군현에도 존해하였다. 장빙(藏氷)을 위해서는 겨울철에 강물이 두껍게 얼었을 때 채빙해 빙고까지 운반해야 했고 여기에는 목재·볏짚·솔가지 등 잡물이 필요했다.

5) 월름(月廩) : 달마다 수령이 직접 받아 지출하는 비용. 월급(月給)으로 주는 곡식.

6) 아료(衙料) : 아속(衙屬)들에게 주는 비용. 관아의 경비로 쓰기 위하여 정해 놓은 공수전(公須田)에서 받아들이는 결세를 이르는 말.

7) 사객(使客) : 연로(沿路)의 수령이 해당 지역을 지나치는 봉명(奉命) 사신을 가리켜 부르는 말.

다. 월름 이외의 모곡(耗穀)[8]과 둔곡(屯穀)[9] 등 기타 물종 역시 이에 의거하여 산정하며, 용도를 매우 아껴서 절약하면 매월 각 종목별로 남는 것이 있을 것이다. 이 남은 수량은 다른 창고로 옮겨 저장하되 낱낱이 장부에 기록하고, '월여기부고(月餘記付庫)'라고 이름을 붙인다.

이른바 '월여기부고'[10]는 동헌(東軒)[11] 앞 한 곳에 창고를 지을 만한 장소를 택하여 '기부고'로 정한다. 새로 거둬들인 뒤 중기(重記)[12]의 수량과 비교하고 남는 것은 이 창고로 옮기며, 기부(記付) 외에 남는 수량은 달마다 배정하여 날마다 소용될 비용으로 삼는다. 그러나 기부 외의 물종이 많지 않은 경우 형세가 어쩔 수 없으니 '기부고'로부터 관청으로 이송하여 다시 사용한다. 그러나 이와 같이 유의하여 절약한다면 새로 거둬들이기 전에 과거에 기부(記付)하고 쓴 나머지와 새로 거둬들인 것 가운데 기부하고 남은 나머지 수, 이 두 종류의 잉여를 절약하여 사용한다면 지출에도 부족함이 없을 것이다.

부임 후 모든 일에 즉시 식례(式例)[13]를 정한다. 관장의 아침저녁 식사와

---

8) 모곡(耗穀) : 수령이 사용하는 곡식으로 각 고을 창고에 저장한 양곡을 봄에 백성에게 대여했다가 추수 후 받아들 때 말이 축나거나 손실을 보충하기 위해 1/10을 덧붙여 받았다. 환자[還上]를 받을 때 곡식을 쌓아 둘 동안에 줄어질 것을 미리 짐작하고 매 섬에 몇 되 씩을 더 받던 곡식. 관에서 환곡을 징수할 때 소모를 전제로 해서 1할을 더 받아들이는 것을 말하는데 곧 이자였다.

9) 둔곡(屯穀) : 수령이 사용하는 둔전(屯田)을 운영하여 소출로 얻은 곡식. 둔곡은 둔전병(屯田兵)들이 가꾼 것으로 자체 경비(經費)에 충당하였음.

10) 본문에 '기여기부고(記餘記付庫)'로 되어 있는데 법제처본에는 '월여기부고(月餘記付庫)'로 되어 있다. 법제처본을 따른다.

11) 동헌(東軒) : 수령(守令)의 집무실. 조선시대 지방 관서에서 정무(政務)를 보던 중심 건물. 관찰사·병사·수사(水師)들의 정청(政廳)으로서 지방의 일반 행정 업무와 재판 등이 여기서 행해졌다. 지방관의 생활 처소인 내아(內衙, 西軒이라고도 함.)와 구분되어 보통 그 동편에 위치했기 때문에 동헌으로 불리게 되었다. 아사(衙舍)·군아(郡衙)·현아(縣衙)·시사청(視事廳) 등으로 부르기도 하였다.

12) 중기(重記) : 사무를 인계할 때 전하는 책.

13) 식례(式例) : 이전부터 있었던 일정한 전례(前例). 또는 법식과 예규.

관아에서 거느린 아속들의 식사, 제사의 식례, 사객의 식례, 향청의 식례를 이에 따라 거행한다면 관용(官用)에 절도가 있을 것이다.

사객은 빈려(賓旅) 가운데 중요한 사람이다. 관용을 잘 나누어 계획적으로 사용한다면 공물이 많이 들지 않을 것이다. 공로(孔路)[14]로 말하자면 1년에 크고 작은 사성(使星)[15]의 왕래가 대략 3백여 차례에 불과하다. 한 명의 사성이 거느리는 인원이 50~60명에 이르기도 하나, 그 많고 적음을 감안하여 계산하면 대략 한 번 행차에 20명에 불과하다. 이것을 기준으로 3백여 차례의 사행에 뒤따르는 사람은 6천 명이 된다. 혹 두 끼의 식사를 대접할 때도 있고, 혹은 한 끼 식사를 대접할 때도 있는데, 대략 한 끼로 정하면 3백 명의 사성과 6천 명의 따르는 사람이 한 끼에 먹는 양식은 6백 30말이 된다. 이것을 기준으로 삼아 식사 대접과 다담(茶啖)[16]에 드는 비용을 상정하면 기름[油]·꿀[淸]·생선[魚]·과일[果]에 들어가는 비용도 미루어 알 수 있다. 하나의 식례를 만들어 두고 사성의 품계에 따라 고하(高下)를 나누어 등급을 정해 미리 계산하여 수량을 파악해 둔다. 그리고 그 계절에 맞게 물건을 사서 비치해 두면 아무리 못 사는 고을이라 할지라도 부족함이 없을 것이다.

기록할 때 관청에서 사용하는 과일과 생선, 기타 잡물이 사소하게 누락하는 것을 일일이 막을 수는 없다. 하지만 전화(錢貨)와 값비싼 곡물, 꿀과 기름 등과 같은 물건에 대해서 만큼은 문서와 산수에 능통한 통인(通引)을 정하여 '하기(下記)' 중에서 전문(錢文)을 뽑아 '전문하기(錢文下記)'를 만들

14) 공로(孔路) : 사람의 왕래가 많은 큰 길.

15) 사성(使星) : 임금의 명령으로 특정 고을을 찾아 내려오는 관원. 임금의 명령으로 지방에 심부름 가는 관원(官員). 후한(後漢) 이태(李郃)가 천문(天文)을 보고 사자(使者)가 온다는 것을 알았다는 데서 이 말이 유래됨.

16) 다담(茶啖) : 손님을 대접하기 위하여 내 놓은 다과류(茶菓類). 다담상(茶啖床)의 준말. 원래 불가(佛家)에서 손님을 대접하기 위하여 내어놓는 다과(茶菓)를 가리키는 말.

고, '모처에 내렸다'라고 기록한다. 또한 백미(白米)를 추려내어 '모처에서 사용하였다'고 기록한다. 모든 물종 가운데 가격이 비싼 물건을 이와 같이 뽑아서 '하기'로 만든다면 '하기'를 허술하게 관리하여 발생하는 폐단을 방지할 수 있을 것이다. 업무를 시작한 뒤에는 시끄럽고 소란스러워서 (하기를) 살피기 어려우니, 조용한 시간에 살펴보아야 할 것이다.

관아의 일로 어떤 일이 발생할지 알 수 없으니 기부(記付)에 유의해야 한다. 그런 연후에야 체임(遞任)되거나 파직되는 궁색하고 급한 상황에 직면하더라도 기부를 채우지 못하는 근심이 없을 것이다. 관청의 용도는 이미 매 달 정해져 있어 이를 초과하지 않는다면 근심할 필요가 없다. 기타 전곡(錢穀)[17]은 항상 뒤를 살피는 마음과 조심스러운 마음을 놓지 않으면 임기 끝에 가도 어려움에 처하지 않을 것이다.

각 창고의 전곡을 모두 기록한 뒤에 1첩(帖)의 책으로 만들어 상단에 전관(前官) 때의 기부한 수량을 쓰고, 하단에는 현재의 수량을 쓴다. 상단에 적은 과거의 기부는 첩책에 직접 기록하고, 하단의 현재의 수량은 지첨(紙籤)[18]을 사용하여 표시해 둔다. 회계한 뒤 현재의 총수는 차례로 지첨을 붙여서 기록하여 항상 살펴볼 수 있도록 한다. 만약 전에 기부한 것보다 많으면 이를 사용해도 되지만, 만약 전에 기부한 것에 미치지 못하면[19] 반드시 그에 맞추어 마무리하는 것이 좋다. 이렇게 한 후에야 이전 기부에 미달하는 근심이 없을 것이다.

한 고을의 육방(六房)과 기타 해당 이서들이 관장하는 업무를 거행(擧行)한 것, 받들어 올린 것, 지출한 것 등의 각종 명목으로 이방의 주관 아래 담당 이서들을 참여하게 하여 책자를 만들어서 살펴보기 편하게 한다면

---

17) 본문은 '전곡(錢谷)'으로 되어 있으나, 법제처본은 '전곡(錢穀)'으로 되어 있다. 법제처본을 따른다.

18) 지첨(紙籤) : 찌지. 표하거나 적어서 붙이는 작은 종이쪽지. 부표(附票).

19) 법제처본에는 이 부분('若過於前記付 則用之可也 若不準於前記付')이 누락되었다.

한 고을의 일을 일목요연하게 파악할 수 있을 것이다.

혹 긴요하지도 않은데 민간에서 함부로 걷은 경우 각 면에 문서를 내려 형편에 따라 감해 준다.

부임 후 아침저녁으로 먹는 음식물과 평상시 사용하는 모든 물건에 대해서는 식례(式例)를 자세히 만들어서 그 식례에 따라 사용한다면 지출을 적는 것도 혼란스럽지 않고, 그것을 자세히 관찰하기도 어렵지 않을 것이다.

관청(官廳)

각종 물품을 바칠 때 담당 고지기의 농간이 염려되므로, 환자[還上]의 사례에 따라서 엄중히 신칙한다.

각종 물품을 거둘 때 면주인(面主人)을 내보내면 민간에 큰 폐해를 끼칠 수 있다. 혹 중간에서 훔쳐 먹고 다시 거두는 폐단이 발생할 수 있다. 따라서 거둬들이는 각종 물품에 대해서는 '정간책(井間冊)'을 만들어 '정'자 사이에 기록된 순서대로 차례차례 거두어 사용하되, 면주인은 보내지 말아야 한다. 해당 면임(面任)과 이임(里任)이 고목(告目)[1]을 작성하여 혹 편한대로 혹은 별도로 정한 동네 사람을 시켜 보내오면 민폐도 제거되고 간특함도 막을 수 있다.

기부(記付)해 놓은 쌀과 콩 그리고 기타 물품은 반드시 월별로 배정하여 사용한다. 가을에 거두어들인 것도 월별로 배정하여 이어서 사용한다. 비록 곡식 한 되, 돈 한 푼, 생선 한 마리도 절대 미리 끌어다 쓰지마라. 이렇게 해야 갑작스럽게 체직(遞職)되어도 낭패를 보지 않을 것이다.

가을에 거둬들이는 각종 물품을 참작하여 마련하는 가운데 남는 것이

---

1) 고목(告目) : 각 관청의 서리나 지방 관아의 향리 같은 하급 관리가 상급 관리에게 공적인 일을 보고하거나 문안할 때 사용하는 간단한 양식의 문서. 각사(各司)의 서리 및 지방 관아의 향리가 상관에게 공적인 일을 알리거나 문안할 때 올리는 간단한 양식이다.

있으면 그 남는 것으로 부족한 것을 바꾼다. 다만 돈으로 교환하여 사용할 경우 구설수에 오르기 쉬우니 잘 생각해서 시행하여야 한다.

각종 물품은 일정한 규칙이 정해진 뒤에야 하기(下記)하는 것이 번거롭지 않고 농간을 막는 길이 생길 것이다. 따라서 다음과 같이 조목별로 식례를 열거한다.

쌀[大米] 1말[斗]을 찧어 원미(元米)[2]를 만들면 9되[升]이고, 가루를 내면 1말은 8되이다.

찹쌀[粘米] 1말로 마른 밥을 만들면 1말 1되이고, 율무[薏苡]를 만들면 1말은 5되이다.

녹두(綠豆) 1말을 찧어 녹두가루를 만들면 3되이고, 비누로 만들면 1말은 2되이다.

참밀[眞麥] 1말을 찧어 가루를 내면 5되, 그리고 밀기울[其花]은 1말이다.

콩 1말로 메주를 쑤면 1말, 간장을 담그려면 메주 1석에 물 2석을 섞는다. 소금은 메주 1말마다 소금 7되씩 들어가니 합이 11말이다.

메밀[木米] 1말과 참기름 2홉으로 면(麵)을 만드는데 1되를 한 그릇으로 하면 10그릇, 7홉을 한 그릇으로 하면 14그릇이 나온다. 5홉을 한 그릇으로 하면 20그릇이 나온다. 가루를 내면 1말은 1되가 된다.

큰 민어(民魚)는 8줄을 1마리로 하고, 1줄을 6조각으로 하되 조각으로 계산하면 48조각이 된다. 중간 크기의 민어는 7줄을 1마리로 하고, 1줄을 5조각으로 하되 조각으로 계산하면 35조각이 된다. 작은 민어는 6줄을 1마리로 하고, 1줄을 5조각으로 하되 절로 계산하면 30조각이 된다.

큰 조기[大石魚]는 3조각을 1개(介)로 하며, 중간 크기의 것은 2조각, 작은 것은 1조각 반, 아주 작은 것은 1조각으로 한다.

큰 침저린 준치[沈眞魚]는 13조각을 1마리로 하고, 중간 크기의 것은

---

2) 원미(元米) : 실제로 바치는 말.

12조각을, 작은 것은 11조각을, 아주 작은 것은 10조각을 1마리로 한다.

생꿩[生雉]은 5각(脚)을 1수(首)로 하는데, 생닭도 동일하다. 마른 꿩[乾雉]은 4각을 1수로 하는데, 마른 닭도 동일하다.

약과(藥果) 만들기. 큰 약과는 20개를 쌓으며 4면은 2촌 7푼, 높이는 5푼으로 한다. 중대(中大) 크기의 것은 45개를 쌓으며 4면은 2촌 4푼, 높이는 4푼으로 한다. 소대(小大) 크기의 것은 60개를 쌓으며 4면은 2촌 1~2푼, 높이는 3푼으로 한다. 작은 약과는 1백 40개를 쌓으며 4면은 1촌 5~6푼, 높이는 4푼으로 하고, 다음 크기의 것은 1백 60개로 쌓으며 4면은 1촌 3~4푼, 높이는 3푼으로 하며, 아주 작은 약과는 4면이 1촌 1~2푼, 높이는 2푼 5리로 한다.

밀가루[眞末] 1말에 꿀 3되, 소주 1잔 또는 청주 1잔을 넣는다. 꿀 2되에 참기름 7홉, 술 1잔을 합한다. 약과에 바르는 꿀은 2승 5홉, 약과에 바르는 기름은 3승 5홉이다.

산자요화[3] 만드는 법[散子蓼花式]

밀가루[眞末] 1말, 건반(乾飯) 3되, 참기름[眞油] 3되, 흰 설탕[白糖] 2근, 맥아[牟芽][4] 1되 5홉, 흰 쌀[白米]을 섞어 흑탕(黑湯)을 만들고 다시 4되에서 3되가 되도록 졸인 뒤 사용한다.

큰 산자(散子)는 ○[5]입(立)으로 만드는데, 이것은 칙사(勅使)를 대접할 때 사용한다. 중간 크기의 산자는 5백 립으로 만드는데 이것이 일반적으로

---

3) 산자요화(散子蓼花) : 유밀과의 하나. 요화는 찹쌀가루를 반죽하여 얇고 반듯하게 조각을 만들어 말린 뒤에 기름에 지져 꿀을 바르는 것으로 여기에 튀긴 밥풀을 앞뒤에 붙이면 산자가 된다.

4) 맥아[牟芽] : 엿기름[麥芽]. 보리에 물을 부어 싹이 튼 다음에 말린 것. 엿과 식혜를 만드는 데 쓴다.

5) 본문과 법제처본 모두 빈 공란으로 되어 있어 알 수 없다.

사용하는 산자이다. 요화(蓼花)는 3천 병(柄)이며, 작은 산자는 2천 병인데, 이것이 많이 사용된다.

미식(味食)[6] 1홉에 꿀 6작[夕]을 넣어 한 그릇으로 만든다.

율무[薏苡] 2홉에 꿀 6작을 넣어 한 그릇으로 만든다.

녹두죽 한 그릇에는 녹두 3홉, 심원미(心元味)[7] 1홉, 꿀 6작을 넣는다.

정단(正丹)[8] 한 그릇에는 찹쌀[粘米] 6홉, 콩 2홉, 꿀 6작을 넣는다.

손님 접대 때의 음식 재료 규정[接客式]

화전(花煎)[9] 한 그릇에는 찹쌀 6홉, 참기름 1홉 5작(勺),[10] 조청[餠淸] 5작이 들어간다.

화병(花餠) 한 그릇에는 찹쌀 7홉, 참기름 1홉, 조청 5홉이 들어간다. (이는 밀병(蜜餠)과 비슷하다.)

창면(昌麵)[11] 한 그릇에는 녹두가루 2홉, 오미자 2홉, 꿀 8작이 들어간다.

절육(切肉)[12] 한 그릇에는 명태 1속(束), 대구 반 마리, 문어 1줄, 전복 1개, 말린 꿩 다리 한 짝이 들어간다.

아객(衙客)[13] 1인분 밥상 차림 재료 규정

---

6) 미식(味食) : 콩을 갈아서 순 죽을 말한다.
7) 원미(元味) : 쌀을 굵게 갈아 쑨 죽. 여름에 꿀과 소주를 타서 차게 먹는다.
8) 정단(正丹) : 경단(瓊團). 찹쌀가루를 익반죽하여 동글게 빚어 끓는 물에서 삶아 찬물에 담갔다가 재빨리 건져 물기를 뺀 다음 고물을 묻힌 떡. 윤서석(尹瑞石), 『한국의 음식용어』, 민음사, 1991, 3316쪽 참조.
9) 화전(花煎) : 찹쌀가루를 익반죽하여 동그랗게 빚고 대추, 두견화, 장미화, 국화잎 등을 위에 놓아가며 지져 내어 식기 전에 설탕을 뿌리거나 꿀에 재워 지진 떡.
10) 작(勺) : 용량 단위의 한 가지. 한 홉의 10분의 1.
11) 창면(昌麵) : 녹말을 익혀 채를 쳐서 꿀을 탄 오미자 국물에 말아 먹는 음식이다.
12) 절육(切肉) : 얇게 썰어서 양념장에 재워 익힌 고기이다.

밥쌀 7홉, 콩 1홉, 국 한 그릇, 자반(佐飯) 한 그릇(민어 한 토막, 또는 조기 2토막), 구이[炙](닭다리 하나, 또는 소고기 2냥), 지짐이[卜只](닭다리 반개, 또는 쇠고기 1냥 반), 간장 8작 내(2작은 종지에 담아냄, 5작은 여러 가지 반찬에 넣음), 참기름.

제수 물품

떡쌀[餠米] 2말

찹쌀[粘米] 1말

밀[糆米] 2말

약과(藥果) 1고임[坐]

탕(湯)[14] 7가지 또는 5가지

과실 7가지 또는 5가지

우남(于南)[15] 5가지 또는 3가지

구이(炙)[16] 9꽂이 혹은 7꽂이

중계(中桂)[17] 2고임(또는 산자[18] 2고임, 또는 중계 1고임과 산자 1고임)

절육(折肉) 한 그릇(말린 대구 한 마리, 상어(霜魚) 반 마리, 황대구 한 마리, 광어 반 마리, 홍어 반 마리, 말린 꿩 1마리, 문어 반 마리, 전복 한 꽂이, 포 여섯

---

13) 아객(衙客) : 지방 관아의 수령을 찾아와 관아에 묵고 있는 손님.

14) 탕(湯) : 5가지를 쓸 때는 소탕(素湯 : 북어, 다시마, 무를 재료로 함), 육탕(肉湯), 어탕(魚湯), 봉탕(鳳湯), 잡탕(雜湯 : 무, 버섯, 알지단을 재료로 함)으로 한다.

15) 우남(于南) : 나물을 말하는 것으로 보임.

16) 구이(炙) : 5가지를 쓸 때는 소적(素炙 : 두부, 북어를 재료로 함), 육적(肉炙), 어적(魚炙), 봉적(鳳炙), 채소적(菜蔬炙 : 도라지, 고사리, 파를 재료로 함)으로 한다.

17) 중계(中桂) : 중배기를 이르며 유밀과의 한가지다. 밀가루에 기름, 꿀을 넣어 반죽해서 조그마한 구형으로 썰어서 기름에 지진다. 중배기는 기름에서 꺼내어 조청에 담그지 않으며 제상에만 쓴다.

18) 산자(散子) : 찹쌀가루로 반죽하여 네모 모양으로 편편하게 만들어서 기름에 지져 꿀 바르고 고물을 묻힌 것.

줄(條), 봉전복(鳳全卜) 한 개 또는 전복)

각 방(房)의 한 달분 등유(燈油)량

봄에는 하루에 5작(勺)씩으로 계산하여 한 달분은 1되 5홉이다. 여름에는 하루에 3작씩으로 한 달분은 1되인데, 1홉을 더 보태어 마련한 것이다. 가을에는 하루에 6작씩으로 계산한다. 겨울에는 하루 7작씩으로 한 달분은 2되 1홉인데, 감하여도 괜찮다.

공방(工房)[19]

공장(工匠)[20]은 일절 사역시키지 않는 것이 좋다. 간재(艮齋)[21]가 고을을 다스릴 때 고을 사람들이 세 가지 종류의 한가함에 관해 칭송하였다. 문부(文簿)가 한가하고, 기생 노랫소리가 들리지 않고, 공고(工庫)[22]가 한가한 것이 그것이니, 일시에 전해져서 미담이 되었다.

승도(僧徒)의 공역(公役)에 관한 규례는 하나로 정해져 있지 않다. 장백지(壯白紙),[23] 산 과일, 승마(繩麻),[24] 싸리나무대[杻骨], 약초 등의 물건을

---

19) 공방(工房) : 조선시대 지방관서의 공정(工政)을 담당한 관서, 또는 그 책임을 맡은 향리. 지방관서의 실무를 담당한 육방 가운데 하나이다. 지방의 행정업무도 중앙에서와 같이 육전체제(六典體制)로 편성되어 있었으므로, 공방은 지방의 토목·영선·공장 등의 업무를 담당한다.

20) 공장(工匠) : 장인(匠人)이라고도 함. 주로 수공업 생산자를 가리킴.

21) 간재(艮齋) : 최규서(崔奎瑞, 1650~1735)를 가리킨다. 최규서는 숙종(肅宗)~영조(英祖) 때 활동한 소론(少論) 관인이다.

22) 공고(工庫) : 관청에 필요한 물건을 만드는 기관 또는 그 창고.

23) 장백지(壯白紙) : 과거에서 유생(儒生)의 녹명지(錄名紙)로 쓰는 종이. 조선시대에 사용된 종이를 크기에 따라서 종류를 나누면 백지(白紙)·장지(壯紙)·대호지(大好紙)·소호지(小好紙)·삼첩지(三疊紙)·용선지(囊扇紙)·죽청지(竹淸紙)·선익지(蟬翼紙)·백면지(白綿紙)·설화지(雪花紙)·원백지(原白紙)·배접지(接接紙) 등이 있는데, 그 가운데 장지(壯紙)를 가리키는 것 같다.

납부하기도 하고, 또는 토목 일에 부리기도 한다. 때로는 칙사(勅使)[25] 행차를 맞이하여 밥을 짓는 역을 거행하기도 하는데, 밥을 지은 뒤 관속에게 기물(器物)을 모두 빼앗기기도 하고 역졸이 먹을거리가 적다고 행패를 부리는 폐단이 많다. 만일 읍내에 주막이 있으면 밥을 짓게 하고 주막이 없으면 각 면주인(面主人)과 각 창고의 고지기에게 담당하게 하거나 식모를 정하여 거행시키고 반드시 건실한 이서를 담당으로 정하여 감독하는 것이 좋다.

승도나 민인 등을 물론하고 으레 납부하는 각종 물품 종류는 등록(謄錄)을 살펴보아 부담을 가볍게 정한 규례가 있으면 그 규례대로 거두어들이고, 절약해 쓰는데 힘써서 한 가지 물건도 더 받아들이는 폐단이 없도록 한다. 만일 정해진 규정 없이 물건이 부족하면 그때그때 필요한 만큼 거두어 쓰는 경우는 반드시 날짜를 적절히 안배하여 거두는 것을 규정으로 삼아 승도와 민인 등이 겪는 폐단을 조금이라도 덜도록 한다.

민인들이 현사(縣司)·군사(郡司)·부사(府司)·목사(牧司)[26]에 땔나무를 납부할 때 담당 고지기가 농간을 부리면 하나하나 적발해 내기가 힘들다. 땔나무를 받아들일 때 땔나무 값이 싼 면에서는 미리 인사 돈을 받고, 해당 처소의 사령으로 하여금 땔나무 단을 던져 들이게 하고 고지기는

---

24) 승마(繩麻) : 승구(繩屨 : 미투리)와 마구(麻屨)를 말하는데, 초상 치를 때 상복과 함께 신는 신발이다. 『송자대전(宋子大全)』 권74, 서(書), 「여김영숙(與金永叔)」, 1684년 12월 13일(甲子至月十三日), 총간 110-455d, "喪屨 初喪用菅 練時用繩麻 所謂繩麻 自是兩色 儀禮 有繩屨 本註麻繩也 麻屨之文 據此則用繩爲之者 謂之繩屨 用麻爲之者 謂之麻屨 非一物也 又按 禮不杖期麻屨 齊衰三月與大功繩屨 據此則麻重於繩也."

25) 칙사(勅使) : 중국 황제의 칙명(勅命)으로 조선에 파견되는 중국의 사신.

26) 현사(縣司)·군사(郡司)·부사(府司)·목사(牧司) : 현·군·부·목 등에 설치된 읍사(邑司). 읍사는 호장의 집무처로서 고려시대는 수령의 관아에 버금가는 곳이었으나 조선시대는 그 세력이 크게 약화되었다. 주로 시탄 등을 관리하였다, 본문의 '현감(縣監)'은 법제처본에는 '현사(縣司)'로 되어 있는데 이를 따른다.

받아들인 나뭇단의 숫자를 큰 소리로 셈하여 아직 받지 않은 것도 이미 받은 것처럼 자문(尺文)[27]을 발급해 준다. 그리고 땔나무가 귀한 면에 가서 값을 배로 쳐서 억지로 받아들여서 민폐를 끼친다. 그 간특함을 막는 길은 민인들로 하여금 스스로 셈하여 들이게 하고 땔나무가 귀한 면이나 길이 멀고 궁벽한 면은 염가(廉價)로 계산하여 받아들여서 사서 쓰면 공과 사 양쪽이 다 편하다. 그런데 이처럼 돈으로 받아들이게 되면 다른 사람들의 입에 오르내리기가 쉬우니 자세히 헤아려 처리한다.

얼음을 저장할 때 민의 고통이 가장 심하므로, 스스로 마련해서 공급하는 것이 좋다. 만일 그렇게 하기 어려우면 재목과 덮는 짚 등의 물건은 등록에 의거하여 나누어 부담시키되 그 등록에 쓰인 물자의 많고 적음을 살펴서 충분히 참작하여 힘껏 줄인 다음 나누어 매기는 것이 옳다.

빙고(氷庫) 수리와 담장 수리 때에는 부역이나 군사훈련에 빠진 자와 관속배 가운데 가벼운 허물을 지은 자의 죄를 다스리지 말고, 이들을 골라 모아서 사역하여 멀리 떨어진 마을 민인들이 왕래하는 폐단을 덜어준다.

5일 분 반찬 재료 규정(五日饌物式例)

(이는 공수전(公須田)[28]이 완전히 혁파되어 비용을 직접 조달하게 된 이후 마련한 규정이다.)

가자미 3속

북어 3속

---

27) 자문[尺文] : 관아에서 조세 따위를 받아들이고 발급하는 영수증.

28) 공수전(公須田) : 조선시대 지방관청의 경비를 위해 부(府)·목(牧)·도호부(都護府)·군·현·역에 공수전을 지급하였다. 조선초기 중앙관청의 재정은 대략 국고에서 수납하는 조세와 기타의 공납에 의존하였다. 반면 지방관청의 경우 토지를 해당 관청에 지급해 이 토지재원에서 나오는 소출을 운영경비에 충당하는 방법이 기본적인 형태였다.

미역 3단
참기름 2되
뒷다리 1부(一部)
내장 각 반부(半部)
양지머리 전부

문부를 수정(修正)할 때는 반드시 서명을 하고, 회계는 좌수(座首), 별감(別監)이나 행수 군관(行首軍官)[29]으로 하여금 감독하게 한다. 회계 담당 이서와 글쓰기와 셈을 할 이서 5, 6인을 따로 정해 둔다.

관청에서는 날마다 하기(下記)[30]를 수납할 때는 이방과 함께 수정하고 표를 붙여서 들인다. 업무 중에는 소란하여 살펴보기 어려우니 반드시 조용히 있을 때 결재하겠다는 뜻으로 분부하는 것이 좋다.

회계는 좌수·별감·행수 군관 가운데서 돌아가면서 관리 감독하고, 회계 담당 이서는 도임 후에 이방에게 글쓰기와 셈을 담당할 이서를 숫자를 한정하지 말고 뽑아들이라고 명하여 벽 위에 명단을 붙여놓고 달마다 점찍어 돌아가면서 거행시킨다. 치우치게 믿고 치우치게 맡기는 뜻을 보이지 않는 것이 좋다.

회계 중에 돈, 곡식, 면포, 마포, 기름, 꿀, 전복, 조개, 꿩, 닭 등의 물건은 각기 쓰이는 바에 따라 귀속시키고, 하기(下記)에는 총계를 계산해 두면 살펴보기가 쉽다.

의복 재료를 사들일 때 관아의 가난한 하인배를 보내면 축내는 폐단을 쉽게 저지른다. 시세대로 직접 장시(場市)[31]에서 사는 것이 좋다.

관청의 잡물을 받아들일 때는 손수 받아들이고, 절대로 양이나 무게를

29) 행수 군관(行首軍官) : 우두머리 군관.
30) 하기(下記) : 상급기관에서 하급기관에 내리는 문서.
31) 장시(場市) : 조선시대의 정기 시장.

많이 받아들여서는 안 되며, 남는 것을 취하여서 사사로운 일[私事]에 남용할 마음을 먹어서도 안 된다.

새로이 부임한 초기에는 월름(月廩)[32] 이외에는 갖가지 물건이 부족하기 마련이다. 무릇 부족한 물건은 구차하게 빌려 써서는 안 된다. 말먹이 콩과 말먹이 죽은 비록 나올 곳이 없더라도 절대로 환곡에서 빌려 쓰지 않는 것이 좋다.

찰벼[粘租] 1석(石)을 찧으면 쌀 6말이 나온다. 1말은 4되가 나온다. (일반 벼[正租]도 마찬가지다.)

메밀[木麥] 1석은 찧으면 밀쌀 6말이 나온다. 1말은 4되가 나온다.

참밀[眞麥][33] 1석은 찧으면 밀쌀 9말, 밀기울 9말이 나온다.

겉보리[皮牟] 1석은 찧으면 보리쌀 7말 5되가 나온다. 1말은 5되가 나온다.

참깨[眞荏] 1석은 기름을 짜면 3말 4되 5홉이 나온다. 1말은 2되 3홉이 나온다.

들깨[水荏] 1석은 기름을 짜면 2말 2되 5홉이 나온다. 1말은 1되 5홉이 나온다.

메주[燻造] 1말로 장 담글 때 소금이 7말 5되가 든다.

간장(艮醬) 1말은 단간장[甘醬][34] 5되에 해당한다.

미역[甘藿]은 4분의 1조(條)가 넷이면 1조(條)가 된다. 다시마도 같다.

문어(文魚)는 8조가 한 마리[一尾]가 된다. 4분의 1조[半半條]가 넷이면 1조(條)가 된다.

광어(廣魚)는 8조가 한 마리가 된다. 4분의 1조(條)가 넷이면 1조(條)가

---

32) 월름(月廩) : 매월 책정된 늠료.

33) 참밀[眞麥] : 까끄라기가 길고, 익으면 열매가 푸르다. 기름지거나 척박한 땅에 모두 좋고, 심는 시기는 위와 같다. 『산림경제』 제1권, 치농(治農), 보리 [大麥]·밀[小麥] 참조.

34) 감장(甘醬) : 단 간장, 진 간장.

된다.

대구(大口)는 4분의 1조(條)를 한 마리로 본다.

호도(胡桃) 1석(石)은 낱개로 세면 4,950개이다. 1말은 330개이다. 한 되는 33개이다. 한 접(貼)은 100개이다.

잣[栢子] 1석은 껍질을 벗기면 알맹이가 3말 7되가 나온다. 1말은 2되 5홉, 1되는 2홉5작이 나온다.

밤송이[皮栗] 1석은 껍질을 까면 4말 5되, 1말이면 3되, 1되면 5홉이 나온다.

생강(生薑) 1말은 낱개로 세면 130개이다. 1되는 13개이다.

누룩[曲子] 1개에는 밀기울(지화) 3되가 든다.

찹쌀[粘米] 1말로 율무[薏苡] 3되를 만든다.

수수쌀[糖米] 1말로 율무 3되를 만든다.

흰쌀[白米] 1말로 원미(元味)[35] 1되를 만든다.

찹쌀[粘米] 1말로 미숫가루[味食] 8되를 만든다.

담배[南草] 한 줌(1把)은 10냥이고, 16냥이 1근이다.

땔나무[燒木]는 4분의 1단(丹)이 넷이면 1단이 된다.

소먹이풀[長草][36] 6근(斤)이 1꼭지[月乃][37]이고, 4꼭지가 1동(同)[38]이다.

창고 물품수를 조사함[번고(反庫)]

---

35) 원미(元味) : 쌀로 쑨 미음.

36) 소먹이풀[長草] : 볏짚을 말하는 것으로 보인다. “여러 날을 잘 먹여 몸이 극히 비대한 말은 먼 길을 가도 콩을 주지 않고 다만 밤마다 장초(長草) 1다발과 물을 주며 8, 9일이 지난 뒤에야 비로소 콩을 먹인다.” 『연행일기(燕行日記)』 제1권, 「산천 풍속 총록(山川風俗總錄)」 참조.

37) 꼭지[月乃] : 낙지 등을 세는 단위. 『만기요람(萬機要覽)』 재용편(財用編) 1, 공상(供上), 대전(大殿) 참조.

38) 동(同) : 볏짚·약초·풀·나무토막 100단을 한 묶음으로 세는 단위.

각 창고의 곡물은 번거로움을 꺼리지 말고 반드시 담당 관원과 함께 창고 물품수를 직접 조사하여서 그 실제 숫자를 안 다음에야 뒷날 낭패 당하는 일을 면할 수 있다.

창고의 곡식과 저치미(儲置米)[39]는 수량을 조사하라는 뜻으로 자주 이야기하여 아랫사람들로 하여금 알아듣게 한다. 환곡은 분급을 마친 후에 조사하고, 대동(大同)은 수시로 창고의 곡식 수량을 조사하는 것이 좋다.

도임한 이후 장부에 기록된 각 항목의 물건은 모두 창고를 조사하여 그 실제 숫자를 안 다음, 만일 모자라면 내막을 상세히 조사하여 감관과 색리[監色][40]가 훔쳐 먹은 것은 죄를 다스려서 받아 낸다. 죄가 무거우면 감영에 보고하여 처리한다. 전임 수령에 관계된 것으로 내가 이리 저리 끌어다 메울 수 있는 것은 편의대로 처리한다. 만약 편의대로 처리할 방도가 없으면 보고할 수밖에 없다. 대개 수령 자리를 이어 받는 의리가 진실로 중하지만 임금을 속이는 죄 역시 크다. 그때그때 깊이 헤아리고 널리 자문을 구하여 처리할 뿐이다.[41]

39) 저치미(儲置米) : 저축하여 둔 쌀. 지방에 각종 세곡으로 받아들인 쌀을 저축하여 두고 관수물자(官需物資)의 조달에도 사용하고, 또 춘대추납(春貸秋納)의 구황(救荒)에도 사용한다.

40) 감색(監色) : 감관과 색리를 통칭함. 감관이란 각 관아나 궁방에서 금전출납을 맡아보거나 중앙정부를 대신하여 특정업무의 진행을 감독하던 관리를 말하고, 색리는 어떤 일을 담당한 아전(衙前)을 지칭한다.

41) 이 문단은 『귀록집(歸鹿集)』 권13, 「여재건서(與載健書)」에 보인다.

공곡을 조심해서 지킴[謹守公穀][1)]

관가의 돈과 곡식이 어찌 긴요하고 중대한 일이 아니겠는가? 대동저치미(大同儲置米)[2)]는 국가에서 법으로 규정하여 거두어들이는 세금 가운데서 떼어내어 관아에 보관해 둔 것이다. 환자[還上]의 각 명목의 곡식은 바로 군대를 먹이고 흉년에 대비하기 위한 것이다. 한 읍을 맡아서 다스리는 자에게 이러한 일들은 큰 정치이고 또한 일신상의 명예와 관련되어 있어서 크게는 금고(禁錮)[3)]나 도배(徒配)[4)]에 처해질 수 있고, 작게는 감옥에 갇힐 수도 있으니 생각하면 두려운 일이다. 혹 욕심이 많고 교활한 사람이 나라 곡식에 손을 대서 자신의 이익을 취하다가[5)] 몸은 장오(贓汚)[6)]죄에

---

1) 이 항목은 『목민고』, 「근수공곡(謹守公穀)」과 거의 일치한다.
2) 대동저치미(大同儲置米) : 대동법은 지방의 특산물을 바치던 공납제의 폐단을 시정하기 위해 전(田) 1결당 12두(斗)씩의 쌀을 거둔 제도를 말하는데, 이를 대동미라 한다. 대동미는 지방에서 관리하던 저치미(儲置米)와 중앙에 상납하던 상납미로 나뉘는데, 여기서는 저치미를 말하는 것이다.
3) 금고(禁錮) : 범죄 사실이 있는 사람을 등용하지 못하게 벼슬길을 막는 형벌.
4) 도배(徒配) : 도형(徒刑)의 죄목으로 귀양감. 도형정배(徒刑定配)의 준말.
5) 본문은 '반리(反利)'로 되어 있는데, 법제처본은 '반작(反作)'으로 되어 있다.
6) 장오 : 벼슬아치가 부정하게 뇌물을 받거나 관유물을 사사로이 취하고, 직권이나 부정한 방법으로 재물을 취득한 죄. 장죄(贓罪), 장물죄(贓物罪), 장오죄(贓汚罪). 『경국대전(經國大典)』 형전(刑典) 장도(贓盜)조는 『대명률(大明律)』 형률(刑律) 강도(强盜)조를 적용하도록 되어 있는데, 그에 의하면 "凡强盜已行 而不得財者 皆杖一百 流三千里 但得財 不分首從 皆斬"으로 되어 있으며, 『경국대전(經國大典)』

빠지고 그 해독을 읍 전체에 남기는 자가 있는데, 이러한 자는 더 언급할 가치조차 없다. 혹은 어리숙한 선비가 세상 물정에 어두워 돈과 곡식의 오고감을 알지 못하고 문서를 처음부터 끝까지 낱낱이 살피지 않아서 흔히 교활한 이서의 속임수에 넘어가 깨닫지 못하는 사이에 소중한 몸이 이미 번질[反作][7]과 허록(虛錄)[8]의 죄과에 빠지는 일이 있으니 진실로 가엾은 일이다.

수령은 중대한 공고(公庫)의 돈과 곡식을 단지 감색(監色)들에게만 맡겨둬서는 안 된다. 반드시 삼향소(三鄕所)[9]와 삼공형(三公兄)[10]으로 하여금 담당 감색과 함께 모두 모여서 창고 문을 열고 닫는 일 및 염산(斂散)[11] 문서를 받아서 계산하고 마련(磨鍊)하여 이를 창고에 보관되어 있는 것과 대조하는 일 등을 처리하게 한다. 만약 문제가 생기면 삼향소와 삼공형이 모두 같이 죄를 받고 같이 추징당할 것이라는 뜻을 신칙(申飭)하여 약속하고 먼저 다짐[侤音][12]을 받아두는 것이 좋다.

이전(吏典) 경관직(京官職)에는 "장리(贓吏) 아들과 손자는 의정부·6조·한성부·사헌부·개성부·승정원·장예원·사간원·경연(經筵)·세자시강원·춘추관·지제교(知製敎)·종부시(宗簿寺)·관찰사·도사·고을원 등의 관직에 임명하지 못한다"고 되어 있다.

7) 번질[反作] : 공공의 곡식을 사사로이 축내고 그것을 메우기 위해 온갖 수단을 부리는 것.

8) 허록(虛錄) : 없는 것을 있는 것처럼 거짓으로 꾸며 기록함. 『속대전(續大典)』 호전(戶典) 창고(倉庫), "倉庫……虛錄反作者 重勘. 虛錄守令 徒三年定配 又五年禁錮."

9) 삼향소(三鄕所) : 유향소(留鄕所)의 품관(品官) 가운데 좌수 1인, 별감 2인의 3인을 삼향소(三鄕所)라고 하였다. 유향소·삼향소는 모두 사람을 가리키는 말인 동시에 청사를 의미하기도 하였다.

10) 삼공형(三公兄) : 각 고을의 승발(承發)·호장(戶長)·수리(首吏)를 통틀어 이르는 말. 일설에 의하면 고을의 아전인 이방(吏房)·호장(戶長)·수형리(首刑吏)를 이른다고도 함.

11) 염산(斂散) : 전세나 진휼곡 등을 거두어들이는 것과 나누어 주는 것.

12) 고음(侤音) : 죄인이 범죄 사실을 고백한 자백서를 이르는 말. '다짐'의 이두식 표현.

새로 부임한 뒤 파견된 관원[13]이 창고의 물건을 문서와 대조[反庫][14]할 때 번거로움을 꺼리지 말고 석수(石數)를 계산하고 대조하여 반드시 결손이 없게 해야 한다. 그리고 향소(鄕所)와 공형(公兄)으로 하여금 감색과 더불어 같이 살펴 검사하게 하고 앞에서처럼 다짐을 받아두는 것이 마땅하다.

관청 밖의 대동미(大同米) 및 환자[還上]와 같은 여러 가지 공고의 곡물은 도록치부책(都錄置簿冊) 및 방하치부책(放下置簿冊),[15] 분급치부책(分給置簿冊) 등 문서를 마련해 두어야 한다. 그리고 이들 문서는 감색(監色)들에게만 맡겨서는 안 된다. 반드시 삼향소와 삼공형이 담당 감색과 같이 회계(會計)하고 서명한 뒤에 관장이 마무리 짓게 하는 것이 좋다. 예를 들면 회안(會案)[16]에는 다음과 같이 기록한다. 즉 대동미 1천 석 가운데 춘등(春等)[17] 연례 100석, 특별 지출[別放下][18] 20석, 나머지 880석이라고 총수를 관청의 도록(都錄) 제도에 따라 기록하여 고찰하고 열람하는 데 편리하게 한다.[19]

방하책(放下冊)[20]은 먼저 관수(官需)[21]·석전우폐가(釋奠牛幣價)[22] 등과

---

13) 차원(差員) : 중요한 임무를 맡겨 임시로 파견하는 관원.

14) 번고[反庫] : 창고에 저장된 물건을 일일이 뒤적이며 장부와 대조하면서 검사하는 일.

15) 방하치부책(放下置簿冊) : 지출항목을 정리한 장부.

16) 회안(會案) : 회록(會錄). 전세나 환곡 등의 세곡을 징수할 때 자연 감모를 보충하기 위해 거둔 1할의 모곡을 다른 목적에 쓰기 위하여 일부를 떼어 용도가 다른 회계 장부에 기록하는 것.

17) 춘등(春等) : 한 해를 봄·가을의 두 기간으로 나누거나, 봄·여름·가을·겨울의 네 기간으로 나누었을 경우에 그 첫째 기간. 또는 봄철분의 세금이나 경비.

18) 별방하(別放下) : 별하(別下)를 말하는 것으로 보인다. 별하란 공식적인 쓰임 이외에 돈이나 물품을 별도로 지출하는 일, 또는 그 돈이나 물품을 말한다.

19) 이 부분이 다른 『牧民攷』에서는 다음과 같이 되어 있다. "假如記付會案 大同米千石內 春等年例應下一百石 則都錄井間 書以記付會案 儲置米千石內 春等年例應下一百石 別放下二十石 餘在八百八十石 摠數書之 一如官廳都錄制度 以便考覽."

20) 방하책(放下冊) : 방하치부책(放下置簿冊).

21) 관수(官需) : 관청에서 쓰는 용품 또는 관청의 수요를 말함. 여기서는 관수미(官需米)를 가리키는 것으로 보이는데, 관수미란 각 지방에서 수령(守令)들이 관청과

같은 연간의 의례적인 지출을 쓰고, 다음 특별히 지출한 것을 기록한다. 혹 전례(前例)를 따라서, 혹은 영문(營門)의 공문에 따라서 꼭 지출해야 할 것들의 각 항목을 나열하여 기록함으로써 전례가 없고 분명치 않은 지출이 나오는 폐단이 없도록 지출할 때마다 기록하기를, 관청에서 날마다 하기(下記)[23]하는 제도와 동일하게 한다. 방하책 하나는 그때그때 수령에게 들이게 하여(이것은 수령이 스스로 지니고 있다가 교체되어 돌아갈 때 모아가지고 뒷날에 고찰하기 위해 남겨둔다) 그때그때 총 지출[出已上]과 남아 있는 것[用遺在]을 확인하고, 그와 똑같이 기록한 또 하나는 감색에게 내어준 연후에야 문서가 모호해지는 폐단을 면할 수 있다.

당초의 대동절목(大同節目)[24]은 읍에 따라 있기도 하고 없기도 하다. 반드시 감영이나 선혜청에 요청하여 얻어낸 연후에야 그 서울까지의 거리를 어떻게 정하고 운반비를 어떻게 책정하였는지를 상세히 파악할 수 있다. 대개 담당 이서가 그것을 마음대로 늘였다 줄였다 하는 일이 있으니 하나같이 옛날의 절목을 따라서 시행한 연후에야 저치미(儲置米)가 손실되는 폐단을 막을 수 있다.

환자는 통(統) 단위로 분급하고 받아들여야 가명(假名)으로 거짓 타먹는 간사한 폐단을 막을 수 있다.(절목은 아래 보인다) 또한 도록책과 분급책을 작성하여 향소와 공형으로 하여금 함께 출납(出納)·고산(考算)·성첩(成貼)하기를 대동저치미의 경우와 동일하게 해야만 허술해지는 근심을 면할 수 있다.

지방 읍의 창고 건물은 중앙관청의 창고와 그 제도가 다르다. 중앙관청의

관원의 경비를 위해 매년 추수 때 일정한 양을 거두어들이는 쌀을 가리킨다.

22) 석전우폐가(釋奠牛幣價) : 음력 2월이나 8월의 상정일(上丁日)에 문묘(文廟)에서 선성(先聖)·선사(先師)와 산천(山川) 묘사(廟社)에 올리는 제례에 드는 쇠고기 값.

23) 하기(下記) : 일상용 전곡의 지출장부.

24) 대동절목(大同節目) : 일반적으로는 조선후기 대동법 시행을 위해 마련된 규정을 말하는데, 여기서는 각 군현 단위의 대동법 운영을 위해 마련된 규정을 가리킨다.

창고는 지도리[樞]가 문 안에 있는데, 지방 창고는 문 밖에 있다. 지도리가 밖에 있으면 전체를 칡넝쿨로 봉하더라도 문짝을 뽑아내는 것이 매우 쉽다. 지도리가 밖에 있으면 문 밖에 횡판(橫板)을 둘 곳이 없다. 처음부터 횡판을 둘 수 없으므로 허술하기 짝이 없게 된다. 봄에 환곡을 나누어 줄 때, 창고문을 고치라고 특별히 주의를 주지 않으면 안 된다. 만약 고칠 수 없다면 아주 얇은 종이에 날인하여 십자형으로 문짝과 벽체에 풀칠하여 붙여 두는 것이 좋다.

창고의 곡물 가운데 콩의 경우에는 습기(濕氣)가 차서 남는 일은 있어도 모자라는 일은 없다. 벼라고 해서 늦겨울에 넣어둔 곡물이 봄에 창고를 열었을 때 어찌 수량이 부족해질 리가 있겠는가? 이것을 반드시 쥐가 먹었다고 핑계댈 것이지만, 대개 쌓아서 보관하는 곡물은 외면은 벽에 가깝고 중간으로 깊이 들어가면 쥐가 들어갈 수 없으니 쥐가 먹었다는 것은 맹랑(孟浪)한 말이다. 불이 나서 곡물이 타버렸다고 말하는 것은 바깥쪽으로 불길이 닿은 몇 줄 외에는 깊이 들어 있는 것은 불타버릴 리가 없으니 알아두지 않으면 안 된다. 창고를 봉할 때 많은 것 가운데서 서너 섬을 되질한 뒤 창고지기를 엄하게 신칙하여,

> "사가(私家)의 곡물은 겨울이 지나도 줄어들지 않는데, 공곡(公穀)만 줄어든다면 이는 너희들이 간사한 짓을 한 결과일 것이다. 봄에 환자를 나누어 줄 때 만약 되[升]와 홉[合]이 조금이라도 줄어들면 너희들을 엄하게 징치하고 매 섬[石]마다 줄어든 것은 일일이 너희들에게서 거두어들일 것이다."

라고 감색에게 다짐을 받아두는 것이 좋다.

환곡을 관리하는 법[糶糴法][1]

새로 부임한 수령은 작년에 받아들인 곡물에 대해서는 그 품질의 좋고 나쁨, 분량[斗斛]의 맞고 틀림[準否]을 알 수 없다. 대개 10월에 받아들여서 2월에 창고를 열기까지의 기간은 3~4개월에 불과하다. 콩이 으레 불어나는 것은 습기가 있는 곳에 두기 때문이다. 벼는 비록 불어나는 일은 없지만 반드시 크게 줄어드는 일도 없다. 줄어드는 일이 있어도 쥐가 갉아먹어서 줄어드는 것에 불과하다. 그런데 쥐로 인해서 줄어든다는 것도 쌓아둔 곡물에 대해서는 원래 깊이 들어가서 갉아먹는 일은 없고 벽에 가까운 곳에 쌓아둔 한 줄에만 쥐로 인해서 줄어드는 일이 있을 뿐이다. 따라서 이른바 '모축(耗縮)'이라는 것은 모두 색리와 고지기의 농간이다. 비록 이미 지난 뒤에라도 이들과 같이 약속하기를 '창고를 열어서 환자를 나누어 줄 때 일일이 말[斗]로 되어서 지급하고, 만약 조금이라도 줄어들면 일일이 무면(無面)[2]이라고 장부에 기록하고 거두어 들이겠다'는 뜻으로 신칙하는 것이 마땅하다.

창고를 열어서 (곡식을) 출납할 때 이른바 '부석군(負石軍)'[3]이 함부로

1) 조적법(糶糴法) : 환곡에 관한 규정을 담은 법률. 이 항목은 『목민고』, 조적법(糶糴法), 「엄수고직(嚴守庫直)」에 있다.
2) 무면(無面) : 포흠(逋欠)의 방언. 돈이나 물건이 축나는 일.
3) 부석군(負石軍) : 볏섬 따위를 져 나르는 군인을 말함.

들어가서 간사한 짓을 하는데, 그 폐단이 적지 않다. 차라리 거리가 먼 마을에 사는 양민(良民)에게 윗도리를 벗고 대님[端袛]을 푼 뒤 곡심 섬을 지고 나가게 하는 것만 못하다. 혹은 10명으로 한 무리를 이루거나 혹은 20~30명으로 한 무리를 지어서 그들이 받을 곡식을 그들이 져 나르게 하면 볏섬을 뚫어서 바닥에 쌀을 흘리는 폐단은 반드시 없어질 것이다. 또한 출입하는 사람들의 숫자를 맞춰보아 창고에 들어간 사람이 오래 창고 속에 머물지 않도록 한 연후에야 간사한 짓을 하는 폐단을 없앨 수 있다. 혹은 밥을 싸서 미리 넣어 두고 볏섬을 져 나를 때 멋대로 들어가서 밤새 머물면서 간사한 짓을 하다가 다음 날에 창고문을 열기를 기다려서 나오는 폐단도 있다.

환자를 나누어 줄 때 수령이 앉아 있는 곳으로부터 창고 문에 이르기까지 사람들이 막아서서 물건을 가로막지 못하게 하며, 떠드는 것과 잡인을 금하고 군관들이 마당에 늘어서게 한다. 부석꾼이 들어갈 때는 그 수를 외치며 들어가게 하고 나올 때는 볏섬 수를 외치면서 나오게 한다.

창고 담당자가 곡물을 가지고 간사한 짓을 저지르는 것을 막는 것은 가을에 거두어들일 때만큼 좋은 때는 없다. 그들이 당연히 차지하기로 되어 있는 색락미(色落米)[4] 등과 같은 곡물을 원래의 환자처럼 섬으로 꾸려서 별도의 창고에 넣어 두고 그들과 약속하기를 '환자를 나누어 주는 일이 끝난 뒤에 만약 줄어든 것이 없으면 당연히 너희들에게 지급하겠지만 만약 줄어든 것이 있으면 이것으로 부족분을 채우겠다. 가을·겨울에는 곡식이 흔하고 봄·여름에는 곡식이 귀하다. 만약 줄어든 것이 없으면 곡식이 귀한 때 너희들이 전액을 받아 쓸 수 있으니 너희들에게도 유익할 것이다'라고 해두는 것이 좋다.

4) 색락미(色落米) : 세곡(稅穀)이나 환곡(還穀)을 받을 때 간색(看色)이나 마질에서 축나는 것을 채우기 위하여 가외로 더 받는 곡식으로 간색과 낙정을 붙여서 나온 말.

대개 창고문과 곡물 근처에는 잡인이 어지럽게 출입하기 마련이다. 일절 금지한 연후에야 받아들이고 나누어 줄 때 분위기가 엄숙해져서 민인들이 기뻐할 것이다.

환곡을 쌓아 둘 때 관속(官屬)들은 으레 관원(官員)의 시야를 가려서 창고 문으로 출입하는 것을 보지 못하게 한다. 환자를 나누어 주기 위해 개좌(開坐)[5]할 때, 동쪽 창고의 곡식을 꺼낼 때에는 곡물을 서쪽에 두고 민인(民人)으로서 받을 사람은 남쪽 마당에 모이게 한다. 동서남북의 창고는 모두 이런 방식으로 행한다.[6]

줄어든 것이 있으면 감영 곡물과 같이 중요도가 조금 덜한 항목으로 돌리는 것이 좋다.[7]

여러 창고의 곡식은 으레 모두 합하여 전체 합계와 비교해서 줄어든 것이 없으면 창고를 나누어 저장해도 무방하다.

환자는 반드시 몸소 분급해야 한다. 섬수[石數]로 계산하여 분급하는 경우 간혹 완석(完石)을 받지 못할 염려가 있다. 각별히 살펴보고 5~6섬을 뽑아서 다시 되질해 보고 줄어든 양이 많지 않으면 완석으로 바꿔 지급하는 것이 좋다.

신구(新舊) 색리(色吏)가 교체할 때, 신구 색리가 서명한 전장기(傳掌記[8])를 만들게 하고, 관인을 찍은 문서 3개를 만들어, 하나는 관에 제출하게 하고 2개는 신구 색리가 각각 하나씩 갖도록 하는 것이 좋다.

---

5) 개좌(開坐) : 법정이나 관청에서 공사(公事)를 처리하기 위해 관원들이 자리를 정하고 벌여 앉는 것.

6) 여기까지는 『목민고』, 조적법(糶糴法), 「엄수고직(嚴守庫直)」에 보인다.

7) 이하 2문단은 『목민고』, 정요(政要), 「조정(糶政)」에 보인다.

8) 전장기(傳掌記) : 전임자가 후임자에게 사무 인계를 하기 위하여 관장하던 물품을 죽 적어놓은 장부.

말·곡·되·홉의 규격을 먼저 정비함 [先整[1]斗斛升合][2]

관가 및 읍내와 각 면에서 일상적으로 사용하는 되와 말이 각각 다르다. 관속으로서 복호(復戶)[3]된 자와 관곡(官穀)을 독촉하여 받아들이는 호수(戶首)들이[4] 큰 말과 되로써 받아들이므로 백성들이 지탱하기 힘든 폐단이 일어난다. 각 면(面)과 각 이(里)에 공문을 내려[下帖], "각각 새로 만든 되와 말을 가지고 와서 관의 되·말과 비교하라. 낙인하여 나누어준 뒤에 만약 제멋대로 큰 말·큰 되를 사용하다가 혹은 염문(廉問)하여 혹은 다른 일로 인하여 탄로 나면 '네가 받은 만큼 징수하겠다'라는 뜻으로 신칙하여 함부로 거두는 폐단을 제거해야 한다.

중앙이나 지방의 창고 담당자는 으레 두 종류의 곡(斛)을 사용하여, 거두어 들일 때는 큰 곡을 사용하고 나누어 줄 때는 작은 곡을 사용하니,

---

1) 법제처본에는 '定'으로 되어 있다.

2) 이 항목은 맨 처음 한 문단만을 제외하고, 『목민고』, 「선정두곡승합(先整斗斛升合)」과 거의 일치한다.

3) 관속복호(官屬復戶) : 관속으로서 복호된 자. 복호는 충신·효자·열녀와 그 밖의 특정한 사람들에 대하여 호역(戶役), 기타 국가적 부담을 면제하여 주는 일을 말한다.

4) 본문은 '官屬復戶及官穀督捧之戶首輩'이나, 법제처본은 '官屬復戶官穀督捧之際戶首輩'로 되어 있다.

이는 참으로 간사한 폐단이다. 반드시 먼저 관의 곡과 되·홉을 거두어 용량을 비교하여 헤아려 보아야 하는데, 홉으로 되를 맞추고, 되로써 말을 맞추며, 말로써 곡을 맞춘다. 그 가운데 기준에 맞는 홉·되·말·곡을 골라 낙인을 찍어 표시한다. 그 나머지 망가진 말·곡이나 기준에 미치지 못하는 말·곡은 비용이 좀 들더라도 반드시 모두 정량에 맞도록 개조하여 홉(合)·작(勺)의 어긋남도 없게 한다. 그런 연후 관청과 사창(司倉)[5]에서 사용하는 것을 제외하고는 모두 창고 안에 거두어 두어, 큰 것과 작은 것을 같이 사용하며 농간을 부리는 폐단을 없게 한다.

말·되·홉의 경우에는 반드시 많이 만든 후 관정(官庭)에서 사용하는 것이 좋다. 통환(統還)을 분급할 때,[6] 민인들은 반드시 곡물을 가지고 읍내 면주인의 집에 가서 말을 빌려 곡식을 나눈다. 그런 뒤에는 으레 말(斗)을 빌리는 값을 내게 된다. 따라서 읍내에 머물 때에는 자연 축나는 것이 많게 되므로, 관아에서 말과 되·홉을 나누어 주고 관정의 너른 마당에서 환곡을 나누어 주게 한다.

말에는 열네 가지 종류가 있다. 한 말부터 열네 말까지 각기 다른 말이 있는데, 열다섯[7] 말을 곡(斛)이라 한다. 즉 한 말들이 말이 있고 두 말들이 말이 있고 세 말들이 말이 있으며 열다섯 말들이 말이 곡이 된다.

되는 아홉 종류의 되가 있고, 홉 또한 아홉 종류의 홉이 있다. 이러한 되와 말이 있으면 만 섬의 곡식이라 할지라도 순식간에 나누어 줄 수 있을 것이다. 그러나 다양한 되와 말을 사용하다 보면 착오가 일어나기

---

5) 사창(司倉) : 원래는 개성부(開城府)에 있는 여섯 창고 중 하나로서, 능침(陵寢)의 수치(修治), 향사(享祀)의 공구(供具), 관해(館廨)·교량(橋梁)의 보수, 내왕하는 사신[使价]의 접대 등을 담당하였다. 『증보문헌비고(增補文獻備考)』 권155, 국용(國用) 2 참조. 여기서는 지방에 있는 중앙 각 사(司) 소속 창고를 가리키는 것 같다.

6) 원문은 '統分給時'로 되어 있으나, 법제처 판본에 따라 '統還分給時'로 바로잡아 번역한다. 통환(統還)이란 환곡을 호구(戶口) 총수로 나누어 주는 것을 가리킨다. 『목민심서(牧民心書)』 호전(戶典) 육조(六條) 속(續), 곡부(穀簿) 상(上) 참조.

7) 본문은 '十四'이나 『목민고』의 '十五'를 따른다.

쉽다. 그러므로 되와 말을 관정에 쌓아 두고 먼저 곡(斛)으로 받을 사람들을 호명하여 한 줄을 만들고, 다음 열 네 말을 받을 사람을 호명하여 한 줄을 만든다. 이 같은 방식으로 불러들여 받아가야 하는 말로 나누어 주는 것이 좋다.

대개 말과 곡은 호조(戶曹)의 동곡(銅斛)[8]에 한결같이 따라야 되는 법이 있다.[9] 그러나 외방의 관리들이 임의로 만들어 사용하여 크기가 고르지 않다. 큰 것으로 거두어 들이고 작은 것으로 나누어주니 그 정상이 참으로 가슴 아프다. 관장이 이를 살피지 못하여 해악이 민간에 이르니 도량형을 통일하는 정치가 아니며, 오히려 시골거지가 음덕을 베푸는 것에도 못 미친다. 반드시 위와 같이 말과 되를 거두어들여 기준 용기와 비교하여, 네 모서리에 박철(縛鐵)[10]을 덧대고 네 면에 낙인을 찍는다. 박철을 덧대지 않으면 바닥판과 네 모서리를 크게 만들어 농간부리기 쉬울 것이다.

---

8) 동곡(銅斛) : 구리로 만든 곡자. 호조(戶曹)의 동곡이란 전국(全國)의 곡(斛)의 모범(模範 : 기준)으로서 구리로 만들어 호조에 비치하여 둔 것을 말한다. 이를 수령에게 정부에서 나누어 준다.

9) 『대전회통(大典會通)』 권6, 공전(工典), 도량형(度量衡), "軍門大斛 一從戶曹銅斛."

10) 박철(縛鐵) : 못 박기가 어려운 곳에 겹쳐 대는 쇳조각.

이웃으로 작통하는 법[以附近作統法]

환곡[糶糴]의 폐단은[1] 오로지 가명으로 속여 받는 것에 있다. 강자는 많이 받아먹고 약한 자는 조금 받아먹으며, 가을에 거두어 들일 때 가명으로 받아간 곡식은 일족에게 거두는 것을 면하지 못하게 된다. 지금의 이른바 일족이라는 것은 모두 관계가 없는 사람이다.

가령 동촌의 백갑(白甲)이란 이름 아래 기록된 곡식을 억지로 일족이라 칭하고는 서촌의 흑갑(黑甲)에게서 나누어 징수한다. 이것이 바로 소장을 올리는 원인인데 거두어 들이는 것이 매우 어렵다. 동촌의 백갑이 받은 수량을 서촌의 흑갑이 무슨 수로 자세히 알겠는가? 민인들은 그 수량을 알지 못하고 관장 또한 그 연유를 살피지 못하니, 이서들은 이 틈을 타서 농간을 부려 그 수를 불린다. 이로 인한 폐해로 말미암아 가을과 겨울철에 민간이 어지럽다.

이른바 강자는 대·중·소호의 등급 나누기를 마음대로 하고 또 다른 사람의 이름을 빌려 제멋대로 받아먹는다. 그러므로 흉년이 든 해에는 곡물이 하호(下戶)의 가난한 백성들에게 고르게 분배되지 못하고, 가을에는 (강자가 가명으로 받아먹은) 수가 많으므로 거두어들이는 것이 어렵다. 이러한 폐단을 바로잡는 방법에 '이웃을 묶어 통을 만드는 것[附近作統]'만

1) 본문은 '糶糴之法'이나 『목민고』의 '糶糴之弊'를 따른다.

큼 좋은 것이 없다.

통을 만들 때, 만약 한 이(里) 전부를 통으로 삼고 한 면 전부를 통으로 삼는다면 민인들에게 이목이 미치는 못하는 점이 있게 된다. 반드시 한 촌락의 지붕과 울타리가 서로 붙어 있는 집을 한 통으로 삼거나 혹은 10가를 한 통으로 삼거나, 아니면 34~35가를 헤아려 통으로 삼는다. 매 통 가운데 토지가 있고 오래 살았으며 기력이 있어 능히 통을 통솔할 수 있는 사람을 한 명 뽑아 통수(統首)로 삼고 통내의 조적(糶糴)에 관한 일을 전적으로 맡게 한다. 양반은 절대 통수로 삼지 말 것이며, 중인과 상민을 활용, 곡식을 나누어 주고 거둬들이는 일을 전담하게 한다. 이와 같이 통 단위로 징수하는 법[統徵][2]을 쓴다면 간사한 아전과 호강들이 마음대로 받아먹는 폐단을 막을 수 있을 것이다.

10호를 채우지 못하는 촌락은 가장 가까운 통에 편입시킨다.[3]

관아 아전의 경우 이방, 호장을 통수로 삼고, 사령은 관리통(官吏統)에 붙인다. 노비는 노비통(奴婢統)을 만드는데 우두머리 비(婢)와 우두머리 노(奴)를 통수로 삼는다. 호장과 이방은 이를 검속하여 민인의 통과 뒤섞이지 않게 한다.

각 통은 원수성책(願受成冊)[4]을 써 바치는데, 호적의 인구수에 따라서 책을 만든다. 먼저 주호의 이름을 쓰고 그 아래 두 줄로 장년 남자 ○명, 장년 여자 ○명, 어린 남자 ○명, 어린 여자 ○명, 합계 ○명이라 쓴다. 대·중·소·잔(殘)[5]·독호(獨戶)[6]는 이렇게 써서 바친 내용에 따라 구분한다.

---

2) 통징(統徵)하는 법 : 통을 단위로 하여 환곡을 나누고 또 거두어들이는 방식.

3) 본문은 '未滿十戶統村 入於最附近統'이나 『목민고』에는 '統'이 없는데, 이를 따른다.

4) 원수성책(願受成冊) : 환곡을 필요로 하는 사람들이 얼마나 받으려 하는지를 기록한 책자.

5) 대·중·소·잔호(殘戶) : 조선전기에는 지방의 각호를 토지 소유량에 의거하여 구분하고 이에 따라 역을 차등적으로 부과하였는데, 토지가 50결인 경우를 대호(大戶), 30결 이상을 중호(中戶), 10결 이상을 소호(小戶), 6결 이상을 잔호(殘戶), 5결

면임은 이를 거두어 모아 관에 바치고 환곡을 나누어 받는 날[定日]을 알려 준다. 성책이 올라오면, 관장은 여러 담당 이서 중에 글을 잘 읽고 계산에 능한 사람을 한두 명 뽑아 호적과 통기(統記)[7] 등의 책을 일일이 서로 살피게 하여 대·중·소·잔·독호로 등급을 나누고, 호적에 들어 있지 않은 자나 호를 나눈 자는 뽑아내어 별도로 기록했다가 조사를 마친 뒤에 다시 책을 만들어서, 분급도록(分給都錄)[8]처럼 정서(正書)하고 도장을 찍는다. 옮겨 적을 때에 절대 거짓으로 쓰거나 더 쓰는 폐단이 없게 한다. 통수가 바친 성책 가운데 호적에 들지 않은 자나 호를 나눈 자가 적혀 있는 폐단이 있을 경우에는 통수와 면임에게 다음과 같은 내용의 체문(帖文)[9]을 내려 사문(査問)한다.

> "아무개를 호적과 맞추어 보니 애초부터 입적한 일이 없다. 어디에 살던 사람이 언제부터 통에 와서 살게 되었는지, 그가 소지한 장적을 내어 놓게 하여 살펴본 뒤 그가 신원이 확실한 사람이거든 접주인(接主人)[10]이 보증하고 통수가 보증하여 통에 들이고 환곡을 받을 수 있게 하라. 만약 신원이 확실하지 않은 사람이면 통에서 자세히 살펴 처리하여, 가을이 와도 그가 상환하지 못하게 되어 통내 사람들이 나누어 상환하는 폐단이 생기지 않게 하라."

이하를 잔잔호(殘殘戶)라 하였다. 서울의 경우는 토지가 아니라 가옥의 간수에 의해 구분하였다. 『세종실록(世宗實錄)』 권67, 세종(世宗) 21년 3월 무인(戊寅) 참조. 조선후기에는 이러한 기준을 무시한 채 호구를 구분하는 일반적인 용어로 사용되었던 것 같다.

6) 독호(獨戶) : 늙고 아들이 없는 가난한 집.

7) 통기(統記) : 통에 관한 기록.

8) 분급도록(分給都錄) : 환곡(還穀)의 분급 내용을 기록한 책자.

9) 체문(帖文) : 공문서의 일종으로, 하급 관사에서 상급 관사로 보고하는 문서.

10) 접주인(接主人) : 다른 사람을 자신의 거처에 묵도록 해주는 일을 한 사람. 범죄인이나 도둑을 묵게 해주는 일을 한 경우에는 와주(窩主)의 의미로도 쓰인다.

호패와 호적[牌籍]을 가진 자가 들어오면 통수(統首)는 또한 이를 기록하였다가 곧바로 본 통 안으로 다시 기록하여 그가 환곡을 받을 수 있도록 한다. 그가 신역(身役)을 지고 있는지 그렇지 않은지를 살펴 따로 한 책에다 기록해 두었다가 한정(閑丁)을 충정하는 것이 좋다. 그가 다른 고을에서 신역을 지고 있는 사람이라 할지라도, 다른 고을에서 옮겨와 사는 것이 오래되었으면 그가 살던 고을의 신역은 아마도 면제되었을 것이니, 적어 두었다가 본 고을에서 몰래 살펴 은밀히 찾아오는 것을 기다려야 한다.

통에서 써서 바친 책에 분호(分戶)가 있을 경우에는 면임(面任)과 통수에게 다음과 같은 체문을 보내어 알리는 것이 마땅하다.

> "통내의 아무개를 조사해보니 이 사람은 본래 아무개가 거느리던 사람인데, 이번 식년(式年)부터 분호하여 호적청에서 별도로 치부(置簿)하였으니, 금년부터 이미 다른 호가 되었으므로 연호(煙戶)[11]로서 역을 부담해야 한다."

이어 본 통에서 이 사실을 기록하여 환곡을 받을 수 있게 한다.

이상 두 조항은 환곡을 나누어 주는 것 때문에 호수(戶數)를 늘리고 군정을 충당하는 이익이 생긴 경우이다. 호적에 기록되지 않은 자와 분호 등등을 낱낱이 뽑아서 기록하여 책자로 만들어 두는 것이 좋다. 책자로 기록하지 않는다면 흩어져서 잊어버리기 쉽다.

---

11) 연호(煙戶) : 가족공동체를 중심으로 국가영역 내의 백성을 편성한 단위. 일반적으로 인가(人家)·민호(民戶) 등을 의미하며, 가(家)·호(戶)·연(烟) 등과 동일한 개념이다.

날짜를 정하여 분급함[定日分給][1)]

각 통(統)의 '원수성책(願受成冊)'[2)]과 호적(戶籍), 통기(統記)를 비교하여 조사한 후 문서 1건은 해당 이서에게 써서 주고, 1건은 책상 위에 둔다. 또 장건기(長件記)[3)]를 만들어 각 통수(統首)[4)]에게 써서 준다. (그 장건기의) 각 건과 이름 아래에는[5)] 대·중·소·잔(殘)·독호(獨戶)의 글자를 쓰고, 대호는 몇 말[斗], 중호는 몇 말, 소·잔·독호는 몇 말을 지급한다고 쓴다. 아무 통(統) 내 대호가 몇 호이고 받을 곡식이 모두 몇 섬[石], 중호는 몇 호이고, 받을 곡식이 모두 몇 섬, 소·잔·독호는 몇 호이고, 받을 곡식이 모두 몇 섬인지를 쓴다. 아무 통내에는 모두 쌀 몇 섬, 벼 몇 섬, 콩 몇 섬을 지급한다고 쓴다. 나눠주기로 정한 날 이전에 이와 같이 수량을 계산하여 배정한 후에 분급하기로 정해진 날짜를 반포한다.

신법(新法)을 처음 정했을 때는 이서와 민들이 그 거행 절목에[6)] 익숙하지

---

1) 이 항목은 『목민고』, 「정일분급(定日分給)」과 거의 일치한다.
2) 원수성책(願受成冊) : 환곡을 받기 원하는 사람의 명부.
3) 장건기(長件記) : 금전이나 사람·물건의 이름을 죽 적은 글발. 발기라고도 한다.
4) 통수(統首) : 민호(民戶)를 편제(編制)한 통의 어른. 통(統)의 우두머리. 통주(統主)라고도 함. 조선시대 오가작통법(五家作統法)에서는 오가를 1통으로 하고, 통내의 호구를 감시·감독할 책임자로 통수를 두었음.
5) 본문은 '各件各名而'이나 『목민고』의 '各件各名下'를 따른다.
6) 본문은 '未行新法'이나 『목민고』의 '擧行節目'을 따른다.

않아서 도리어 전례(前例)에 따르는 것만 못하게 된다. 반드시 먼저 대략 한두 면(面)에 분급해 보아서 많은 사람들이 어지러운 지경에 이르지 않게 되면 절목에도 자연스럽게 익숙해질 것이다. (이렇게하면) 관장(官長)의 이목도 한가해져서 쉴 틈이 있게 되고 쉽게 살필 수 있어서, 한 읍의 민들을 섞어 불러서 잘 처리하지 못하는 일이 많아서 잘못이 생기는 폐단은 반드시 없어질 것이다.

장건기(長件記)에 매 회기에 내어주는 곡물의 총 수를 쓰고 이를 미리 통수에게 나눠준다면 민이 이번 회기에는 어떤 곡식을 몇 말을 받는지 환히 알 수 있을 것이다.

가령 1통이 받는 것이 3석 3말 5홉이라면, 3석은 임의로 뽑아서 곡수(斛數)를 맞춰본 후 내어 준다. 되·말·홉·작[7]의 남는 수는 관 앞에 나아가 완석(完石)을 내어 두고 되질하여 (석에 못 미치는) 되와 말의 남은 수를 내어 준다.

분급하는 날은 거리의 원근을 헤아려 일찍 업무를 시작하고 민인을 대령하게[8] 한 다음 아침 일찍부터 나누어 준다.

우선 거리가 먼 촌과 통의 통수를 먼저 부르고, 아무[某] 통(統)이 제일 먼저 받고, 아무 통이 두 번째로 받고, 아무 통이 세 번째로 받고, 아무 통이 네 번째로 받고, 아무 통이 다섯 번째로 받는다고 그 순서를 대문 밖에 게시하고 함부로 들어오지 못하게 한다.

첫 번째로 받을 통이 들어오면 통수가 맨 앞에 서고, 민들이 차례로 줄을 선다. 제출된 호적과 원수성책을 맞춰본 후, 통 위에 적힌 석수(石數)를 담당 이서가 외치면, 창고문을 지키고 있는 군관(軍官)과 사령(使令) 또한 외친다. 통민(統民)이 창고에 들어가 숫자에 맞춰 석을 지고 나와 관아의 마당 가운데 쌓아 둔다. 관리가 각종 곡물을 뽑아서 대어보고, 곡이 맞으면

---

7) 작[勺] : 용량 측정의 한 단위로서 홉의 10분의 1.

8) 본문은 '早早開坐 民人開坐'이나 『목민고』의 '民人待令'을 따른다.

통수가 거느리고 온 통민들은 관에서 작성한 장건기에 따라 각자의 몫을 받는다. 관에서는 측량할 말과 되를 내려주어 관아 마당의 한가한 곳에서 관장이 보는 앞에서 나눠 갖게 하고, 또한 좌수(座首) 또는 별감(別監)으로 하여금 살피게 하여 혼란과 불균등한 폐단이 없도록 한다. 지급이 끝나면 즉시 출송하여 정해진 군교로 하여금 멀리 읍 밖에까지 호송토록 한다.

첫 번째 통이 받을 곡식을 되는 사이에 또 두 번째 받을 통을 불러, 계속 이어지게 한다.

양반호는 환곡을 받을 때 호적을 들여보내는 것을 괴롭게 생각한다.[9] 노비로 하여금 주인의 성명이 담긴 호패를 지니고 와서 받게 한다. 노비와 호패가 없는 사람은 그 상전의 이름과 수결(手決)이 적힌 작은 종이를 가져오라고 분부한다. 대개 양반호가 받아야 할 환자를 완악한 노비가 몰래 빼돌리는 경우가 있으니 반드시 통수가 잡아들여 오게 하고, 환자를 받아서 본주인에게 갖다 주게 하고 양반에게 답을 받는다. 만약 부족분이 생기면 노비 가운데 완악하거나 게으른 자를 선택하여 엄하게 매를 쳐서 경각심을 불러일으킨다. 혹은 모두에게 매를 친다면 이는 비록 작은 일이지만 양반호는 장차 크게 기뻐할 것이다. 1차 분급 때부터 이와 같이 하면 다음 회기에는 양반집 노비들이 두려워할 것이다.

나눠주고 받아들일 때 관속은 소란스럽지 않게 하고, 민들은 함부로 출입하지 못하게 한다. (환자를) 받을 사람은 들어가고, 이미 받은 사람은 나아간다. 아직 받지 못한 사람은 문밖에서 기다리며, 통수(統首)는 문밖에 있으면서 통민을 거느리고 대기한다. 곡식을 나누어 주는 사람은 관아 마당 한 귀퉁이에 있으면서 떠들거나 소란을 일으키지 못하게 하여 관장의 지시와 호령이 번거롭지 않게 한다. 이를 시행하는 관속은 함부로 대오에서

---

9) 본문의 '班戶以入送戶籍 於受籍之時爲餒' 부분이 법제처본은 '班戶以入送戶籍於受糴之時爲飭'으로 되어 있는데 『목민고』에는 '於受糴之時爲餒'로 되어 있어 이를 따른다.

벗어나지 말며, 민들의 나아가고 그침은 한결같이 절도에 맞고 엄숙하게 해서, 마치 이임회(李臨淮)가 만리장성의 벽첩(壁疊)에 올라 깃발을 휘두르며 얼굴빛을 바꾸었던 것 같이 한[10] 뒤에야 관장의 뜻이 편안하고 이목이 밝아져서 일을 잘 처리할 수 있을 것이다.

모든 일을 이와 같이 하여 조아(爪牙)[11]와 수족(手足)들이 먼저 적절하게 나누어 배치하고 엄하게 약속대로 시행하면 반듯하고 문란함이 없을 것이다.[12] 군교들은 미리 부대를 나누고, 반드시 검찰군교를 다수 확보한 후, 그중 한 무리는 떠드는 것을 금하고 한 무리는 잡인을 금하며, 한 무리는 속여서 훔치는 일을 막는다.

상례와 장례를 제외한 별환을 일절 금함[喪葬外別還一切防塞]

이미 통 단위로 지급한 환자를 받아들일 때 통수에게 책임을 지운다. (그런데) 별도로 분급하는 환자는 본래 통수와 약속한 것 이외의 것이니 통수에게 책임을 지우기 어렵다. 경내(境內)에 가난하여 장사를 지내지 못한 사람이 있다면, 통내에서 사내 종을 둔 믿을 만한 사람이나 서로 믿고 지내는 사람에게 통수가 보증한 단자를 받아낸 연후 절차를 간략히 해서 환자를 나누어 주는 것을 허락한다.

---

10) 이임회(李臨淮)가……같이 한 : 이임회(李臨淮, 708~764)는 임회군왕(臨淮郡王)에 봉(封)해진 당(唐)나라의 명장 이광필(李光弼)을 말한다. 곽자의(郭子儀)와 함께 안사(安史)의 난(亂)을 평정하였고, 후에 곽자의를 대신해 삭방(朔方)을 맡아 천하병마도원수(天下兵馬都元帥)로 명성을 떨쳤다. 이 말은 이광필이 삭방을 맡은 후 옛 진영에 옛 병사에 옛 깃발 그대로였지만 그가 한 번 호령하자 모두 정예병사로 바뀌었다는 고사애서 유래하였다. 『唐史』 卷136.

11) 조아(爪牙) : 유능한 조수(助手). 측근자. 심복.

12) 법제처본에는 이 부분이 누락되었다. "肅然若李臨淮之登壇仗鉞壁疊 旌旗變色然後官長之志氣安閑 耳目精明 可以照管. 百爲此 則爪牙手足 先自排布 約束申嚴 乃可以井井不紊."

올해 환자를 갚지 못한 사람을 뽑아 냄[今年難捧未收之人抄出拔去]

이와 같은 사람은 대부분 매우 궁핍하고 가난하기 때문이지만, 양반과 관속 가운데 완악하고 나태한 자에게서도 많이 나타난다. 3차례 정도 나눠주지 않은 뒤에 그 곤란하고 급함을 살피고, 다른 사례에 의거하여 보증인을 세워 통에 넣는다. 통에 들어가면 다가오는 가을철 환자를 거둬들일 때에 못낸 것까지 거둬들인다. 또한 이미 부채가 많은데 또 이와 같이 분급해 주면 가을이 되어도 받지 못한 것들이 작년보다 많아질 것이다. 따라서 다만 종자 곡식만을 나누어 주어야 할 것이다.[13]

13) 이 부분 역시 법제처본과는 글자에 약간의 출입이 있다.

환자를 분급함[分糶]

환자를 분급하기로 정해진 날짜를 체문을 통해 알린다. 이때 반드시 면임(面任)과 이임(里任)으로 하여금 환자 받기를 원하는 민인의 성명을 정밀하게 뽑아서 그 도목(都目)을 책자로 만들고, 미리 잘 정리하여 관에 올려 참고하도록 한다.

창고 담당 이서와 면임이 한 통속이 되어 원수성책(願受成冊)[1] 가운데 거짓 이름을 싣거나, 혹 부민(富民)의 호(戶)를 빌려 거간(居間)[2]이 농간을 피우기도 한다. 혹 면(面)의 양반이나 호민(豪民)이 요민(饒民)의 이름을 빌려 이름을 바꿔서 대신 받았다가 가을철 거둬 들이는 날이 되면 요민인 본호(本戶)를 침징(侵徵)하는 폐단이 빈번히 일어나기도 한다. 이 역시 체문을 내려서 환자를 받는 민으로 하여금 각자의 호구단자를 가지고 와서 받게 하여 간특함을 방지해야 할 것이다. 혹 인정에 구애되거나 혹 세력에 눌려 호구를 빌려 주고 대신 받았다면 염문(廉問)하여 잡아 들여야 할 것이며, 혹 현장에서 발각되면 빌려 준 자와 받은 자를 동일한 죄로 처벌하겠다는 뜻으로 엄중히 신칙해야 한다.

환자를 분급할 때 소란스럽고 혼란스러우면 촌사람들이 잃어버리기

---

1) 원수성책(願受成冊) : 환곡을 받기 원하는 사람의 명부.

2) 거간(居間) : 거래하는 쌍방의 중간에 서서 흥정을 붙임. 또는 그렇게 하는 사람.

쉽다. 또 고지기가 농간을 부려 가마니 속에 들어 있는 곡식을 몰래 빼내고 혹 모래와 돌을 채우거나 혹 짚 풀로 메워 매 가마니마다 2~3말 혹은 4~5말이 부족해지며, 심한 경우 반 석(半石)이나 부족한 폐단이 자주 발생한다. 분급하기 전에 각 면에 나눠 줄 숫자를 마련하여 분급할 수량의 합계를 계산한 뒤에 면임에게 가마니를 질 사람을 선발하여 관아 마당 앞까지 지고 나오게 한다. 면마다 각각 분급해 준 후 믿을 만한 장교로 하여금 간특함을 살피게 하고, 각 면에서 받은 곡식 중 수상하고 허술해 보이는 가마니를 추출하고 썩고 상한 가마니가 있으면, 창고에 있는 온전한 가마니로 채워 바꿔준다. 문제가 된 가마니는 다시 말질해서 모자라는 수만큼 해당 고지기에게서 징봉(徵捧)하고, 썩고 상한 가마니는 관에서 처리하거나 변통하여 새로운 곡식으로 바꿔서[改色][3] 그 수를 충당한다.

환자를 분급할 때 면임들이 조용히 나눠 준다는 것을 핑계로 면주인(面主人) 집에 출입하여 농간을 피우는 일이 많다. 관속과 면주인의 무리가 양식을 달라고 하는 폐단도 발생할 수 있으니 반드시 관아의 마당에서 분급한다. 비록 마당 안에서 나눠 주더라도 면임과 관속, 면주인의 무리가 역시 폐단을 일으킬 수 있으니 각별히 엄금해야 할 것이다.

환자를 받을 민인과 양반 가운데 일이 생겨 오지 못하는 경우에는 혹 대신 노비를 보내거나 혹 대신할 사람을 보내거나 혹 이웃사람을 보내 환자를 받아 가는 일이 있다. 이와 같이 형편에 따라 받아 가는 경우에는 반드시 면임과 이임에게 하나하나 정성을 기울여 분급하게 한다. 이때 잘 담아서 표를 붙여 보내라는 뜻을 각별히 신칙하며, 낱낱이 간특함을 적발하겠다고 분부한다. 관아의 마당이 만일 어지럽지 않으면 관표를 붙여 송부하는 것이 좋다.

환자를 분배하는 곳 바깥에 소금상인을 제외하고 접근을 금지하여 술과

3) 개색(改色) : 진휼청(賑恤廳)이나 관창(官倉)의 묵은 곡식 등을 그 지방민에게 나누어주고 그 수량만큼 신곡으로 대신 보충하게 하여 원수(元數)를 맞추는 것.

떡 그리고 여러 종류의 상인들로 인해 곡식을 축내는 폐단이 없도록 한다.

감관(監官)과 색리의 문서가 또한 많기 때문에 매일 거두고 분급해 준 환곡의 총수를 공책(空冊)을 만들어 낱낱이 기록하여 비치해 놓고, 의거하여 살펴봄으로써 간특함을 막는 근거로 삼는다.

한 읍의 민인들을 모두 모아 하루 안에 분급하려고 하면 정밀히 나눠주기 어려우며, 멀리 떨어져 있는 촌의 민들은 집에 돌아가지 못하는 문제가 발생할 수 있다. 3개 정도의 면(面)을 먼 마을부터 가까운 마을에 이르도록 차례차례 순서대로 분급해야 할 것이다.

한창 농사일이 바쁠 때에는 반드시 아주 일찍 창고를 열어 분급하여 민들이 즉시 받고 돌아가게 한다. 그래서 반나절이라도 호미질을 할 수 있게 해야 한다.

환자를 분급하는 날, 노인과 젊은 민인들이 모두 모였을 때, 해당 읍의 폐단과 고통을 묻는 것이 염문하는 것보다 낫다. 민들이 고한 바에 따라 고칠 것은 고치고 혁파할 것은 혁파하도록 한다.

면임이 환자를 분급할 때 관문(官門)에 들어오면 고지기와 사령(使令) 등 관속들이 술값 명목으로 억지로 돈을 거두는데, 한번 거두는 액수가 많게는 4~5냥에 이른다. 이로 인해 그 돈을 면임과 이임이 민에게서 거둬들이는 폐단이 발생하니 각별히 금지해야 한다. 만일 현장에서 잡히면 각 청의 우두머리 역시 엄중히 다스리겠다는 뜻을 분부하여 신칙한다.

환곡을 분급하는 방법[分給料式][4]

대미(大米)인 원회곡(元會穀)[5] 상진곡(常賑穀)[6]은 모두 합쳐 몇 석이고,

---

4) 법제처본은 '分給料式'으로 되어 있다.

5) 원회곡(元會穀) : 각 고을에서 환곡 1석에 대하여 모곡 1말 5되를 받고 그 1/10에 해당하는 1되 5홉을 호조에 바치는데, 이를 원회곡이라 함.

6) 상진곡(常賑穀) : 상평청과 진휼청이 선혜청으로 합속되면서 각기 구관하던 곡식

그 안에서 절반은 창고에 남겨두는데 그 양은 몇 석 몇 말이며, 분급한 것은 몇 석 몇 말이다. 군작대미(軍作大米)[7]는 몇 석 몇 말이고, 그 중 절반은 창고에 남겨두는데 그 양은 몇 석 몇 말이며, 분급한 것은 몇 석 몇 말이다라고 기록해 둔다. 별회대미(別會大米)[8]는 몇 석 몇 말인데 모두 분급한다.

호의 등급을 나누고 매 순번마다 대호(大戶)는 몇 말, 중호는 몇 말, 소잔호(小殘戶)는 몇 말씩인지 숫자를 계산하여 매 순번마다 나눠준다. 환곡을 거둬들인 후 각 곡식에 나아가 먼저 매 순번마다 나눠준 숫자를 계산한다. 그 후에 각 면에서 거둬들인 것을 책자로 만들고, 전체 호수를 계산하며, 장차 분급할 각 곡수가 매호마다 몇 말씩인지를 기록해 분급한다. 보리를 거두기 전까지 몇 순번으로 나눠 줄 것인지를 마련한 후에라야 문란해지는 폐단이 없을 것이다.

8결 작부[9] 단위로 매 부마다 몇 석 분급하는데 호환(戶還)[10]의 사례에

을 통합하여 상진곡으로 불렀음. 상평청과 진휼청은 숙종(肅宗) 때 선혜청(宣惠廳)으로 합속하였다. 국민생활의 안정을 위한 물가 조절용의 곡물과, 흉년을 당하였을 때의 빈민 구호용의 곡물을 아울러 일컫는 말.

7) 군작미(軍作米) : 군자곡(軍資穀)으로 쓰기 위해 마련해 두는 쌀. 주로 군정(軍丁)들이 군포 대신에 내는 쌀로 이루어짐.

8) 별회미(別會米) : 특별 회계부상의 쌀.

9) 8결 작부(八結作夫) : 결세(結稅)를 거두어들이는 한 방법. 8결에서 1부를 낸다. 100부(負)가 1결이고 8결이 1부(夫)인데 영세한 것들을 모아서 한 호수(戶首)를 세우고 그로써 징세하는 것. 『만기요람(萬機要覽)』 재용편(財用編) 2, 전결(田結), 전제(田制), "8결(八結)을 부(夫)로 한다. 부(夫)를 주비[矣]라고도 칭하는데 농부[佃夫] 중에서 호수(戶首)를 택정하여 8결에 응납할 역(役)을 수납(收納)케 함. 수전에는 쌀[米]로 징수케 하고 한전에는 누른 콩[黃豆]으로 징수케 하니, 이것이 유정지공(惟正之供)으로서 해마다 경비의 근본이 되는 것이다."

10) 호환(戶還) : 호(戶)를 단위로 환곡을 나누어 주는 것. 호구(戶口) 총수로 나누어 주는 것을 통환(統還)이라 하고, 전결(田結)을 기준으로 배당하는 것을 결환(結還)이라 한다. 대개 매 결에 4, 5두, 많은 경우는 7, 8두였다. 『승정원일기(承政院日記)』 고종(高宗) 19년 임오(1882, 광서 8) 8월 30일(계미), "환곡이란 본래는 불의의

의거하여 마련한다.

밀과 보리도 대미의 사례와 같이 분급한다. 창고에 남아 있는 밀과 보리에 대해 감관과 색리들이 부패되어 먹을 수 없다고 농간을 부린다. 하지만 사목(事目)이 엄중하니 법을 지켜야 할 것이다.

사태에 대비하기 위해 모아 두는 것이고, 그 모조(耗條)는 지방(支放)의 비용에 공급하는 것으로, 민호(民戶)마다 각기 7두(斗) 5도(刀) 7합(合)을 정식으로 한 것이 몇 백 년이 되었습니다. 그런데 근래 들어 호환(戶還)을 혁파하고 가을에 쌀을 거두어들일 때에는 두(斗)와 곡(斛)을 정확히 재어 그에 준해 받아들이면서, 봄에 쌀을 방출할 때에는 두나 곡은 계산하지도 않고 단지 원래 총 수량이 몇 섬인가만 계산합니다. 거기에는 축난 것이 대부분으로 온전한 섬이 없으며, 심지어 빌려가지도 않았는데 납입해야 하는 지경에까지 이르기도 하니, 어찌 통탄스럽지 않겠습니까. 민결(民結)마다 환곡을 분배하되 본전은 결주(結主)에게 돌려주고 해마다 모조를 취하여 지방의 비용으로 삼는다면 간사한 아전이 농간을 부리는 폐단과 호향이 포흠을 범하는 습속이 자연 종식될 것입니다."

환자를 받아들이는 법[還上還捧法]

가을이 되어 기일이 되기 전에 각 통수(統首)[1]에게 여러 차례[三令五申][2] 알린다.

환자를 받아들이는 일은 애초에 엄히 독촉하지 않으면 끝내는 곡식이 다 떨어진 후에야 독촉하여 거두게 된다. 이 때문에 받아들이지 못하는 것이 많아진다. 반드시 가을걷이 전에 여러 차례 자세히 각 마을의 통수에게 다음과 같이 알린다.

"통(統)[3]마다 정한 날짜 안에 수량에 맞게 환곡을 바쳐야 할 것이니, 이 뜻을 충분히 알고 통내의 사람들에게 곡물을 준비하도록 알려서 일제히 납부할 수 있도록 하라. 만일 한 되, 한 홉이라도 거두지 못한 것이 있으면 납부하는 당사자[元當身]는 물론이고 통수도 엄히 다스릴 것이라고 통내에 각별히 자세히 알려라. 통내의 사람 가운데 혹 가난하고 의지할 바가 없어 맞추어 내기가 어려운 무리가 있으면 통내의 여러 사람이 처리

---

1) 통수(統首) : 통(統)의 우두머리. 통주(統主)라고도 함. 조선시대 오가작통법(五家作統法)에서는 오가를 1통으로 하고, 통내의 호구를 감시·감독할 책임자로 통수를 두었음.

2) 삼령오신(三令五申) : 세 번 명령하고 다섯 번 다짐함. 여러 번 거듭 단속하는 일.

3) 통(統) : 오가(五家)를 1통으로 함.

방법을 회의하여 아무쪼록 마련해 납부하도록 한다. 그 가운데 혹 도주가 염려되는 자가 있으면 그릇을 잡아두거나 그 물건(物件)·시초(柴草)를 잡아둔다. 또는 그 사람이 아직 받지 않은 품삯이 있으면 마을에서 일을 시킨 주인에게서 직접 받아 두었다가 바치는데 충당하는 것이 마땅하다."

아직 가을걷이를 하기 전에, 그리고 이미 가을걷이를 한 후에 이와 같이 서너 차례 전령을 내리는 것이 좋다.

받아들이는 날짜를 배분하는 일은 반드시 한 면(面)에서 모두 받아들이기를 위주로 하지 않는다. 각 마을을 교차로 받아들인다. 가령 남면의 제1리 제1통과 제3통, 제5통, 제7통, 제9통을 먼저 받아들이고 나서 제2통, 제4통, 제6통, 제8통과 같이 교차로 날짜를 정한 다음에야 말과 소를 서로 빌려서 쓸 수 있을 것이다.

통내에서 곡(斛)[4]으로 만들어 납부하게 한다. 곡물은 민인의 무리가 말, 되 정도 분량의 자기 곡물을 각기 가지고 관에 들어와 곡으로 만들면 곡물이 자연히 많이 허비된다. 불가불 1통 내에서는 마을에서 1통이 납부할 곡물을 곡으로 합하여 실어 오면 소나 말, 져오는 사람 수도 줄일 수 있고, 곡물도 많이 들지 않을 것이니,[5] 이것이 오묘한 방법이다. 또 1통에서 섬으로 합하여 한꺼번에 납부하면 가난한 사람도 기일에 맞추어 통에 들이지 않을 수 없으니, 독촉하여 징수하는 폐단을 더는 좋은 방법이다.

총액 영수증[都尺文][6]은 환곡을 받는 대로 바로 내어준다.[7] 곡물은

---

4) 곡(斛) : 열말에 해당하는 용량의 단위. 우리나라에서는 예로부터 사용되어온 용적 단위 명으로 홉(合)·승(升)·두(斗)·석(石)이 있어 곡이라는 단위명의 필요성이 없어 사용되지 않았으나, 중국과의 교류가 빈번해져 고려 정종 때부터 곡 단위가 양제 단위 명으로 사용되었다.

5) 법제처본에는 '穀物不至多入'으로 되어 있는데, 본문에서는 '多'가 누락되었다. 법제처본을 따른다.

6) 도자문[都尺文] : 자문은 조세·부과금·수수료 등을 받고 교부하는 영수증인데, 도자문은 총액 전체의 영수증을 말한다.

받아들인 후에 영수증을 곧바로 본인에게 내어주어야 뒷날 간리배가 다시 징수하는 폐단을 없앨 수 있다. 하지만 이 법처럼 일괄 납부하였으면 영수증도 한 사람 한 사람에게 각각 내어줄 수 없으니, 반드시 당초 분급한 도건기(都件記)[8]의 예에 의거하여 사람들의 이름 아래 환자 수량을 모곡과 함께 기록한 다음 도장을 찍고 서명하여 일괄 영수증을 내어준다. 도자문은 반드시 미리 정비해 놓은 다음에야 때를 당해서 수선스러워지는 염려가 없을 것이다. 그리고 분급 성책에서 영수증을 내어준 사람들의 이름을 일일이 가위표[爻周]를 해서 지우는 것이 좋다.[9]

환자를 받아들이는 것 역시 민인을 이롭게 하거나 병들게 하는데 관계되는 중요한 정사이다. 민이 스스로 곡(斛)으로 계량하여 바치기를 마친 다음, 낙정(落庭)[10]은 2되로 한정하여 고자(庫子)[11]에게 준다. 바닥에 떨어진 것이 없으면 주지 않는다. 납부를 독촉하는 일에는 여러 사람을 쓰지 말고, 단지 약정(約正)과 각 이(里)의 유사(有司)에게 책임을 지우는 것이 좋다. 이서를 단속하여 받아들이는 법에는 면납(面納), 이납(里納)이 있다. 만약 흉년을 만나면 여유를 두고 독촉하여 조용히 받아들여야만 민들에게 소요(騷擾)가 없을 것이다.

1. 감색들이 신구 환자를 가리지 않고 몰래 훔쳐내어 실한 곡물은 다수

---

7) 본문은 '都尺文隨納隨給'인데 법제처본에는 '隨給'이 누락되었다.

8) 도건기(都件記) : 건기(件記). 사람이나 물품의 이름 혹은 금액을 열기(列記)해 놓은 문서.

9) 여기까지는 『목민고』, 「환자환봉법(還上還捧法)」과 거의 같다.

10) 낙정(落庭) : 되나 말 따위로 곡식을 될 때 되고 남은 약간의 곡식을 의미하며, 전결세의 부가세 명목의 하나이다.

11) 고자(庫子) : 조선시대 각종 창고를 지키며 출납을 맡아보던 하급 관직. '고지기'라고도 하였다. 서울에 각 관청·군영의 창고가 있었고, 지방에도 크고 작은 창고가 있어 군량미와 진휼미(賑恤米)를 비축하는가 하면, 조적(糶糴)의 임무를 수행하고 있었다.

팔아서 중간에 요리하고서는 받아들이는 때가 되면 훔쳐낸 수량만큼을 아직 받지 못한 환자로 옮겨 적어 놓는 경우가 있다. 해마다의 오래된 포흠(逋欠)[12] 가운데서 감색들이 훔쳐 먹은 포흠은 하나하나 엄밀히 조사하여 밝혀내어서 감색들이 축낸 곡물 수량을 하나로 아울러 책을 만들어 따로 징봉할 것.[13]

1. 감색배가 방납(防納)[14]이라 일컫고 돈으로 받아서 많은 양을 훔쳐 먹은 후에 아직 받지 못하였다고 칭하고 자신의 이름 아래 옮겨 적어 문서를 꾸며내고, 장차 탕감의 은전이 있기를 바란다. 이처럼 돈으로 받고 방납하는 폐단은 각별히 몰래 살펴서 엄금하여 농간을 부리는 것을 막을 것.

1. 향품(鄕品)[15]과 토호배가 작부(作夫)[16]할 때 모두 자기 노(奴)의 이름으로 작부하고 나서 결환(結還)[17]을 자기가 받아먹고는 받아들일 때를 당해서는 그 입호(立戶)한 노자(奴子)를 다른 읍, 다른 지경에 숨겨 놓고서 면리임에

12) 포흠(逋欠) : 관가의 물건을 빌리고 돌려주지 않는 것. 국가의 조세를 납부하지 않는 것. 혹은 이로 인한 결손액.

13) 법제처본에는 "混綜於未捧中是如乎 各年舊逋中 監色等偸食逋欠之數"가 누락되었다.

14) 방납(防納) : 지방 군현의 조세 상납에 대해 중앙 각사(各司)의 서리, 상인 등이 공납 의무의 대행을 통해 이익을 취하는 행위이다. 조선전기는 주로 진상 공물에 대한 방납이 행해졌으나 조선후기는 전결세에 대해서도 행해졌다. 여기서는 지방 군현에서 이서배가 민에게 자신이 조세 납부를 대행해 주겠다고 하고 돈을 받아서 중간에 떼어먹는 등으로 이익을 얻는 행위를 가리킨다.

15) 향품(鄕品) : 유향품관의 준말. 유향품관들은 향촌사회의 지배층으로서, 한편으로는 유향소·향약·향회·동약 등의 기구와 조직들을 통해 향촌사회를 지배하고 향촌사회의 안정을 유지하기도 하였다. 그러나 다른 한편으로는 토호적 존재로서 하민(下民)들을 탈법적으로 지배하고, 민전을 겸병하며, 부역이나 환곡을 물지 않고 천택(川澤)의 이익을 독점하는 등 불법을 저질렀다. 심지어 왕권을 대행하는 수령 및 관인들과 대립해 충돌을 빚기도 하였다.

16) 작부(作夫) : 전결세(田結稅)를 거두어들이기 위해 8결(結)을 1(夫)로 만드는 일.

17) 결환(結還) : 전결을 기준으로 환곡을 배당하는 것.

게 몰래 부탁하여 도망한 사람으로 꾸며서 그의 환자를 수납치 않게 하는 경우가 있다. 작년에 작부할 때 향품이 노의 이름으로 작부한 자는 하나하나 엄밀히 조사하여 받은 결환은 모두 그 해당 양반에게 독촉하여 받아 낸다. 그리고 이번 겨울에 작부할 때에는 향품이 노로 입호하는 폐단을 각별히 엄히 금하여 모두 본주(本主)이름으로 입호하여 호수(戶首)[18]를 삼도록 한다.

1. 환자를 받아들일 때 면리임과 주인(主人)[19] 등이 민인이 바칠 환곡을 미리 받아서 사사로이 나누어 먹고서는, 혹은 도망이라고 혹은 사망이라고 혹은 족속이 없어서 받아 낼 곳이 없다고 관가에 거짓으로 고하여 결국 미납하는 폐단을 저지른다. 이러한 폐단은 여러모로 찾고 살펴서 낱낱이 적발하여 중간에 농간을 부리는 폐단을 막는다.

1. 환곡을 고봉으로 받아들이는 것은 실로 아래에 이익을 돌리는 정사가 아니다. 그 가운데서 낙정(落庭) 곡물은 수량을 한정하지 않고 멋대로 하도록 일임하면 소민(小民)이 감당하기 어려운 폐단이 된다. 낙정은 겉곡식은 3되, 쌀은 2되로 하고, 간색(看色)[20]은 겉곡이나 쌀을 물론하고 모두 한 되를 정식으로 한 후 색락기(色落器)[21]를 다시 만들어 낙인하여 내어주어서 지나치게 받는 폐단을 막는다. 그리고 낙정은 정한 수량보다 더 남는 것은 일일이 해당 납부자에게 내어 준다. 받아들일 때 곡(斛)의 계량은 높지도 가라앉지도 않게 평평하게 평미레질을 하여 너무 지나치지 않도록 한다.

면리임 등에게 엄히 독촉할 뿐 결코 면주인이나 별차(別差)[22]를 민간에

---

18) 호수(戶首) : 민호(民戶)의 대표자. 군역(軍役)이나 공부(貢賦) 납부의 책임을 짐.

19) 주인(主人) : 지방 군현과 중앙, 도(道), 면(面)을 연결시키는 직임을 담당하는 이서. 경주인, 영주인, 면주인 등이 이들인데, 여기서는 면주인을 가리킴.

20) 간색(看色) : 물건의 질을 판단하기 위해 본보기로 그 일부를 봄. 그 쌀을 간색미라고 하였다.

21) 색락기(色落器) : 간색미와 낙정미를 측정하기 위한 기구.

내보내서는 안 된다. 만약 세밑처럼 받아들이기 어려운 때가 되어 부득이 별차를 내보낼 때에도 충분히 헤아려서 처리하고, 혹 달리 받아들일 방법이 있으면 굳이 내보낼 필요가 없다.

고지기 등에게 분부하여 계량할 때 만일 정량이 차지 않은 섬이 있으면 반드시 큰소리로 그 모자란 수량을 보고하게 한다. 관가는 그 모자란 양을 낙정곡으로 채워 넣는다. 그러고도 아직 부족하면 그 납부자에게 채우게 한다. 만일 납부자가 채워 넣을 곡식이 없으면 물리쳐 돌려 보내지 말고 관의 곡식을 빌려주어 되로 계량하여 채워 넣게 하여 그 부족한 수량을 알게 하고, 그 수량은 해당 납부자의 이름 아래 아직 받지 못하였다고 기록해 둔다. 아직 못 받은 액수를 제외하고 납부한 수량은 분명히 가위표[爻周]를 친 후 영수증을 만들어 주면 다시 거둘 염려를 면할 수 있다. 만일 물리쳐 돌려 보내면 싣고서 왕래하는 폐단이 있을 뿐만 아니라, 혹 주인집에 맡겨두고서 그 부족한 수량을 가져오기 위해 오고가는 사이에 잃어버릴 염려가 반드시 있으니 결코 물리쳐 돌려보내서는 안 된다. 명심해서 처리해야 한다.

민이 납부하는 환곡은 비록 좋은 곡식으로 잘 마련하지 못했더라도 이미 싣고 와서 마당에 들여왔다면 결코 물리쳐 돌려보내서는 안 된다. 만약 물리쳐 돌려 보내면 태반을 잃고 전부 가지고 돌아가지 못한다. 만약 좋은 곡식으로 잘 마련하지 않았으면 그 경중에 따라 죄를 다스려서 다른 사람들을 징계한 후에 특별히 받아들일 것을 허락하고, 패를 달아 따로 두었다가 이듬해 봄 분급할 때 그 민인에게 도로 내주는 것이 좋다.

관속배가 납부한 곡물은 태반이 쭉정이다. 감색배와 고자가 짜고서 납부하였다가 다음해 봄 받아먹을 때는 따로 좋은 곡물을 택해서 받는다. 그러나 궁벽한 마을의 세력 없는 민은 따로 좋은 곡식을 납부하였다가

---

22) 별차(別差) : 특정한 임무를 위하여 임시로 파견하는 관원이나 관속.

이듬해 봄 받아먹을 때는 단지 그 관속배가 납부한 쭉정이 곡을 지급받는다. 이 어찌 원통하지 않겠는가? 관속이 납부한 환곡은 별고(別庫)에 받아들였다가 분급할 때 관속배에게 도로 나누어 준다. 그 가운데서도 심한 쭉정이 곡은 역시 패를 달아서 따로 두었다가 바친 본인에게 도로 주는 것이 좋다.

관속의 환곡을 기준에 맞게 받기가 가장 어렵다. 그 소속 청(廳)의 건실한 사람을 별도로 정하여 간검(看檢)[23]하게 하고 그 청수(廳首)와 같이 힘을 합하여 받아들이되, 그 근면함과 나태함을 평가하여 하나하나 죄를 다스리면 기준에 맞게 받아들일 수 있을 것이다.

양반가의 환곡이 가장 받기 어렵다. 먼저 해당 면의 약정을 보내고 혹은 면리임을 시켜서 전갈(傳喝)을 보내 독촉한다. 그래도 바치지 않으면 예리(禮吏)[24]에게 다음과 같은 고목(告目)[25]을 만들어 보낸다. "별차를 내보낼 사안이지만 양반을 대접하는 도리로 특별히 정지하는 것이니, 만약 어느 날까지로 정한 기한을 어기면 본인을 잡아가두어 처치할 것이다." 그래도 납부하지 않으면 비로소 붙잡아다가 처치하되, 만약 매우 가난하여 받아 내기 어려운 부류이면 잘 헤아려서 좋도록 처리하여 심하게 다스리는 지경까지 이르지 않게 한다.

호수배가 결환을 수합할 때 낙인을 한 새 말과 되로 거두라는 뜻으로 신칙하여 전령한다. 정한 날을 당해서 받아들일 때 만일 낙정을 너무 많이 나오게 하는 민이 있으면 호수나 그 사람을 붙잡아 들여서 죄를 다스려서 경각심을 갖게 하되 너무 무겁게 다스릴 필요는 없다.

창고 담당자가 농간을 부리는 폐단은 모두 다 거론하기 어려울 지경이다.

---

23) 간검(看檢) : 보살피어 검사함.

24) 예리(禮吏) : 각 지방 관청의 예방(禮房)에 속한 서리(胥吏)를 두루 일컬음.

25) 고목(告目) : 조선시대 공적인 문서양식. 각사(各司)의 서리 및 지방관아의 향리 등이 상관에게 공적인 일을 알리거나 문안할 때 올리는 간단한 양식이다. 『고금석림(古今釋林)』 40, 나려이두(羅麗吏讀), 고목(告目), '賤者告尊者之書, 稱告目.'

그 가운데서도 이미 받은 것을 아직 받지 않은 것으로 하고 중간에 훔쳐 먹는 일이 자주 있다. 감색과 고지기들이 서로 짜고 그들의 집에서 민인에게 사사로이 환곡을 받거나 방납하는 돈을 받고 영수증은 창고에다 납부한 것처럼 꾸며주고, 관문서에는 아직 받지 못했다고 기록하고 중간에 훔쳐 먹는다. 세월이 지난 후에 혹 탕감하라는 명령이 있으면 막중한 나랏 곡식을 공연히 감색과 고지기에게 잃게 되고 소민은 조정(朝廷)의 은혜를 입지 못하니 어찌 통탄스럽지 않은가?

매일 받아들인 각 명목의 곡물은 창고에 들일 때 소계를 산출하여 낱낱이 맞추어 본 후 여러 차례 섬수를 세어보고 들인다. 매일 받아들인 소계를 그때그때 공책에 따로 적어서 개인 보관함에 넣어둔다. 환곡을 다 받아들인 후에는 담당 감색으로 하여금 총계를 산출하게 하고, 또 자신이 따로 적어 놓은 소계를 합하여 총계를 산출하여 감색이 산출한 총계와 서로 들어맞으면 앞서 말한 폐단이 없을 것이다. 각별히 자세히 살피고, 혹은 마음에 새겨두고 샅샅이 살피며, 또 몰래 알아보는 등 방심해서는 안 된다.

읍내에서 떨어진 곳에 있는 창고의 환곡은 담당 감관에게만 맡기지 말고 반드시 직접 가서 받아들인다. 만일 긴급한 사정이 있으면 반드시 좌수를 보내어 입회하여 받는 것이 좋다.

만일 전세와 대동을 나루터에서 거두어들이게 되면 각 면의 원근을 고려하여 날짜를 배정하고, 이때도 반드시 친히 나가서 받아들임으로써 지나치게 많이 거두는 폐단을 없애야 할 것이다. 만일 친히 받아들이지 않으면 사공(沙工)과 운반을 담당한 감색[領去監色][26]의 무리가 농간을 부려서 지나치게 많이 거두는 짓이 환곡에 비할 바가 아니니, 거리의 멀고 가까움을 계산하지 말고 반드시 친히 받을 것을 결심하여야 한다.

---

26) 영거감색(領去監色) : 각 지방의 조세를 서울로 운송하는 경우, 배에 동승하여 조세 운반을 책임지는 감관과 색리(色吏).

민을 다스림[治民]

민을 다스리는 요체는 기르고[養] 가르치는[敎] 것이 있을 뿐인데, 양민이 먼저고 교화는 그 다음이다. 양민의 방법은 질병과 고통을 제거하고 산업(産業)을 넉넉하게 하며, 환과고독(鰥寡孤獨)[1]과 노인들에게 별도로 은혜를 베풀어 기르고, 결혼하고 초상 치르는 일에서 때를 놓치지 않도록 하는 것이다.

질병과 고통을 제거하는 제일 첫 번째 할 일은 이졸(吏卒)과 임장(任掌)[2](위로는 향소[3]로부터 하래로 호수·통수까지 모두 포함된다)으로 하여금 터럭만큼의 폐단도 민생에 끼치지 않게 하는 것이다. 민(民)과 관(官) 사이에는 항상 환하게 통하여 그 사이에 사소한 것이라도 막힘이 없어야 한다.[4] 다음은 신역(身役[5])의 결원을 모두 채워서 이웃과 친척을 해치는 근심을

1) 환과고독(鰥寡孤獨) : 늙고 아내가 없는 사람, 늙고 남편이 없는 사람, 어리고 어버이가 없는 사람, 늙고 자식이 없는 사람.

2) 임장(任掌) : 『속대전(續大典)』 규정에 의하면 임장은 호적(戶籍) 작성시(作成時)의 임시직원으로서, 서울에서는 각방(各坊)에 별문서(別文書), 별유사(別有司) 등을 두었고 지방에서는 면임(面任)·이임(里任)·감고(監考) 등을 두었는데 이들을 임장(任掌)이라고 하였다.(『대전회통(大典會通)』 권2, 호전(戶典) 호적(戶籍)). 그런데 여기에 의하면 호수(戶首)와 통수(統首)까지도 포함된 것을 알 수 있다.

3) 향소(鄕所) : 향청(鄕廳) 또는 향청의 요직인 좌수(座首), 별감(別監)을 가리킨다.

4) 『목민고』에는 이 부분이 "民與官之間 恒洞然貫徹 更無纖翳之干 介滯其間"이고, 법제처 본도 "民與官之間 恒洞然貫徹 更無芥滯於其間"으로 되어 있어 이에 따른다.

없게 해야 한다. 다음은 전정(田政)을 상세히 살펴서 경작하지 않는 땅에서 세금을 걷는 폐단이 없게 해야 한다.

다음은 환곡을 삼가고 (문서를 정리하는 것, 곡식을 되는 도량형을 균평하게 하는 것, 출입을 엄하게 하는 것, 헛된 비용을 절감하는 것 등이 모두 여기에 속한다.) 봉납(捧納)[6]을 공평하게 하며 (관에 물건을 납부하는 모든 일이 여기에 속한다.) 횡렴(橫斂)[7]을 근절하고 (전결에 부과된 역[田役]과 신역(身役) 가운데 정해진 규정 이외의 것을 거두는 것은 모두 여기에 속한다. 큰 것은 조정의 지휘를 기다리고 작은 것은 스스로 결단한다.) 연역(煙役)[8]을 줄여야 한다. (각종 고가(雇價),[9] 식년(式年)에 나무를 추가로 징발하는데 동원된 부역꾼(赴役軍),[10] 각종 관사 수리, 혹은 시탄(柴炭)[11] 담지꾼(擔持軍).[12]) 다음은 옥송(獄訟)이 지체되는 일이 없어야 한다. 다음은 절수[13]의 폐단을 살펴야 한다. (이것은 항상 있는 일은 아니므로 순서를 여기에 두었다. 그러나 만약 있다면 그 폐해의 혹심함으로 인해 마땅히 '평인족(平隣族)'[14]의 아래에 두어야 한다.) 다음은 세력있는 자의 침탈을 금해야 한다. 이것들 이외의 소소한 폐해는 드러나는 대로 제거해야 한다.

산업을 넉넉하게 하는 것이 가장 어렵다. 정전(井田)[15] 제도가 폐지된 이후 민의 산업을 보장하는 제도가 없어져서 가난한 사람을 넉넉하게

---

5) 신역(身役) : 개별적으로 파악된 인정(人丁)을 대상으로 특정한 공역(公役)을 부과하는 것. 크게 직역(職役)과 군역(軍役)으로 나눌 수 있다.
6) 봉납(捧納) : 물건을 바침.
7) 횡렴(橫斂) : 함부로 조세를 징수함.
8) 연역(煙役) : 민가의 호(戶)에 부과하는 잡역을 말함. 연호잡역.
9) 고가(雇價) : 각종 급료로 주는 쌀이나 품삯.
10) 부역군(赴役軍) : 부역(賦役)에 동원된 장정.
11) 시탄(柴炭) : 땔나무와 숯. 연료의 총칭.
12) 담지군(擔持軍) : 상여 등 무거운 물건을 틀가락으로 메는 사람.
13) 절수(折受) : 국가로부터 일종의 토지 소유권 증서인 입안(立案)을 발급받거나 전조(田租)의 수조권(收租權)을 지급받는 것.
14) 이 부분에서 '平隣族' 항목은 없다. 법제처본에는 '平捧納之上'으로 되어 있다.
15) 정전(井田) : 중국의 하(夏)·은(殷)·주(周) 삼대(三代) 때 실시되었다고 전하는 토지 제도였던 정전제(井田制)에 따라 구획된 농경지를 이름.

만드는 일은 비록 요(堯) 임금과 순(舜) 임금의 너그러움과 계연(計然)[16]의 지혜로도 불가능하게 되었다.

그러나 대대적인 변통은 비록 불가능하더라도 항상 이러한 뜻을 마음에 담아 새겨두고 권농(勸農)에 힘써서 농사철을 빼앗지 않는다. 종자가 없는 사람에게는 종자를 빌려주고 식량이 떨어진 사람은 구휼한다. 경작할 전토(田土)가 없는 사람에게는 부민(富民)이 나누어 주게 하고, 밭갈이할 소가 없는 사람에게는 이웃이 빌려주게 한다. 질병이 있는 사람은 이웃이 돕게 하고, 게으른 자는 벌을 주어 농사에 힘쓰게 한다.

홍수·가뭄·바람·서리가 몰아칠 때의 기근과 흉년에 대비해서 풍년에 미리 준비하여 비록 크게 흉작이 들더라도 여유 있게 진휼할 수 있도록 함으로써 굶어죽는 사람이나 농사를 그만두는 일이 없이 농상(農桑)에 힘쓰게 한다. 반드시 호민(豪民)이 그 친척과 이웃을 구조하게 하고, 곡식을 빌릴 때의 이자는 일정한 규정을 정하여 엄격하게 시행한다.

이와 같이 한다면 비록 남기지는 못하더라도 부족한 것을 보충할 수는 있을 것이다. 이리하여 질병과 고통이 제거되고 농사일을 점차적으로 정비하여 기근과 흉년을 구제한다면 생산이 크게 넉넉해질 것이다.

사민(四民)[17]을 보살피는 일이 끊어진 지가 이미 오래 되었다. 반드시 별도로 면임(面任)을 신칙해서 미리 정밀하게 선별해야 한다. (허실이 서로 섞이기 쉬우니 마땅히 3~4차례 반복해서 살펴야 한다. 또한 소문만 요란하면 계속하기 어렵다. 혹은 환곡을 나누어 줄 때나 혹은 다른 일로 뽑을 때나 명목과 실제가 어긋나는 근심이 없게 해야 한다. 또 홀아비나 과부 중 잘 사는 사람도 있으니 그와 같은 여러 사정과 폐단도 동시에 살펴야 한다.) 재용(財用)을 절약하고 좀과 같은 간사한

---

16) 계연(計然) : 수학에 밝았던 춘추시대의 유명한 사상가이다. 원래 성(姓)은 신(辛)이고, 이름은 문자(文子)이다. 계책에 능하고 부민강국(富民强國)의 방법을 제시하였다. 저서에 『만물록(萬物錄)』 13권이 있다.

17) 사민(四民) : 사(士)·농(農)·공(工)·상(商)의 통칭. 그런데 여기서는 환과고독(鰥寡孤獨)을 말하는 것 같다.

무리를 잘 단속하여 잉여(剩餘)를 얻어서 봄에 기근이 발생했을 때 반드시 구제한다. 또한 이웃 사람들이 별도로 찾아 보살피게 함으로써 편안하게 살 수 있게 해야 할 것이다.[18)]

민(民)을 부리는 일은 때에 맞게 해야 한다. 담지꾼(擔持軍)·조묘꾼(造墓軍)[19)]·관사(官舍) 수리 등에 여러 역군(役軍)을 동원할 때 감관과 색리가 농간을 부려 자기 멋대로 마련하면 반드시 지나치게 동원하여 그 남는 일꾼들에게서 돈을 받고 놓아 보낸다. 면임(面任)과 이임(里任)의 무리도 자주 이들과 함께 농간을 부린다. 부임한 이후에 각 면 장정(壯丁)의 명부(名簿)를 받아서 반드시 몸소 살펴서 딱 맞게 마련하여 명부에 기록된 이름의 순서대로 동원함으로써 그러한 폐단을 제거하고 함께 농간을 부리는 일이 없게 해야 할 것이다.

이황(李滉)[20)]은 고을을 다스릴 때 하나같이 간결하고 조용하여 번거롭지 않게 하는 것을 중시하였다. 민(民)에게서 세금을 거두어들일 때에는 비록 그것이 매우 가벼운 것이라고 하더라도 만약 민이 반드시 부담해야 하는 것이라면 늘이거나 줄이는 일이 없어서, 도리를 어겨 가면서까지 명예를 구하지는 않았다. 그래서 수령으로 재임할 때 빛나는 명성이 없자 사람들이 이황 선생을 가리켜서 "주신재(周愼齋)[21)]에게는 미치지 못한다."라고 말했다. 주신재는 수령 노릇할 때 술수를 잘 써서 한 군(郡)의 민(民)을 들었다 놓았다 하였기 때문에 민이 일제히 칭찬하였다. 이황 선생은 참되고 정성스러울 뿐 꾸밈이 없고 하나같이 바른 도리만을 따르고, 이서와 민을 대할

---

18) 여기까지는 『목민고』, 「치민(治民)」과 거의 일치한다.

19) 조묘군(造墓軍) : 분묘(墳墓)를 조성(造成)하는 인부.

20) 이황(李滉) : 1501(연산군 7)~1570(선조 3). 조선중기의 문신·학자. 본관은 진보(眞寶). 자는 경호(景浩), 호는 퇴계(退溪)·퇴도(退陶)·도수(陶叟).

21) 주신재(周愼齋) : 주세붕(周世鵬, 1495~1554)으로 조선중기의 문신·학자. 본관은 상주(尙州). 자는 경유(景游), 호는 신재(愼齋)·남고(南皐)·무릉도인(武陵道人)·손옹(巽翁)이다.

때에도 하나같이 정성과 믿음으로 대하여 그들이 속임수를 쓴다고 미리 억측하지 않아서 사람들이 나날의 회계는 부족하더라도 일 년의 회계에는 남는 것이 있다는 것을 알지 못하였기 때문이다.

풍속을 바로잡음[正風俗]

풍속을 바로잡는 일이란 수령의 다스림에서 제일 중요한 일이다. 마땅히 『경민편』[1]과 이이의 『율곡향약』[2] 등의 책에서 손쉽게 시행할 수 있는 것들을 뽑아서 조목으로 만든다.

예를 들면 부모에게 불효하고 형을 공경하지 않는 것, 정처(正妻)를 소박하는 것, 지친(至親)[3] 간에 서로 소송하는 것, 이웃과 화목하지 못한

1) 경민편(警民編) : 1519년(중종 14) 황해도 관찰사 김정국(金正國)이 백성을 경계(警戒)하기 위해 편찬·간행한 책. 간행 목적을 서문에서 밝히기를 형벌의 적용보다는 인륜의 중함을 모르는 백성들을 교화하는 데 있다고 하였다. 내용은 인륜의 기본에 관계되면서도 백성이 범하기 쉬운 덕목을 부모·부처·형제자매·족친·노주(奴主)·인리(隣里 : 이웃마을) 등 13조목으로 나누어 조목마다 윤리적인 해설을 붙이고, 불륜하였을 때 적용되는 벌칙을 제시하고 있다. 이 책에서 강조하는 인륜은 전통적인 『소학』류의 내용이나 삼강오륜의 덕목과는 차이가 있다. 즉, 군신·붕우·장유 등의 덕목이 탈락되고, 그 대신 향촌질서의 유지에 필요한 족친·노주·인리·투구(鬪毆)·권업(勸業) 등의 항목이 추가되어 향촌현실과 부합되는 덕목으로 변형되는 특색을 지니고 있다. 이 책은 향촌 내부에서 엄격한 상하존비(上下尊卑)의 구별을 가능하게 해주는 유교적 본말론(本末論)이 이념적 기초를 이루고 있다. 그리고 이황(李滉)과 이이(李珥)의 향약과 내용상 비슷하여 향약 보급의 전단계적인 의미를 지니고 있음을 알 수 있다.

2) 율곡향약(栗谷鄕約) : 조선 향약 가운데 대표적인 역할을 한 율곡 이이(李珥)의 「서원향약(西原鄕約)」, 「해주향약(海州鄕約)」, 「사창계약속(社倉契約束)」, 「해주일향약속(海州一鄕約束)」 등을 가리킨다.

3) 지친(至親) : 더할 수 없이 혈통이 가까운 사이라는 뜻으로 아버지와 아들, 언니와

것, 남녀 간에 음란한 짓을 하는 것, 나이 어린 사람이 어른을 능멸하는 것, 신분이 천한 자가 신분이 귀한 자를 능멸하는 것, 상전(上典)을 능멸하고 업신여기는 것, 고아와 약자를 침해하는 것, 환란(患亂)을 구휼하지 않는 것, 농사를 게을리 하고 생업에 힘쓰지 않는 것, 술 주정하면서 서로 싸우는 것 등의 조목을 열거하여 적어서 반포하여 각 촌에 알린다.

그리고 각 촌에서 연륜 있고 세상살이를 조금 아는 사람으로 한 사람을 정해서 두두인(頭頭人)[4]으로 삼고 그로 하여금 이러한 조목들을 범하지 말도록 깨우쳐 주게 하고, 그 의식(儀式)은 마땅히 『율곡향약』에 규정한 방식에 따라서 시행하는 것이 좋다. 만약 이러한 조목들을 범하는 자가 있으면 엄하게 징치하는 것이 좋다. (이 항목은 다만 소민(小民)에게만 시행할 수 있다.)

경내(境內)에 선현(先賢)의 묘소(墓所)나 사우(祠宇)[5]가 있으면 각별히 받들어 모신다. 그 후손이 미천하여 보수하지 못하면 주의를 기울여 보살핀다.

충신과 효자를 기려서 정려(旌閭)[6]한 것이 간혹 너무 오래되어 훼손된 것이 있는데 각 방(坊)에 전령(傳令)하여 숫자를 파악한 뒤 고쳐 세운다. 혹은 복호(復戶)[7]했던 효자(孝子)·정부(貞婦) 가운데 생존자와, 비록 정려와 복호하는 데까지는 미치지 못하더라도 그 행동이 의로워 탁월함이 있는 자는 각별히 예우하고 명목을 붙여서 간간이 식물(食物)을 내려주어 풍속을 바로잡는 바탕으로 삼는 것이 좋다.

아우, 작은 아버지와 조카 사이를 이르는 말.

4) 두두인(頭頭人) : 가장 우두머리가 되는 사람.

5) 사우(祠宇) : 선조(先祖)나 선현(先賢)의 신주(神主)나 영정을 모셔두고 배향하는 곳.

6) 정려(旌閭) : 국가에서 미풍양속을 장려하기 위해 효자·충신·열녀 등이 살던 동네에 붉은 칠을 한 정문(旌門)을 세워 표창하던 일.

7) 복호(復戶) : 특정한 대상자에게 그 호(戶)의 조세(租稅)나 부역(賦役)을 면제해 주는 일.

나이 많은 사람을 존중하는 것은 인정(仁政)을 행하는 방법이다. 반드시 각 면에 널리 물어서 파악한 뒤 책자로 작성하여 식물(食物)을 제공하는 근거로 삼는다. 상민[常漢]은 나이를 속이는 폐단이 있으니 호적을 살펴본 뒤에 시행하는 것이 좋다. 그러나 나이를 속이는 것을 호적에서 찾아내기는 극히 어려우므로 반드시 처음 호적에 들어간 해로부터 살펴서 찾아낸 연후에야 그 실상을 알 수 있을 것이다.

결혼할 시기를 놓친 사람에 대해서는 각 면에 문서를 내려서 조사하고, 여자는 20세 이상, 남자는 30세 이상 된 자에 대해서는 그 가장을 방문하여 날을 정해서 결혼시키게 한다. 그리고 해당 고을의 물력의 넉넉하고 부족함을 헤아려서 조금이나마 부조하는 것이 좋다.

시일을 넘겨서 장사(葬事)를 지내지 못하는 사람에 대해서도 또한 체문[帖文][8]을 내려서 파악한 뒤 책자로 만들어 둔다. 그리고 그 친속(親屬)이 있는지 여부를 상세하게 물어서, 친속이 있으면 즉시 매장(埋葬)하게 하고, 친속이 없어서 다년간 시신을 초빈[草殯][9]하는 경우에는 해당 이(里)에서 매장하게 하고 관에서 인부들을 먹일 약간의 양식을 지급하는 것이 좋다.

노인을 봉양하는 일은 수령이 간혹 행하기도 하지만 시늉만 내고 내실이 없는 경우가 많다. 나이가 이미 넘었는데도 신역(身役)을 면제받지 못하는 사람은 먼저 면제해 준다. 그 자제(子弟)들이 봉양을 잘못하는 경우에는 부지런히 가르치고, 새해가 되면 봉양을 가장 잘한 자에게 술과 고기를 주어 장려하는 것이 좋다.

가르치는 방도로 말하면 반드시 생활이 여유가 있는 자라야만 가르칠 수 있고, 또한 반드시 몸소 모범을 보여야만 가르침을 행하게 할 수 있을

---

8) 체문[帖文] : 수령이 관하(管下)의 면임(面任)·훈장(訓長)·향교 유생 등에게 유시(諭示)하는 글.

9) 초빈(草殯) : 장사를 지내기 전에 시체를 방 안에 둘 수 없는 경우에 관을 바깥에 놓고 이엉 같은 것으로 덮어서 눈·비를 가리는 것.

것이니 진실로 쉽게 말할 수 있는 일이 아니다. 그러나 비록 생활이 넉넉하지 못한 자에 대해서도 바른 도리의 큰 줄기에 대해서는 알게 하지 않을 수 없는데, 민들이 그 도를 몸에 익숙하게 실천하는 것은 하루 이틀 힘쓴다고 저절로 되는 것은 아니다.

충신과 효자 및 지조가 굳은 여인을 부지런히 찾아다니면서 그 실상을 안 연후에는 특별히 우대하고 장려한다. 그 실상이 없는 경우에는 도리어 거짓된 풍속이 자라나는 길을 열어놓을 수도 있다. 패륜(悖倫) 행위는 엄하게 징치한다. 항상 부모를 사랑하고 형제간에 우애하며, 윗사람을 따르고 연장자를 존경하는 뜻으로 민간에게 권유하기를 지속적으로 부지런히 하여 그 선을 행하고자 하는 마음이 발동하게 하는 것이 좋다.[10]

10) 이 부분은 『목민고』, 「정풍속(正風俗)」에는 없는 부분이다.

농업과 양잠을 장려함[勸農桑][1)]

뽕나무[桑木]와 닥나무[楮], 옻나무[漆], 대추[棗]·밤[栗]·감[柹]·배나무[梨] 등 민의 생업에 도움이 될 수 있는 것들 가운데 토질을 헤아려서 적당한 것을 파종하라고 알려주고 호(戶)를 따라서 책자를 만들어서 올리게 한다. 그리고 『경국대전(經國大典)』의 「공전(工典)」과 「호전(戶典)」[2)] 및 『한서(漢書)』 「황패전(黃覇傳)」[3)]을 참고하여 시행하는 것이 좋다.

처음부터 밭갈이하지 않았거나 씨 뿌리지 않은 곳, 김매기 하지 않은 곳, 경작지가 냇물에 유실된 곳 등은 절기[時節]를 따라서 그때그때 문서로 보고하라고 각 면에 알린다. 경작하지 않은 곳, 씨 뿌리지 않은 곳, 제초하지 않은 곳은 그 사유를 상세히 보고하게 하고, 만약 질병이나 사고로 인한 것이라면 그 이웃이나 친척으로 하여금 도와서 갈고 김매게 한다. 또한 일률적으로 법을 정해서 이유 없이 농사를 폐기하는 일이 있으면 해당 농임(農任)[4)] 및 동임(洞任)과 면임(面任)은 각별히 엄하게 다스릴 것이라고

---

1) 『목민고』, 「권농상(勸農桑)」과 거의 유사하나 앞 부분에 서론 격의 글이 빠져 있다.

2) 『경국대전(經國大典)』 공전(工典)과 호전(戶典).

3) 황패전(黃覇傳) : 『전한서(前漢書)』 권89, 열전 제59, 황패를 말한다. 황패는 중국 전한(前漢) 양하인(陽夏人). 자(字)는 차공(次公), 시호(諡號)는 정후(定侯)이다. 벼슬은 승상(丞相)까지 이르렀다. 한대(漢代)에 민(民)과 이(吏)를 잘 다스린 것으로 유명하다.

밝혀서 약속해두는 것이 좋다.

작년 가을의 간심일기(看審日記)를 살펴서 금진(今陳)[5]과 잡탈(雜頉)[6]로 처리된 곳 가운데 경작할 수 있는데 경작하지 않은 곳을 뽑아내어 한 책자를 만든다. 씨 뿌릴 때가 되면 전령(傳令)을 내려 경작자와 농임(農任)을 신칙하여 경작하게 한다. 그리고 작년 가을의 해당 각 면 서원(書員)[7]을 보내 적간(摘奸)하게 한다. 또 모내기할 때도 이와 같이 하고, 메밀을 파종할 때도 이와 같이 한다. 관에서 적간하는 일이 이처럼 3번에 이르면 공공연하게 땅을 묵히는 근심이 없어질 것이다.[8]

농사와 양잠[農桑]은 진실로 민산(民産)의 근본이고, 씨 뿌리고 가꾸며 가축을 기르는 일들은 모두 후생(厚生)의 정치에 관계되므로 소홀히 해서는

---

4) 농임(農任) : 권농관(勸農官)을 가리킨다. 농민에게 농경을 권장하고 수리와 관개 업무를 관장한 권농관 이외에 조선후기에는 수령의 하부체제로서 면임(面任)이 이를 담당하였다. 그 명칭도 권농관·권농감고(勸農監考)·방외감(房外監)·풍헌(風憲) 등으로 다르게 불렸다.

5) 금진(今陳) : 올해의 진전(陳田). 진전은 토지대장에는 올라 있지만 실제로는 경작하지 않고 묵힌 논밭.

6) 잡탈(雜頉) : 국역과 같은 국가적 의무를 이행해야 할 경우 빠질 수 있는 공식적인 면제사유 이외의 다양한 이유를 들어 의무에서 면제됨.

7) 서원(書員) : 조선시대 중앙과 지방의 각 관서에 배속되어 주로 행정 실무를 담당한 이속(吏屬). 서원은 고려시대 이래 향리의 중심층을 지칭했던 기서지원(記書之員)인 '기관(記官)'이 조선의 개국과 함께 개칭되면서 비롯되었다. 중앙 각 관아의 서원은 1466년(세조 12) 1월에 재정 궁핍 등으로 인한 관제개혁에 수반되어 상급서리(上級胥吏)는 녹사(錄事)로, 하급서리는 서리로 각각 단일화하는 조치로 소멸되었다. 이와는 달리 지방 관아의 서원은 조선말기까지 지속되었다. 지방 서원은 부(府)·대도호부(大都護府)·목(牧)·도호부·군·현에 배속되었다. 그리고 해당 지역의 수령과 육방아전의 지시를 받으면서 세금징수·손실답험(損實踏驗) 등의 행정 실무를 담당하였다. 각 관아별 배속 인원은 『경국대전』에 부는 34인, 대도호부·목은 30인, 도호부는 26인, 군은 22인, 현은 18인으로 명문화되었으며, 이 인원이 한말까지 계속되었다. 이들은 중앙의 서원과 달리 산계, 상급서리 배속, 영직, 실직 등과는 유리된 만큼 천역시 되면서 기피되었다.

8) 『목민고』, 「권농상(勸農桑)」에는 이 부분이 누락되었다.

안 된다. 황패(黃覇)[9]가 지방관이 되었을 때, 우정(郵亭)[10]의 향관(鄕官)[11]으로 하여금 모두 닭과 돼지를 기르게 하여 그것으로 홀아비와 과부 및 가난한 자를 구휼하였으며, 민(民)으로 하여금 농경과 양잠에 힘쓰고 쓰임새를 절약하여 재산을 늘리며, 나무를 심고 가축을 기르게 하고 쌀과 소금과 같은 물건도 부족하지 않게 하였다.[12] 처음에는 좀 번거로웠지만 황패가 정력적으로 추진하여 실천에 옮겼다. 홀아비·과부·고아·홀로 사는 노인[鰥寡孤獨] 등이 죽어서 장사지내 줄 사람이 없는 자는 향관이 문서로 보고하면 황패가 모두 주선하여 처리하기를, 어느 곳의 큰 나무는 관(棺)을 만들 만하고, 어느 마을의 돼지새끼는 제수로 쓸 만하다고 하였다.

공수(龔遂)[13]가 지방관이 되었을 때 민의 풍속이 사치스러운 것을 보고 몸소 검약(儉約)을 실천하고, 민에게 농사와 양잠을 권하여 나무 한 종류씩을 심게 하였다. 소나무 100그루[本], 염교[薤][14] 50본, 파[葱] 한 뙈기를 심게 하고 집집마다 암퇘지 2마리를 기르게 했다. 칼을 차고 다니는 자가 있으면 칼은 팔아서 송아지를 사게 했다. 봄·여름에는 민이 밭으로 나가지 않을 수 없게 하고, 가을·겨울에는 수확에 힘써 과실과 마름[蔆][15]과 연꽃[芡][16] 등을 비축케 하니,[17] 이서와 민들이 모두 부유해지고 송사도 그치게

---

9) 황패(黃覇) : 중국 한(漢)나라 선제(宣帝) 때의 훌륭한 수령이다.『한서(漢書)』권89, 「순리전(循吏傳)」.

10) 우정(郵亭) : 중국 한(漢)나라 때의 역관(驛館). 법제처본에 '비정(鄙亭)'은 '우정(郵亭)'의 잘못이다.

11) 향관(鄕官) : 중국 한(漢)나라 때의 향리.

12) 이 부분은『전한서(前漢書)』권89, 열전 제59, 황패전에 나오는데 글자에 약간의 출입이 있다.

13) 공수(龔遂) : 자 소경(少卿), 산양 남평양인(山陽 南平陽人). 전한(前漢) 소제(昭帝, B.C. 86~74)·선제(宣帝, B.C. 74~49) 때 사람. 명경(明經)으로 관리가 되어 읍간(泣諫)을 잘한 것으로 유명하다. 선제 때 말년에 발해태수(渤海太守)가 되어 훌륭한 치적을 남긴 것으로 유명하다.

14) 염교[薤] : 백합과에 딸린 여러해살이 풀.

15) 릉(蔆) : 마름. 물풀의 이름.

되었다.[18] 공수와 황패의 다스림은 천고(千古)에 가장 뛰어난 것인데도 이러한 정치를 힘써 행한 것에 불과하였으니, 수령으로서 이를 본받아서 실천할 수 있다면 민에게 이로운 점이 틀림없이 많을 것이다.

옛날에는 봄에 장차 민을 마을에 내보낼 때 평소의 아침에는 서리를 오른쪽 방에 앉게 하고 인장(隣長)은 왼쪽 방에 앉게 한 뒤, (민이) 모두 나간 연후에 돌아왔다.[19] 저녁에도 이와 같이 하였다. 들어갈 때는 반드시 땔나무를 갖고 가게 하였는데, 경중(輕重)을 나누어서 반백(斑白)의 노인은 가지고 가지 않아도 되었다. 겨울에 민이 모두 들어가면 같은 마을의 부인들이 서로 모여서 밤에 길쌈을 하게 한 것은 비용과 연료를 아끼고 솜씨를 북돋우며 풍속을 이루게 하기 위한 것이었다.[20]

주(周) 무왕(武王)[21]이 태공망(太公望)[22]을 영구(營丘)[23]에 봉하였는데, 그 곳은 개펄이어서 인민이 적었다. 이에 그 여공(女工)들에게 길쌈을 권하여 기술을 닦게 하고 어물과 소금을 통하게 하자 사람들이 몰려들어 제(齊)나라 의관(衣冠)이 산동 지방[海岱][24] 전체에 퍼져나가 많은 사람들이

16) 검(芡) : 못이나 늪에서 나는 연꽃의 한 가지.

17) 『목민고』, 「권농상(勸農桑)」에는 '勞來循行 郡中皆有蓄積'이 있는데, 여기에는 빠져 있다.

18) 이 부분은 『전한서(前漢書)』 권89, 열전 제59, 공수(龔遂)에 나오는 것인데 글자에 약간의 출입이 있다.

19) 『목민고』에는 '畢出然後' 밑에 '歸'자가 더 있다.

20) 『목민고』에는 '女工' 다음에 '一月得十五日 必相從'이 있다.

21) 무왕(武王) : 중국 주(周)나라의 시조. 문왕(文王) 창(昌)의 아들. 이름은 발(發). 문왕이 닦아 놓은 국력을 바탕으로 하여 은(殷)나라의 주왕(紂王)을 쳐서 중원천하(中原天下)를 통일하였다. 태공망(太公望)을 스승으로 삼고 주공 단(周公 旦)의 보필을 받아 선정을 베풀었다.

22) 태공망(太公望) : 주 문왕의 스승 여상(呂尙)의 호. 강태공(姜太公)이라고도 한다. 무왕을 도와 은의 마지막 왕인 주왕(紂王)을 멸하고 천하를 평정하였음.

23) 영구(營丘) : 태공망의 봉지. 『사기(史記)』 권32, 제태공망세가 제이(齊太公望世家第二)에는 '영구(營邱)'로 되어 있다.

24) 해대(海岱) : 지금의 산동성(山東省) 발해(渤海)에서부터 태산(泰山)까지의 지대.

옷깃을 여미고 가서 입조(入朝)하였다. 이를 통해서 보건대 옛날 선왕(先王)들이 민의 산업을 다스리는 제도가 얼마나 잘 갖추어졌는가를 알 수 있다.

우리나라의 권농(勸農)하는 정치는 소홀하기 짝이 없다. 수령은 농사와 양잠의 정치에 유의하여 촌마다 착실하고 일에 밝은 늙은이를 동장(洞長)으로 정하고, 옛날의 인장(隣長)이 하던 대로 매일 일찍 일어나서 농민을 권장하여 들판에 나가게 하고 저녁에 돌아오게 하며, 각각 땔나무 여러 무더기를 거두어서 그것으로 각자 혹은 밥을 짓고 혹은 거름을 만들게 한다. 날마다 이렇게 하는 것을 일상적인 규칙으로 삼아야 한다.[25]

혹 나태하여 명령을 따르지 않는 자가 있으면 이(里) 중에서 모여 앉아서 관에서 정한 규칙에 의거해 회초리를 때리거나 혹은 어깨를 때려서 놀라 깨닫게 한다. 그 중에서 매우 심하게 게을러서[26] 농사에 부지런하지 않은 사람 및 외롭고 힘없는 양반의 드센 노비가 명령에 따라서 농사에 부지런하지 않은 자는 동장이나 해당 이임(里任)으로 하여금 뽑아내어 관에 보고하는 일을 정식(定式)으로 삼아서 알리는 것이 좋다.

여공(女工)에 대해서 옛 사람들이 말하기를 "한 달에 45일의 노동력을 얻을 수 있어서 남공(男工)보다 나은 점이 있다."라고 하였다. 우리나라 양서(兩西) 지방[27]의 명주[紬], 북관(北關)[28]과 동관(東關)[29]의 삼베,[30] 호령(湖嶺)[31]의 면포(綿布), 양호(兩湖)[32]의 저포(苧布)[33] 등은 모두 족히 민의

---

25) 본문은 '일이위상(日以爲常)'으로 되어 있는데, 법제처본에는 '일이위상식(日以爲常式)'으로 되어 있다. 법제처본을 따른다.

26) 법제처본에는 '其中老甚者外 游惰不勤農者'로 되어 있으나 본문의 '其中尤甚 游惰不勤農者'를 따른다.

27) 양서(兩西) : 해서(海西)와 관서(關西), 즉 황해도와 평안도를 아울러 이르는 말.

28) 북관(北關) : 함경북도 지방. 함경도를 구분하여 마천령을 경계로 그 북쪽은 북관, 그 남쪽은 남관이라고 함.

29) 동관(東關) : 강원도.

30) 마포(麻布) : 마로 만든 포, 모시와 삼베를 구분하여 보통 삼베로 만든 것을 마포라고 함.

산업이 될 만한데 이것을 하는 자가 거의 없다.[34] 밀양(密陽)의 밤나무 숲, 회양(淮陽)의 잣나무 밭, 남양(南陽)의 옻나무 밭 등은 모두 앞선 사람들이 심어 가꾸어서 후손들에게 남겨준 은혜이다.

세종조(世宗朝)에 모든 도(道)의 각 읍에 명하여 토질에 적합한 수목(樹木)과 약재(藥材)를 심어 가꾸게 하여 지금까지도 이용후생(利用厚生)의 혜택을 입고 있다. 수령은 이미 민에게 권하여 심어 가꾸게 하였다면 또한 관이 있는 대지(垈地)와 전후의 안산(案山)[35] 및 공한지(空閑地)에도 수목을 많이 심게 하고, 관아의 과원(果園)에도 과일 나무를 많이 심게 하면 비록 자기 임기 내에 열매를 맺지 않아도 그 혜택이 읍에 미치는 바가 클 것이다.

염소와 돼지에 대해서는 각 읍에서 그 번식을 전혀 살피지 않아서 제사지낼 때나 손님을 접대할 때 늘 큰 짐승을 잡는다. 마땅히 우리를 견고하게 조성하고 목부(牧夫)를 정하여 사육하게 해야 한다. 그러면 불과 몇 년 사이에 산에 가득 찰 정도로 번성할 것이다. 각 읍에서는 으레 사육용 지게미를 거두어들이는데, 이것을 돈으로 대신 거두어 고지기가 가로채는 일이 많다. 마땅히 거두어들이는 일을 신칙하여 돈으로 대신 거두는 폐단을 없애고 가축 사료를 제대로 마련하여 착실하게 사육하게 하는 것이 좋다.

각 면에서 권농(勸農)을 담당할 존위(尊位)[36] 한 사람을 차출하여 그에게 농사철이 되면 면 내를 두루 답사하게 한다. 그래서 소가 없는 사람에게는 소를 빌려 주게 하고, 종자가 없는 사람에게는 종자를 빌려 주게 하며, 태만한 사람은 권장해서 분발하게 하여 단 한 곳도 땅을 묵히는 폐단이 없게 한다. 그리고 그 거행한 경과를 그때그때 빨리 보고하게 하고, 부실한

31) 호령(湖嶺) : 경상도 내륙지역을 가리킨다.
32) 양호(兩湖) : 호남(湖南)과 호서(湖西), 곧 전라도와 충청도를 아울러 이르는 말.
33) 저포(苧布) : 쐐기풀과에 속하는 모시풀의 인피섬유로 제작한 직물.
34) 『목민고』에는 여기에 베 짜기를 권장하는 내용이 있는데 여기서는 빠졌다.
35) 안산(案山) : 집터나 묘자리 맞은 편에 있는 산.
36) 존위(尊位) : 리 또는 동의 어른이 되는 사람을 높여서 이르는 말.

곳을 탐문(探問)해서 불시에 몸소 적발하여 만약 땅을 묵힌 곳, 때를 놓친 곳이 있으면 존위와 풍헌(風憲) 및 전주(田主)를 매질한다. 그 이전부터 묵은 땅도 또한 향소(鄕所)[37]를 보내서 적발하게 하거나 혹은 몸소 스스로 적발하여 경작할 수 있는 곳이면 경작하게 할 일이다.[38]

37) 향소(鄕所) : 향청(鄕廳) 또는 향청의 요직인 좌수(座首)·별감(別監)을 가리킨다.
38) 이 부분은 『목민고』에는 없는 부분이다.

호적·문안을 살핌[考案籍][1)]

호적 및 각종 문안(文案)[2)]은 동헌의 방 속에 봉하여 두고, 민인들의 소장 및 인물에 대해 참고할 만한 것이 있으면 곧 참고한다. 이것이 정치의 중요한 기술이니, 이서와 민인이 감히 함부로 하지 못한다. 문안과 호적은 잠시도 곁에서 떨어져 있게 해서는 안 된다.

1) 이 항목은 『목민고』, 「고안적(考案籍)」과 거의 일치한다.
2) 문안(文案) : 사건 서류나 장부.

가좌법[家坐法][1)]

통치를 제대로 하려면 먼저 경내 민인들의 인구의 많고 적음, 가계(家計)의 생활 정도를 자세히 파악해 두어야 한다. 그래야만 진휼을 베풀 때, 굶주리는 자를 가려내는 일이 거의 문란하지 않게 될 것이고, 세초(歲抄)[2)] 때가 되어 장정을 찾을 때에도 적절히 대처할 수 있으며, 혹 족징(族徵)[3)]할 일이 있어도 배분하는 방법을 잘 마련할 수 있을 것이다. 이외에도 수많은 일에 헤아려 잘 대처할 수 있다. 수령된 자가 몸소 가호마다 찾아다니면서 간사한 일을 찾아내지는 못할 것이니, 가좌법만큼 절묘한 것이 없다. 이에 다음과 같이 조목별로 열거한다.

○○면 ○○리 제○통 ○호 아무개

가사(家舍) ○칸. 그 가운데 와가(瓦家) ○칸, 초사(草舍) ○칸, 우마 ○필,

---

1) 가좌법(家坐法) : 가옥이 위치한 차례에 따라서 주소와 성명 등 관련 내용을 상세히 적는 법.

2) 세초(歲抄) : 매년 6월과 12월에 관리의 이동과 군인의 결원을 보충하는 일. 매년 6월과 12월에 이조와 병조에서 관원들의 고과에 따라 벼슬을 올리거나 내리기도 했고, 군인의 사망, 도망, 질병 등을 조사하여 6월과 12월에 군병이나 군보의 결원을 보충하였다.

3) 족징(族徵) : 전세(田稅), 군역(軍役), 환곡(還穀) 따위의 부담을 진 사람이 갚지 못할 때에 그의 일족에게 책임을 전가하여 대신 부담시키는 것을 말하는데, 조선후기 삼정문란(三政紊亂)의 대표적인 유형이었다.

원호(元戶) 또는 이거(移居) 여부.

인구 ○명. 그 가운데 남정(男丁) ○명, 여정(女丁) ○구, 전답 ○결, 역의 유무.

동·서쪽 ○○집 (재상가 또는 사대부가는 애초에 그 주인집에 물어서 알려고 하지 말고, 면임이 밖에서 살펴 기록하여 보고하는 것도 무방하다.)

남·북쪽 ○○집 (사방에 집이 없는 경우에는 도로, 하천, 목석 등이라도 모두 표식이 될 수 있도록 기록한다.)

오가통사목[五家統事目][1)]

1. 모든 민인(民人)은 그 모여 사는 이웃에 따라 가구(家口)의 다과, 재력의 빈부를 따지지 아니하고 다섯 집마다 한 통으로 만들고, 통내의 1인을 통수(統首)로 삼아 통의 일을 관장하게 한다.

1. 다섯 집을 모아서 이웃으로 만들어, 논밭을 갈고 김을 매는 일을 서로 돕게 하고, 나가고 들어올 때에 서로 지키며 병이 있으면 서로 구호한다. 혹시 형편 상 불편한 점이 있어서 비록 울타리를 사이에 두고 살지는 못하더라도 반드시 개·닭 소리가 서로 들리고 또 부르면 서로 응답할 수 있는 거리 내에 살도록 하여, 혹 이전처럼 외딴집에서 떨어져 사는 일이 없도록 한다.

1. 다섯 집마다 한 통을 만들되, 만일 혹시 남은 호(戶)가 있어 다섯 수(數)를 채우지 못하더라도 다른 면(面)으로 넘겨 합할 필요는 없고, 단지 남은 호만으로 통을 만든다.

1. 한 이(里)가 5통 이상 10통까지는 소리(小里), 11통 이상 20통까지는 중리(中里), 21통 이상 30통까지는 대리(大里)로 삼는다. 이(里) 안에서 또 이정(里正)과 유사(有司)를 뽑아 한 이의 일을 맡게 한다.

---

1) 『숙종실록(肅宗實錄)』 권4(이하 『실록』으로 약함), 숙종(肅宗) 1년 9월 신해(辛亥)에 오랜 준비 끝에 21조의 사목으로 완성하였다. 『비변사등록(備邊司謄錄)』(이하 『등록』으로 약함) 동일자에도 실려 있다.

1. 통(統)이 있고 이(里)가 있으면 본면(本面)에 속하게 하는데, 면에는 도윤(都尹)·부윤(副尹)을 각기 한 사람씩 둔다. 큰 면은 거느리는 이(里)가 많고 작은 면은 거느리는 이(里)가 적은데, 각 호의 많고 적음, 쇠잔하고 번성함에 따라서 아무 면 제1리, 제2리로 칭하여 3·4·5·6이(里)에 이르며, 또한 그에 따라서 이(里)의 많고 적음을 분간한다.

1. 지금 군(郡) 단위의 읍(邑) 가운데 향품(鄕品)[2]은 참으로 선택하기가 어렵다. 게다가 이른바 이정(里正)이라는 자들도 또 매양 서얼(庶孼)이나 보잘 것 없는 무리로써 차정(差定[3])하기 때문에, 수령이 막상 골라서 정하려고 말을 끄집어내면 사람들이 대부분 피하려고 한다. 이후로는 이정(里正)과 면윤(面尹)[4]은 반드시 모두 한 고을에서 지위와 명망이 있는 자를 뽑아 맡긴다. 비록 일찍이 문반과 무반, 음직(蔭職)을 지낸 자라도 뽑아 쓸 수 있는데, 만약 피하려는 자가 있으면 도배(徒配)의 율(律)[5]로 논한다.

1. 통(統)마다[6] 한 통의 민호(民戶)를 나란히 적어서 한 패(牌)를 만들거나, 또는 한 종이에 써서 아래 양식과 같이 하여 차례로[7] 비교해 보는 바탕으로 삼는다. 패식(牌式)은, '○○읍(邑), ○○면(面), 제○리(里), ○통. 통수(統首) ○○○, ○호(戶) ○○역(役)'[8]이라 한다.

---

2) 향품(鄕品) : 유향품관(留鄕品官)의 준말.

3) 차정(差定) : 임명하여 사무를 맡김.

4) 면윤(面尹) : 면의 도윤(都尹)과 부윤(副尹).

5) 도배(徒配)의 율(律) : 도배(徒配)는 '도형정배(徒刑定配)'의 준말. 도형(徒刑)은 조금 중한 죄를 범하여 관(官)에 잡아두고 힘든 일로 노력을 시키는 형벌로서 반드시 장형(杖刑)을 같이 부과하였는데, 5가지 종류가 있다. 『대명률직해(大明律直解)』 명례율(名例律) 권제일(卷第一), 「오형(五刑)」 참조.

6) 본문('每統長一統民戶列名')의 '長'이 『실록』과 『등록』에는 '將'으로 되어 있어 이에 따른다.

7) 이 부분('如圖所錄, 以爲趁卽照閱之地')이 『실록』과 『등록』에는 '如左所錄, 以爲輪次照閱之地'로 되어 있으므로 『실록』과 『등록』을 따른다.

8) 『비변사등록』에는 다음과 같이 되어 있다.
통패식(統牌式)

1. 그 가호(家戶)의 차례에 따라 쓰되, 천인(賤人)은 한 줄을 내려[9] 쓴다. 제○호, ○○역 밑에 각각 거느리는 남자가 몇 명인데, 아무개는 무슨 직역(職役)에 차정(差定)하고, 아무개는 어떤 기예(技藝)를 업(業)으로 하며, 아무개는 역(役)이 없고, 아무개는 나이가 많고, 아무개는 '세들어 산다'라고 쓴다.[10]

1. 매 계절의 마지막 달[11]에 각 통(統)에서 이 패(牌)를 사정(查正)하고, 또 출생(生産)·사망의 유무를 기록하여 이임(里任)에게 갖추어 올리면, 이임은 수령(守令)에게 신보(申報)[12]하고, 수령은 매년 말에 감사에게 첩보를 올린다. 통 안에서나 이(里) 안에서 만일 내력이 불명하고, 행동거지가 의심스러워서 받아들일 수 없는 자가 있으면 정해진 기한[13]에 구애될 필요 없이 모두 즉시 보고해 알린다. 만약 나이를 보태고 줄이거나 패(牌) 안에 역명(役名)을 누락하거나 역명을 사실대로 하지 않는 자가 있으면 호적사목(戶籍事目)에 의거하여 죄를 논한다.

1. 통 안의 사람으로 남정(男丁) 16세 이상인 자는 또 반드시 신상호구서(身上戶口書)를 가져야 한다. 아무 도(道), 아무 현(縣), 아무 읍(邑), 아무 면(面), 아무 이(里), 아무 역(役), 성명(姓名) 아무개, 나이 얼마 등을 두꺼운 종이에 쓰고, 여기에 이정(里正)과 이(里)의 유사(有司)가 서명하고, 관사(官

모읍모면제기리제기통(某邑某面第幾里第幾統)
모호모역(某戶某役)
모호모역(某戶某役)
모호모역 통수모(某戶某役 統首某)
모호모역(某戶某役)
모호모역(某戶某役)

9) 본문은 '餘一行'이나 『실록』과 『등록』은 '降一行'으로 되어 있어 이를 따른다.

10) 이 부분은 『실록』과 『등록』 모두와 차이가 있다. 대체로 『실록』을 따르되 '某年紡'는 본문과 『등록』이 모두 '某年多'로 되어 있으므로 이를 따른다.

11) 매 계절의 마지막 달[每季朔] : 3, 6, 9, 12월을 말함.

12) 신보(申報) : 하급 관서나 관원이 상급 관서·관원에게 보고하여 알리는 것.

13) 정해진 기한[季朔之限] : 3, 6, 9, 12월을 가리킴.

司)에서 관인(官印)을 찍어, 출입할 때마다 주머니에 차고 다니게 한다.[14] 이것이 없는 자는 관문(官門)에 들어가거나 송정(訟庭)[15]에 나아가지 못하게 하는 신부(身符)로 삼도록 한다. 공천(公賤)과 사천(私賤)은 각각 소속한 관(官)이나 주인(主人)을 쓰도록 한다. 혹시 분실한 자는 사유를 갖추어 관청(官廳)에 올리고 종이 1장을 바치면 관청에서 다시 만들어 준다. 만약 본래부터 이를 갖고 있지 않은 자는 제서유위율(制書有違律)[16]로 논한다.[17]

1. 유민(流民)의 무리에는 각종 기술을 가진 장인(匠人)들이 있다. 예를 들면 산골짜기에는 수철장(水鐵匠)[18]·마조장(磨造匠)[19]이 있고, 강과 호수에는 고리장이[柳器匠] 등이 있는데, 모두 옮겨 다니는 것이 일정하지 않고 행동거지가 적절하지 못한 경우가 많다. 그러나 이미 남녀가 가구(家

14) 지패(紙牌)를 말한다. 실록에는 이 사실을 두고, "지패(紙牌)를 작은 주머니를 만들어 차니, 이때 사람들이 말하기를 '작은 주머니에 큰 낭패(狼狽)를 찬다.'고 하였다. 처음에 윤휴가 『관자(管子)』를 모방하여 오가통(五家統)의 제도를 만들었으나 일을 행하기에 어려움이 많았으므로, 허적(許積)이 김석주(金錫胄)·유혁연(柳赫然) 등과 더불어 윤휴의 법에 따라 보태고 줄인 것이다. 백성이 기황(饑荒)에 괴로운데, 주구(誅求)를 더하고, 밀속(密束)을 더 보태어 원성(怨聲)이 길에 가득하였으나, 윤휴의 무리는 이를 '기뻐하여 춤춘다'고 하였다."라고 기록하고 있다. 『숙종실록(肅宗實錄)』 권4, 숙종(肅宗) 1년 9월 신해(辛亥), 38-303 참조.

15) 송정(訟庭) : 법정(法廷). 재판정(裁判廷).

16) 제서유위율(制書有違律) : 임금의 교지(敎旨)와 세자(世子)의 영지(令旨)를 위반하는 자를 다스리는 율. 『대명률(大明律)』「이율(吏律)」 제서유위(制書有違) 조에 "무릇 제서를 받들어 시행하는 데 위반하는 자는 장(杖) 1백 대에 처하고, 황태자(皇太子)의 영지를 어기는 자도 죄가 같다"고 하였다.

17) 본래 오가통사목(五家統事目)에는 이 아래에 다음과 같은 항목이 있으나, 여기서는 빠져 있다.
1. 이제부터는 호적·호구 가운데에도 반드시 어느 이(里), 어느 통(統), 몇 째 집을 호적단자 첫줄에 써서 고핵(考覈)하는 데 편리하도록 하여 농간을 막는다.

18) 수철장(水鐵匠) : 공조(工曹)에 딸린 경공장(京工匠)의 하나. 무쇠 그릇을 만드는 장인(匠人)이었다.

19) 마조장(磨造匠) : 경공장(京工匠)의 일종(一種). 선공감(繕工監)에 딸렸던 공장(工匠)으로 연자매를 만들던 장인(匠人).

口)를 갖추었으면 또한 사람 수에 따라서 통을 만들지 않을 수 없다. 반드시 원래 사는 곳에서 가까운 통으로 주통(主統)을 삼게 하여 항상 살피고 점검하여 바로잡도록 하고, 통패(統牌)에도 또한 본래의 통패 끝에 어느 지방으로부터 옮겨 와서 몇 해를 살고 남녀가 몇 구(口)인지 적도록 한다.

1. 무릇 성명을 통패(統牌)에 기재하지 아니한 자는 곧 민수(民數)에 들어가 있지 않은 사람이므로, 송사(訟事)가 있어도 심리(審理)를 받지 못하고 죽임을 당하여도 살인죄가 성립되지 않는다.

1. 무릇 통 안[20]의 민은 서로 보호하고 서로 살펴서 혼상(婚喪)에 서로 돕고 환난(患難)에 서로 구휼하며, 착한 일은 서로 권면(勸勉)하고 악한 일은 서로 고하여 경계하며, 송사를 그치게 하고 다툼을 없애며, 신의(信義)를 강구하고 화목(和睦)을 닦아서 선량한 백성이 되도록 힘쓴다. 만약 부모에게 불효(不孝)하고 형에게 공손치 못하거나, 주인을 배반하고 사람을 죽이거나, 풍속을 손상하고 도적질하는 일은 반드시 이임(里任)에게[21] 고하여 본현(本縣)에 알리도록 함으로써 경중(輕重)에 따라서 징계하고 다스리는 바탕을 삼게 한다.

1. 통 안에 만약 속이거나, 도둑질하는 무리와 내력이 불명한 사람[22]이 있으면 또한 즉시 고발하게 한다. 만약 혹시 보고를 빠뜨리거나 속이고 숨겼다가 마침내 일이 발각되면 통임(統任)은 무거운 죄를 주고, 통(統) 안 사람들도 같이 처벌을 받도록 한다. 만약 통(統) 안에서[23] 관계된 것을 먼저 보고해 알렸는데, 이(里)에서 사실을 가리어 숨긴 채 고발하지 아니한 자는 모두 제서유위율(制書有違律)로 논한다.

---

20) 『실록』과 『등록』이 모두 '凡統里之民'으로 되어 있으나 본문의 '凡統內之民'을 따른다.
21) 이곳도 『실록』과 『등록』에는 모두 '里面'으로 되어 있으나 본문의 '里任'을 따른다.
22) 본문에는 '來屬之人'으로 되어 있으나 『실록』과 『등록』의 '來歷不明之人'을 따른다.
23) 『실록』과 『등록』이 모두 '若係本統'으로 되어 있으나 본문의 '若係統內'를 따른다.

1. 역(役)을 피한 백성이 옮겨 오거나 옮겨 가며 그 거주(居住)가 일정하지 않으므로 지금까지 큰 해(害)가 되었다. 통법(統法)을 세운 후에는 다른 고을로 옮겨 가는 백성은 반드시 무슨 일로 인하여 어느 방향으로 갈 것인지 갖추어 올리면, 통에서 이(里)에 보고하고 이에서는 관(官)에 보고하여 옮겨 가도록 허락한 뒤에야 비로소 가게 하였다. 새로 옮긴 지방에서도 예전에 살던 관에서 옮기도록 허락한 문서를 본 후에야 비로소 머물러 살도록 하락하고, 이것이 없는 자는 곧 간민(奸民)으로 보고 이 법에 의해 가두어 추문(推問)한다. 이렇게 구획(區劃)하여 안정시키는 바탕으로 삼는다. 마땅히 용납해서는 안 될 사람을 용납해 받은 자는 양계(兩界)의 인물(人物)을 용은(容隱)한 율(律)[24]로써 이를 죄주게 한다.

1. 농상(農桑)을 권장하고 부세(賦稅)를 독려하며 경계(境界)를 바르게 하는 것은 모두 마땅히 통과 이(里)에 책임을 지워서, 같은 마을 백성이 화목하고 믿음을 돈독하게 하는 일에 힘쓰게 한다. 농사일을 통하여 협력하여 심고 가꾸는 일을 부지런히 하고, 김매는 일과 소를 빌리는 일과 같은 일을 서로 협력하여 처리하되, 영(令)과 같이 하지 않는 자가 있으면, 영을 어긴 율(律)로써 죄를 다스린다.

1. 이(里) 가운데 냇물을 치고 방죽을 수축하고 길을 닦고 다리를 만드는 것은, 작으면 한 이(里)의 힘을 합하고, 크면 한 면(面)의 힘을 합하여 때가 지나지 않도록 하되, 거부하는 자는 영(令)을 어긴 율(律)로써 죄를 다스린다.

1. 무릇 한 면(面) 가운데 반드시 넓은 장소나 혹은 정자(亭子)·사찰(寺刹)과 같이 여러 사람을 모을 만한 곳을 골라서 봄·가을에 서로 모여서 거짓 없이 이야기를 나눈다. 존비(尊卑)의 등급을 나누어 부형(父兄)이 된 자는 같은 이(里)의 자제(子弟)를 훈계하여 신칙(申飭)하고, 자제가 된 자는 같은

24) 『속대전(續大典)』 권5, 형전(刑典), 「금제(禁制)」, "양계(兩界)의 변민(邊民)이 도망(逃亡)하여 내지(內地)로 옮기는 자는 형추(刑推)하여 모두 원적(原籍)을 둔 관에 귀환시키고 허접(許接)한 자는 장 일백, 류 삼천리에 처한다."

이의 부형을 공경하고 따른다. 글을 잘 짓는 자는 제술(製述)을 하게 하고, 무예(武藝)를 학습한 자는 또한 궁술과 말타는 기술을 시험하여, 그 지은 글을 가져다가 상하의 등급을 매기고 그 재주[才藝]를 살펴서 이를 포상(褒賞)한다.[25)]

1. 사창(社倉)이 있는 것은 옛 제도이다. 각 이(里)와 각 통에서 그 힘에 따라 낼 수 있는 재물과 곡식을 한 면 가운데에 합해 모으면, 본 읍(本邑)에서도 모름지기 힘에 따라 이를 도와서 상평(常平)의 제도(制度)[26)]를 행하게 한다. 봄에 나누어 주었다가 가을에 거두는 조적(糶糴)[27)]을 시행하여 이식을 늘여서, 흉년에 빈민을 구제하는 자본으로 삼게 하는 것이 또한 사의(事宜)에 합당하다.

1. 면윤(面尹)은 이정(里正)을 통솔하고 이정은 통수(統首)를 통솔하되, 각각 3년을 맡게 하고 교체한다. 그 가운데 면윤에게 공(功)이 있고 능력이 있는 자는 추천해 아뢰도록 하여 논상(論賞)한다.

호적을 만들 때 아버지와 자식이 동거하는 경우, 분호하여 각기 다른 호로 만드는 것은 상앙(商鞅)의 법이니, 아버지와 자식의 호적을 다르게 하는 것은 주자(朱子)가 매우 옳지 못하다고 여겼다. 혹 각자 따로 살지라도 합하여 한 호로 삼는 것이 마땅하거늘, 같이 살고 있는 사람들을 어찌 둘로 나눌 것인가? 이는 참으로 불가하다.[28)]

---

25) 『실록』과 『등록』은 "業文者或爲製述 業武者亦試弓馬 取其所製(及劃紙 上于本縣) 察其才藝而褒賞之"로 되어 있는데, 본문에는 '業'이 '善'으로 되어 있고 ( ) 안의 7자가 없지만 본문에 따랐다.

26) 상평(常平)의 제도(制度) : 상평법(常平法). 풍년에 물가가 떨어지면 관(官)에서 시가보다 비싸게 미곡·면포 등을 사들여 저축해 두었다가, 흉년에 물가가 오르면 시가보다 싸게 방출하여 물가를 조절함으로써 백성들의 생활을 돕던 제도.

27) 조적(糶糴) : 봄에 나라의 곡식을 백성들에게 꾸어 주는 것을 조(糶), 가을에 백성들에게 꾸어 주었던 곡식에 1/10 이자를 붙여서 거두어들이는 것을 적(糴)이라 함.

28) 숙종 1년의 『오가통사목(五家統事目)』에는 본래 없었던 조목이다.

학교를 진흥함[興學校][1)]

학교는 교화의 근원이며 풍속의 근본이다. 그러나 여러 고을에서 학교를 진흥시킨다는 것이 백일장을 설치하여 시부(詩賦)를 시험보고 첩괄(帖括)[2)]을 강론(講論)하는데 지나지 않으니 이것을 어찌 학교정책이라고 할 수 있겠는가. 지금 총명한 수재를 선택하되 그 수가 많고 적음에 구애받지 않는다. 또한 가까운 면(面)에 살면서 문장에 밝고 몸가짐이 거슬리지 않는 사람을 취하여[3)] 관에서 교장(敎長)으로 선정하여 학생들을 나누어 맡아 가르치도록 한다. 매월 고과(考課)하되 반드시 민의 풍속을 변화하고 고을의 습속을 선하게 만드는 것을 위주로 하며, 이와 함께 시부(詩賦)를 짓는 백일장을 여는 것이 좋다. 평민 가운데 일을 잘 알고 문자를 깨우친 자를 각 이(里)에서 한두 명씩 선정하여 초하루와 보름에 『경민편(警民篇)』[4)]

---

1) 이 항목은 『목민고』, 「흥학교(興學校)」와 거의 일치한다.

2) 첩괄(帖括) : 당대(唐代)의 과거에서 경서를 시험하는 방법 중 하나. 경서에 있는 몇 글자를 인용하여 출제한 문제에 대해 그 경서의 글을 총괄하여 답안을 작성하는 시험 방법. 일설에는 경서의 글을 군데군데 종이로 바르고 그 글자를 알아맞히게 하여 응시자의 학력을 측정하는 시험 방법이라고도 함. 첩시(帖試).

3) 본문은 '不正放倒者'인데, 『목민고』의 '不至放倒者'를 따른다.

4) 경민편(警民篇) : 백성을 계몽하여 범죄를 경계한 책. 조선왕조 중종 14년(1519) 김정국(金正國)이 엮은 것으로, 효종 9년(1658)에 간행됨. 인륜과 법제에 관한 지식을 백성들에게 널리 보급시키고자 부모, 부부, 형제, 자매, 족친(族親), 노주(奴主), 인리(隣里), 투구(鬪毆), 권업(勸業), 저적(儲積), 사위(詐僞), 범간(犯奸), 도둑과

과 『율곡향약(栗谷鄕約)』[5] 등의 내용을 강설하기를 아래에서 말하는 것 같이 하는 것이 좋다.

각 읍 향교(鄕校)[6]에는 모두 위전(位田)[7]이 있는데, 위전의 수입은 모두 재임(齋任)[8] 무리들의 술값과 밥값으로 들어가니 참으로 통탄스럽다. 만약 이 재물과 곡식을 문장에 밝은 유생(儒生)의 대접을 위해 쓴다면 매우 좋을 것이다. 다만 유생의 무리들이 크게 원망하기 때문에 억압하는 것을 꺼리지 않는 관장이 아니면 손대기 어려울 것이다.

여러 고을에 있는 서원이 보유한 재물과 곡식은 향교에 비해 더욱 많다. 향교와 서원의 재물을 통틀어 계산해 보면 1년 동안 선비를 양성하고 모여서 공부하는 경비로는 충분하다. 그러나 이 또한 향교의 재임이 관장의 간섭을 받으려 하지 않는다면 그 재물과 곡식의 쓰임새를 거론할 수 없다. 그러나 어찌 모아들이고 처리하는 것을 주선하여 허비되는 것을 실제 용도에 쓰는 길이 없겠는가.[9]

살인 등 13항목을 실어 경계하였음. 1책.

5) 율곡향약(栗谷鄕約) : 조선 향약 가운데 대표적인 역할을 한 율곡 이이(李珥)의 「서원향약(西原鄕約)」, 「해주향약(海州鄕約)」, 「사창계약속(社倉契約束)」, 「해주일향약속(海州一鄕約束)」 등을 가리킨다.

6) 향교(鄕校) : 고려와 조선시대의 지방에서 유학을 교육하기 위하여 설립된 관학 교육기관. 국도(國都)를 제외한 각 지방에 관학이 설치된 것은 고려 이후에 이루어졌다. 고려는 중앙집권체제를 강화하기 위하여 3경(京) 12목(牧)을 비롯한 군현에 박사와 교수를 파견하여 생도를 교육하게 하였는데, 이것이 향학(鄕學)의 시초이다. 향교는 조선왕조의 성립과 함께 정책적으로 그 교육적 기능과 문화적 기능을 확대·강화하였다.

7) 위전(位田) : 관아(官衙)·학교·사원(寺院) 등의 유지를 위하여 설정된 토지. 각 역이나 향교·서원·제사장 등에 지급하는 토지.

8) 재임(齋任) : 조선시대 성균관·향교 등에 거재(居齋)하는 유생 가운데 유생들의 의견 등을 대표하거나 거재할 때의 여러 일들을 처리하기 위해 뽑힌 임원. 거재유생(居齋儒生) 중의 임원(任員).

9) 본문의 "豈無收攬區處 以虛費爲實用之道也"에서 법제처본에는 밑줄친 '爲實'이 누락되었다.

향교 및 사직단(社稷壇)[10]의 일은 반드시 몸소 점검하는 노고를 꺼려서는 안 된다. 위판(位版)과 위차(位次)가 차례를 잃은 고을이 많고 준뇌(樽罍)[11]와 같은 제사 도구도 모자라거나 이지러진 경우가 있다. 마땅히 『오례의(五禮儀)』[12]를 살펴 개정한다. 사직단 주위에 보기 좋은 나무를 심고 사방을 깨끗이 청소하며, 방목(放牧)을 엄금한다.

봄·가을의 석채(釋菜)[13]와 사제(社祭)[14]를 집행하는 데 매번 비천하고 한미한 자가 차출되지 않게 해야 한다. 황해도와 평안도에서는 향교와 사직단의 집사첩(執事帖)[15]을 가지고 관정(官庭)에 들어와 군역에서 빼달라고 요청하는 자가 있으니, 이는 당초 차출할 때 뇌물을 썼던 부류이다. 이와 같은 일에 방심하여 소홀히 해서는 안 된다.

---

10) 사직단(社稷壇) : 사직을 제사드리는 곳으로 단을 쌓고 봉사(奉祀)하였으므로 사직단이라 하였다. 사단(社壇)과 직단(稷壇)의 두 단이 마련되는데, 사단은 동쪽에 있고 직단은 서쪽에 있다. 옛날에는 임금이 새로 나라를 세워 백성을 다스리게 되면 먼저 사직단을 만들었는데, 우리나라에서는 이미 삼국시대부터 있어 왔으며, 조선시대에는 태조 4년(1395) 사직단을 세워서 제사를 받들기 시작하였다.

11) 준뇌(樽罍) : 술을 담는 그릇, 곧 주기(酒器)를 말함.

12) 오례의(五禮儀) : 『국조오례의(國朝五禮儀)』를 말한다. 8권 8책 인본. 세종(世宗)의 명을 받아 허조(許稠) 등이 고금의 예서(禮書)와 명나라의 홍무예제(洪武禮制)를 참작하고 두씨(杜氏)의 『통전(通典)』을 모방하여 5례에 관하여 편찬에 착수하였고, 이어서 세조(世祖) 때 강희맹(姜希孟) 등을 시켜 길(吉), 흉(凶), 가(嘉), 빈(賓), 군(軍) 중에서 실행해야 할 것을 뽑아 도식(圖式)을 편찬하여 탈고한 것을 성종(成宗) 5년(1474)에 신숙주(申叔舟), 정척(鄭陟) 등이 완성하였다. 오례(五禮)라 함은 길례(吉禮=祭禮)·흉례(凶禮=喪葬의 禮)·빈례(賓禮=接賓의 禮)·군례(軍禮=軍의 儀式)·가례(嘉禮=慶事에 관한 禮) 등을 지칭하는 것으로 이 책의 규정은 대체로 국가 의례(國家儀禮)의 의범(儀範)이 되었다.

13) 석채(釋菜) : 소나 양과 같은 희생(犧牲)을 쓰지 않고 채소만 올리고 지내는 간단한 석전(釋奠), 즉 문묘(文廟)에서 공자(孔子)를 제사지내는 의식을 말한다. 2·8월의 상정일(上丁日)에 거행하였다. 석채의 예는 가볍기 때문에 음악과 춤이 없으며, 그에 따르는 기물도 없고, 희생이나 폐백도 사용하지 않는다.

14) 사제(社祭) : 사직단에 올리는 제사를 말한다.

15) 집사첩(執事帖) : 집사 임명장.

소학에서 강론하는 절목[小學講節目]

1. 소학(小學)[1]에서 공부할 학생은 각각 해당 면과 이(里)에서 총명하고 단정하여 학업에 정진할 수 있는 사람을 뽑아서 그 성명을 초록(抄錄)하여 책자로 만들어 관(官)에 올릴 것.

1. 옛 사람이 비록 '8세에 소학에 들어가고 15세에 대학(大學)[2]에 들어간다'고 말하였지만, 실제로는 소학에서 공부한 것은 죽을 때까지 몸에서 떠나지 않는다. 대학에서는 비록 소학에서 이미 익힌 공부가 점차 새롭게 변화하여 나타나는 것이지만 15세 이후라고 해서 전혀 소학에 힘쓰지 않아도 된다는 것은 아니다. 하물며 예나 지금이나 사람의 자질과 품성의 밝고 어둠이 각각 다르니 어찌 나이가 50세가 지났다고 하여 오만하게 대학의 선비로 자처하여 소학을 공부하는 데 유의하지 않겠는가. 지금 소학에서 공부하는 학생은 관례(冠禮)[3]를 행하지 않은 자의 경우는 10세부터 20세까지, 관례를 한 경우는 20세부터 30세까지인 자를 골라 뽑을

1) 소학(小學) : 중국의 하(夏)·은(殷)·주(周) 시대의 학교. 당시의 보통교육인 쇄소(灑掃)·응대(應對)·진퇴(進退)의 범절과 사친(事親)·경장(敬長)·융사·친우의 예절 및 조자의 근본을 배웠다. 8세에 입학하였다.

2) 대학(大學) : 고대 나라의 수도에 설치했던 최고 학부. 곧 태학(太學).

3) 관례(冠禮) : 상투를 틀어 갓[冠巾]을 씌우는 의식을 중심으로 한 여러 가지 절차로서, 15세에서 20세 사이에 관례를 행하고 그 때부터 한 사람의 성인으로 대우하였다.

것.

1. 지금 세상에서 학문을 강설하지 않고 기예(技藝)를 닦지 않는 것은 오로지 사도(師道)가 확립되지 않은 데서 연유한다. 한 고을에서 경전에 밝고 수행이 있어 사표(師表)가 될 만한 사람을 방문하여 예로써 초빙하여 스승으로 모신다. 작은 면은 2인, 큰 면은 3~4인이 각각 부근의 면에 사는 학생을 나누어 날짜를 정해 가르치게 한 후 우열을 비교하여 정한다. 그렇다고 해서 강독만을 전적으로 숭상하지 말고, 부모를 섬기고 어른을 공경하는 범절과 읍양(揖讓)[4]·진퇴(進退)의 예절도 끊임없이 경계하고 신칙하여 그 나아갈 단서로 삼을 것.

1. 「곡례(曲禮)」[5] 가운데 '옷을 펄럭이지 않고 발질하지 않는다' 등의 구절은 모두 옛날 『소학』[6]의 문장이니 대부분 시(詩) 삼백 구(句)[7]와 같이 압운(押韻)[8]을 사용하여 문장을 지은 것은 유학(幼學)의 선비가 편하게

---

4) 읍양((揖讓) : 읍하여 겸손한 뜻을 표시함.

5) 곡례(曲禮) : 『예기(禮記)』의 편명(篇名)으로, '자잘한 여러 예의'라는 뜻. 곡례편은 제도를 내용으로 하고 있으며, 상과 하로 되어 있음. 조선시대 예학(禮學)의 발달과 함께 많은 주석서(註釋書)가 나왔음.

6) 『소학(小學)』 : 서적(書籍)의 이름. 중국 송(宋)나라 유자징(劉子澄)이 주희(朱熹)의 가르침을 받아 편찬한 것으로서 아이들에게 몸가짐의 범절과 어른 섬기는 도리에 관한 가언(嘉言)·선행(善行)을 고금(古今)의 책에서 뽑아 모아 놓은 것. 총 6편으로 내편 4권은 입교(入敎)·명륜(明倫)·경신(敬信)·계고(稽古)이며, 외편 2권은 가언·선행으로 구성되었음. 16세기에는 사림파 학자들을 중심으로 소학이 더욱 강조되었으며, 특히 조광조(趙光祖) 등이 사회개혁의 실천수단으로서 소학의 보급에 주력하였다. 이후 소학의 보급을 위한 집주(集註)류와 언해(諺解)류의 책들이 다수 수집·간행되었는데 16세기의 학자인 김안국(金安國)은 소학을 한글로 번역한 『소학언해(小學諺解)』를 발간하여 민간에 보급하였다, 19세기에는 박재형(朴在馨)이 소학 일부분을 발췌하고 우리나라 학자들의 선행과 명언을 모아 『해동소학(海東小學)』을 발간하여 민간에 보급하였다.

7) 삼백구(三百句) : 법제처본에는 '三百篇'으로 되어 있는데, 이는 『시경(詩經)』의 다른 이름이다.

8) 압운(押韻) : 시에서 어구 위에 같은 음이나 비슷한 음이 규칙적으로 배치되어 운율적(韻律的) 효과를 내는 일. 정형시(定型詩)의 전형(典型)으로 alliteration과

암기하고 일에 직면하여 체험하는 바탕이 되게 하기 위한 것이다. 지금 쓰이는 『소학』은 일상에서 반드시 시행해야 할 일이기 때문에, 만약 일일이 암송하지 않으면 오르고 내리고 나아가고 물러날 때 무엇으로써 당연히 행해야 할 절문(節文)[9]을 기억했다가 직접 실천할 수 있겠는가? 또 『소학』 1권은 권수와 부수가 많지 않기 때문에 모두 암송할 수 있다. 다만 처음 배우는 선비는 먼저 입으로 외워야 하지만, 노성한 사람은 강해(講解)[10]를 위주로 해야 한다. 여러 공부하는 학생들이 『소학』을 읽는 방법은, 10세부터 20세까지는 하나하나 암송하며, 20세부터 30세까지는 문장의 뜻을 해석하여 요점을 상세히 하는 데 힘쓰는 것이다.

1. 사장(師長)은 매월 초하루와 보름에 모여서 강(講)을 시키고 3달을 연속하여 꼴찌를 하는 자는 매를 친다. 수령은 매년 사계삭(四季朔)[11]에 회강하여 우등한 자는 상으로 종이와 붓과 먹을 준다. 월말에 올리는 성적표에는, 회강 때 결정된 통(通)·약(略)[12]을 적어서 사실 그대로 순영(巡營)[13]에 보고할 것.

1. 『소학』을 이미 독송한 이후에는 오로지 『소학』 한 책만을 종신토록 반복하다가 다른 학업에 방해되게 해서는 안 될 것이다. 사서(四書)·삼경(三經)[14]·『예기(禮記)』[15]·『주례(周禮)』[16]·『심경(心經)』[17]·『근사록(近思錄)』[18]·

---

rhyme이 있음. 음위율(音位律).

9) 절문(節文) : 예절에 관한 규정. 법도에 알맞게 예의를 정함.

10) 강해(講解) : 문서·학설 등의 뜻을 해석함.

11) 사계삭(四季朔) : 음력으로 네 계절의 마지막 달. 계춘(季春)은 음력3월, 계하(季夏)는 음력 6월, 계추(季秋)는 음력 9월, 계동(季冬)은 음력 12월을 이른다.

12) 통(通)·약(略) : 과거(科擧)의 강(講)에서 성적을 매기는 5등급 중 하나. 성적의 등급은 대통(大通)·통(通)·약통(略通)·조통(粗通)·불통(不通)의 다섯 등급, 또는 통(通)·약(略)·조(粗)·불(不)의 4등급으로 나눈다.

13) 순영(巡營) : 감영(監營)과 같은 말로서, 감사(監司)가 순찰사(巡察使)를 겸임하였기 때문에 생긴 말이다.

14) 사서(四書)·삼경(三經) : 4서(書)는 중국 고전(古典)인 7서(書) 중 네 가지 책으로 『논어(論語)』, 『맹자(孟子)』, 『중용(中庸)』, 『대학(大學)』을 이른다. 3경(經)은 『시경

『가례(家禮)』[19]·주서(朱書)[20] 등의 책들을 사장(師長)이 돌아가며 차례로 가르치고, 『소학』은 다만 임강(臨講)[21]에 대비하여 외우도록 준비할 것.

1. 향사례(鄕射禮)[22]와 향음주례(鄕飮酒禮)[23] 등의 예법 역시 『소학』

(詩經)』, 『서경(書經)』, 『주역(周易)』으로 구성되어 있다.

15) 예기(禮記) : 오경(五經)의 하나. 주말(周末)부터 진한(秦漢)시대의 유자(儒者)의 고례(古禮)에 관한 설을 수록한 책. 한무제(漢武帝) 때 하간(河間)의 헌왕(獻王)이 고서(古書) 131편을 편술(編述)하여 뒤에 214편으로 된 대대례(大戴禮)와, 대덕(戴德)이 그것을 85편으로 줄이고, 선제(宣帝) 때 그의 조카 대성(戴聖)이 다시 49편으로 줄인 소대례(小戴禮)가 있는데, 지금의 예기는 소대례를 말한다. 주례(周禮), 의례(儀禮)와 함께 삼례(三禮)라고 한다.

16) 주례(周禮) : 삼례(三禮)의 하나. 주공(周公) 단(旦)이 지었다고 하나, 후대의 사람이 증보(增補)한 것으로 여겨진다. 옛날에는 주관(周官)으로 일컬어지다가 당대(唐代) 이후에 주례(周禮)라 칭하였다. 주(周)의 관제(官制)인 천(天), 지(地), 춘(春), 하(夏), 추(秋), 동(冬)의 육관(六官)을 분류·설명한 것으로 중국의 국가제도를 기록한 최고(最古)의 책. 십삼경(十三經)의 하나. 진시황(秦始皇) 때 분서(焚書)된 것을 한(漢)나라 때 5편을 발견하였는데, 고공기(考工記)로 보충하여 6편으로 만들었다.

17) 심경(心經) : 중국 송(宋)나라 진덕수(眞德秀)의 저서. 성현(聖賢)의 마음을 논한 격언(格言)을 모으고, 여러 학자들의 논설(論說)로써 주(注)를 베푼 것. 대지(大旨)는 정심(正心)으로써 근본을 삼았다.

18) 근사록(近思錄) : 중국 송(宋)나라 때 주자(朱子)와 그 제자인 여조겸(呂祖謙)이 함께 지은 책. 주돈이(周敦頤), 정호(程顥), 정이(程頤), 장재(張載) 등의 책 속에서 일상 수양에 긴요한 장구(章句) 622조목을 추려내어 14권으로 분류하였다.

19) 가례(家禮) : 송나라의 학자 주희(朱熹)가 가정에서 일용하는 예절을 모아 엮은 책. 8권 3책. 『가례』의 저술 동기에 대해 주희는, 예는 근본과 문이 있는데, 가정에서 시행되는 것 가운데 명분을 지키고 애경(哀敬)을 행함은 근본이며 관혼상제에 대한 의식 절차는 문식(文飾)이므로 근본과 문식을 동시에 이루기 위한 것임을 밝혔다. 우리나라에서도 『가례』는 준용되어 국가와 사대부가의 생활의 근간이 되어 왔는데 풍속과 관념이 중국과 달라서 시행상에 많은 문제점이 있었다. 그리하여 조선후기에는 『가례』에 대한 수많은 해설서들이 간행되기도 하였다.

20) 주서(朱書) : 주희(朱熹)의 편지글을 말한다.

21) 임강(臨講) : 스승이나 시관(試官) 앞에서 책을 펴 놓고 강경(講經)하는 것.

22) 향사례(鄕射禮) : 향촌에서 활쏘기 시합을 하여 예법을 익히고, 상호 친목을 도모하는 의식으로서 보통 주향(酒饗)을 겸하였다. 중국 고대 주(周)나라 시대부터 시작되었다고 함. 우리나라에서는 조선왕조에 들어와서 공식적인 의식으로 본격적으로

중의 일이니, 틈틈이 강의하여 밝혀서 예법의 절차에 맞게 행하도록 한다. 매년 봄·가을에 여러 사장(師長)들이 강경생(講經生)을 거느리고 향교에서 예를 행해야 한다. 여기에 들어가는 물품과 인력의 수효가 많지 않으니 관에서 보조할 것.

1. 과문(科文)은 곧 군주를 섬기기 위해 바치는 글이니, 학업을 권면하여 벼슬에 나아가는 길을 열어 주는 것이다. 10세 이상은 고풍소시(古風小詩)[24]를 가르치고, 20세 이상은 시와 부(賦)를 나누어 가르친다. 열흘마다 한 차례 사장이 모아 제술(製述)하여 (성적의) 높고 낮음을 정하며, 수령은 매 계절 말에 시험을 볼 것.

시행되었다. 『국조오례의(國朝五禮儀)』에 따르면, 해마다 군현 단위로 봄에는 3월 3일, 가을에는 9월 9일에 사단(射壇)을 마련해 의식을 행하였다. 행사시 참석자의 품계에 따라 좌석을 배열하였고, 서민들은 사단 아래에 위치하였다. 대체로 품관 중에서 덕이 많으며 행실이 뛰어난 사람을 주빈(主賓)·사사(司射) 등으로 선정하여 의식을 실시하였다. 사단에 오르면 서로 술을 권하고 마시며 또 활쏘기를 권하는 등 격식에 따라 행동하였다. 조선초기에는 음사(淫祀)를 배격하고 향촌 사회의 질서를 확립하기 위한 시도로서 향음주례와 함께 그 실시를 권장하였고 사림파가 이것의 시행에 적극적이었다.

23) 향음주례(鄕飮酒禮) : 향촌의 선비·유생들이 학교·서원 등에 모여 학덕과 연륜이 높은 이를 주빈(主賓)으로 모시고 술을 마시며 잔치를 하는 향촌의례(鄕村儀禮)의 하나. 어진 이를 존중하고 노인을 봉양하는 데 목적을 두었다. 해마다 음력 10월에 각 고을에서 길일(吉日)을 택하여 온 고을의 유생(儒生)들이 모여 향약(鄕約)을 읽고 술을 마시면서 잔치하는 예절이었다. 이때 향사례(鄕射禮)를 겸하는 경우도 있었다. 향사례와 향음주례는 주자학적 향촌질서 확립을 위해 사림파가 적극적으로 도입하려고 시도하였다.

24) 고풍소시(古風小詩) : 고시(古詩) 또는 고체시(古體詩)라고도 하는 시체(詩體)의 하나. 당(唐) 이후의 근체시(近體詩)에 상대하여 수(隋) 이전의 시(詩)를 말한다. 자수(字數)나 구수(句數)에 제한이 없고, 압운(押韻)·평측(平仄)에도 일정한 법칙이 없이 자유로웠다. 사언(四言)·오언(五言)·칠언(七言) 또는 장단구(長短句)가 있다.

동·서재[1)]에 머물 때 지켜야 할 규칙 [東西齋居齋節目]

1. 재(齋)에는 공령(功令)[2)] 한 사람과 유사(有司)[3)] 한 사람을 둔다. 공령은 단아하고 너그럽고 어질고 연륜 있고 충실한 사람으로 선발하여 여러 학생을 훈육하게 한다. 유사는 총명하고 준수하며 부지런하고 삼가며 명민한 사람을 뽑아서 재의 사무를 주관하게 한다. 권점(圈點)[4)]하여 뽑을 때에는 반드시 향론(鄕論)[5)]을 따른다. 만일 자신이 좋아하는 사람을 두둔하여 적절하지 않은 사람을 천거한 사람은 재(齋)의 사람들에게 알려서 명단에서 삭제하는 처벌을 내린다.

1. 제술생(製述生)[6)]과 강경생(講經生)[7)]을 선발하여 들일 때는 매달 초하

---

1) 동·서재(東西齋) : 재(齋)는 성균관·사학·향교 등에 딸린 기숙사를 가리킨다. 지방 향교는 재를 동재와 서재로 나누어 동재에는 양반을 서재에는 중서·평민층을 기숙하게 하였다.

2) 공령(功令) : ① 배우는 사람의 성적을 고과하고 학관(學官)을 선발하는 학사(學事)에 관한 규칙. 학령(學令). ② 문과(文科) 시험의 여러 가지 문체. 또는 그것을 관장하는 직임(職任).

3) 유사(有司) : 단체의 사무를 맡아 보는 직무, 또는 그 사람.

4) 권점(圈點) : 관료 인사를 할 때나 혹은 어떤 사안을 결정하기 위한 선택을 할 때 그 후보자의 이름이나 사안 밑에 동그라미를 그리거나 점을 찍는 것.

5) 향론(鄕論) : 향촌의 공론(公論). 조선후기에는 대개 향회(鄕會)가 이를 주도하였다.

6) 제술생(製述生) : 제술과(製述科)를 준비하는 학생. 제술과란 시(詩)·부(賦)·송(頌)·

루에 공령이 온 고을의 유생을 모아 시험하여 뽑는다. 제술생은 의리에 근거하고 글이 순정(純正)한 자를 취하여 우등으로 한다. 강경생은 구두(句讀)를 잘 띄어 읽고 문리(文理)에 잘 통한 자를 취해서 높은 등급으로 한다. 제술 유생 6인과 강경생 4인을 뽑아 하루치 급료에 해당되는 쌀을[8] 주고 파한다. 다음 달 초하루에도 역시 이와 같이 해서 윤번(輪番)으로[9] 강습하도록 한다. 공령과 유사에게는 매월 급료로 쌀을 준다.

1. 선비를 시험할 때 공령은 건복(巾服)[10]을 갖추어 입고 강당(堂) 한가운데 선다. 학생들도 건복을 갖추어 입고 당(堂)을 향하여 차례대로 서서 정읍례(庭揖禮)를[11] 행한다. 공령은 이에 답례로 읍한다. 그 다음에는 학생들이 몸을 돌려 좌우로 나누어 서로 읍례를 행한다. 예를 마친 후에는 제술 유생은 섬돌 아래로 내려가 제술에 응하고, 강경생은 당 위로 올라가 강경(講經)[12]에 응한다. 다음에는 소학서[13]를 강한다. 소학서의 강이 끝나면 경서(經書)와 염락(濂洛)[14]의 책들 가운데서 임의로 하나를 뽑아 통약(通

시무책(時務策) 등을 시험보인 과업(科業)으로서, 문과(文科)의 예비 시험인 생원과(生員科)와 진사과(進士科) 가운데 진사과를 제술과라고도 하였다.

7) 강경생(講經生) : 사서삼경(四書三經) 등의 유교 경전을 음과 훈에 따라 읽어 나가면서 뜻을 풀이하고 그 대의를 설명해 나가는 것을 공부하는 유생. 과거의 시험 방법으로 강경(講經)이 사용되었으므로 이를 준비하는 과정이었다.

8) 법제처본에는 '一月米料'로 되어 있다.

9) 본문은 '輪番'으로 되어 있는데 법제처본은 '輪番'으로 되어 있어 이를 따른다.

10) 건복(巾服) : 두건(頭巾)과 웃옷을 총칭하는 용어로, 주로 통상복을 말하는데, 조선시대에는 성균관 유생이나 선비들의 의관(衣冠)을 지칭하였다.

11) 정읍례(庭揖禮) : 거재유생(居齋儒生)이 매일 사장(師長)에게 읍(揖)하며 뵙는 예.

12) 강경(講經) : 사서삼경(四書三經) 등의 유교 경전을 음과 훈에 따라 읽어 나가면서 뜻을 풀이하고 그 대의를 설명해 나가는 것. 과거 시험 종류의 하나이다.

13) 소학서(小學書) : 8세 안팎의 아동들에게 유학을 가르치기 위하여 만든 수신서(修身書). 송나라 주자(朱子)가 엮은 것이라고 씌어 있으나 실은 그의 제자 유자징(劉子澄)이 주자의 지시에 따라 편찬한 것이다. 1187년(남송 순희 14)에 완성되었으며, 내편(內篇) 4권, 외편(外篇) 2권의 전 6권으로 되어 있다. 내용은 일상생활의 예의범절, 수양을 위한 격언, 충신·효자의 사적 등을 모아 놓았다.

略)[15]을 시험한다. 그리고 겸하여 고풍시부(古風詩賦)[16]를 시험한다. 제술 유생도 노소(老小)를 물론하고 고과(考課)가 끝나면 역시 소학서를 강하고 공부를 열심히 했는지 게을리 했는지를 점검한다. 관가(官家)에서 직접 시험을 주관할 때도 이와 같이 시행한다.

1. 선비들의 식사에 들어가는 물품은 검약에 힘써서, 반찬은 국 한 그릇, 채소 한 그릇으로 한다. 고기반찬은 그가 스스로 마련하도록 맡긴다. 그리고 절대로 술과 고기, 담배 등에 늠료(廩料)[17]를 허비하지 못하도록 할 것.

1. 식사 때에는 고지기가 북을 쳐서 식사 시간을 알린다. 공령이 가운데 기둥쯤에 앉고 동·서재의 학생들이 일시에 건복을 입고 아래 마당[下庭]에서서 서로 읍례한다. 비가 올 때는 동서의 벽 쪽에 있는 섬돌 위에서 예를 행하고, 마치면 차례로 당에 올라 정좌하고 식사를 한다. 걸음걸이는 조용하고 천천히 바르게 걷기를 힘쓰고 자리를 건너뛰지 못하게 한다. 먹고 마실 때에는 움직임을 화평하게 하는데 힘쓰며 그릇을 함부로 다루지 못하게 한다. 그릇을 함부로 하거나 자리를 건너가는 일은 불경(不敬)으로

---

14) 염락(濂洛) : 중국 송대(宋代) 이학자(理學者)인 염계(濂溪)의 주돈이(周敦頤)와 낙양(洛陽)의 정호(程顥)·정이(程頤)를 가리킨다.

15) 통략(通略) : 『속대전(續大典)』 권3 예전(禮典), 「제과(諸科)」에 의하면 구두(句讀)와 뜻풀이가 모두 틀림이 없으면 강론(講論)이 비록 아주 통달하지는 못하나 한 문장의 대체적인 뜻을 모르지 않은 자는 조(粗)가 되고, 구두(句讀)와 뜻풀이가 모두 분명하고 비록 대체적인 뜻을 통달하기는 하나 아직 완전히 이해하여 뚫어보는 데까지 이르지 못한 자는 약(略)이 되고, 구두(句讀)와 뜻풀이가 모두 정통·능숙하고 글의 뜻을 완전히 이해하여 꿰뚫었으며 변설에 의문의 여지가 없는 자는 통(通)이 된다.

16) 고풍시부(古風詩賦) : 고풍의 시(詩)와 부(賦)를 말한다. 고시(古詩)가 당(唐) 이후의 근체시(近體詩)에 상대하여 수(隋) 이전의 시(詩)를 말한다고 한다면 '고풍의 부'는 송나라 구양수(歐陽修) 이후에 산문인 고문(古文)이 성행하면서 그 영향 하에서 이루어진 부체(賦體), 즉 '문부(文賦)'를 말한다. 문부는 변려문을 배격하고 산문화한 것이 특징인데, 형식적인 율부(律賦)와는 달리 개성적인 창의(創意)가 담긴 새로운 부체이다.

17) 늠료(廩料) : 관원의 녹봉.

논한다. 식사를 마치면 다시 서로 읍하고 공령이 일어나면 학생들 역시 일어나 각기 강하는 자리로 나아간다.

1. 많은 사람이 함께 생활하면서 어지럽지 않아야 학문에 서로 도움이 되고 예의로 서로 사귈 수 있다. 공부하는 차례는 반드시 주자의 백록동(白鹿洞)의 옛 규약[18]을 준거로 삼고, 몸가짐의 요령은 반드시 여씨향약(呂氏鄕約)[19]을 기준으로 삼는다. 그러나 혹 말이 진실되거나 믿음직하지 않고, 해학(諧謔)에 절제가 없고, 행동이 미덥거나 정중하지 못하고, 나아가고 물러나는 것이 무상하고, 이서배와 교유하고 창가(娼家)에 출입하고 관의 정사를 함부로 논하고, 어른을 침범하고 자신의 기예를 믿고 으스대는 자는 작게는 직접 마주 대하여 꾸짖으며 크게는 재에서 쫓아내며, 그가 태도를 바꾸기를 기다려서 심사하여 비로소 들어오도록 허락한다. 만일 끝내 미혹하여 옛 버릇을 고치지 않으면 공령이 학생들을 거느리고 관에 고하여 영원히 유적(儒籍)[20]에서 삭제한다.

1. 서적을 애호하고 생활을 절도 있고 신중하게 하는 것 역시 몸가짐을 바르게 하고 마음을 다스리는 한 부분이다. 학생들은 반드시 존경각(尊經閣)[21]에서 독서하여 경전을 분산시키지 말도록 하라. 아침에 일어나면

---

18) 백록동(白鹿洞)의 옛 규약 : 백록동(白鹿洞) 서원(書院)의 학규(學規)를 말한다. 백록동에는 당(唐) 이래로 국학(國學)을 두었고, 송(宋)나라 초기에는 서원을 두었다. 그 뒤 황폐해진 것을 주자(朱子)가 복구하고 교학(敎學)의 요령을 만들어 제시하였는데, 이것을 백록동 서원 학규라고 한다. 여기에는 오교(五敎)의 목(目)·수신(修身)·접물(接物)·처사(處事)의 요(要), 위학(爲學)의 서(序)에 관한 규모가 들어 있다.

19) 여씨향약(呂氏鄕約) : 중국 북송(北宋) 때에 향촌을 교화하고 선도하기 위해여 만들었던 자치적인 규약. 섬서성(陝西省) 남전현(藍田縣) 여씨(呂氏) 문중에서 만들었으며, 뒤에 주자(朱子)에 의해 약간의 수정이 가해져 「주자여씨향약」이 만들어졌다.

20) 유적(儒籍) : 조선시대 각 지방의 향교(鄕校)를 중심으로 해당 지역에 있는 유학자(儒學者)들의 가계(家系)·학통(學統)·종파(宗派) 따위를 기록한 문부(文簿).

21) 존경각(尊經閣) : 성균관이나 향교 안에 도서를 보관하기 위해 지은 전각. 도서관.

반드시 이불을 개어서 정돈하고 어지럽히지 말라. 이렇게 하지 못하는 자는 불경(不敬)으로 논한다.

1. 학궁(學宮)[22]은 인륜을 밝히는 장소이다. 평민(平民)은 서얼(庶孼)[23]보다 못하게 대우하고, 서얼은 양반보다 못하게 대우한다. 식사 때나 강론할 때나 반드시 평민(平民)은 서얼(庶孼) 아래에 앉게 하고 서얼은 양반 아래 앉게 한다. 신분이 낮은 쪽의 나이가 많은 자를 감히 신분이 높은 쪽의 어린이 아래에 앉도록 하지 말라. 그런 연후에야 윤기가 바로 서고 풍속이 하나로 될 것이다. 혹 이 조목의 명령을 지키지 않고 명분을 어기고 등급을 건너뛰는 자는 유적(儒籍)에서 영영 쫓아내고 종신토록 자리를 같이 하지 않는다.[24]

1. 향음(鄕飮)[25]·향사(鄕射)[26]·향약(鄕約)[27]·투호(投壺)[28] 등의 사항은 소학(小學)에 나오는 일이다. 재정을 살펴보아 비용이 달리 나올 것이 없으면 식년 장적(式年帳籍)[29]을 향교에서 정서하게 하여 그 값을 받아서

---

22) 학궁(學宮) : 성균관(成均館)과 향교(鄕校)의 별칭.

23) 서얼 (庶孼) : 첩의 자손. 양첩자는 서자이고, 천첩자는 얼자이다.

24) 법제처본에는 이 조목 전체가 누락되었다.

25) 향음(鄕飮) : 향음주례(鄕飮酒禮)를 말한다. 해마다 10월 길일(吉日)을 택하여 온 고을의 유생(儒生)들이 모여 향약(鄕約)을 읽고 술을 마시며 잔치하는 예절.

26) 향사(鄕射) : 향사례(鄕射禮)를 말한다. 향촌에서 활쏘기 시합을 하여 예법을 익히고, 상호 친목을 도모하는 의식.

27) 향약(鄕約) : 향촌 사회의 상부상조와 질서 유지를 위해 마련한 자치 규약. 본래 중국 송(宋)나라 때 여씨(呂氏) 향약에서 시작되었음. 조선에서는 중종 12년 경상도 관찰사 김안국(金安國)이 「여씨향약」을 간행 반포하고, 이어서 『언해본 여씨향약(諺解本呂氏鄕約)』을 단행본으로 간행 반포하여 향약을 전국에 보급하는 데 결정적인 역할을 하였다. 이황·이이 등의 성리학자들의 주도로 향촌 사회에 각종의 자치 규약들이 제정, 시행되면서 전국적으로 널리 확산되었다.

28) 투호(投壺) : 일정한 거리에 놓인 병에 화살 모양의 막대기를 던져 넣어 병 속에 들어간 것의 수효의 많고 적음을 가지고 승부를 가리는 놀이. 주로 잔치할 때 술마시면서 귀족들이 많이 하던 놀이.

29) 식년 장적(式年 帳籍) : 호적을 말함. 장적은 통상 호적을 지칭하는데, 호적은

의례에 사용하는 기물을 만드는 데 필요한 비용에 보태도록 한다. 향음 등의 예를 때맞추어 강습하여 삼대(三代)[30]의 남긴 뜻이 깃들게 한다.

1. 학궁(學宮)의 늠전(廩田)[31]은 대부분이 손님을 접대하는 데 소비된다. 친구간의 초대가 밤새워 즐기는 모임으로 이어지고 끝내는 고기 먹고 술 먹는 판이 되는 것을 면하지 못하여 그렇게 된다. 이는 선비의 습속에 비추어보아도 한심하기 그지없는데, 하물며 지금은 거재(居齋)의 규칙을 새로이 정하는 자리이므로, 더욱 충분히 절제하여 오래 갈 것을 도모하여야 마땅하다. 지금 이후로는 손님을 접대한다는 것을 빌미로 하기(下記)[32]를 어지럽히는 자는 각별히 단속하고 재임(齋任)[33]은 무겁게 처벌한다.

1. 향교·서원의 노복 역시 하늘이 내린 백성이다. 사람의 자식을 잘 대우하라는 훈계는 선행편(善行篇)[34]에 실려 있다. 선비된 자는 마음에 깊이 새겨 반드시 은혜와 위엄을 병행한 연후에야 그들의 환심을 얻어 영구히 부릴 수 있을 것이다. 지금 이후로는 학생들이 사적인 일로 절제

3년마다 식년에 만들어졌으므로 식년 장적이라고도 함.

30) 삼대(三代) : 중국의 하(夏)·은(殷)·주(周) 시대를 통틀어 칭한다. 이상적인 왕정의 시대로 일컬어진다.

31) 늠전(廩田) : 고려 말·조선 초에 지방 관청의 경비를 조달하기 위해 설치된 토지. 지방 관청의 장관에게 판공비(辦公費)로 준 아록전(衙祿田)과 지방 관청의 소요 경비를 충당하기 위하여 마련한 공수전(公須田)을 비롯하여, 역전(驛田)·마위전(馬位田)·급주전(急走田)·원전(院田)·진부전(津夫田)·도전(渡田)·수부전(水夫田)·빙부전(氷夫田) 등이 이에 속한다.

32) 하기(下記) : 일상용 전곡의 지출 장부.

33) 재임(齋任) : 성균관이나 향교의 동서재의 학생 임원. 장의(掌議)와 색장(色掌)·조사(曹司)·당장(堂長) 등이 있다. 이들은 동·서재에 당직하면서 문묘(文廟)의 수호·관리 및 학생 자치에 관한 일을 담당하였다. 특히, 색장은 매일 아침·저녁 식당에서 도기(到記 : 출석부)를 확인, 감독하는 일을 맡았는데, 이는 성균관 유생들의 원점(圓點) 산정기준이 되었다.

34) 선행편(善行篇) : 소학(小學) 편명의 하나. 소학은 총 6편으로 내편 4권은 입교(入敎)·명륜(明倫)·경신(敬信)·계고(稽古)이며, 외편 2권은 가언(嘉言)·선행(善行)으로 구성되었다.

없이 사역하고 함부로 매질할 경우에는 사림(士林)이 사태에 맞게 헤아려 처벌한다.

1. 관의 일이 오고 갈 때 담당 이서가 없어서는 안 되니, 매년 연초에 이방(吏房)이 향리 가운데서 엄선하여 향교 호방(戶房)을 임명하여 향교·서원과 관련된 공사(公事)를 전적으로 담당하게 한다.

관에 부임한 다음날 곧바로 향교에 가서 알성(謁聖)[35]하며, 춘추(春秋)의 석전(釋奠)[36]과 향교 내의 일은 마음을 써서 행한다. 석전제에는 반드시 친히 참석한다. 유생은 반드시 예로써 대우하고 욕을 보여서는 안 된다. 유업(儒業)을 장려하는 일에도 마음을 써야 한다. 문사(文士)에게 독서를 권하고 무사(武士)에게 기예 연마를 권장하는 일은 과정이 있고 상벌이 있고서야 사방에서 호응하니, 차근차근 순서에 따라 반드시 행하여야 할 정사이다. (이 일은 조금 두서가 잡힌 후에 시행하고, 이미 시행한 뒤에는 과정은 마땅히 살피고 상벌은 마땅히 근실하게 하여 실효가 있도록 한다.)

향교의 도유사(都有司),[37] 장의(掌議)[38]는 향(鄕)에서 공론에 따라 세 사람의 후보자 명단을 갖추어 들이게 하여 관에서 결재하여 내주는 것이 좋다.

---

35) 알성(謁聖) : 원래는 성균관(成均館) 문묘(文廟)의 공자(孔子) 신위(神位)에 참배하는 것을 말하는데, 여기서는 향교(鄕校)의 대성전(大成殿)에서 공자 신위에 참배하는 것을 말한다.

36) 석전(釋奠) : 성균관(成均館) 문묘(文廟)나 향교(鄕校) 대성전(大成殿)에서 선성(先聖)이나 선사(先師)를 추모하기 위하여 올리던 의식. 이 석전은 2월과 8월의 첫 정일(丁日)에 거행함. 해마다 봄(음력 2월)과 가을(음력 8월)의 상정일(上丁日)에 석전을 봉행하였다.

37) 도유사(都有司) : 유사(有司)의 우두머리. 향교(鄕校), 서원(書院), 종중(宗中), 계중(契中)에 관한 사무를 맡은 우두머리.

38) 장의(掌議) : 조선시대, 성균관 및 지방 향교의 재임(齋任)의 으뜸자리. 또는 그 자리에 있는 사람.

1년 동안 전답과 노비의 신공(身貢)에서 받아들인 숫자는 책자로 만들어 관에 올린다. 향교의 직임을 맡은 자는 향교의 일로 왕래하는 일 말고는 다른 유생과 다른 고을의 손님을 접대하는 일은 일절 엄금한다. 한 달 동안 쓸 물건은 매달 말에 관에서 하기(下記)를 결재하고 내어주어서 낭비하는 폐단이 없도록 한다.

군비를 갖춤[武備][1)]

평화로운 지 백년이 넘어서 민이 군사 일을 알지 못한 지가 오래되었으니, 수령을 하는 자는 반드시 마음을 두어야 한다. 그러나 군병은 두 영문[兩營][2)]과 각 진(鎭)[3)]과 서울의 군문(軍門)에서 관할하니 수령은 원래 거느리고 있는 병사가 없고 단지 약간의 군교(軍校)와 수십 명의 이서(吏胥)·관노(官奴)로 만든 부대가 있을 뿐이다. 또 성에 해자가 없는 읍이 10에 여덟, 아홉이다. 상황이 이러하니 비록 먼 지방을 순찰하려는 충성심이 있어도 어찌할 수가 없다.

옛날 이포진(李抱眞)[4)]이 택로(澤潞)의 절도사가 되었을 때 세 사람의 장정 가운데서 한 사람을 선발하여 민병 2만 명을 얻었다. 이들을 농한기에는 짝을 지워서 활쏘기를 시키고 한 해를 마칠 무렵에는 대규모로 훈련하여,

1) 이 항목은 『목민고』, 「무비(武備)」와 글자에 약간의 출입이 있을 뿐, 내용은 거의 일치한다.

2) 두 영문[兩營] : 어영청(御營廳)과 금위영(禁衛營)을 말한다.

3) 진(鎭) : 둔전병(屯田兵)의 군인이 주둔하던 무장 성곽도시, 또는 군사적 지방 행정구역. 조선시대에는 군사적 요충지에 둔 군영(軍營)을 가리켰는데, 규모에 따라서 주진(主鎭), 거진(巨鎭), 제진(諸鎭) 등이 있었다.

4) 이포진(李抱眞) : 당(唐) 덕종(德宗) 때(780~804)의 무장(武將). 자는 태현(太玄). 포옥(抱玉)의 종제(從弟)로서 덕종(德宗) 때에 소의군(昭義軍)을 거느리고 주도(朱滔)를 격파하였다.

그 잘하고 못함에 따라 등급을 매겨서 상도 주고 책벌도 하였다. 삼 년째가 되자 모두 정예 병사가 되어 산동의 여러 진(鎭)을 호령할 수 있게 되었다. 이는 '농사일 틈틈이 군사를 기르는' 뜻을 잘 실현한 것이다. 지금 고을의 출신(出身)[5]·한량(閑良)[6]을 비롯하여 각종 군병을 이 법에 따라 훈련한다면 무예가 쓸 만해질 것이다.

또 어떤 선배 인사 중에 인조반정 이후 병란이 여러 차례 일어났을 때 수원부사였던 이가 군병을 징발하는 데, 군사가 시각에 맞추어 모이지 못하자 각 마을에 깃발을 달 큰 장대를 세우고, 군사를 징발할 때가 되면 읍내에서 먼저 장대 위에 깃발을 세우고 포를 쏘았다.[7] 깃대가 보이는 마을이나 포를 쏘는 소리가 들리는 곳은 차례차례 깃발을 달고 포를 쏘니,

---

5) 출신(出身) : 조선시대 문과(文科 : 大科)·무과(武科)·잡과(雜科) 등의 시험에 합격한 사람을 일컫는 말. 특히 임진왜란 중에 군액을 확보하기 위해 형식적인 무과(武科)를 대대적으로 설행하여 배출된 직역이었는데 이후에는 실직(實職)에는 나아가지 못한 무과 합격자를 지칭하는 개념으로 사용되었다. 여기에는 문무 관직 진출에 실패한 사족(士族)과 양인 상층으로서 재력이 있는 자들이 포함되어 있었던 점은 한량과 같다.

6) 한량(閑良) : 조선시대 전 시기를 통해 존재했는데, 시대에 따라 그 뜻이 조금씩 달라졌지만, 부유하면서도 직업과 속처가 없는 유한층(遊閑層)이라는 공통점이 있다. 그리고 관직이나 학생이 될 자격이 있는 양인(良人) 이상의 신분으로서 하층 양반이나 상층 평민 중에서 배출되었다. 조선후기 1625년(인조 3)에 작성된 호패사목(戶牌事目)에는 사족으로서 소속된 곳이 없는 사람, 유생(儒生)으로서 학교에 입적(入籍)하지 않은 사람, 그리고 평민으로서 소속된 곳이 없는 사람을 모두 한량으로 호칭하고 있다. 이것은 조선전기의 한량 개념이 그때까지도 그대로 계승되고 있음을 말해준다. 그러나 정조 때 『무과방목(武科榜目)』에는 무과 합격자로서 전직(前職)이 없는 사람을 모두 한량으로 호칭하고 있다. 이는 이 무렵부터 한량이 무과 응시자격을 얻게 되면서 무과 응시자 혹은 무반 출신자로서 아직 무과에 합격하지 못한 사람의 뜻으로 바뀐 것을 말한다.

7) 이것은 이시백(李時白, 1581~1661)이 수원부사로 있을 때의 일이었다. 이시백은 이귀(李貴)의 아들로서 부자가 같이 인조반정을 주도하여 모두 정사공신(靖社功臣)이 되었다. 이시백은 군사 분야에 정통하여 이괄의 난과 정묘(丁卯)·병자(丙子) 두 차례의 호란(胡亂)에서 주로 활약하였다. 그는 특히 병사들과 고락을 같이 한 지휘관으로서 유명하였다.

군사가 나는 듯이 진(陣)에 나갔다. 이런 방법은 민병(民兵)을 다스리는 자가 모두 본 따서 행할 만하다.

지금은 때가 평화로워 비록 군사에 대해서 말하고 싶어도 간사한 사람의 모함이 뜻밖에 있을 수가 있으니 자세히 논할 만한 것이 아니다. 다만 이노(吏奴)와 군교(軍校)를 취하여 간간이 총과 활을 쏘는 연습을 시키고, 고을 내의 무사(武士)가 무예를 닦아서 과거에 응시하는 것을 권장하는 것이 좋다.

여러 고을의 군기가 극히 맹랑하여 활·총·화약이 모두 쓸 만하지 못하다.[8] 유의하여 수리하는 것이 마땅하니, 소홀하여서는 안 된다. 반드시 읍(邑)의 재정 능력에 따라서 모곡(耗穀)[9]이나 혹은 월여미(月餘米)[10]를 취해서 노후(老朽)되어 사용할 수 없게 된 것을 그때그때 보수한다. 활은 좁고 습기 찬 창고에 쌓아두면 소의 힘줄로 만든 활줄이 풀리고 물소뿔로 만든 노루발이 느슨해져 결국에는 버려지는 물건이 된다. 각 청(廳)의 방구들에 불을 지피고 방안의 정면 벽의 아랫목에 탁자를 설치하고 각궁(角弓)[11]을 고리에 담아 탁자 위에 보관한다. 그리고 때때로 활시위를 잔뜩 잡아당기곤 하면 창고에 쌓아놓아 폐기되게 하는 것보다 나을 것이다. 향청,[12] 군관청,[13] 작청[14]에서 그 사람 수에 따라 활을 받아가서 각자

8) 법제처본에는 이 항목에 '군기(軍器)'라는 제목을 붙여 놓았다.

9) 모곡(耗穀) : 각 고을 창고(倉庫)에 저장한 양곡(糧穀)을 봄에 백성에게 대여했다가 추수 후 받아들일 때, 말[斗]이 축나거나 손실을 보충하기 위하여 10분의 1을 덧붙여 받던 곡식.

10) 월여미(月餘米) : 월별 경상비(經常費)에서 절약하여 지출하고 남은 쌀.

11) 각궁(角弓) : 쇠뿔이나 양뿔을 박아서 만든 활.

12) 향청(鄕廳) : 유향소의 다른 이름. 조선후기에는 주로 향청이라고 칭함. 지방 품관(品官)들의 자치기구적인 성격과 수령을 도와 지방을 통치하는 지방통치기구적의 성격을 동시에 지님.

13) 군관청(軍官廳) : 군관이 사용하던 청사. 군관(軍官)은 각 진(鎭)에 배치되어 진장(鎭將)을 보좌하고 군사를 감독하였다.

14) 작청(作廳) : 아전이 집무하는 청사로서 길청(吉廳) 또는 연청(椽廳)이라고 함.

불을 때서 활을 잘 매이게 한 다음 관표를 붙여 내주는 것이 좋다. 총은 장부에 올려놓은 것 이외의 화약이 있으면 간간이 이노(吏奴)로 하여금 총 쏘는 시험을 보여 취재(取才)하는 것도 좋을 것이다. 만일 물력(物力)이 있으면 화문(火門)은 헝겊으로 싸고 총구는 말목을 끼워 넣고 다시 전체를 개가죽으로 싼다. 그러면 쇠가 녹슬지 않을 것이다.

화약은 보관된 방에 불을 때기가 극히 어렵다. 대개는 실화를 염려하여 고지기마저도 방구들에 불을 넣지 않는다. 오랫동안 이렇게 두면 진흙과 다름없이 된다. 불을 붙여도 불이 일어나지 않으니 급할 때를 당하여 장차 어찌 이를 써먹겠는가? 예전에 화약 고방을 보니 몸체가 큰 전석(全石)으로 구들을 깔아서 불길이 새어나올 틈을 없게 하고 또 진흙 회를 발라서 쥐가 구멍을 내지 못하도록 하여 수시로 불을 때었다. 또한 경군문(京軍門)의 화약 보관법도 본받아 행할 만하다.

조선시대의 아전은 실무를 담당한 중간 관리층으로서 실제적인 사무의 처리는 이들에게서 이루어졌으므로 이들이 모여 있는 곳이 바로 업무가 이루어지는 곳이란 의미에서 작청이라 하였음.

화약을 고쳐 찧는 법[火藥改擣法]

화약 1첩을 한 번 절구질하는데 일꾼 3명이 필요하다.

화약 3근에 염초 12냥, 유황 1냥 5전을 섞어서 하루에 1첩을 한 번씩 절구질하여 찧으면 추가한 염초의 분량만큼 화약이 더 나온다.

화약 1백 근을 도침(擣砧)[1]할 때는 염초 25근, 유황 3근 2냥과 섞는다.

화약 4백 근을 도침할 때는 염초 1백 근, 유황 12근 8냥과 섞는다. (이렇게 도침하면 추가한 염초의 분량만큼 화약이 더 나온다.)

염초(焰硝) 100근의 가격은 60냥 혹은 70냥이며, 유황(硫黃) 20근의 가격은 5~6냥이다.

신철(薪鐵) 100근에서 작철(斫鐵)은 25근이 줄어들고, 정철(正鐵)은 25근이 줄어든다. (추조(麤造)하면 한 근에 2냥 4전이 줄어들고, 정조(精造)하면 한 근에 4냥 8전이 줄어든다.)

신철 100근으로 정철(正鐵) 50근을 만든다. (추조하면 한 근에 1냥이 줄어들고, 정조하면 한 근에 4냥, 더 정조하면 한 근에 8냥이 줄어든다. 숯은 정조와 추조를 물론하고 한 근에 8승이다. 이것은 선공감의 규정이다.[2])

조총(鳥銃)[3] 한 자루 가격은 5냥, 화약 한 근 가격은 6전, 벚나무 껍질

1) 도침(擣砧) : 피륙이나 종이 따위를 다듬잇돌에 다듬어서 반드럽게 하는 일.
2) 여기까지는 『목민고』, 「화약개도법(火藥改擣法)」에 보인다.
3) 조총(鳥銃) : 조선중기에 사용하던 휴대용 화기(火器). 조총은 15세기 말 유럽에서

50장 가격은 1냥 5전, 장전(長箭)[4] 1부(浮)[5] 가격은 6전, 편전(片箭)[6] 1부 가격은 3전, 대흑각(大黑角) 1각(桷) 가격은 15냥 (활 10장(張)이 나온다.) 중흑각 1각 가격은 7냥, (활 5장이 나온다.) 소흑각 1각 가격은 5냥 5전이다. (활 4장이 나온다.) 모든 군기(軍器)의 개수(改修)와 들어온 물종의 많고 적음은 마땅히 각 군문에 상세히 물어서 그에 따라서 행하는 것이 좋다. (혹은 화약을 도침하면 유황 1전, 염초 2전이 나온다고도 한다.)

군기(軍器)를 번고[反庫][7]할 때 중기(重記)[8] 문서와 서로 비교하여 만약 줄어든 것이 있으면 감색(監色)에게 따져 물어서 즉시 채워 넣게 하고 보고는 하지 않는다. 만약 줄어든 것이 많은데도 즉시 채워 넣지 못하면 일일이 순영(巡營)[9]과 병영(兵營)에 보고하는 것이 좋다.

처음 만든 것으로 용두의 물림쇠가 항상 올라간 형태이고 방아쇠를 당김과 동시에 용두가 화명에 접착하게 되어 있다. 그런 관계로 급속한 점화를 바랄 수는 없으나 폭발할 위험은 없는 이점이 있다. 우리나라에는 1590년(선조 23) 3월 일본사자 히라요시(平義智)가 선조에게 조총을 진상하고 간 일이 있으며, 임진왜란 다음해인 1593년(선조 26) 9월 13일에는 이순신이 조총을 만들어 진중에서 시방(試放)한 뒤 조선후기 후장식(後裝式) 소총이 도입될 때까지 계속 사용되었다.

4) 장전(長箭) : 철전(鐵箭)을 말하는 것 같다. 길이는 3척 8촌~4척(117~123㎝)이며, 깃은 좁고 날이 없는 둥근 철촉을 달았으며, 사정거리는 80보 혹은 180보이다.

5) 부(浮) : 화살대 100개를 한 묶음으로 세는 말.

6) 편전(片箭) : 화살대의 길이 1척2촌(37㎝)의 작은 화살로 쇠촉을 달고 있으며, 작은 날개를 달았다. 사정거리는 300~350보(270~315m) 정도로 활로 쏘는 화살로는 가장 멀리 날아갔다. 길이가 짧기 때문에 통(筒), 혹은 통아(筒兒)라는 기구에 끼워서 발사하여야 한다. 이 통의 길이는 일반 화살의 길이와 비슷하고 구조는 반쪽을 쪼개어 속을 비게 하여 이곳에 편전을 넣어서 쏜다. 통의 한쪽 끝에 구멍을 뚫어서 작은 끈으로 팔에 매어 둔다. 통을 통과하여 시위를 벗어나면 빈 통은 손등을 향하여 오게 되고, 편전은 앞으로 날아가는 것으로 우리나라에서 독자적으로 개발되었으며, 가장 많이 사용한 화살이다.

7) 번고[反庫] : 창고에 저장된 물건을 일일이 뒤적이며 장부와 대조하면서 검사하는 것.

8) 중기(重記) : 전곡(錢穀)을 출납하던 관아의 장부.

9) 순영(巡營) : 대개의 경우에는 감영(監營)과 일치한다. 즉 평상시에는 관찰사가

군기(軍器)와 집기도 또한 반드시 개수(改修)하여 보충하여야 하며, 순도가 떨어지는 화약도 도침(擣砧)하여 순력(巡歷)할 때 탈잡히는 근심을 면하는 것이 좋다.

개수하고 보충하는 방법은 반드시 일시에 수거(修擧)할 필요는 없지만 한번은 새롭게 하는 것이 그 요점이다. 이러한 작업은 비단 물력(物力)이 많이 들어갈 뿐만 아니라 오래지 않아 색이 변한다. 반드시 날마다 목표를 세워서 차츰차츰 개수해나가고, 한 바퀴 돌고나서 다시 시작한다면 군기가 항상 정교하고 예리해서 급할 때 내다 쓰더라도 녹슬고 둔탁해질 근심은 없어질 것이다.

평궁 1장에 들어가는 것, 쇠힘줄 4냥, 어교(魚膠)[10] 4냥.

대궁 1장에 들어가는 것, 쇠힘줄 1근, 어교 1근.

죽궁 1장에 들어가는 것, 쇠힘줄 6냥, 어교 6냥.

교자궁(交子弓)[11]에 들어가는 것, 쇠힘줄 4냥 반, 어교 4냥 반, 안팎을 두루 싸는 화피(樺皮) 1장.

순찰사(巡察使)를 겸직하기 때문이다. 그리하여 관찰사(감사)의 별칭이 순사도(巡使道)인 것이다. 그러나 전시(戰時) 기타 사변시(事變時)에는 군무(軍務)를 띠고 지방에 파견되는 중앙의 고급관료로서 종1품(정1품은 都體察使) 이하 정2품까지의 관료이면 도순찰사라 하고 종2품일 때 순찰사라 한다.

10) 어교(魚膠) : 물고기의 부레·비늘·껍질·뼈 등을 끓여 만든 물질.

11) 교자궁(交子弓) : 목궁(木弓)의 한 종류. 저리갈 나무(沮里加乙木)로 만들어 끈을 맨 것으로 여름에 잘 휘어지지 않았다고 함.

속오(束伍)[1]

속오군의 역은 사람들이 모두 싫어해서 회피하므로 아침에 채워 놓으면 저녁에 흩어져서 그 해가 마을에 두루 미친다. 먼저 한 고을 호수(戶數)의 총 합계를 내고, 속오군 수의 총 합계를 낸다. 가령 호수가 3천인데 속오군이 3백 명이면 9호마다 1정이 나와야 한다.[2] 각 지방의 여러 고을 가운데 호수와 속오군 수가 서로 일치하는 곳은 있어 본 적이 없다. 이로써 미루어 보건대 비록 호수(戶數)가 적은 고을이라도 매 호당 1정을 세우는 것에 불과하다.

옛 사람이 말하기를 호에는 남자 장정이 최소한 3명은 있다고 하였으니, 3명 중 1명을 내는 것이 처음에는 감당하기 어려운 역은 아니었다. 하물며 각 고을의 호수가 어찌 속오군의 숫자보다 적을 수가 있겠는가. 지금 마땅히 민호의 숫자를 속오군의 숫자와 비교하여 속오군의 숫자가 민호수

---

1) 속오(束伍) : 원래의 글자 뜻은 '대오를 단속한다', 즉 군대의 편제를 의미하는 것으로서 '편오(編伍)'와도 같은 뜻인데, 여기서는 속오군(束伍軍)을 의미한다. 속오군은 편오군(編伍軍), 삼수군(三手軍), 초군(哨軍) 등으로 불리며 조선후기 지방군의 중추를 형성하던 군대였다. 이 항목은 『목민고』, 「이정절목(里定節目)」에 보인다.

2) 인조대에 실시된 '십일지초법(什一之抄法)'과 유사하다. 이는 숙종대까지 유지되었으며, 영조대에는 거의 허구화되었는데, 여기서는 그것을 복구할 것을 주장한 것으로 볼 수 있다.

의 3분의 1이면 2호로써 속오군 1호를 보조하게 한다. 속오군의 숫자가 만약 민호수의 5분의 1이면 4호로써 속오군 1호를 보조하게 하여 모든 요역에 관한 일을 일체 돌아보고 보호하게 한다. 만약 도고(逃故)[3]가 있으면 위의 2호 혹은 4호가 담당하여 세우게 한다. 대상자 명단을 내서 사정(査定)하는 규정을 하나같이 위의 군역을 정하는 규정대로 시행하는 것이 좋다.[4]

1. 속오군은 20세에서 45세 사이로 제한하여, 노약(老弱)이나 굶주린 기색[5]이 얼굴에 가득 찬 사람을 충정(充定)하는 일이 없게 해야 한다. 반드시 건장하고 착실한 사람으로 대신 정하는 것이 좋다.

1. 속오군에 양반집 노비도 충정하는 것은, 원래부터 속오군 사목이 그러하였다.[6] 따라서 속오군의 이해(利害)는 양반에게도 미친다. 속오군이 거주하고 있는 근처에 살고 있는 사람들은 존비(尊卑)를 따지지 말고 모두 가까운 통(統)에 넣어서 기록하여 속오군의 보인으로 줄 수 있게 한다. 혹 양반이 거주하는 통에서는 양반을 존위(尊位)로 정하여 통내를 통솔하여 속오군 1명을 책임지고 내게 하고, 통내에 만약 양반이 없으면 일에 밝은 상민을 골라서 통수(統首)로 정하여 속오군 1명을 책임지고 내게 할 일이다.

편안할 때 위험을 잊지 말라는 것은 고금을 관통하는 격언이다.[7] 하물며 오늘날은 근심과 걱정으로 전전긍긍하여 언제 갑자기 변방에 문제가 생길지 모르는 상황이다. 그런데 이른바 속오군이란 빈 장부만 남아서 병들고

---

3) 도고(逃故) : 도망하거나 죽은 사람을 말함. 주로 조선시대 일반 농민의 군역·요역 부담의 과징(寡徵)에 따라 초보적인 저항의 형태로 도망하였거나, 수명이 다하여 죽은 사람을 총칭함.

4) 여기의 '上項定軍役規式'이란 영조 6년(1730)에 나온 「속오절목(束伍節目)」을 지칭하는 것으로 보인다. 「속오절목」은 『비변사등록』 88책, 영조 6년 경술 9월 25일 8-892~896쪽에 수록되어 있다.

5) 채색(菜色) : 굶주린 사람의 창백한 얼굴빛.

6) 『속대전(續大典)』 권4, 병전(兵典), 성적(成績).

7) 이 아래 두 부분은 『목민고』, 「연무(鍊武)」와 거의 같다.

쇠약한 자들만 있고 모두 빠져나가 100명 가운데 한 사람도 쓸 수가 없고, 기타 군병(軍兵)도 모두 태만하게 방치되어, 하루아침에 위급을 알리는 경보가 울리면 장차 어디에 손을 써야할 지 모르니 진실로 한심하다.

속오군을 통에서 충정하게 한 것은 좋은 법이다. 가을에 점열(點閱)할 때 전투복을 갖추어 입고 진법(陣法)을 연습하게 하며, 그것을 마친 뒤에는 별도로 명령을 내려 각 초(哨)[8]의 방진(方陣)을 일렬로 쭉 늘어서게 하고, 진마다 서로 분리하여 이어지지 않도록 한 뒤, 수령은 스스로 높은 곳에 앉아서 진을 하나씩 불러내어 상세하게 점열하여 대신 점열에 참가한 자와 노약(老弱)을 적발해 내고, 통내에서 충정하는 법에 따라서 충정하여 군대 전체를 건강하고 착실한 자로 채우게 한다.[9] 이미 점열을 받은 자들은 수령이 앉아 있는 곳의 뒤에 진을 치고 있는 곳으로 가서 앉아 있게 하고, 점열을 받지 못한 자들은 별도로 군교(軍校)를 내서 사방을 엄금하여 각 진에서 감히 사람을 출입시키지 못하게 하여 왔다 갔다 하면서 거듭 점열을 받는 폐단을 없애버린다. 이와 같이 여러 차례 행하면 군대가 모두 정예화될 것이다. 여기에 점차로 군장(軍裝)과 군복을 갖추고, 무예를 닦고 제식훈련을 익숙하게 하면 드디어 쓸 만한 군사가 될 것이다.

금위영(禁衛營)[10]과 어영청(御營廳)[11] 군대의 호수(戶首)[12]를 점열(點閱)

---

8) 척계광(戚繼光)의 『기효신서(紀效新書)』에 입각하여 유성룡(柳成龍)이 제정한 속오군 분군법에 의하면 대장(隊長)을 제외한 11인=1대(隊), 3대=1기(旗), 3기=1초(哨), 5초=1사(司), 5사=1영(營)으로 되어 있다.

9) 영조 34(1758)년에 제도화된 '관문취점(官門聚點)'을 말하는 것 같다.

10) 금위영(禁衛營) : 조선후기 대궐의 수비와 수도 방어의 임무를 맡았던 군영(軍營). 훈련도감(訓鍊都監)·어영청(御營廳)과 함께 도성 수비를 담당한 삼군문(三軍門) 가운데 하나이며, 총융청(摠戎廳)·수어청(守禦廳)과 함께 5군영이라고도 하였다.

11) 어영청(御營廳) : 조선시대 중앙에 두었던 5군영 가운데 하나. 인조 2년(1624)에 개성유수(開城留守) 이귀(李貴)를 어영사(御營使)로 임명하고, 260여 명의 화포군(火砲軍)을 뽑아 훈련시키게 한 것이 시초였다. 이괄(李适)의 난 이후 잠시 총융사(摠戎使)에 속하였다가 정묘호란(丁卯胡亂) 직후인 인조 6년(1628)에는 그 수가 5천 명으로 늘어나 청(廳)을 설치하고 어영대장을 두었다.

할 때는 기총(旗摠)[13] 대장에게 맡기지 말고 반드시 몸소 점열해야 한다. 군관(軍官)의 무리도 때때로 무예를 시험하여 쓸모없는 자는 쫓아내고 유능한 장정으로 대신하게 하여 급할 때 사용에 대비한다.

---

12) 호수(戶首) : 민호(民戶)의 대표자로서 군역(軍役)이나 공부(貢賦)의 납부 책임을 졌다. 호적을 토대로 작성한 군(軍)에 따라 군역을 부담하는 양인(良人)인 경우 초기에는 자연호(自然戶)를 단위로 하나의 호수는 정(正)이 되고, 그 밖의 여정(餘丁)은 보인(保人 : 奉足)이 되어 호수의 복무기간 중 경비 부담을 하는 것으로 역을 대신하였다.

13) 기총(旗摠) : 기(旗)를 지휘하는 군관으로서 잡직 정8품에 해당함.

군포를 거두어들이는 법[軍布收捧法]

군포와 신공(身貢)을 거두어들일 때, 담당 이서에게 먼저 전령(傳令)을 내어 독촉하게 하기 때문에 족징(族徵)[1]이나 이징(里徵)[2]을 감당할 수 없는 가난한 사람들이 일시에 모두 들고 일어나서 소송을 일으킨다. 이것이 관과 민이 모두 혼란스러워져서 감당하기 어렵게 되는 이유이다. 반드시 각종 거두어들여야 할 것들을 이(里) 별로 뽑아내어 작은 글씨로 이름을 나열하여 기록하여 이(里)마다 하나의 책자를 완성하고 맨 첫째 장(張)에는 다음과 같은 전령을 쓴다.

> "신포(身布)를 납부해야 할 사람은 각각 그 이름 밑에 '당납(當納)' 2자 및 '아무 날 납부한다'고 쓰고, 원당신(元當身)[3]이 서명한다. 가난하여 납부할 수 없는 사람은 '빈(貧)'자를 쓰고, 또한 정해진 납부 일을 쓴다. 해마다 족징(族徵)하는 것은 '아무 이(里)에 거주하는 아무개가 수족(首族)으로서 납부한다'고 쓰고, 수족의 이름을 기록한다. 매년 이징(里徵)하는 것은 '이징(里徵)'이라고 쓰고 또한 정해진 날짜를 쓴 뒤, 두두인(頭頭人)[4]

1) 족징(族徵) : 전세(田稅), 군역(軍役), 환곡(還穀) 따위의 부담을 진 사람이 갚지 못할 때에 그의 일족에게 책임을 전가하여 대신 부담시키는 것.
2) 이징(里徵) : 지방 관원이 공금(公金)을 사사로이 썼거나 또는 납세 의무자가 없어졌거나 했을 적에 그것을 그 마을 사람들에게 대신 물리는 일.
3) 원당신(元當身) : 원래 신포를 납부할 사람.

이 이름을 기록한다. 혹은 원래 신포를 담당한 자가 이사 갔을 경우에는 이름 밑에 '아무 촌으로 이사 갔다'고 쓰고, 또한 접주인(接主人)[5]의 이름을 쓰는 것이 마땅하다."

이렇게 책자를 완성하여 기한 전에 반포하고, 정해진 날짜에 납부한 이후 원래 납부할 자인지를 확인한 뒤 그 이름을 지운다. 그 중 가난한 자 및 족징·이징·이사간 자 등을 뽑아 기록하여 수족(首族)·두두인(頭頭人)·이사간 자의 이임(里任)에게 독촉하여 정해진 날짜에 와서 납부하게 하면 간편하여 혼란스러워질 근심이 없어질 것이다.

일족(一族)에게 분담시키는 일을 담당 색리에게 맡겨 두면 안 된다. 여러 차례에 걸쳐서 거듭 징수하는 폐단이 생기기 때문이다. 장부상으로 원래 군포를 내야할 사람에게 전령을 내려, 그의 수족(首族)에게 전하게 한다. 그러면 수족이 그 숫자를 헤아려서 알아서 배분하고 각 이름 밑에 각각 분담할 숫자를 표기하게 한 뒤, 군포를 납부할 때 '분담한 것을 납부한다'고 기록하게 한다. 그리고 수족과 군포를 거두는 일을 맡은 임장 및 담당 이서를 신칙하여 거듭 징수하거나 함부로 징수하는 폐단을 없게 해야 한다.[6]

상납하는 군포(軍布)와 전곡(錢穀)을 모두 담당 이서의 손에 맡게 두어 중간에서 축내게 해서는 안 된다. 별도로 동헌(東軒) 앞에 견고한 곳간을 지어 그때그때 창고에 받아놓는 것이 좋다. 그렇지 않으면 혹은 읍내

4) 두두인(頭頭人) : 상민으로서 힘깨나 쓰며 가장 우두머리가 되는 사람. 두민(頭民). 행정조직이나 군사조직의 정식 직급은 아니지만 일정 집단의 우두머리를 지칭할 때 사용함. 예컨대 향촌의 부세를 책납할 때 또는 공론을 모을 필요가 있을 때 향촌 존위(尊位), 유사(有司), 색장(色掌)과 함께 참가하는 두두인의 경우가 그러함.

5) 접주인(接主人) : 어떤 사람과 주로 접촉하였던 사람. 즉 어떤 혐의를 가진 사람과 자주 접촉을 하거나 그와 친분이 두터웠던 사람.

6) 여기까지는 『목민고』, 「군포수봉법(軍布收捧法)」과 거의 일치한다.

부민(富民)이나 건실한 자를 선택하여 구분하여 봉표(封標)[7]하고 다짐을 받은 뒤 대신 받아들이게 해도 좋다.[8]

대동미나 전세·군포를 봉상(捧上)[9]할 때 감관이나 색리에게 맡겨두지 말고 반드시 몸소 봉상하여야 한다.

중앙 각 관청 소속 노비나 여러 종류의 장인(匠人) 가포(價布)[10]를 거두지 못한 것이 있으면, 비단 해유(解由)[11]에만 문제가 생길 뿐만 아니므로 상급 기관을 받드는 도리도 소홀히 할 수 없으니 깊이 염두에 두고 거행해야 한다. 혹 별장(別將)이나 차인(差人)이 내려오면 촌간(村間)을 왕래하면서 규정 이외로 마구 거두는 일이 끝도 없어서 닭과 개를 잡고 소민(小民)을 못살게 구는 폐단을 낳기도 한다. 그들이 민간에 나와서 왕래하는 일이 없도록 엄하게 막고 관에서 징수하여 납부한다.

---

7) 봉표(封標) : ①능(陵)의 자리를 미리 정하여 봉분을 하고 세운 표. ②벌채(伐採)를 금지하는 경계에 세우는 표. 여기서는 받아들인 물건을 봉하는 표식을 의미하는 것 같다.

8) 이 문단이 『목민고』에는 「이정보초(里定報草)」의 맨 끝에 들어 있다.

9) 봉상(捧上) : 상급 기관에 조세를 납부하는 것.

10) 가포(價布) : 일정한 신역(身役)을 치러야 할 사람이 출역(出役)하지 아니하고 그 역(役)의 대가로 바치는 포목.

11) 해유(解由) : 관아의 물품을 관장하던 관원이 교체될 때에 후임자에게 회계·물품 출납 등에 대한 사무를 인계하고 호조에 보고하여 책임을 면하는 일. 『비변사등록(備邊司謄錄)』 숙종 28년(1702) 임오 9월 17일 「해유규식증손별단(解由規式增損別單)」 참조.

이(里)에서의 군역을 대정하는 것에 관한 절목[里定節目][1]

각 방(坊)의 이(里)마다 민호(民戶)·소명(小名)을 벌여 적고, '이상 ○호(戶) 내 남정(男丁)이 ○명'이라 하여 한 권의 책으로 만든 뒤, 관에서 도장을 찍어 이(里)에 두도록 한다.

각종 군병은 종류를 나누어 기록하여, 1건은 궤짝에 담아 관에서 봉인을 찍은 뒤 규찰관의 집에 두며, 1건은 이(里)에 둔다.[2]

각 이(里)에서 내력이 분명한 사족(士族) 외, 멋대로 유학(幼學)[3]이라고 하는 자들은 60~70년[4] 정도 호적을 거슬러 올라가 살핀 뒤, 만약 이 사람이 군보(軍保)[5]의 자손일 경우에는 멋대로 유학이라고 한 것을 지워버

---

1) 이 항목은 『목민고』의 「이정절목(里定節目)」과 「한정물침식(閑丁勿侵式)」이 합해져 있고, 『목민고』의 「이정절목(里定節目)」 안에 들어 있던 속오군 관련 내용은 「속오(束伍)」 항목으로 분리되었다.

2) 이 문단은 법제처본에는 누락되었다. 원문은 "每各色軍兵 失铁書錄 櫃藏官封 糾察官家置之 一件出置里中事"라고 되어 있으나, 『임관정요』의 「이정절목」에서는 "每各色軍兵 分秩書錄 一件櫃藏官封 糾察官家置之 一件出置里中事"라 하였다. 『임관정요』를 따라 번역한다.

3) 유학(幼學) : 사족(士族)으로서 아직 벼슬하지 않는 사람의 호칭. 조선후기에는 상민 가운데 멋대로 유학을 칭하면서[冒稱幼學] 군역을 면하려고 하여 문제가 되었다.

4) 『목민고』는 6~7년이나 『임관정요』는 본문과 같이 60~70여 년이다.

리고 한정(閑丁)으로 치부(置簿)해 두도록 한다.

이(里) 마다 근실한 상민 가운데 일에 밝은 자가 있으면 한 사람을 택하여 유사(有司)로 차출한다.

이민(里民) 가운데 무거운 역을 피하고 가벼운 역을 얻고자 다른 고을의 군역으로 옮겨간 자는 이(里) 내에서 일일이 관에 보고하여 각별히 무겁게 다스린 뒤 고된 역에 배정하고, 이 내의 요역을 그가 담당하도록 하여 다른 지역으로 옮겨 가는 폐단을 막는다.

각종 원군병(元軍兵) 및 금위영·어영청의 마병(馬兵)·보군(步軍)의 호수(戶首)에 딸린 자보(資保)[6]를 대정(代定)하는 일도 이(里)에서 모두 거행하여 호수 등이 어지럽게 난리를 피우는 폐단을 없앤다.

이(里)마다 영향력이 있고 일에 밝은 향인(鄕人)을 규찰관(糾察官)으로 삼아 그로 하여금 두두인을 검찰하게 하여 두두인(頭頭人)[7]이 마음대로 사적인 일을 하지 못하게 한다. 규찰관은 두두인의 불법적인 일만 검찰할 뿐, 한정(閑丁)의 명단을 바치는 일 등의 일에 대해서는 일체 간여하지 못하게 한다.

각종 군병 가운데 죽은 자[物故]가 있으면 죽은 자가 살았던 이(里)의 두두인(頭頭人)들이 같이 검시하도록 하고, 이에 대한 규찰관(糾察官)[8]과

---

5) 군보(軍保) : 조선시대 군역 의무자로서 현역에 나가는 대신 정군(正軍)을 지원하기 위해 편성된 신역(身役)의 단위. 조선시대 양인으로 16~60세의 정남(丁男)은 모두 군역의 의무가 있었지만 실제로는 군역에 징발된 정군과 이를 경제적으로 보조하기 위한 보(保)가 편성되었다.

6) 자보(資保) : 보포(保布)를 내어 실역에 복무하는 군정(軍丁)을 돕는 보인(保人).

7) 두두인(頭頭人) : 상민으로서 힘깨나 쓰며 가장 우두머리가 되는 사람. 두민(頭民). 행정조직이나 군사조직의 정식 직급은 아니지만 일정 집단의 우두머리를 지칭할 때 사용함. 예컨대 향촌의 부세를 책납할 때 또는 공론을 모을 필요가 있을 때 향촌 존위(尊位), 유사(有司), 색장(色掌)과 함께 참가하는 두두인의 경우가 그러함.

8) 규찰관(糾察官) : 풍기(風紀)·금법(禁法) 등을 규찰하는 직임. 수령이 향인 가운데 선정하였다.

풍헌(風憲)의 보장(報狀)[9])을 받는다. 이들은 검시한 여러 사람들과 같이 관으로 들어와 '이웃사람들이 하는 증언'을 같이 행하여 조사를 마친 뒤 입안(立案)[10])을 만든다.

죽은 자에 대한 입안이 만들어지면 그 날 바로 관장이 눈으로 볼 수 있는 곳에서 잡인들을 내쫓고 두두인들을 마당 가운데 열 지어 앉힌다. 그 앞에 밀봉한 통을 놓고는 두두인 등이 각각 한정(閑丁) 1명씩을 적어 밀봉한 통에 넣게 한다. 관장 앞에서 개봉한 뒤 그 사람을 즉각 데려와 조사한다. 그 후 이(里)에 있는 도안(都案)[11])과 관에 있는 사정책(査正冊)에 표를 붙이고 관에서 서명 날인하거나 수결(手決)한다. 부표한 종이 위에 좌수(座首)가 서명하고 군무도감(軍務都監)이 서명하여, 이리 저리 뒤바꾸거나 뇌물을 받고 농간을 부리는 폐단이 일어나지 않도록 한다.

죽은 자에 대한 검시 방법은 매우 허술하다. 풍약(風約)[12]) 등이 아무개가 죽었다고 보고하면 관가에서 감색(監色)을 정하여 거짓인지 아닌지를 가리도록 하는데, 감색이 현장이 나가지도 않을 뿐만 아니라 비록 나간다 하더라도 한 초빈(草殯)[13])을 가리키며 그 무덤이라고 하고는 돈을 주면 감색이 돌아와 진짜 죽었다고 보고하니, 관가에서 무엇을 근거로 그 진위를

---

9) 보장(報狀) : 어떤 사실을 알리기 위하여 보고하는 공문.

10) 입안(立案) : 조선시대 관부(官府)에서 개인의 청원에 따라 발급하는 문서. 개인의 청원에 따라 매매·양도·결송(決訟)·입후(立後) 등의 사실을 관(官)에서 확인하고, 이를 인증해 주기 위해 발급하는 문서이다. 예를 들면, 토지·가옥·노비나 그 밖의 재산의 매매·양도 등의 사유가 발생했을 때 취득자가 관에 입안을 신청하면 관에서는 재주(財主)와 증인·필집(筆執), 또는 관계인의 진술을 받아 확인한 다음 입안을 만들어 주었다.

11) 도안(都案) : 정기적으로 몇 해에 한 번씩 군사적인 범위에서 각종 군사들을 조사하여 만드는 군안(軍案).

12) 풍약(風約) : 풍헌과 약정. 면이나 이(里)의 직임.

13) 초빈(草殯) : 어떠한 사정으로 장사를 지내지 못하고 송장을 방 안에 둘 수 없는 경우에, 한데나 의짓간에 관을 놓고 이엉 같은 것으로 그 위를 이어서 눈, 비를 가리게 하는 일.

가릴 수 있겠는가?

이후로는 사람이 죽었다는 보장(報狀)이 이(里)[14]에서 들어오면 관가는 바로 감색을 그 면으로 파견하여 그 죽은 자의 가족, 삼절린(三切隣) 및 그 이(里)의 호적감고(戶籍監考)·이정(里正)·통수 등과 함께 검시하도록 한다. 그 뒤에 감색이 검시한 사람들을 데리고 관아의 마당에 들어오거든 관가에서 모든 사람들에게 밀봉한 통을 돌려 한정(閑丁)의 이름을 적어 바치게 하고 곧 관장이 개봉한다. 이름이 오른 한정을 즉각 데려다가 조사한 뒤 그 한정에게 다시 검시하게 한다.

혹 살아 있는 자를 죽었다고 한 사실이 밝혀지면, 그 한정에게는 '양역을 부과하지 마라'라는 완문(完文)[15]을 발급하여 주고 애초 검시하였던 사람은 모두 형추(刑推)[16]한다. 그런 뒤 감색의 자식을 우선 군역에 충정(充定)하고 그 나머지 이정(里正) 등은 역이 없으면 충정하고 양역을 부담하고 있는 자는 속오군을 겸하여 지도록 한다.

각 군병의 노제(老除)[17]·도망자·사망자[逃故][18]를 대정(代定)하는 것을 세초(歲抄)[19]라 한다. 연말이 되면 환자와 신포 등 각종 바치는 일, 전정(田政)의 마무리 등으로 관가와 민간이 매우 바빠 눈코 뜰 새가 없는데도 어찌할 도리 없이 (세초를) 서둘러 마쳐야 한다. 그래서 관가에서는 미처 살피지 못하고 민간에서도 호소할 수 없어서 여러 가지의 폐단이 이 때문에 많이

---

14) 『목민고』와 『임관정요』는 '面'으로 되어 있다.

15) 완문(完文) : 관부(官府)에서 향교·서원·결사(結社)·촌(村)·개인 등에게 발급하는 문서. 어떠한 사실의 확인 또는 권리나 특권의 인정을 위한 확인서, 인정서의 성격을 가진다. 완문은 관부에서 일방적으로 발급하는 경우도 있었으나, 대개는 당사자 또는 관계단체의 진정 또는 청원에 의하여 발급하였다.

16) 형추(刑推) : 죄인에게 형장을 가하여 추문함. 신문(訊問).

17) 노제(老除) : 군역을 진 사람이 나이가 차서 그 군역을 면제받는 경우를 말함.

18) 도고(逃故) : 도망자와 물고자.

19) 세초(歲抄) : 군인 중 사망·도망·질병자를 조사하여 6월과 12월에 군병 또는 군보(軍保)의 결원을 보충하던 제도.

일어난다. 도망자·노제자·사망자 등 응당 빠져야 할 무리에 대해서는 풍헌·규찰관·두두인이 한 장소에 회동하여 명부를 정리하는데, 반드시 김매기가 끝나고 추수가 시작되기 전인 7·8월경에 수정하여 책자를 완성·납부한다.

사망자에 대한 입안이 허위로 이루어지는 경우가 많다. 법률이 엄중하여 만약 폭로되는 경우에는 풍헌·약정·규찰관·두두인을 법률에 의거하여 무겁게 벌주고 결코 용서하지 않으니, 허위를 저지르지 않도록 엄격히 규정을 적용한다.

도망자는 10년의 기한이 찰 경우 정부에서 대정(代定)을 허용한다. 이른바 도망자라고 하는 사람 중에는 이웃 고을에 자리 잡고는 친족에게 신포를 마련해 주면서[20] 10년의 시한이 차기를 기다리는 자도 있고, 혹 잠시 다른 고을에 도피해 있으면서 사태를 관망하는 자도 많이 있으니 도망했다는 것을 모두 믿고 들어줘서는 안 된다. 두두인·규찰관에게 책임을 전적으로 맡겨 도망자를 찾아내도록 하고 끝내 그 간 곳을 알아내지 못하면 10년 동안 이징(里徵)한다.

노제(老除)의 경우, 도안(都案) 상의 정년을 다 채웠다고 말하지만 두발이 하얗게 쇠지 아니한 자가 더러 있다. 이는 처음 조사할 때 나이를 많이 속였기 때문이다. 강보에 싸인 어린 아이를 강제로 충정하기 보다는 등짐 잘 지고 괭이질 잘 하는 노쇠하지 않은 사람을 그대로 두는 것이 좋다. 이른바 노제 성책(老除成冊)이 들어오는 날에는 두두인이 노제자를 모두 데리고 오도록 하여 관장이 몸소 살피도록 한다. 간혹 허위로 명단을 올린 경우가 없지 않으므로, 장적 및 각종 증빙문서를 앞에 두고 이름순으로 하나하나 그들에게 따져 물어, 이름을 바꿔 올리는 부정을 방지하여야 한다.

도망자·노제자·사망자 가운데는 공문을 허위로 받아 끝내 대정(代定)하

20) 족징(族徵)을 하므로 도망자가 이같이 친족에게 신포를 마련하여 주었다.

도록 한 경우가 있다. 새로 대정한 사람으로 하여금 조사하여 허위사실을 관가에 고발하게 하면 그 새로 대정한 사람에게는 '10년 동안 군역을 부과하지 마라[限十年勿侵軍役]'는 완문(完文)을 발급하거나 본인이 스스로 원하면 가벼운 역에 충정한다.

초안을 사정(查正)하여 장부에 기록한 뒤, 앞서 역을 진 사람에게 아무개가 그 대신으로 들어온 것을 명확히 알게 하고 새로 역을 지는 사람에게는 아무개 대신으로 들어온 것을 명확히 알게 한 뒤에야 포를 거둘 때 양쪽으로 책임을 지우는 일이 생기지 않을 것이며, 또 농간을 부려 바꿔 충정하는 일이 없게 될 것이다. 그러므로 반드시 풍헌·약정 및 이전에 역을 진 사람과 새로 역을 질 두 사람이 같이 모여 확인하고 서명한 기록을 감봉(監封)[21]하여 들여보내도록 한다.

각 군문에서 사정(查正) 및 세초가 결정되어 내려온 뒤에는 즉각 전령하여야 한다. 이때 이름과 직역을 상세히 기록하여 보내도록 하여 이전에 역을 진 사람과 새로 역을 진 사람이 면제와 대정(代定)한 사실을 명확히 알게 하여 중간에 농간을 부리는 폐단을 방지하도록 한다.

이(里)에서 대정하는 법은 수사하고 붙잡아 들이는 번거로움이 없게 하고, 숨기고 누락하는 일을 방지하며, 농간을 부리려는 단서를 끊으려는 데에 목적이 있다. 법이 오래되면 폐단이 생기니, 떠돌며 걸식하는 의탁할 데 없는 사람의 이름을 빌어 짐짓 숫자만 채우는 일이 없지 않다. 한정의 명단을 바칠 때에는 반드시 10년 간 호적에 든 사실과 전답의 경작 사실을 명부에서 살펴, 토지 없이 남의 집에 붙어사는 사람의 이름을 빌려 충정하는 일이 없도록 해야 할 것이다.

이(里)에서 대정한 뒤[22] 도망자가 발생한 경우에 규찰관이 관가에 보고한

21) 감봉(監封) : 내용(內容)을 감사(監査)하여 봉하고 도장을 찍음.

22) 본문은 '里定之法'이나 『목민고』와 『임관정요』에는 '里定之後'로 되어 있어 이를 따랐다.

뒤에 이에 사는 근실한 사람을 차사(差使)[23]로 정하고 도망자의 주호(主戶)[24] 및 그의 일족(一族)을 방문하여 그가 돌아오길 독려하도록 한다. 끝내 그의 행방을 알 수 없으면 다른 곳에 살고 있는 일족에게 책임을 지우지 말고, 이(里)에서 균등하게 나누어 바치도록 한다. (이징(里徵)에 관한 법은 본래 조가(朝家)의 규정은 아니다. 만약 시행하려 한다면 마땅히 순영(巡營)에 보고하여야 한다.)

만약 진짜 도망한 자와 오래 전에 죽은 사람이 있음에도 불구하고 대정하지 않았거나 또 대정하기 적합한 한정이 있음에도 일부러 숨기고 누락시켜 거론하지 아니함으로 해서 이징(里徵)하게 하는 폐단을 일으켰다면 규찰관은 두두인의 죄상을 낱낱이 열거하여 관가에 즉시 보고한다. 규찰관이 사사로운 정리에 얽매어 즉시 보고하지 않을 경우, 대소 민인들이 한 목소리로 그를 관에 고발하도록 하고 죄를 다스려 이징의 폐해를 제거하도록 한다.

본리(本里)에서 명단을 올린 한정을 군무도감 및 담당 이서가 다른 면으로 이정(移定)하고 뇌물을 받고 생색을 내려고 하는 경우에는, 이들을 군정(軍丁)을 농간한 죄목으로 법에 의거하여[25] 처벌한다. 본리의 사민(士民)은 공동으로 호소하며 목숨 걸고 싸운다.

---

23) 차사(差使) : 차사원을 통칭하는 말. 차사원은 각종 특수임무의 수행을 위하여 임시로 차출, 임명되는 관원으로, 정3품 이하의 당하관 중에서 임명되었다. 중앙정부에서 지방으로 파견되는 경우와 각도에서 중앙으로 보내는 경우의 두 종류가 있었다.

24) 주호(主戶) : 호주(戶主)를 가리킨다.

25) 『대전통편(大典通編)』 권4, 병전(兵典), 「면역(免役)」, "위법(違法)으로 제군(除軍)[除隊]하게 한 경우에는 논죄(論罪)한다. 7인 이상이면 수령(守令)을 파직하고 5인 이상이면 그의 자급(資級)을 강등하며 4인 이하이면 장(杖)80에 처하며 1인 이상이면 색리(色吏)를 장(杖)100 도(徒)3년에 처한다. 부실(富實)한 군정(軍丁)을 아전(衙前)으로 바꾸어 정한 경우 및 군적(軍籍)에 등록된[案付] 군정(軍丁)을 향리(鄕吏)나 고공(雇工)으로 (취급하여) 시행한 경우에는 위법(違法)으로 제군(除軍)하게 된 예(例)에 따라 논죄(論罪)한다."

부정하게 농간을 부려 이정(移定)하게 해 준 담당 이서는 곧 그가 이정하여 준 자를 대신해 우선 강정(降定)[26]하여 이정하는 폐단을 엄격히 방지하도록 한다. 농간을 부린 감관이 출신(出身)[27]인 경우에는 그 아들·사위·동생·조카 등 가까운 친속을 본리(本里)의 문제된 군역에 강정(降定)시킨다.

한 집에서 4, 5명의 부자(父子)가 군역을 질 경우, 한 사람은 사목(事目)에 의거 대정(待丁)으로 허락한다. 그러나 형제가 한 집에서 생활한다고 이를 경우에는 들어주지 않는다. 10세 전 어린이에게 군역을 부과하지 않으며, 전토가 없는 걸인으로서 작문(作文)[28]에 들어있는 자는 부과하지 않는다.

각종 가벼운 역을 얻어낸 자는 관장이 부임한 이후에는 그것에 관한 공문(公文)을 보내지 않는다. 혹 발급 연도를 뒤로 하여 공문을 얻으려 하는 자는 공문을 위조한 자를 처벌하는 법률에 의거하여 관찰사에게 보고하여 형추하도록 한다.

---

26) 강정(降定) : 현 직품을 강등시켜 군역으로 충정함. 징계방법의 하나.
27) 출신(出身) : 문무과에 합격하고 아직 벼슬에 나아가지 않은 사람.
28) 작문(作文) : 관의 양안 호적 등의 서류를 가리키는 이두 말.

이정법 시행에 관한 보고서 초안[里定報草][1]

이(里)에서 군역을 대정하는 법[里定法]은 곧 조정의 아름다운 제도이다. 민의 소란스러운 원성이 없게 만들고, 이서가 농간을 피우는 폐단을 없애는 것으로 이보다 좋은 제도는 없으니 여러 읍의 수령들은 두려워하는 마음으로 거행해야 할 것이다.

최근 민의 고질적인 폐해로 양역(良役)이 가장 심하다. 본현(本縣)의 사례를 들어 말한다면 여러 명목의 양역을 지는 군인은 불과 몇 명밖에 안 되고, 호적 가운데의 양호(良戶) 역시 몇 호에 불과하니, 얼마 안 되는 몇 호에서 몇 호의 한정(閑丁)[2]을 책임지고 차출하는 것은 실로 감당할 길이 없다. 비록 양역을 감당할 만한 민일지라도 먹고 살만하고 흑립(黑笠)[3]을 쓰고 다니는 자라면 누구나 거짓 명목을 만들어 백방으로 면제되려 한다. 그리하여 도망가거나 사망한 지 오래된 사람에 대해서 다시 인징(隣徵)과 족징(族徵)을 피할 수 없게 되어 마침내 빠진 자를 대정하는 일이 제대로 이루어지지 못하는 것은 모두 이 때문이다.

---

1) 이것은 이정법(里定法) 시행과 관련하여 수령이 감사에게 보고하는 보고서 초안이다. 『목민고』, 「이정보초(里定報草)」와 비교해 보면 그 분량이 대폭 늘어난 것을 알 수 있다.

2) 한정(閑丁) : 나이 15세부터 60세 사이의 장정으로 국역에 나가지 않는 사람.

3) 흑립(黑笠) : 검은 빛깔의 갓. 곧 옷칠한 갓을 이른다.

본 현감(縣監)이 먼저 이 같은 폐단에 유념하여 각종 양군(良軍)의 도안(都案)[4] 중 과거 10년 동안의 도망자와 사망자 가운데 이미 탈(頉)이 난 자를 빠짐없이 찾아냈더니, 도망친 자는 다시 돌아오고, 죽은 자도 살아나서 과연 실질적인 한정(閑丁) 몇 백 명을 얻게 되었다. 그리고 다시 각 군(軍)에서 실제로 도망하거나 사망한 자와 오래 전부터 내려온 면징(面徵)·이징(里徵) 숫자를 조사하니 또한 몇 백여[5] 명에 이르렀다. 이에 새로 찾아낸 한정으로 면징·이징자를 대정(代定)하였더니 대신 채워진 자들도 감히 한 마디도 원망과 비방을 늘어놓지 못하여, 수십 년 된 면징·이징을 빼줄 수 있었다.

그런데 금년 세초(歲抄)[6]를 당해서는 있는 힘을 다했지만[7] 어떻게 손 쓸 수 없는 상황에 이르게 되었는데, 감영의 관문[營關]이 도착하여 그 내용을 읽어보니 수십 행에 달하는 지침과 가르침에 실로 백가지 간특한 속임을 타파한 것이었다. 여러 차례 받들어 읽어보고 깨닫지 못하는 사이에 경탄해 마지않게 되었다. 만약 이 법을 시행하면 첨정(簽丁)[8]의 소란스러움과 간사한 이서의 교묘한 못된 농간이 제거될 것이며, 진짜 도망하여 탈이 난 자를 대정할 수 있을 것이다. 어찌 백성에게 큰 행복이 아니겠는가. 지금부터는 이 감영 관문의 뜻을 민간에 널리 알려 규율로 삼을 것이라고 생각하였다.

---

4) 도안(都案) : 정기적으로 몇 해에 한 번씩 각종 군사들을 조사하여 만드는 군안(軍案). 이를 근거로 결원을 보충하거나 보포를 징수하였음.

5) 본문은 '二百餘名'이나 법제처본은 '幾百餘名'이다. 법제처본을 따른다.

6) 세초(歲抄) : 해마다 유월과 섣달에 군병(軍兵)의 결원(缺員)을 보충하던 일. 매년 6월과 12월에 사망 또는 도망하거나 질병에 걸린 군병(軍兵)을 보충하는 것.

7) 검려지기(黔驢之技) : 사람의 졸렬한 기능의 비유. 어떤 사람이 나귀를 타고 검주(黔州)를 지나는데 호랑이가 처음 보는 나귀를 두려워하였다. 하지만 이후 호랑이가 나귀가 발길질하는 재주 외에는 무서워할 대상이 아님을 알고 마침내 나귀를 물어 죽였다는 고사에서 유래함.

8) 첨정(簽丁) : 장정을 군적에 올려 기록함. 또는 그 장정. 군정에 결원이 생겼을 때 대신할 자를 정하는 것.

그렇지만 만약 존위(尊位)[9]와 풍헌(風憲),[10] 약정(約正)[11]의 무리들에게 이정법(里定法)을 제멋대로[12] 실행하게 하면, 조종(操縱)하고 수뢰(受賂)하는 근심이 생길 뿐만 아니라 혹 거지로서 의지할 곳이 없는 사람으로 빠진 인원을 메울 염려가 있다. 또 청산(靑山)·녹수(綠水)와 같은 가짜 이름으로 초사(招辭)[13]를 바치고 그 군포는 이(里) 가운데에 분배하여 민의 전곡을 함부로 거두어들이는 폐단이 없지 않을 것이다. 현감의 천박한 견식으로 별도의 과조(科條)를 세워서 첩보(牒報) 뒤에 붙이니 사또께서는 이를 살피신 후에 이 중에 뺄 것은 빼고 남길 것은 남겨서 정식(定式)으로 삼아 시행하여 간사한 이서와 풍헌, 약정의 무리가 농간을 부릴 여지를 주지 말아야 할 것이다. (사망자를 검사하는 법은 위의 법을 따른다.[14])

각 면(面)에 한정이 있고 없음은 그 이(里)의 풍헌과 약정, 호적감고(戶籍監考)[15]가 모를 리가 없다. 그러나 이들을 일일이 불러다가 관장(官長) 앞에서 직접 힐문(詰問)하여 만약 사실대로 말하지 않으면 각별히 엄한 형벌을 내려 기필코 찾아내게 한다.

면 가운데 실제 한정을 감당할 자가 있음에도 풍헌·약정과 이정(里正)의 무리가 이웃 사람들에게 미움을 사지 않으려고, 혹은 관가의 책임추궁을 면하려고 떠돌아다니는 거지를 데리고 와서 초사(招辭)를 올리거나 혹은

---

9) 존위(尊位) : 이(里) 또는 동(洞)의 어른이 되는 사람을 높여서 이르는 말.

10) 풍헌(風憲) : 풍기를 바로잡고, 관리의 정사(正邪) 청탁을 감찰 규탄하는 면이나 이(里)의 직임.

11) 약정(約正) : 조선왕조 때 향약 단체의 임원. 도약정(都約正)과 부약정(副約正)이 있었음. 풍속과 기강, 상부 상조 등에 관한 일을 맡고, 수령이 향약을 실시할 때는 보조 실무의 구실을 하기도 함.

12) 본문은 '統行里定之法'이나 『임관정요』의 '泛行里定之法'을 따랐다.

13) 초사(招辭) : 죄인이 범죄 사실을 진술하는 말.

14) 여기의 '上法'은 앞의 「이정절목(里定節目)」을 말한다.

15) 호적감고(戶籍監考) : 호적을 작성하기 위해 수령이 민서(民庶) 가운데 차출한 사람.

거짓 이름을 써서 대정하고 그 군포를 이(里) 중에서 거두어서 납부하기도 하는 폐단이 으레 있다. 풍헌과 약정이 보고한 한정을 붙잡아와 사실을 확인한 후 그 가옥의 크기와 전답(田畓)의 유무(有無)를 물어 과연 이 자가 전답도 집도 없는 사람이라면 채워 넣지 말고, 그 풍헌과 약정의 무리들에게 엄중한 형을 가하여 채워 넣을 자의 명단을 다시 올리게 한다.

한정(閑丁)에서 벗어나려는 부류는 비록 군보(軍保)[16]의 자손이라도 반드시 유학(幼學)[17]이라 칭한다. 이 무리는 각별히 조사하여 추려내 군역에 채워 넣어야 할 것이다. 선현(先賢)의 후예라면 이미 조정에서 대수(代數)를 한정하여 채워 넣으라는 법령이 있으니[18] 조정의 법령에 따라 군역에 채워 넣으며, 그 중 문무(文武) 가운데 한 가지라도 기예에 능통한 자는 군역을 면제해 준다.

풍헌과 약정이 보고한 한정을 관가에서 심문하여 확인할 때 어떤 사람을 대정하였다고 상세히 기록해 두었다가 만일 한정으로 정해진 사람이 세초하여 수정할 때 담당 색리에게 뇌물을 주어 가볍고 무거운 역을 바꿔 정한 사실이 드러나면 영문(營門)에 보고하지 않고 즉시 엄중한 형벌에 처한다.[19]

물고시장판(物故屍帳板)[20]은 물고시장을 찍어내는데 쓰고, 이유가 있어서 반납할 것이 아니면 종이로 싸서 견고하게 봉하여 도장을 찍어서 창고에 보관한다.[21]

---

16) 군보(軍保) : 병역에 복무하지 아니하고 보포(保布)를 바치는 장정.

17) 유학(幼學) : 사족(士族)으로서 아직 벼슬하지 않는 사람의 호칭. 조선후기에는 상민 가운데 멋대로 유학을 칭하면서[冒稱幼學] 군역을 면하려고 하여 문제가 되었다.

18) 『대전통편(大典通編)』 권4, 병전(兵典) 「면역(免役)」 참조.

19) 여기까지가 『목민고』에 있는 「이정보초(里定報草)」와 겹친다.

20) 물고시장판(物故屍帳板) : 사망 증명서 양식을 찍어 내는 목판.

21) 『임관정요』의 「이정보초(里定報草)」는 여기까지가 겹친다.

양역을 둘러싼 이징(里徵)과 족징(族徵)의 폐단은 지금 나라가 망하는 근본이다. 만약 이러한 근심을 조금이라도 덜 수 있다면 한 고을은 한 고을의 효과가 있고, 일로(一路)는 일로의 효과가 있어서 나라에 보탬이 됨이 이보다 나은 것이 없을 것이다. 그 폐단은 다섯 가지가 있다. 첫째, 사망자와 도망자에 대해서 그 친척과 이웃으로 하여금 몰래 후보자를 올려서 대정하게 하는 것. 둘째, 사망증명서를 즉각 작성하여 제출하지 않는 것. 셋째, 법에 도망자를 10년 안에 대신 채워 넣지 못하게 하는 것. 넷째, 간특한 민이 거짓으로 죽었다고 하고 거짓으로 도망갔다고 하는 것. 다섯째, 관리가 조종하고 속이고, 토색질 하고 벗겨 먹는 것이다.[22]

이웃이나 친족에게 대신할 후보자를 올리게 하는 폐단은 다음과 같다. 촌민이 매우 가난하여 애초부터 대신할 사람을 정해 올리지 못해 추궁과 착취를 감내하다가 죽음에 이르러서도 채워 넣지 못하는 자들이 매우 많다. 망납한 자도 원망을 얻을까 우려하여 먼 곳에 사는 사람과 명단을 바꾸어 내는 것도 빈번하여 이미 허소(虛疎)해진 것이 많다. 또한 묵은 감정 때문에 고의로 서로 해치기도 한다. 이와 같은 일로 인해 허명(虛名)과 첩역(疊役),[23] 아약(兒弱)[24]과 사족 등이 섞여 있어서 아무리 열심히 찾고, 매를 때려도 한갓 망극한 폐해만 끼치고 실제로 장정을 얻어 충정하는 일은 너무나 적다. 혹은 조사를 잘 하지 못하여 허실이 서로 섞이거나, 혹 억울한 사정을 알면서도 강제로 채워 넣는 사람 또한 이루 말할 수 없을 정도로 많다. 오래 전에 빠진 인원을 채워 넣지 못한 자도 이미 많은 데다가 새로 채워 넣은 장정이 부실하여 이어서 빠지는 일도 많이 발생하였다. 이 같은 상황이 점점 누적되어 이웃과 족속을 침징하여 마침내

22) 이 문단 이하는 『목민고』, 「양역(良役)」과 거의 일치한다.

23) 첩역(疊役) : 신역(身役) 부담자 한 사람이 동시에 두 가지 이상의 신역을 수행하는 것.

24) 아약(兒弱) : 14세 이하의 어린 아이를 가리킴.

한 사람이 열 사람의 포를 내고, 한 집이 열 집의 역을 부담하기에 이르렀다. 그래서 부유하고 넉넉한 민호가 피폐해져 종종 백 호나 되는 큰 촌락이 5~6년 사이에 텅 비게 되는 경우가 있다. 민의 곤궁함이 이 지경에 이르렀으니 나라가 지탱될 수 있겠는가. 말하자니 통탄스럽다.

근래 들어 조금 나은 관리는 그 규정을 약간 변화시켜 혹은 호적을 참고하여 빠져나간 양정을 찾아내거나 혹 한정을 강제로 바치게 하는데, 관속 혹은 이서들 중 기왕의 세초를 맡은 자에게 이들이 숨긴 실정(實丁)을 써서 내게 하거나 혹은 다른 임시변통의 수단을 써서 얻어낸다. 그러나 이는 모두 작은 술수이니 큰 이익을 얻을 수 없다. 또한 당해 년도에만 사용할 수 있을 뿐이고 다시 시행할 수는 없기 때문에 선정(善政)이라 할 수 없다. 오직 본 이(里)에서 대신 채워 넣는 것이 최선의 방법이다.

대개 양정(良丁)은 속오(束伍)에 비하면 얻기가 어렵고, 이미 그것을 통내에 책임지울 수도 없다.[25] 그렇다고 해서 면(面)으로 하여금 후보자를 보고하여 내도록 하면 면이 넓어서 취사(取捨)를 조정하는 과정에서 간사한 폐단이 발생할 것이다. 이(里)에서 발생한 도망·사망자를 이(里) 안에서 책임지고 대신할 장정을 내어 직접 데리고 나타나게 해서 채워 넣는 것이 편리하다.

직임을 맡은 사람들이 많으면 폐단이 생긴다. 면임은 각 이(里)의 누락된 장정을 모두 알 수 없고, 한 사람의 능력으로 두루 파악하기도 어려우니 그만 두게 하고, 각 이(里)의 하유사(下有司)에게 맡겨 각 이(里)마다 도망하거나 사망자가 생기면 곧 하유사가 이(里) 가운데 나이가 11세 이상의 한정을 거느리고 나타나 용모파기(容貌疤記)[26]를 올려 채워 넣게 한다.

---

25) 본문은 '盖良丁此束伍 則雖得 旣不可責之於統內'이나 법제처본은 '盖良丁比束伍 則難得 旣不可責之於統內'로 되어 있는데, 법제처본을 따른다.

26) 용모파기(容貌疤記) : 어떤 사람을 잡거난 신원을 확인하기 위해 그 사람의 용모의 특징을 기록한 것.

이(里) 가운데 한정이 많을 경우 나이 순서에 따라 거느리고 나타나 채워 넣는 것을 일정한 규식으로 삼아 서로 미루는 폐단을 근절한다. 이(里) 가운데 한정이 전혀 없으면 엄중히 힐책하고 드러나면 각별히 무겁게 추궁하겠다는 뜻으로 따로 초사를 받은 뒤에 가장 가까운 이웃 이(里)에서 색출하되, 본 이(里)의 법과 같이 한다.

만약 이처럼 할 수 없다면 또 그 이웃 이(里)에 차례로 미쳐 마치 '속오에서 옆 통으로 옮기는 법'과 같이 한다. 다만 통에는 원래 정해진 차례가 있지만 이(里)에는 없으므로 사방 근처 촌(村)들이 반드시 서로 미룰 것이다. 장차 면내(面內) 각 이(里)를 가까운 곳에서부터 '1·2·3·4'로 순서를 정하여 통(統)의 규칙과 같이 시행한다. 또 이 면(面)의 처음이 저 면의 끝에 접하게 하여 돌아가며 고리처럼 이어지게 하는데 이와 같은 방식으로 서로 미치게 하는 것이 마땅하다.

향리(鄉里)에는 한정(閑丁)이 헐역(歇役)에 투속한 자가 많고, 이외에도 장성했는데도 이유 없이 한정인 자들도 많으니[27] 이들을 찾아내는 대책이 없음을 근심하였다. 그러나 지금 이 법을 시행하면 찾아내기를 기다릴 것 없이, 궐원(闕員)이 생기면 바로 대정할 수 있으니 어찌 묘책이 아니겠는가. 이(里) 가운데 한정은 이임이 잘 알 것이니 때에 닥쳐서 찾아오라는 관의 명령을 기다리지 않고 즉시 거느리고 나타나야 할 것이다. 한결같이 나이 순서에 따른다면 선후가 정해져서 시샘하여 싸우는 일이 근절될 것이며, 세력 있는 자들의 기대감이 사라져서 다시는 면역을 도모하지 못할 것이다.

가령 본리(本里)의 속이고 숨기는 것을 근처 이(里)에 미치게 한다면 시샘이 일어나는 것도 또한 속오와 차이가 없을 것이므로 처음 발각된 자를 통렬하게 징계하면 뒤에는 감히 다시 그렇게 하지 못할 것이다.

---

27) 『목민고』에는 이 문장이 작은 주로 처리되어 있고, 그 앞에 '居鄉習知之閑丁甚多'라는 문장이 있다.

본리로부터 채워서 보충하며 이임에게 거느리고 나타나게 하면 사리가 이미 정치의 체통에 맞고 또한 망납의 어려움과 쫓아가서 잡아오는 수고로움,[28] 조사하고 매를 때리는 참상, 거짓과 실상이 서로 뒤섞이는 근심, 남거나 모자라는 것이 쌓이는 폐단이 한꺼번에 제거되어서 다시는 남는 폐단이 없을 것이며 거짓으로 죽거나 허위로 도망가는 간계도 다시는 용납되지 않을 것이다. 한 이(里)에 동거하는 자가 누가 그 거짓으로 죽거나 도망가는 것을 용인하고, 그 역을 즐겨 대신하려 하는 자가 있겠는가. 구구절절이 편리하고 좋기 때문에 영구히 시행하는 데에 의심을 품지 말아야 할 것이다. 2백 년간의 고질병이자 나라를 해치는 근본이 되는 것을 하루아침에 풀어주는데 어찌 이만한 대사업이 있겠는가.

이미 호포(戶布)[29]와 구전(口錢)[30]을 시행하지 못하는 상황에서 이 제도는 소변통(小變通)을 위한 최선책인데 세상 사람들이 소홀히 여겨 살피지

---

28) 본문의 "藉令本里欺隱 次及傍里 則其(相倩)捉之勞"에서 괄호 안의 두 글자는 오자이다. 『목민고』에 의하면 괄호 안에는 "猜發亦必與束伍無異 初發者痛懲 則後不敢復然矣. 自本里充補 使里任率現 事理旣當政體 又得望納之艱 推"가 들어 있어서 번역은 이를 따랐다.

29) 호포(戶布) : 호(戶)를 단위로 징수하는 군포(軍布). 군포는 원래 누구에게나 평등하게 부과되지 않고 양인(良人) 신분의 16~60세 사이의 남정(男丁)에게만 부과되는 신역(身役)이었기 때문에 양인들은 한사코 군포를 납부하지 않고 군역을 면하려고 노력하였다. 이를 시정하기 위하여 숙종 때에 호포법(戶布法)이 주장되었는데, 곧 양반·상민의 구별없이 호(戶)를 기준으로 군포를 평등하게 징수하자는 것이었다. 그러나 양반들의 거부로 전면적인 실시를 보지는 못하다가 영조 때 균역법에서 선무군관포로 일부 실현되었고, 고종 때 모든 호로 확대 시행되었다.

30) 구전(口錢) : 조선후기 성인 남녀 모두에게 인두세로서 돈을 징수하자고 제기된 양역(良役) 변통(變通)에 관한 논의. 구전이란 인두세는 원래 한나라에서부터 시행된 것으로 '모든 백성은 세금을 부담해야 할 의무가 있다(有身者有賦)'라는 관념에서 비롯되었다. 이 논의는 군역을 대신해 1년에 포 2필씩을 납부해야 하는 양정(良丁)의 과중한 부담을 덜어주고, 양란(兩亂) 이후 급증한 군액(軍額)을 지탱할 국가 재정을 풍부하게 하기 위한 양역변통책의 하나로서 호포(戶布)·결포(結布)·유포(游布) 등과 함께 제기되었다.

않고 '어쩔 수 없다[無奈何]'는 세 글자로 시간을 허비하고 있다. 다만 민의 정서가 오래토록 양역을 꺼려 지명하여 고발한 자를 오랜 원수처럼 여기니, 이임(里任)이 처음부터 이것을 핑계로 거행하려 하지 않는다. 처음부터 엄격하게 조절하여 반드시 거행한다는 의지를 보이고 법을 어기는 자에게는 약간의 장(杖)을 가하여 그로 하여금 형벌의 위협을 느껴 어쩔 수 없이 데리고 나오게 하면, 그가 비록 첨정(簽丁)으로 뽑힌 자라 할지라도 다시는 원망하지 못할 것이다. 법을 시행하는 초기에 한두 이(里)가 순종하면 나머지는 파죽지세와 같을 것이다.

속오법(束伍法)은 시행하기 쉽다. 혹 거느리고 나올 자가 없는 경우에는 한두 대의 곤장만 치면 바람결을 따르듯이 따라서 민들이 조용해진다. 그러나 양정(良丁)은 이와 다르다. 법을 만드는 처음에 매우 힘을 쓰더라도 반드시 한 바탕의 소요와 원망·비방이 생길 것이니, 이것을 미리 알고 임해야 할 것이며 또한 마땅히 영문(營門)에 보고하고 시행해야 할 것이다. 그러면 열흘이나 한 달 정도의 노력으로 백성들이 조용히 명령에 따를 것이다. 한 군(郡)의 한두 군데만 치우쳐 시행하면 원망할 것이니 한 읍에 두루 시행되어야 할 것이다. 직임을 맡은 사람들이 형벌로 압박하여 그들이 어쩔 수 없이 이정법을 받아들인다면 사람들도 어찌할 수 없다는 것을 알아서 다시는 원망하지 않을 것이다.

또 한 가지의 간특한 폐단이 있는데, 이임(里任)이 이미 어쩔 수 없어서 이(里)의 민들과 상의하여 돈을 거두어 가짜 이름을 하나 짓고 어떤 사람을 사서 데리고 나와 보충하고서는 동내(洞內)에서 매년 포(布)를 내는 일이다. 이것은 동내(洞內)에서 족징·인징하는 것과 차이가 없다. 반드시 방책을 세우고 철저히 감시하여 이러한 폐단을 없앤 후에 이정법을 시행할 수 있을 것이다.

사망증명서를 즉시 발급해주지 않는 폐단은 대개 민들이 어리석어 처음에 즉시 관아에 알리지 않기 때문이다. 이미 알렸다 하더라도 해당 이서가 뇌물을 요구하고, 관에서도 작지가(作紙價)를 한 건당 4~5냥을 거두기 때문에 이 같은 비용을 마련하기 어려워서 지연되는 것이다. 엄중히 민을 단속하여 관에 즉시 고하지 않은 자는 무겁게 추궁하고, 담당 이서의 폐습을 고쳐 다시는 뇌물을 요구하지 못하게 해야 할 것이며, 관에서도 작지가를 받지 말아야 할 것이다.[31] 매번 고할 때마다 즉시 자세히 검시하고, 이미 검시했으면 그 자리에서 즉시 사망증명서를 만들어, 죽은 자의 가족을 불러 주어 보내고, 이어서 군적(軍籍)에 기록하고 바로 보충하는 것이 마땅하다. 관에 위엄이 없으면 민들이 사망증명서를 받고 문을 나서자마자 이서가 다시 빼앗고 돈을 요구할 것이다.

도망자를 10년 동안 대정하지 않고 잡거나 자수하기를 기다리는 폐단은 법령이므로 어쩔 수 없다. 그렇다고 이와 같이 그대로 둔다면 족징과 인징의 폐해를 혁파하기 어려울 것이다. 지금 이미 이정(里定)이 시행되면 다시는 허위로 도망치는 것을 염려할 필요가 없지만, 매번 도망자가 있다고 보고되면 진짜로 도망친 것인지 가짜로 도망친 것인지의 여부를 엄격히 조사해서 파악해야 하고, 그 후 이임에게 하나같이 관례에 따라 대신 정하게 한다. 새로 온 군사에게 군포를 받고 상사(上司)에 보고하는 것은 기한이 차는 것을 기다려서 행하는 것이 마땅하다. 혹은 이정법(里定法)을 시행한 후에는 거짓 도망이 없다는 상황을 갖추어 별도로 조정에 보고하고 즉시 마감을 요청하는 것도 좋다.

거짓으로 사망과 도망을 위조하는 폐단은 이미 이정법이 시행된 뒤에는 다시 걱정할 필요가 없기 때문에 반복해서 의논하지 않는다. 이전에는 죽었다고 거짓 일컫는 자가 염병(染病)이라 칭하였다. 그래서 관리가 가까이서 자세히 검사하지 못하고, 혹 멀리서 다른 사람의 초빈(草殯)[32]을

---

31) 본문은 '官亦多捧作紙'이나 법제처본은 '官亦勿捧作紙'인데, 법제처본을 따른다.

32) 초빈(草殯) : 장사를 지내기 전에 시체를 방안에 둘 수 없어서, 관을 한데나 의짓간에 놓고 이엉같은 것으로 덮어 두는 일. 또는 덮어둔 그것.

가리키면서 검사했다고 보고하였다. 도망갔다고 거짓으로 일컬은 자는 혹 자기 마을에 편히 앉아 있거나 또는 고개 너머, 물 건너에 숨어 있거나, 혹은 수십 리 안의 고을에 있으면서 포(布)도 자신이 마련하여 친족이나 이웃에게는 대신 납부하게 하고, 도안(逃案)을 제출하여 10년 기한이 차서 대정되기를 기다리니 폐단이 무궁하였다. 큰 고을에서는 대개 도망·사망자로 칭하는 사례의 절반이 거짓이었다.

대개 폐질자(廢疾者)라 일컫는 경우 담당 이서와 함께 짜고 다른 병자(病者)를 데리고 나타나 면제를 받는다. 노제(老除)라고 칭하는 경우도 담당 이서에게 뇌물을 주어 군안(軍案)에 기록된 실역(實役)의 연수를 졸지에 고쳐 여러 식년(式年)이 지나면 대정한다.[33]

관리들이 속이고 빼앗는 폐단은 이루다 말할 수 없다. 이미 이정법이 시행되었으니 한정(閑丁)을 올리고 내리는 일이 이들 손에 있지 않으므로 폐해가 조금은 줄어 들었다. 그러나 데리고 나와 용모파기를 받는 사이에 오히려 농간을 부리는 일이 있으며, 도망자와 사망자를 채워 넣기 전과 후에는 반드시 조종하는 일이 일어난다. 또한 이들이 힘을 쓸 수 있는지 여부와 관계없이 이를 빙자하여 친족과 이웃에게는 '네가 나에게 돈을 주면, 네 결원을 먼저 채워 넣겠다'라고 말하고, 한정(閑丁)에게는 '네가 나에게 뇌물을 바치면 너를 좋은 역에 채워 넣겠다'라고 말한다. 또 마감할 때 길 가운데에서 궤짝을 열고 대정(代定)할 군역의 자리를 이리저리 바꾸는 것이 끝도 없다. 오래 전부터 명령이 내려졌지만 쉽게 발각되지 않았으니 통탄스럽다.

이 때문에 파기를 받을 때 그들 손에 맡기지 말고, 문서 쓰는 사람에게 주고 쓰기를 기다려서 모두 받아 올리게 한다. 장차 채워 넣을 때는 해당 이서로 하여금 예를 들어 '○○군 제○ ○○○를 ○○역(役)의 탈에 대정(代

33) 『목민고』에는 이 문단이 세주로 되어 있다.

定)한다'고 쓰게 하고 그 아래를 비워두었는데, 일반인들이 이를 '유음(流音)'이라고 불렀다. 이서로 하여금 그것을 들고 매번 한 사람의 이름을 부를 때마다 수령이 파기(疤記)를 직접 들고 ○○○의 이름을 지적하여 대신 채워 넣게 하고, 그 파기 위에 큰 원을 그리고 '○○○는 ○○역을 대신 채워 넣는다'고 주를 써 넣는다. 이미 정서(正書)하였으면 또 정밀히 대조하고 별도로 표식을 붙여서 봉하여 보내서 마감하고, 반포하기를 기다려서 다시 정서하기 전의 본초(本草)와 비교한다. 또한 이런 상황을 민간에게 명백히 알려서 해당 이서는 추호도 힘을 발휘할 수 없음을 알게 하여 아부하는 일에 힘을 낭비하지 않게 하는 것이 좋을 것이다.

또한 해당 이서가 사사롭게 채워 준다고 약속하고, 도망·사망 증명서를 받아두고서 혹 뇌물이 욕심에 차지 않거나 혹 다시 다른 뇌물을 받고는 속이고서 채워주지 않는다. 또 문서도 다시 돌려주지 않고 문서를 궤짝에 그대로 넣어두고 몇 해가 지나도록 내주지 않는 일이 매우 많다. 먼저 해당 이서를 불러다가 갑자기 궤짝 속의 문서를 모두 내놓게 하여 즉시 그에게서 대신 정할 사람을 받아 내어 채워주는 것이 매우 좋다.[34]

군정(軍丁)에 관한 일을 편리함에 따라서 잘 시행하는 관건은 포정(庖丁)이 소 잡는 것[35]처럼 하면 큰 소요에는 이르지 않을 것이다. 대개 하나를 징계하여 백을 경계하는 것이 마땅하다는 것은 예나 지금이나 똑같다. 법을 세울 때 처음부터 한 이(里)의 한 사람이라도 잘 다루어서 복종시키면 나머지는 파죽지세(破竹之勢)와 같다.

재결(災結) 단자를 다 바치고 민들이 조금 한가해질 때를 기다려 전령(傳令)을 내려 보내서 죽은 자의 사망증명서와 도망간 자에 대한 10년 동안의

---

34) 『목민고』의 「양역(良役)」과 겹치는 부분은 여기까지이다.

35) 포정(庖丁)이 소 잡는 것 : 포정은 주대(周代)의 요리사이다. 포정이 소의 뼈와 살을 발라내는 것을 말하는데[『장자(莊子)』 양생주(養生主) 편], 후대에는 기술이 정교함을 칭찬하는 말로 쓰였다.

별음(別音)을 남김없이 거두어서 발기[件記]를 작성하게 한다. 양반과 상민을 막론하고 바깥 촌에서 온 자는 가까운 곳에서부터 어떤 사람이 어느 곳에 살고 있었는지를 널리 물어본다. 이와 같이 하기를 오래하면 (도망·사망자 이외의) 다른 경우에도 진짜인지 가짜인지를 판별할 수 있을 것이다. 한정(閑丁)에게 초사를 받을 때 부근에 있는 도망자나 사망자를 찾아내려면 장차 '○○○ 대신으로 너를 채워 넣겠다'고 하면 반드시 고발할 것이다.

수륙군의 각종 군반(軍班)과 속오를 1첩(帖)의 책으로 만들어, 도망·사망자로서 충정되지 못한 자의 이름을 기록하여 지통(紙筒)에 넣어두고 항상 열람하고, 한정(閑丁)을 얻어서 점차로 채워 넣고 또한 민간에 소요가 없게 한다.

군사로서 도망친 자는 일족의 원근친소를 변별하여 명확히 나누어 정해 제멋대로 침징하지 못하게 한다.

양역변통절목(良役變通節目)[1)]

숙종(肅宗) 신묘(辛卯, 1711년)

이웃이나 친족에게 징수하는 폐단은 실로 각종 신역(身役)의 도망자와 사망자를 즉시 대정(代定)하지 못한 때문이다. 사망자의 경우는, 흔히 그 가족이 인사치레로 주는 돈과 수수료[作紙][2)]가 부담되어 증명서[立案][3)]를 발급받지 못하고 포(布)를 계속 징수 당한다. 도망자는 사실인지 거짓인지 구별하기 어려워 싸잡아 기한을 10년으로 정하였다. 도망한 것처럼 꾸미고 이웃과 친족에게 신포(身布)[4)]를 마련해 주고 기한이 차기를 기다리는 자는 참으로 밉다. 그러나 정말로 도망가서 그 간 곳을 모르는 자의 신포를 이웃이나 친족에게서 징수하는 경우라면 비록 1년간이라도 더 없이 원통한

---

1) 「양역변통절목(良役變通節目)」은 『숙종실록(肅宗實錄)』(이하 『실록』) 권50, 숙종(肅宗) 37년 신묘(辛卯) 12월 경진(庚辰) ; 『비변사등록(備邊司謄錄)』(이하 『등록』) 숙종 37년 12월 26일 참조. 『등록』은 전문인 것 같고, 『실록』에는 그것이 요약되어 실려 있는데, 여기의 본문은 『실록』과 거의 일치한다.

2) 작지(作紙) : 조세(租稅)에 붙여 받는 세(稅)의 한 가지로, 문서(文書)를 만드는데 쓰이는 종이 값으로 받아들이는 것.

3) 입안(立案) : 조선시대 관부(官府)에서 개인의 청원에 따라 발급하는 문서. 개인의 청원에 따라 매매·양도·결송(決訟)·입후(立後) 등의 사실을 관(官)에서 확인하고, 이를 인증해 주기 위해 발급하는 문서이다.

4) 신포(身布) : 조선후기에 양인(良人)이 신역(身役), 즉 군역(軍役) 대신에 매년 바치던 포. 정군(正軍)이 내는 군포(軍布)와 보인(保人)이 내는 보포(保布)가 있었다.

일이다. 지금 변통하는 도리를 반드시 강구하여야 한다. 즉시 사망증명서를 발급하며 도망인지 아닌지를 명백히 조사하여, 세초(歲抄)[5]의 기한에 구애받지 말고 곧바로 대정해 준 다음에야 이 폐단을 없앨 수 있을 것이다.

사망자의 처리 규정은 죽은 자의 가족이 즉시 관에 고하고 수령은 곧바로 직접 검시(檢屍)하는 것이다.[6] 이 규정을 시행하기 어려운 단서가 있더라도 옛 법을 갑자기 변경할 수는 없다. 다만 이서가 뇌물을 요구하는 것을 철저히 금하고 또 관에서 받는 수수료를 없애서 전과 같은 폐단이 없게 하며, 혹 죽은 자의 가족이 즉시 관에 고하지 못하는 경우가 발생하면 그 이(里)의 임장(任掌)으로 하여금 사망 즉시 본관에게 보고하게 하여 바로 검시할 수 있도록 한다.

도망자도 이(里)의 임장(任掌)으로 하여금 본관에게 빨리 보고하게 한다. 다음에는 두두인(頭頭人)과 삼절린(三切隣)[7]에게 사문(査問)하여 대답한

---

5) 세초(歲抄) : 조선시대 군인 중 사망·도망·질병자를 조사하여 6월과 12월에 군병 또는 군보(軍保)의 결원을 보충하던 제도.

6) 검시 규정 : 죄수가 죽었을 때 죽은 원인을 밝히기 위해 담당 관원이 시체를 검증하고 검안서(檢案書)를 작성하던 제도 규정. 검험의 지침으로 1436년(세종 18) 『무원록(無冤錄)』의 검시격례(檢屍格例)에 준하여 검시장식(檢屍狀式)을 한성부가 처음 간행하고, 각 도 관찰사에게 그것을 모인(模印)하여 지방 각 관청에 배포하게 하였다. 『경국대전』과 『속대전』에 검험에 관한 제규정이 제정되었다. 살옥사건(殺獄事件)이 발생했을 때 시체가 있는 장소에 검시관이 직접 가서 검증하는 제1차 검험을 초검이라 하는데, 중앙에서는 5부의 관원, 지방에서는 관할 수령이 검시관이 된다. 복검관은 서울에서는 한성부의 관원이, 지방에서는 인근 고을의 수령이 되었다. 만약 두 차례의 검시에 의혹이 있을 경우에는 3, 4검을 시행하는데, 서울에서는 형조에서, 지방에서는 관찰사가 적임자를 선임하였다. 이미 매장된 경우에는 검시를 하지 않는 것이 원칙이었다. 그러나 의문의 살인·암매장의 경우에 한해 무덤을 파고 검시하되 중앙에 보고한 뒤에 시행하였다.

7) 삼절린(三切隣) : 어떤 사건이 일어났을 때 그 사건이 일어난 곳에서 가장 가까이 살고 있는 이웃의 세 집, 혹은 그 집에 사는 사람들을 가리키는 말이다. 이들은 옥사 송사에서 증인 역할을 하였고, 경우에 따라서는 연대 책임을 지기도 하였으며 부역 조세 부담 등과 관련해서도 연대책임을 지기도 하였다.

내용을 적어 두고 뒷날 살피는 자료로 삼는다. 곧바로 보고하지 않은 임장은 드러나는 대로 무겁게 다스린다. 거짓 도망과 거짓 사망이 뒤에 발각되면 이임(里任)과 가까운 이웃 등을 무겁게 논죄하며, 혹 그들을 거짓 도망이나 거짓 사망자의 본역(本役)에 교체해 넣는다. 나이가 차서 면제해 주어야 할 무리에 대해서는 실제 역을 진 햇수를 상세히 조사하며, 혹 도망하거나 사망한 자로서 나이가 80~90세에 이르렀는데도 그대로 군안(軍案)[8]에 실려 있는 자도 상세히 조사하여 모두 대정한다. 존위(尊位)[9]를 위시하여 유사(有司)[10]·색장(色掌)[11] 및 두두인(頭頭人)이 모여서 상의하여 공론에 따라 역(役)이 있고 없고를 살펴서 대정할 자의 명단을 작성하여 관가로 보내면, 관가에서는 규정에 의거하여 군안에 채워 넣는다. 혹 부민(富民)의 자식을 숨기고 의지할 데가 없는 자로 구차하게 채워 넣거나, 가명(假名)으로 거짓 보고하고 이(里)에서 번포(番布)[12]를 마련해 납부하거나 하면 엄히 살펴 적발하고 무겁게 처치한다.

만일 본 이(里)에서 제외해 달라고 보고하기를, '남정(男丁)들이 모두 소속된 곳이 있고 달리 한유(閑遊)하는 사람이 없다'고 하거든, 그 이(里)의

8) 군안(軍案) : 군인의 거주지·성명·신분 등을 기록한 장부. 현역으로 복무하는 정군(正軍)과 그 봉족(奉足) 또는 보인(保人)까지 수록하는 군적(軍籍)과 달리 정군만을 수록하였음. 3월·6월·9월·12월에 유고 상황을 군안에 기록하여 두었다가 6년마다 한 번씩 개정하여 새로 작성하는 것이 원칙이었음.

9) 존위(尊位) : 원래 우두머리가 되는 어른이라는 뜻인데, 조선후기에는 면·리임 칭호의 하나로 쓰였다. 이리동약(二里洞約) 같은 데에서는 "집강 1인이 동내의 풍속과 기강 및 상부상조 등 일체의 일을 맡는데, 속칭 존위(尊位)라고도 한다"라고 되어 있다.

10) 유사(有司) : 단체의 사무를 맡아 보는 직무, 또는 그 사람.

11) 색장(色掌) : 조선시대 관청 내 제반 부서의 실무 담당자. 색(色)이란 관청 내 업무에 따라 나눈 부서로서 색장을 그 실무 담당자로 함. 일반적으로는 소임을 맡은 자라는 뜻으로서 각 관청에서 다양한 임무를 맡았다. 지방의 면리(面里)나 방(坊), 부(部) 등에도 수령을 보좌하여 풍속을 규찰하고 규율을 바로잡는 업무를 담당하였다.

12) 번포(番布) : 입번(立番) 면제(免除)자가 부역 대신으로 내는 세포(稅布).

민가가 몇 호이고 남정(男丁)이 몇 명인지를 빠짐없이 뽑아 적고 각기 그 이름 아래 역명(役名)을 기재하게 한다. 이를 장적(帳籍) 및 각종 소속의 역(役)과 대조하여 혹 장적에서 빠졌거나 모속(冒屬)[13]된 자가 있으면, 본죄는 잠시 그대로 두고 가장 고된 역에 우선 채워 넣는다. 부족한 인원수가 많아서 조사해서 얻은 인원으로 다 채우기 어렵거든, 우선 본관(本官) 소속으로부터 시작하여 각처 소속에 이르기까지 모속된 자를, 비록 이임들의 자식이라 하더라도 찾아내어 반드시 채워 넣는다. 그러고 나서는 다시 더 어떻게 끌어댈 방법이 조금치도 없는 연후에야 비로소 이웃 이(里)로 넘겨 대상자를 정하여 보고하게 하되 한결같이 본 이(里)에서와 같이 한다. 그래도 얻지 못하면 또 다른 이(里)로 넘긴다.

각 이(里)의 임장은 반드시 가려 뽑아 임명해야 한다. 존위는 옛날에는 모두 양반이 하는 자리였으나 근래에는 수령이 관임(官任)처럼 취급하여 예사로 침책을 가하기 때문에 모두 싫어하여 피하므로 미천한 무리에게 돌아간다. 이 때문에 전연 기강이 없어지게 된 것이니 마땅히 상존위(上尊位)[14]와 부존위(副尊位)를 정하되 반드시 그 이(里)에서 이름 있는 양반을 상존위로 삼고, 한정(閑丁)의 명단 보고에 관한 일은 오로지 부존위 이하에게 맡겨 상존위는 감독하고 신칙하게만 한다면 반드시 도움이 될 것이다.

참으로 이 제도를 널리 시행할 수 있다면, 지켜보는 눈이 많고 공론이 있는 터라 채워 넣을 대상자 명단을 보고함에 반드시 감히 터놓고 사사로움을 용납하지는 못할 것이다. 대정자가 같은 이(里)에서 나오는 만큼 누가 기꺼이 그 거짓 사망자와 거짓 도망자를 위해 그 역을 스스로 담당하려 하겠는가? 설사 본 이(里)에서 속이고 숨겨서 이웃 이(里)로 넘어가더라도

13) 모속(冒屬) : 어떤 단체나 부류에 법을 어기고 함부로 들어가 속하거나 속하게 함.

14) 상존위(上尊位) : 존위는 이(里)에도 있는데, 이 경우 면의 존위는 도존위(都尊位) 또는 상존위(上尊位)라고 불렀다.

서로 시기하여 고발할 것은 필연의 형세이다. 그 고발에 따라 엄히 다스린다면 비록 그 사이에 사사로움을 용납하려고 하더라도 그리 될 수가 없을 것이다. 거짓 도망자와 거짓 사망자의 대신으로 정해진 자가 이미 스스로 그 역을 담당하려고 하지 않을 것이므로 반드시 본인을 붙잡아 올 것이다. 궐액(闕額)이 점차 감소하면 자연히 친족을 침해하는 폐단도 없어질 것이다.

근래에 국법이 해이해져 장적에서 빠진 자가 많다. 평상시에는 일일이 적발하기가 어렵지만, 만약 이(里)에서 역 담당자를 이정(里定) 때에 가좌(家坐)[15]의 순서와 남정(男丁)의 수효를 계산하여 장적과 대조해 보면, 장적에서 빠진 자는 저절로 드러날 것이니 호적(戶籍)의 법은 엄하게 하려 하지 않아도 저절로 엄해질 것이다.

서울과 지방에서 함부로 늘린 각종 명목(名目)을 하나하나 찾아내어 도태시켜서 군역(軍役)에 채워 넣는다. 군관(軍官)[16]이나 기패관(旗牌官)[17]의 무리도 무예와 강(講)을 시험하여 떨어진 자는 군역에 채워 넣는다. 이에 따라 규식을 정하고 각 읍에 분부하여 그 양정을 뽑는 길을 넓힌다. 그런 다음 신구(新舊)를 물론하고 신묘년(1711, 숙종37) 12월 이전의 도망·사망을 비롯한 각종 탈해 주어야 할 부류는 임진년(1712) 8월까지로 기한을 정하여 빠짐없이 대정(代定)한다.

'도망자는 10년 기한을 기다린 다음 대정한다'는 법은 명년(임진, 1712) 정월 이후 발생한 건은 의당 구법(舊法)에 의하여 시행하되, 이정법(里定法)이 과연 실효가 있는지를 서서히 관찰하여 거짓 도망의 폐단이 없어지면

15) 가좌(家坐) : 집의 앉은 위치나 순서를 말한다. 오늘날의 지번(地番)과 비슷하다. 조선시대 작통(作統)할 때, 이 가좌차서(家座次序)에 따라 하였음.

16) 군관(軍官) : 군대의 장교(將校) 부류. 군역에 복무하는 군사와 구별하여 사용하였다. 주진(主鎭)·거진(巨鎭)·제진(諸鎭)에 배치되어 진장(鎭將)을 보좌하고 군사를 감독하였다.

17) 기패관(旗牌官) : 조선후기 여러 군영에 두었던 군관직. 『대전회통』에 의하면 훈련도감에 20인, 금위영에 10인, 어영청에 11인, 총융청에 2인, 수어청에 19인, 그리고 강화도의 진무영(鎭武營)에 71인을 두었으나 시기에 따라 증감이 있었다.

10년 기한 조항은 다시 의논하여 처리하는 것이 사리에 합당하다.

각종 명목[18] 가운데 사정(査定)할 만한 것은 수령이 편의대로 행하여 성과를 이루도록 해도 되지만 불가불 명백하게 규식을 정하여 준행하도록 해야 할 것도 있다. 교생(校生)[19]은 우선 고강(考講)하여 출중한 자를 뽑아서 교생의 원액에 충당하고 나머지 사람들은 수령으로 하여금 매년 한 차례 고강하여 떨어진 자는 군액에 보충하게 한다.[20] 하지만 도사(都事)[21]가 돌아다니며 고강[巡講]하는 구례(舊例)도 완전히 폐지할 수 없으므로 교생의 부지런함과 게으름을 시험하여 떨어진 자는 본관으로 하여금 군역에 충당하게 하고, 그 다음에 액외생(額外生)[22]을 취재(取才)[23]하여 그 대신으로 올린다. 그리고 액내(額內)와 액외(額外)의 현재 있는 실수에 의거하여

18) 본문은 '各邑民人'이나 『실록』과 『등록』 모두 '各色名目'으로 되어 있어 이를 따른다.

19) 교생(校生) : 조선시대 각 고을의 향교에 등록된 학생. 이에 대해 서원(書院)에 등록된 학생을 원생(院生)이라 하였고, 합쳐서 교원생(校院生)이라 불렀다. 고을의 크기에 따라 정원이 정해져 있었는데, 부·대도호부·목에는 각기 90명, 도호부에는 70명, 군에는 50명, 현에는 30명으로 제한하였다.

20) 교생고강법(校生考講法) : 군역을 모면할 목적으로 불법적인 방법으로 향교에 입학하는 정원 외의 교생을 통제하기 위하여 향교의 교생들을 대상으로 유학의 기본 경전에 관한 이해 여부를 시험하고 이 결과에 따라 군역을 지게 하거나 납포라는 방식으로 벌금을 물리게 했던 법령. 인조 22년(1644) 교생고강등록제 혹은 낙강충군제로 실시되었다.

21) 도사(都事) : 관찰사의 보좌관. 이들은 전국 각 도에 각각 1인씩 배치되었는데, 주요 임무는 관찰사를 보좌하여 감사와 함께 수령을 규찰하고 문부(文簿)를 처결하는 것이었으므로 아사(亞使)라고도 불렸다. 그리고 관찰사의 유고시는 그 직임을 대행하기도 하여 아감사(亞監司)라고도 불렸다.

22) 액외생(額外生) : 정원 외 교생.

23) 취재(取才) : 조선시대 하급 관리를 채용하기 위해 실시한 과거. 취재에는 수령(守令)·외교관(外敎官)·역승(驛丞)·도승(渡丞)·서제(書題)·음자제(蔭子弟)·녹사(錄事)·도류(道流)·서리(書吏)를 선발하는 이조취재(吏曹取才)와 의학(醫學)·한학(漢學)·몽학(蒙學)·왜학(倭學)·여진학(女眞學)·천문학·지리학·명과학(命課學)·율학(律學)·산학(算學)을 전공한 기술관(技術官) 및 화원(畵員)·도류·악생(樂生)·악공(樂工)을 선발하는 예조취재(禮曹取才)가 있었다.

교안(校案)을 새로 작성한다. 각 서원의 서재생(西齋生)도 정해년(丁亥年)에 결정한대로[24] 그 숫자를 대현(大賢)을 모신 서원(書院)은 30인, 사액 서원(賜額書院)[25]은 20인, 사액되지 않은 서원은 15인으로 하여, 교안의 말미에 아울러 기록한다.[26]

각 읍의 민호와 군액(軍額)은[27] 혹 그 많고 적음에 커다란 차이가 있는데 감사가 상황을 세밀히 살펴 계문하여 변통한다. '민은 적고 군액은 많은 곳[民少軍多]'은 참작하여 '민은 많고 군액은 적은 곳[民多軍少]'으로 군액을 옮기는 것이 역시 형편에 맞을 것이다. 경외(京外)의 각 아문(衙門)·군문(軍門)·영문(營門)·영장(營將)[28] 소속의 각 종 군역 명색은 소속처에서 직접

---

24) 『서원등록(書院謄錄)』 제5책 숙종 33년(1707) 8월 29일.

25) 사액 서원(賜額書院) : 조선시대 임금으로부터 서원의 이름과 함께 서적·노비 등 여러 가지 특전을 하사받은 서원. 중종(中宗) 38년(1543) 풍기군수(豊基郡守) 주세붕(周世鵬)이 고려 말 학자 안향(安珦)을 배향하고 유생들을 가르치기 위해 세운 백운동서원(白雲洞書院)에 명종(明宗) 5년(1560) 이황의 건의에 따라 소수서원(紹修書院)이라는 현판을 하사하게 한 것이 그 시초이다. 그 뒤 서원이 널리 퍼지게 됨에 따라 사액의 요구도 늘어갔는데, 숙종(肅宗) 때에는 1백 30여 곳에 이르는 서원이 사액을 받았다. 그러나 서원의 남설(濫設)로 인해 그 질적인 하락과 여러 가지 사회적인 폐단을 일으키자 이에 대한 단속이 이루어져 영조(英祖) 때에는 사액이 일체 중단되기에 이르렀다.

26) 『서원등록(書院謄錄)』 제5책, 숙종 37년(1711) 12월 6일. 서재생이란 군역을 피하여 모입한 사람[避役冒入者]를 가리킨다.

27) 본문은 '各邑軍戶與民數'인데 『실록』과 『등록』은 모두 '各邑民戶與軍額'으로 되어 있어 이를 따른다.

28) 영장(營將) : 일명 진영장(鎭營將)이라고도 하는데 인조(仁祖) 때 설치된 정3품직이다. 진영장은 경관(京官)인 총융사(摠戎使)·수어사(守禦使)·진무사(鎭撫使) 또는 각도의 병마절도사(兵馬節度使, 兼兵使인 監司 포함)의 소속하에서 지방군대를 지휘·감독하였다. 경관(京官)인 진영장(鎭營將)은 중군(中軍)이나 판관(判官) 또는 인근 지역 목사(牧使)·부사(府使) 등이 겸직하였으며, 각도의 진영장은 도내(道內)의 주부군현(州府郡縣)을 적당히 나누어 그곳의 부윤(府尹)·목사(牧使)·부사(府使)·현감(縣監) 등이 겸직하였다. 각도의 진영(鎭營)은 원칙적으로 전후중좌우(前後中左右)의 5영(營)으로 구분하되 필요한 경우에는 별중영(別中營)·별전영(別前營) 등으로 더 두었다. 현종때부터는 진영장이 토포사(討捕使)를 겸하여 도적을

정할 수 없다[29]는 분명한 금령이 있으나 아직도 이전의 습관을 답습하여 양정(良丁)을 임의로 투입하고 있다. 이번에 조사하여 정리한 이후로는 본액에 결원이 생긴 다음에야 비로소 새로 들이는 것을 허락하되, 본관이 해당 아문에 보고하고 충정하게 한다. 만일 또 금령을 어기고 직접 정하는[30] 곳이 있으면 본관은 일체 시행치 말고 순영(巡營)에 보고하여 계문하게 한다.

법령을 반포한 뒤에 궐액(闕額)을 충정하지 못한 수령은, 1명 내지 2명은 해유(解由)를 내주는데 문제 삼고, 3명 내지 5명은 파직, 6명 이상은 나문(拿問)[31]하고 삭직(削職)[32]한다. 기한 내에 궐액을 미처 충정하지 못하고, 이전처럼 이웃이나 친족에게 징수하면 수령을 파직하거나 해유를 내주는 데서 문제 삼는다. 이 일 역시 어사(御史)[33]로 하여금 몰래 조사하게 한다.

이(里)에서 대정할 때에 임장(任掌)이 혹 사사로움을 개입시켜 대상자를 구차하게 채워서 명단을 보고하거나 한정(閑丁)이 없다고 칭하고 다른 마을에 미루었다가 그 사실이 드러나면, 부존위(副尊位) 이하 소임(所任) 등을 형벌로 다스린 후에 신역(身役)을 지지 않는 자이면 끌어다 그 궐액을 채운다. 거짓 도망자, 거짓 사망자를 그 본 이(里)에서 대정하게 하면, 대신 뽑힌 사람이 반드시 찾아내어 고발할 것이다. 2명을 고발한 자는 특별히 면제해준다. 그 역을 졌던 본인이 스스로 나타난 자는 일체 죄를

잡도록 하였다.

29) 본문은 '多定'으로 되어 있으나 『실록』과 『등록』은 '直定'으로 되어 있어 이를 따른다.

30) 본문은 '多定'으로 되어 있으나 『실록』과 『등록』은 '直定'으로 되어 있어 이를 따른다.

31) 나문(拿問) : 죄인을 체포하여 심문하는 것.

32) 삭직(削職) : 관직을 삭탈(削奪)함. 즉 임관(任官)을 말소하는 것. 삭탈관직(削奪官職).

33) 어사(御史) : 왕명으로 특별한 사명을 띠고 지방에 파견되는 임시직 관리. 호패(號牌)어사, 감진(監賑)어사, 암행어사 등 여러 가지가 있었음.

면해 주며, 만약 대신 정해진 자의 입을 통해서 들통 나면 죄를 다스린 다음 가장 힘든 역(役)으로 바꾸어 정한다.[34)]

마을의 도망·사망 공문을 모두 가져오게 한 후, 하루 날을 잡아 각종 군색(軍色)을 모두 불러 뜰아래 엎드리게 한 다음, 사령을 시켜서 속히 문서 궤짝을 가져오도록 한다. 그리고 눈앞에서 문서궤에 담긴 사망증명서와 도망·사망 공문을 찾아내어 즉시 대정을 받는데, 각 담당 군색으로 하여금 충정(充定)하게 하는 것이 좋다. 이런 부류는 군색배가 대정하기로 약정하고 미리 값을 받고서 미루어 내버려 둔 것들이다.

한정(閑丁)을 얻는 방법은 이전 7년간 세초를 담당했던 이서에게서 각기 7인 혹은 10인, (가까운 순으로 3년간은 10인 혹은 7인을 받아 내고, 먼 순으로 3년간은 5인을 받아 내면 쉬울 것이다.) 면주인에게서는 각기 5인, 관리(官吏)에게서는 각기 1인 또는 2인을 받아낸다. 그리고도 부족하면 사령에게서까지 받아낸다. 받아낼 때에는 세초색에게 일시에 엄칙하여 받아들이기를 앞에서 말한 것처럼 한다. 이졸(吏卒)은 관전(官前)에 불러 모아놓고, 사람들이 앉아있는 곳으로부터 먼 곳으로 한 사람만을 불러서 (한정의 이름을) 받아낸 다음 내보내고, 또 한 사람을 불러서 받아 내어 서로 알지 못하게 한다. 이렇게 일시에 모두 받아 내어 충당을 마쳐야 그들이 바깥으로 나가 폐단을 낳는 것을 막을 수 있다. 또 받아낼 때 별도로 엄칙하여 거짓 이름으로 첩역(疊役)[35)]하지 못하게 하며, 혹 걸인이나 혹 문재(文才)가 있는 사람이나 혹 조상이 군역이 없던 사람은 모두 헤아려서 분간하는 것이 옳다.

초사를 받을 때는, 성읍에서 5리(五里) 안의 사람이면 사령에게 이름자를[36)] 써주어 당장 급히 부른다. 읍 밖의 마을[外村] 사람이면 면임을 불러

---

34) 『실록』과 『등록』과 일치되는 부분은 여기까지이고, 이하 3항목은 본서에만 있다.

35) 첩역(疊役) : 신역(身役) 부담자 한 사람이 동시에 두 가지 이상의 신역을 수행하는 것.

36) 『목민고』에는 '只書(名)給使令'인데 본문은 괄호 안의 '名'이 누락되었다.

이름자(名字)를 써주고 기한 내에 데려 오게 한다. 이때 한정이라고 말할 필요는 없고 단지 그 아비의 이름을 써서 내주면 좋을 것이다.

시노비(寺奴婢)의 폐단

혹은 다른 고을로 이주한 후 도망갔다고 거짓으로 칭하고 이웃이나 친척을 꼬드겨서 신포를 대신 납부하게 하고 공문을 받아 내어 기한이 지나기만을 앉아서 기다리거나, (이러한 경우에는 그 족속(族屬)에게 대신할 사람의 명단을 제출하게 하여 대정(代定)하게 하는 것이 좋다.) 혹은 이웃 고을에 생존해 있으면서 이름을 바꾸어 소장을 올려서(呈訴) 거짓으로 사망증명서를 받아 내거나 뇌물을 써서 탈(頉)을 도모하거나, 혹은 비록 정착한 자라도 번(番)의 차례가 되면 문득 '분족(分族)'이라 하고, 혹은 '사망했는데 증명서를 못 받았다'고 하면서, 해마다 감영과 고을에 분주히 소장을 올리는 경우가 있다. 이런 경우 수령이 비록 현명하더라도 분별력이 흐려져서 이웃과 친족에게 강제로 부담하게 하는 문서를 관례대로 만들어 지급하게 된다. 담당 이서들 역시 시노비와 함께 두목(頭目)과 결탁하여 생존하고 있는 것이 확실한 자라도 뇌물을 받고 탈급(頉給)[1]해주고, 비록 도망이나 사망인 것이 확실하지만 의지할 만한 족속이 없는 자이면 징수하기를 그치지 않는다.

혹은 한 사람의 이름을 여러 가지로 작명한다. 예를 들면 노비문서에

---

1) 탈급(頉給) : 수령이 군역의 면제를 허락하는 것을 제사(題辭)에 쓰기를 탈급이라 하였다.

있는 이름, 호적의 이름, 부르는 이름 등이 그것인데, 이름마다 나이가 크게 달라서 동쪽에서 왔는지 서쪽에서 왔는지 찾을 근거가 없다.

을해년(1755, 영조 31)에 노비공을 줄여줄 때 발표한 사목[乙亥減尺時事目][1)]

노비의 폐단은 양역(良役)[2)]보다 심하다. 시노비(寺奴婢)에 대해서 말해보면, 비(婢)로서 혹 늙도록 결혼하지 못한 자가 있고, 노(奴)가 혹은 머리 깎고 중이 된 자가 있으며, 심지어 양민(良民)의 마을에 거주하는 것이 용납 받지 못하는 경우까지 있어 그 원한이 위로 하늘의 화기(和氣)를 범할 정도이다. 그래서 이를 변통해야 한다는 논의가 이미 오래 되었다. 혹은 노비라는 이름을 없애고 양인 장정[良丁]으로 고쳐야 한다거나, 혹은 비의 신공(身貢)이 더욱 가여우니 마땅히 먼저 줄여 주어야 한다거나 하는 것들이 그것이다.

우리나라의 노비 제도는 성인(聖人)인 기자(箕子)[3)]가 창시하여 시행한 지 몇 천 년이 지났고 강상윤리와 명분에 관계된 것이므로, 멀리 내다보고

---

1) 이것은 영조(英祖) 31년(1755)에 반포된 『內寺奴婢減貢給代事目』(奎 17203)을 말한다.

2) 양역(良役) : 국가에서 필요로 하는 역역(力役) 징발과 재정확보를 위해 원칙적으로 16세 이상 60세까지의 양인(良人) 또는 양민(良民)의 남자 즉, 양정(良丁)에게 부과하던 각종 신역(身役)의 통칭.

3) 기자(箕子) : 은(殷)나라의 성인. 이름은 서여(胥餘). 주(周)나라가 은나라를 멸망시키자 기자는 동쪽으로 도망하여 조선왕이 되어 조선의 백성들에게 예의·양잠·방직·8조 법금 등을 가르쳤다고 함.

도모하는 지혜로운 조치이니 결코 경솔하게 혁파를 논의할 수는 없다. 이름을 이미 혁파할 수 없다면 신공 역시 혁파할 수 없는 것이다. 또한 노(奴)란 비(婢)가 나오는 근거이다. 신공이 없으면 이름 또한 밝힐 수가 없으며, 이름이 없으면 그 생산을 또한 따질 근거가 없기 때문에 노의 신공을 줄여줄 수 없는 것도 이와 같다.

그렇지만 폐단을 구제할 방도는 오로지 그 신공을 적당히 헤아려서 줄여 주어 힘을 펴게 하는 데 있으니, 이것이 우리 성조(聖祖)께서 노공(奴貢) 2필을 1필 반으로 감하여 주고, 비공(婢貢) 1필 반을 1필로 감하여 주어 민이 오늘날까지 그 은혜를 입기에 이른 것이다.[4] 오늘날 우리 임금께서 공법(貢法)을 개정하여 노는 1필, 비는 반 필로 정하여 공노비와 사노비를 물론하고 일체로 시행하게 하여 영원히 정식(定式)으로 삼았다.

그런데 호조의 경비와 내수사의 비용을 비롯한 각사(各司)가 거두어들이는 것은 모두 정해진 지출이 있다. 따라서 지금 감소된 부분을 채울 방법을 마련해 두지 않는다면 후일을 도모하는 계책이 될 수 없으므로, 균역청(均役廳)[5]에 명하여 군수(軍需)로 급대(給代)[6]하는 이외에 어세(漁稅)[7]와 염세(鹽

---

4) 여기의 '성조(聖祖)'는 현종(顯宗)을 지칭하는 것으로서, 이것은 현종 8년의 노비공 감하 규정을 말한 것이다. 『현종개수실록(顯宗改修實錄)』 권17, 현종 8년 5월 초6일 기유(己酉) ; 『만기요람(萬機要覽)』 재용편 4, 「노비공급대(奴婢貢給代)」 참조.

5) 균역청(均役廳) : 균역법(均役法)의 시행에 대한 사무를 담당하기 위해 영조 26년(1750)에 설치한 관청으로서 동왕 29년(1753) 선혜청에 통합되었음.

6) 급대(給代) : 다른 물건으로 대신 지급함.

7) 어세(漁稅) : 어업에 종사하는 사람에게 물리는 세금. 원래는 호조와 각 도·읍에서 각각 수세하였는데[『경국대전(經國大典)』 권2, 호전(戶典) 어염(魚鹽)], 영조 26년 균역법 시행 이후 염·선세와 함께 균역청으로 이관되었다[『대전통편(大典通編)』 권2, 호전(戶典), 「어염(魚鹽)」, "어(魚)·염선세(鹽船稅)는 호조(戶曹)에서 장부에 기록하여 수세(收稅)하는 규정 및 궁방(宮房)으로 할애하는 제도(折受)는 모두 혁파하고 이를 균역청(均役廳)에 이속(移屬)하며 각종 납세와 이에 따르는 여러 행위는 균역사목(均役事目)을 적용한다."].

稅)[8]의 남는 부분을 가지고 편리한 대로 대신 채우도록 하였다.

공천(公賤)[9] 가운데 양서(兩西)[10]와 북도(北道)[11]에는 복호(復戶)[12]를 지급하고, 내노(內奴)[13]와 지방 관사 소속 노는 1필, 비는 반 필로 정한다. 이후로 각사(各司)와 각 궁이 정식(定式) 이외에 추가로 징수하는 일이 있으면 각사의 해당 당상관과 낭관은 전결가봉률(田結加捧律)로,[14] 하리(下吏)는 전결투식률(田結偸食律)로[15] 처벌한다. 해당 고을 수령으로서 전례를 따라서 이를 숨기고 방치하는 자는 또한 누적불보율(漏籍不報律)로[16] 단죄

8) 염세(鹽稅) : 소금 생산자나 소금가마의 소유자가 국가에 납부하던 세금.

9) 공천(公賤) : 조선시대 관부(官府)에 예속된 남자 종과 여자 종. 사천(私賤)의 대칭.

10) 양서(兩西) : 해서와 관서. 곧 황해도와 평안도.

11) 북도(北道) : 함경도.

12) 복호(復戶) : 특정한 대상자에게 그 호(戶)의 조세(租稅)나 부역(賦役)을 면제해 주는 일.

13) 내노비(內奴婢) : 내수사 및 각 궁(육상궁, 명례궁, 수진궁, 어의궁, 용동궁)에 소속된 노비.

14) 전결가봉률(田結加捧律) : 『대전회통(大典會通)』 권2, 호전(戶典), 「수세(收稅)」, "각종(各種)의 면세결(免稅結)·복호결(復戶結) 및 유래재결(流來災結)은 일일이 조사하고 만약 임의로 그 결수(結數)를 증가한 자는 경국대전(經國大典)의 망모전결률(妄冒田結律)로 논죄한다. 전지(田地)의 지번(地番)[字號]을 어긋나게 한 자(者)는 장(杖)100에 처한다. 재해도목(災害都目)을 다시 작성할 때에 농간(弄奸)을 부리는 산원(算員)은 답험서원루부율(踏驗書員漏負律)로 논죄하며 낭청(郎廳)은 불응위율(不應爲律)로써 논죄한다."

15) 전결투식률(田結偸食律) : 『대전회통(大典會通)』 권5, 형전(刑典), 「추단(推斷)」, "환상(還上)을 허위로 기록하고 전결미(田結米)를 사사(私私)로이 쓴 경우에 구속되어 있으면서 죄가 확정·처벌되기 전[未及議處]에 사면(赦免)으로 석방되면 실범(實犯)을 추가로 조사한 후에 금고(禁錮)한다. 의금부에서는 법률에 비추어 횡령·착복·수뢰 등의 액수를 계산하고 곡식의 석수(石數)를 계산하여 이조(吏曹)로 이송하면 (吏曹에서는) 그 석수(石數)에 따라 조사해서 금고연한(禁錮年限)을 정하되 그 연한은 도형(徒刑)의 연한(年限)이 끝난 후에 비로소 기산(起算)한다. 지방관이 횡령·착복·수뢰 등의 죄를 범하면 곧 바로 이 율문(律文)을 적용하여 가노(家奴)를 구속하고 환징(還徵)[추징]한다."

16) 누적불보율(漏籍不報律) : 『신보수교집록(新補受敎輯錄)』 호전(戶典) 호적(戶籍), "수령 및 해당 면임과 이임이 1호 이상을 허록(虛錄)하면 누적률(漏籍律)로 논단한

한다. 내수사와 각 궁의 이를 관장하는 중관(中官)[17]은 각사 당상관과 낭관을 처리한 대로 시행하고, 이를 집행한 이서와 서원(書員)[18]은 해당 이서들을 처리한 것과 같이 시행한다. 사천(私賤)[19]의 신공(身貢)도 감히 노 1필, 비 반 필의 수를 넘지 못하게 하고, 만약 더 거두어들이면 적발되는 대로 가장(家長)을 무거운 쪽으로 죄를 정한다.

노비공을 헤아려서 감하는 것은 모두 양역의 군포를 감해준 법과 같이 한다. 양역의 변통은 이미 경오년(영조 26, 1750)[20]에 시행하였으니, 내수사와 각 궁, 각사 노비공의 총액은 모두 경오년의 총액을 기준으로 삼을 일이다.

호조(戶曹)의 역가(役價)[21] 가운데 작목(作木)[22]한 것과 유포(留布),[23] 상의원(尙衣院)[24]의 역가(役價) 중 포대(布代)·작목(作木)·작지(作紙)[25] 등은 이미 이전부터 무과법(無過法)[26]이 있었기 때문에 각 읍 가운데 노비가

다[수령은 수교(受教)에 따라 잡아들여 추고한 뒤 정배하고, 이임(里任)은 평민이면 조군(漕軍)이나 수군(水軍)에 충정하고, 공·사천(公私賤)이면 한 차례 엄하게 형벌을 가한 뒤에 연한을 정하지 않고 서북의 멀리 떨어진 지역에 정배한다].

17) 중관(中官) : 내시부(內侍府)의 관원을 두루 이르는 말.
18) 서원(書員) : 중앙과 지방의 각 관서에 배속되어 주로 행정 실무를 담당한 이속(吏屬).
19) 사천(私賤) : 개인이 소유한 노비.
20) 경오년(庚午年) : 1750년의 균역법을 말한다.
21) 역가(役價) : 공납과 부역의 대가(代價) 또는 역군(役軍)의 고가(雇價). 여기서는 노비공의 역가를 말한다.
22) 작목(作木) : 조선조 때 쌀이나 콩 대신에 무명으로 전세(田稅)를 받아들이던 일. 무명이 나지 않고 베가 나는 곳에서는 베로 냈음. 작포(作布).
23) 유포(留布) : 중앙 각 기관에서 포(布)로 징수한 세금 가운데 사용하고 남은 것으로서 보관하고 있는 포(布).
24) 상의원(尙衣院) : 조선시대 국왕과 왕비의 의복을 만들어 바치고 내부의 보화·금보 등을 맡아보던 관아.
25) 작지(作紙) : 조세(租稅)에 덧붙여 문서를 작성하는 데에 쓰이는 종이 값으로 돈이나 곡식을 받아들이던 일.
26) 무과법(無過法) : 각 도의 노비 역가를 무명으로 받는 제도.

가장 적은 곳은 1인당 납부할 액수가 각 원공(元貢)의 수와 맞먹는다. 각 도의 노비 역가를 무명으로 받는 소위 무과법(無過法)은 특별히 혁파하고 영남 지방의 사례에 의거하여 1인당 3전(錢)으로 작정(酌定)한다. 내수사 소속 5궁은(육상궁(毓祥宮),[27] 명례궁(明禮宮),[28] 수진궁(壽進宮),[29] 어의궁(於義宮),[30] 용동궁(龍洞宮)[31]) 이전에 1인당 받아들이던 역가가 노와 비를 물론하고 혹은 5전·7전, 혹은 무명 반 필이어서 매우 고르지 못하였다. 지금부터 모두 1인당 4전으로 개정하고 그 부족한 숫자는 급대(給代)할 일이다.[32]

지금 노비공의 총액을 모두 경오년(庚午年) 총계에 한결같이 따르는 것은 다만 중간을 잡아서 급대(給代)하기 위한 것일 뿐이므로, 양정(良丁)의 액수를 정한 것과는 같지 않다.[33] 경외(京外) 아문(衙門)[34]에서 혹 이를 비총법(比摠法)[35]으로 간주하여 사망한 자를 탈급(頉給)[36]하지 않거나 (노

27) 육상궁(毓祥宮) : 조선 숙종의 후궁이며 영조의 생모인 숙빈 최씨(淑嬪崔氏)의 신주(神主)를 모신 사당.

28) 명례궁(明禮宮) : 서울 중구 정동(貞洞)에 있는 덕수궁(德壽宮)의 예전 이름.

29) 수진궁(壽進宮) : 조선시대 궁전의 이름. 봉작(封爵)을 받기 전에 죽은 대군(大君)·왕자(王子)와 출가하기 전에 죽은 공주(公主)·옹주(翁主)를 제사지내던 곳.

30) 어의궁(於義宮) : 조선시대 인조(仁祖)의 잠저(潛邸)이며 효종(孝宗)이 태어난 궁궐.

31) 용동궁(龍洞宮) : 조선시대 명종(明宗)의 순회세자(順懷世子)가 명종 12년(1557)에 세자로 책봉되어 살았던 궁. 순회세자가 12세로 요절하자 이 궁은 왕후의 소유로 되었음.

32) 당시 노비공의 감공량(減貢量)은 균역청으로 하여금 급대하게 하였다. 『승정원일기(承政院日記)』 1116책, 영조 31년 2월 27일, 62-137 참조.

33) 이것은 당시 감공절목이 비록 균역법을 모방한 것이기는 하지만 노비공과 양역은 다르다는 점을 강조하기 위한 것으로 보인다.

34) 아문(衙門) : 관아(官衙)의 총칭.

35) 비총법(比摠法) : 정총법(定摠法)이라고도 하는데, 이는 영조 16년(1740)에 영남 지방에서 처음 시행되어 영조 41년(1765)에는 양호 지방으로 확대되었다. 이는 노비 추쇄의 폐단을 막아보기 위해 시행된 것인데, 해당 지방의 노비 총수를 미리 상정해 두는 것이므로 아래와 같은 폐단이 불가피하게 발생한다.

36) 탈급(頉給) : 수령이 군역의 면제를 허락하는 것을 제사(題辭)에 쓰기를 '탈급'이라 하였다.

비가) 태어났는데 기록에 올리지 않으면 이것은 입법한 본뜻을 크게 벗어나는 것이어서 그 폐단이 무궁할 것이다. 이후 이 총수에 구애받지 말고 노비의 태어나고 죽은 것을 사실대로 조사해야 할 것이다.

매년 노비를 찾아내고 면제할 때 만약 허명(虛名)으로 모록(冒錄)[37]하거나 실구(實口)를 빠뜨리는 것, 거짓으로 도망이나 사망을 가장하여 면제되는 것을 도모하는 것, 정말로 도망·노제(老除)·사망·병폐(病廢) 등의 이유로 마땅히 면제되어야 하는 데도 면제되지 않은 경우 등이 있다. 이때 3구(口) 이상이면 수령을 영문(營門)[38]에서 결장(決杖)[39]하고, 10구 이상이면 고신(告身)[40]을 빼앗고 2년을 한도로 금고(禁錮)[41]하며, 20구 이상이면 도배(徒配)[42]에 처하고 5년을 한도로 금고하며, 30구 이상이면 원배(遠配)[43]에 처하고 4년을 한도로 금고에 처한다. 여기에 규정된 숫자 이상이면 1년을 추가로 금고하고, 이것을 잘 검찰(檢察)[44]하지 못하는 도신(道臣)은 임금에게 아뢰어 논죄한다. 법전에 의하면 노비가 자식이 3구 이상이거나 동거하는 사람 5구 이상이 공역(貢役)을 부담하는 자에게는 1구의 공역을 면해주고, 10구 이상이면 2구를 면역하게 하는 규정이 있는데,[45] 법전의 규정대로 일일이 조사하고 찾아내어 탈하하여 면제시킴으로써 일가(一家) 내에 고통이 편중되는 폐단을 없애야 할 것이다. 만약 이 법을 준수하지 않으면

---

37) 모록(冒錄) : 사실이 아닌 것을 사실처럼 기록하는 것.

38) 영문(營門) : 조선시대 감영(監營)이나 군영(軍營), 즉 중앙의 5군영 및 지방의 병영(兵營), 수영(水營) 등을 모두 총칭하는 말.

39) 결장(決杖) : 장형(杖刑)을 집행(執行)하는 것.

40) 고신(告身) : 관리로 임명된 사람에게 수여하던 증서, 일명 직첩(職牒). 서경(署經)을 거친 후에 발급하였으며 만약 죄를 범하면 이를 박탈하였음.

41) 금고(禁錮) : 범죄 사실이 있는 사람을 등용하지 못하게 벼슬길을 막는 형벌.

42) 도배(徒配) : 도형(徒刑)의 죄목으로 귀양 감. 도형정배(徒刑定配)의 준말.

43) 원배(遠配) : 먼 곳으로 귀양 보냄.

44) 검찰(檢察) : 정해진 규정에 따라 직무를 수행하고 행동하는가의 여부를 검사하고 규찰하는 일.

45) 『경국대전(經國大典)』 권5, 형전(刑典) 「공천(公賤)」.

그 해당 수령에게 제서유위율(制書有違律)[46]을 시행하는 것이 마땅하다.

속안(續案)[47]은 을축년(영조 21, 1745) 절목에 의거하여[48] 6년에 1차씩 감영에서 수정하여 경사(京司)에 바로 보내어 마감(磨勘)하고, 노비 등에게서 경비를 거두는 일은 각별히 통렬하게 금지해야 한다.

근래의 이른바 도망 등으로 고발된 노비는 태반이 허명(虛名)인데, 그 상으로는 모두 실제 노비를 주므로 잃어버린 것을 보충하지는 못하고 오히려 해만 끼친다.[49] 이후 고발하는 자에 대해서는 돈이나 무명으로 인원수를 계산하여 논상(論賞)하고, 노비를 상으로 지급하는 규정은 일체 금지하여 중단해야 한다.

여러 궁가(宮家)에서는 사패노비(賜牌奴婢)[50]를 일시에 모두 받지 않거

---

46) 제서유위율(制書有違律) : 임금의 교지(敎旨)와 세자(世子)의 영지(令旨)를 위반한 자를 다스리는 율. 『대명률(大明律)』 이율(吏律) 제서유위조(制書有違條)에 의하면 위반한 사람은 장 1백에 처한다고 규정하였다.

47) 속안(續案) : 일반적으로는 계속하여 만든 문부(文簿) 즉 보충문부(補充文簿)라는 뜻이나 여기서는 노비의 출생과 사망 등 변동사항을 3년마다 작성한 장적(帳籍)을 가리킨다. 태종(太宗) 14년 2월, 의정부의 계(啓)에 따라 중앙 각사노비(各司奴婢)를 상세히 추쇄(推刷)하여 성적(成籍)하도록 함에 있어 매 계절의 끝달(3월·6월·9월·12월)에 그 출생·사망을 보고하여 3년에 한 차례 개적(改籍)하도록 하였다. 만약 이것을 봉행(奉行)하지 않은 관리는 교지불종(敎旨不從)으로 논죄(論罪)하였다(『태종실록(太宗實錄)』 권27-10·11, 태종 14년 2월 임자). 『속대전(續大典)』에 의하면 "공천(公賤)[公奴婢]에 관해서는 3년마다 속안(續案)을 작성한다. 중앙 각사(各司)의 관원(官員)은 먼저 스스로 (公賤을) 찾아내어[推刷] 사실을 조사하고 장예원의 관원과 함께 재심사[磨勘]하여 장적(帳籍)을 만든다. 지방에서는 각 고을의 수령(守令)이 추쇄(推刷)하여 관찰사(觀察使)에게 보고한다"고 되어 있다 [『속대전(續大典)』 권5, 형전(刑典) 「공천(公賤)」].

48) 영조 21년에 반포된 「영남시노비절목(嶺南寺奴婢節目)」을 말한다. 자세한 내용은 『비변사등록(備邊司謄錄)』 114책, 영조 21년 7월 초6일, 11-485 참조.

49) 이것은 "도망(逃亡)이나 은루(隱漏)한 노비(奴婢)를 신고(申告)[陳告]한 자에게는 그 노비 매(每) 4명당 1명을 상(賞)으로 준다. 3명 이하이면 각년(各年)의 공포(貢布) 및 저화(楮貨)를 추징(追徵)하여 상(賞)으로 준다."는 규정[『속대전(續大典)』 권5, 형전(刑典) 「공천(公賤)」]에서 나온 것이다.

50) 『증보문헌비고(增補文獻備考)』 권162, 호구고 2, "공신(功臣)의 사패노비(賜牌奴婢)

나, 간혹 그 패를 즉시 받지 않았는데 탈이 나면 대신할 자를 찾는 과정에서 폐단이 매우 많다. 이후에는 사패노비를 계하(啓下)[51]할 때 내수사와 장예원이 호조와 더불어 왕복하면서 상의하여 내려 받은 총수를 계하하여 즉시 패를 받게 함으로써 계속하여 다시 패를 받는 폐단을 막고, 계하한 후에는 다시 고쳐서 후보자를 정하지 못하게 한다. 비록 아직 패를 받지 못하였더라도 이미 궁가에 획급(劃給)한 후에는 호조에서는 마땅히 명단에서 빼 두어야 한다. 만약 다시 첩징(疊徵)하는 폐단이 있다면 마땅히 해당 당상관이 낭관과 의논하여 각별히 책임을 물어야 할 것이다.

호조 노비 1인당 유포(留布)·작목(作木)·작지(作紙) 등 역가(役價)는 모두 합하여 무명이 6척(尺) 7촌(寸)이고 돈으로 대신 내면 3전(錢)이다.

상의원(尙衣院) 노비 1인당 포지(布紙)·작목(作木)·작지(作紙) 등 역가를 모두 합하면 3전이다.

내수사와 각 궁 노비는 1인당 역가가 4전이다.

는 시노비(寺奴婢)로써 하고 구사(丘史)는 관노비(官奴婢)로써 한다. 궁가(宮家)의 사패(賜牌)는 시노비(寺奴婢)로써 정해 주고 관노비는 일체 허락하지 아니한다."

51) 계하(啓下) : 임금에게 올려진 계문(啓聞)에 대한 임금의 답이나 의견으로 내려진 것.

도적 다스리는 법[治盜法][1)]

도적이 생민에게 끼치는 해는 매우 크니 경계하고 대비하지 않을 수 없다. 그 경계하고 대비하는 방법의 핵심은 간사한 도적들이 흩어져 사라지도록 하는 데에 있다. 마땅히 각 면에 한문과 한글로 다음과 같은 내용으로 전령을 내려 알린다.

"내력이 분명하지 않고 행동이 매우 황당하며 농사일에 힘쓰지 않고 일 없이 드나드는 자들은 모두 도적이니, 각 마을에서는 이들을 머물러 살게 해서는 안 된다. 혹 원래부터 살고 있던 사람이라 하더라도 수상하고 황당한 행동을 할 경우에는 마을에서 빠짐없이 신고해야 한다. 만약 그 자가 대처하기 어려울 정도로 사나워 마을사람들이 입도 벙긋하지 못할 때에는 관가에서 기찰(譏察)하여 체포하는 방법을 활용한다. 이때 또한 항통(缿筩)[2)]을 나누어 주어 마을에 살고 있는 사람들이 각기 몰래몰래 수상한 사람의 이름을 써 통속에 넣도록 하라. 만약 사사로운 원한 때문에 양민을 거짓 신고할 경우에는 관가에도 이목이 있으니, 잘 헤아려 선량한 사람이 다치지 않도록 한다. 이전에 자잘하게 물건을 훔쳐 도둑이 된 자가 잘못을 뉘우치고 착실하게 농사를 지으며 나쁜 짓을 하지 않을 경우, 이 자 또한 양민이므로 비록 그 이름이 항통에서 나온다 할지라도

1) 이 항목은 『목민고』, 「치도법(治盜法)」과 거의 일치한다.
2) 항통(缿筩) : 대로 만든 벙어리 모양의 밀고용 투서함.

관가에서는 자세히 조사하여 분간한다. 우리 경내의 민인들이 오로지 농사일에만 힘써서 '출입이 무상하고 행동이 황당하다'는 일로 그 이름이 항통에 빈번하게 나오지 않게 되면 관가와 민간이 모두 평안 무사하게 될 것이니, 각자 이를 가슴깊이 새겨두는 것이 마땅할 것이다."

한 달에 여러 차례 항통을 마을로 보내어 행동이 황당한 사람들의 이름을 써서 바치게 하면 간악한 무리들이 두려워하며 흩어질 것이다. 그러나 항통에서 그 이름이 자주 나타나는 사람을 가려 뽑아 그 이름을 기록하고 몰래 탐문한다. 그 가운데 특히 심한 자는 가려 뽑아서 매우 세게 장(杖)을 치고 그 죄상을 말하여 잘못을 뉘우치게 한다. 그 다음 각 면(面)에 다음과 같은 내용을 즉각 알린다.

"어떤 마을의 아무개가 농사일에 힘쓰지 않고 행동이 황당하여 좋지 못한 일을 많이 했다. 그래서 붙잡아다 엄하게 매질하여 그가 잘못을 뉘우치게 했다. 다른 면에서도 또한 농사일에 힘쓰지 않고 행동이 황당한 자들이 많이 있으니, 앞으로 두고 보아 반드시 징치(懲治)할 것이다. 각 마을에 이 전령을 반포하여 여기에 해당하는 사람들이 잘못을 뉘우치고 죄를 저질러 중한 형벌을 받지 않도록 하는 것이 마땅하다."

그런데 항통이라고 하는 것은 사사로운 원한 때문에 모함하는 일이 많으므로, 항통에 적힌 이름을 일일이 믿어서는 안 되며 또한 그 내용을 가볍게 입 밖에 내서도 안 된다. 흉년이 들면 도둑질을 금하고 초적(草賊)[3]을 금하는 절목[4]을 알려 조심하게 한다.

---

3) 초적(草賊) : 몰래 남의 물건을 훔쳐가는 도둑, 서적(鼠賊). 또는 남의 농작물을 훔치는 도둑. 초절(草竊)이라고도 함.

4) 『성종실록(成宗實錄)』 권14, 성종 3년 정월 임인(壬寅)조에 한성의 5부 방리에서 도적을 금하는 절목이 실려 있다.

도적을 다스리는 절목[治盜節目]

1. 다른 고을의 재인배(才人輩)[1]로서, 처자를 거느리고 각 면(面)에 잠시 머물며 곡식을 구걸하는 무리라고 일컫는 자들은 모두 도적이다. 그 머물러 사는 집 주인과 함께 모두 각별하게 장(杖)을 쳐서 죄상을 신문할 터이니, 이를 위해 '아무개 집에 재인이 몇 명 와서 머물렀다'는 내용으로, 존위(尊位)·풍헌(風憲)·약정(約正)·이정(里正)이 그들이 온 다음 날 내로 첩보하라.

1. 다른 고을에 사는 사람이 같은 일족(一族)이라 하고는 이 고을에 와서 살 경우, 이 또한 도적의 무리들이다. '아무개의 집에 그의 일족 몇 명이 와서 머물고 있다'고 첩보하라.

1. 곡식이 빨리 익는 밭에서는 이웃한 땅의 주인들이 각기 막(幕)을 만들도록 하고, 2, 3일씩 돌아가며 수직을 서도록 한다. 만약 곡식을 잃어버릴 경우 그 날 수직을 선 자는 엄중하게 치죄하라고 첩보하라.

---

1) 재인배(才人輩) : 고려·조선시대 천한 직업에 종사하던 무리의 하나. 일명 재백정(才白丁)이라고도 한다. 이들의 생활수단은 화척(禾尺)과 마찬가지로 유기(柳器)·피물(皮物)의 제조와 도살·수렵·육류 판매 등이었다. 때로는 가무를 통해 생활하기도 했는데, 조선후기 이후에는 주로 창극(唱劇) 등의 기예(技藝)에 종사했던 것으로 보인다. 일반 양인들은 이들과 함께 거주하거나 혼인하기를 꺼려하였다. 이에 이들도 자기들끼리의 집단생활과 혼인을 도모했고, 여러 지역을 돌며 일시 거주하는 유랑생활을 하였다. 이러한 과정에서 걸식·강도·방화·살인 등을 자행했으며, 고려 말에는 왜구를 가장해 민가를 약탈하기도 하였다.

1. 민호는 가좌(家座)의 순서에 따라 5가 단위로 통을 만들고 통내에서 장정을 내어 날을 정해 수직을 선다. 그 통에서 도둑이 들 경우 그 날 밤 수직을 선 자를 엄중히 치죄하며 이를 위해 우선 오가통성책(五家統成冊)을 수정(修正)하여 관에 보고하라.

1. 근래 초적이 매우 많다고 한다. 남녀를 막론하고 매일 저녁 각자의 손바닥에 도장을 찍어 검토하는 바탕으로 삼는다. 매달 보름과 그믐에 상하(上下)의 인원이 한 곳에 모두 모여 한 사람의 이름을 밀통(密筩)에 각기 내도록 한다. 밀통에 이름이 많이 들어있는 자는 도적이 아니면 분명 악한이므로 각별히 엄한 형벌을 가하여 징려하고 매달 보름과 그믐에 존위가 첩보하라.

1. 다음 날부터 사람을 보내어 염문(廉問)하여[2] 혹 이를 거행하지 않을 경우, 존위와 풍약을 각별히 무겁게 치죄할 생각이니 깊이 새겨 거행하도록 하라.

1. 추수 때 혹 소를 도살하여 곡식과 바꾸거나, 혹은 담배·젓갈·소금 등의 물건으로 곡식을 바꾸거나, 혹은 관인배들이 밖으로 나가 곡식을 요구하는 경우 등, 이 같은 불법을 보고도 못 본채 끝까지 하나하나 보고하지 않다가 염문할 때 탄로가 나면, 존위(尊位)와 풍헌·약정을 사또에게 보고하여 형추하게 할 것이다.

1. 이 전령은 한시도 지체하지 말고 차례차례 빨리 전달하되, 각 면의 이름 아래에다 이 전령이 도착하는 즉시 표시를 하며, 마지막에 도착한 면에서 이 전령을 관으로 다시 바쳐야 한다. 일을 빨리 처리하는지 안하는지를 살펴 처리할 생각이니 알아서 거행하도록 하라.

장시에는 못된 자들이 꽤 있다. 먼저 읍내 장시부터 염찰하여 시가(市價)

2) 본문은 "明日爲始 出送廉問"이나 『치군요결(治郡要訣)』에서는 "自明日爲始 出送廉問"으로 되어 있어 이를 따른다.

를 마음대로 조정하고 크고 작은 되 용량을 조작하는 자에 대해서 시험적으로 엄히 장을 친다면, 곡물을 가지고 장시로 온 촌사람들이 낭패를 당하지 않을 것이다.

도적을 체포하는 일 등에 대해서는 엄하게 신칙한다. 순경(巡更)[3]에 관한 사항에 대해서는, 각 이에서 초·2·3·4·5경의 경패(更牌)[4]를 만들어 바치도록 하여 관에서 성첩하고 도장을 찍어 해당하는 경에 각 이에서 그 경패를 지니고 순경하게 한다. 경패는 일일이 이장에게 가져다주도록 하여 한 순간도 순경을 빠뜨리는 폐단이 없게 한다. 읍내 근처의 각 이(里)의 경우, 각 이에서 경패를 매일 신시(申時)에 관가에서 입직한 군관에게 내어주어 그들로 하여금 몰래몰래 각 이의 아무개 아무개 집에 가서 꽂아두도록 하고 각 이의 순경꾼들이 매 경마다 그 경에 해당하는 경패를 뽑아서 관가에 바치게 한다. 그런데, 마을 사람들과는 약속하기를 경패를 곧바로 순경꾼에게 내어주지 말고 순찰을 맡은 경의 시간이 다 지나간 뒤에 비로소 내어주게 하면 순경꾼은 마을을 두루 훑으며 소리치며 경패를 찾다가 5경이 이르도록 가호를 다 뒤져 패를 찾을 것이다. 그리하면 마을에는 또한 순경꾼들이 잠을 자버리는 폐단이 사라질 것이며, 도둑질하려는 자는 틈새를 찾을 수 없을 것이다.[5]

3) 순경(巡更) : 초·2·3·4·5 경(更)에 순행(巡行)을 돎.
4) 경패(更牌) : 매 경(更)에 순행할 때 표신(標信)으로 가지는 패.
5) 이 문단은 『목민고』에는 없는 부분이다.

전정(田政)[1)]

전안대장(田案大帳)[2)] 및 각 년의 행심책(行審冊)[3)] 등 전정에 관련된 모든 문서는 한꺼번에 거두어 궤짝이나 농에 담아 서명하고 단단히 봉한 뒤 수시로 꺼내 본다. 먼저 각 면의 오래된 진전(陳田), 각종 재탈(災頉)[4)] 및 시기결(時起結)의 총수를 계산한다. 면마다 이와 같이 하면 이른바 성천(成川)[5)]·포락(浦落)[6)]·복사(覆沙)[7)]·양진(量陳)[8)]·잉진(仍陳)[9)]의 실수와 시기(時起) 실수(實數)를 한눈에 파악할 수 있다. 그런 연후 그 가운데 각 년의 성천(成川)·포락(浦落)·복사(覆沙), 잉진, 구진(久陳),[10)] 양진의 곳곳을 수령이 직접 답험(踏驗)[11)]하되 사표(四標)는 눈에 잘 띄는 물건으로

---

1) 전정(田政) : 농지에 관한 전반적인 정책. 법제처본에는 '치도절목' 다음에 '옥정(獄政)'·'형장(刑杖)'·'형옥(刑獄)'이 있고, 그에 이어서 '전정(田政)'이 배치되어 있다. 이 항목은 『목민고』, 「전정(田政)」과 거의 일치한다.

2) 전안대장(田案大帳) : 토지대장.

3) 행심책(行審冊) : 각 고을의 농사 작황과 재해 정도를 기록한 책.

4) 재탈[災頉] : 재해를 입어 작황이 나빠 조세 납부가 면제됨.

5) 성천(成川) : 홍수물에 휩쓸려 논밭의 형체가 무너져 개천으로 변한 곳.

6) 포락(浦落) : 불어난 냇물이나 강물에 논밭이 개먹어서 무너져 떨어져 나간 곳.

7) 복사(覆沙) : 홍수 등으로 전답이 모래로 덮인 곳.

8) 양진(量陳) : 양안 곧 토지대장에 등록되어 있는 묵정밭.

9) 잉진 : 계속 묵는 밭.

10) 구진(久陳) : 오래된 묵정밭.

11) 답험(踏驗) : 농사가 잘 되고 못된 것을 관원이 실제로 현장에 나가서 조사하여

기록한다는 뜻을 따로 면임과 좌수를 정하여 알리고, 그들이 다 함께 농간부리는 일을 적발하도록 하고 사이사이 관장이 직접 검험한다. 만약 차이가 나거나 거짓이 있으면 향소와 면임을 사목에 의거하여 그 자리에서 엄한 형을 가하여 다른 사람들에게 경각심을 주게 되면 다른 면의 진전과 기경전, 재·실(災實)[12]을 착오 없이 파악할 수 있을 것이다. 반드시 7월 농사철이 지난 뒤 이 같은 조치를 앞서 취하게 되면, 도로 기경한 곳 및 해마다 나타나는 여러 면제사항[雜頃]을 가지고 서원(書員)이 사복을 채우는 일을 찾아낼 수 있을 것이다.

재해를 당한 것과 그렇지 않은 것을 위의 방법을 활용하여 찾아낸 후, 또 봄·여름이 지난 뒤 면임이 보고한 재탈 치부책(災頉置簿冊)[13]을 살피게 되면 올해의 재진(災陳)[14]을 앉아서 계산할 수 있을 것이다. 그런 뒤 민들이 올린 단자(單子)를 아래 절목과 같이 받아들이는 것이 좋을 것이다. 그러나 사정을 잘 모르는 서툰 수령은 서원에게 맡기고 다만 그가 큰 죄를 저지르지 못하도록 하는 것이 더 좋다.

그 손실에 따라 조세를 매기던 법.

12) 재·실(災·實) : 재결(災結)과 실결(實結).

13) 재탈 치부책(災頉置簿冊) : 재해를 입어 정상적인 수세가 불가능한 토지를 정리해 둔 책.

14) 재진(災陳) : 재해를 입어 진전이 된 토지.

전령(傳令)[1]

거행할 일은 다음과 같다. 가을걷이가 멀지 않다. 전답에 심어놓은 여러 곡식의 재탈처(災頉處[2])를 관에서 곳곳을 답험하여 계산할 것이다. 연분사목(年分事目)[3]이 내려오기 전에 늦게 이앙하여 소출이 축소된 곳과 분수 등재(分數等災)[4]는 거론해서는 안 된다. 그러므로 특히 반드시 재탈의 혜택을 받아야 할 것만 우선 뒤에 붙인 단자의 본장(本張)[5]에 기록해야 할 것이므로 이것을 같이 보내니, 이 봉단(封單)에 따라 단자를 작성하라.

한 사람이 소유한 전답이 열 곳의 면에 흩어져 있더라도 그 전답이 자리 잡고 있는 면에서 각 전답에 해당하는 여러 장의 단자를 나누어 올리거든, 면임은 각인(各人)의 단자를 거둔 후 한결같이 천자문의 순서에 따라 성책(成冊)하여 이 달 아무 날 내로 관에 바친다. 이때 재탈처의

---

1) 이 항목은 전정(田政)과 관련된 전령(傳令)을 말하는 것으로서 앞서 나온 도임 전후의 전령과는 다르다. 『목민고』, 「전령(傳令)」과 거의 일치한다.

2) 재탈처(災頉處) : 재해를 입어 정상적인 수세가 불가능한 경작지.

3) 연분사목(年分事目) : 연분(年分)에 대한 규정. 연분은 그 해의 농사의 풍흉에 따라 해마다 토지를 상상(上上)·상중·상하·중상·중중(中中)·중하·하상·하중·하하(下下)의 아홉 등급으로 나누던 제도. 연분사목은 가을에 정해서 반포하는데, 앞당겨 7월에 만들어 반포하는 경우도 있었다(『숙종실록』 권49, 숙종 36년, 7월 기미).

4) 분수 등재(分數等災) : 재해를 입은 토지를 그 무겁고 가벼움에 따라 등급을 매김.

5) 본장(本張) : 이 뒤에 나오는 '단자규식(單子規式)'을 가리킨다.

시작(時作)[6]과 동서(東西)의 범표(犯表)[7] 또한 단자의 예에 따라 적는다. 그 내용은 다음과 같다.

'○○자(字) 제○번째 전답 ○부(負) ○속(束) ○두락지(斗落只)[8] ○배미[夜味][9]'는 '처음부터 종자를 뿌리지 않음' 혹은 '오래된 성천·포락·복사', '새로 생긴 성천·포락·복사' 등등과 같이 재해의 이름에 맞추어 탈을 기록한다. 또한 동쪽 ○배미는 횡경답(橫耕畓), 서쪽 ○배미는 직경답(直耕畓), 남쪽 ○배미는 부종답(附種畓), 북쪽 ○배미는 이종답(移種畓) 등 답험할 때에 본 대로 범표의 내용을 기록한다.

시작(時作) 또한 '○○면 ○○리 ○통 ○호 주호(主戶) 누구'라고 쓴다. 이때 주호가 양반일 때는 아무개 생원(生員)의 앙역노(仰役奴) 아무개라 쓰며, 중인 이하일 때는 그 주호의 이름을 직접 써서 농간을 부릴 여지를 없앤다. 농사짓는 사람들이 관가에서 답험하지 않을 것이라고 요행을 바라서 실결(實結)[10]을 재결(災結)[11]이라고 했다가 그 사실이 밝혀지면 양반·양민을 가리지 않고 결코 용서하지 않을 것이니 가슴깊이 새겨 거행하라.

모내기 할 때 한 곳의 논 가운데 혹 두세 되 뿌릴 만한 면적에 아직 이앙(移秧)하지 않았으면 '○○자(字)답 ○부(卜) 중 ○부는 처음부터 씨를 뿌리지 않았다'고 기록하고, 사방의 범표(犯標)를 기록하는 일 또한 위와 같이 한다. 오래 묵은 땅이나 모래로 덮인 곳 가운데, 다시 경작하는 곳이

---

6) 시작(時作) : 조선시대, 소작인(小作人)을 지칭하던 말. 조선전기에는 전호(佃戶)라 하다가 후기에 그때그때 남의 토지를 경작한다 해서 시경작인(時耕作人)이라 하고, 양안(量案)을 작성할 때 자작지(自作地) 소유자는 기주(起主)라 표시하는 반면 소작인은 '시작', '작', '작인'으로 표시하였다.

7) 범표(犯表) : 재해(災害) 표지(標識).

8) 두락지(斗落只) : 두락. 파종하는 종자의 양이 1두일 경우, 1두락이라 함.

9) 야미(夜味) : 배미의 한자어 표기.

10) 실결(實結) : 수확이 가능해져 부세를 호조에 납부하는 경작지. 재결(災結)의 반대.

11) 재결(災結) : 재해를 입어 부세 납부가 정상적으로 이루어질 수 없는 경작지.

많이 있는데, 여전히 탈(頉)로 기록된 곳은 존위와 풍헌·약정이 직접 간험(看驗)한 후 수정·성책하여 관에 보고한다. 이렇게 하여 다 찾지 못한 이유로 죄를 받는 폐단이 없도록 한다. 재탈 성책(災頉成冊)을 수정하여 보고할 때, 해당하는 면의 풍헌과 약정이 으레 뇌물을 받는 폐단이 있는데, 전처럼 하지 말고 착실히 거행하는 것이 마땅하다. 이때 전답 가운데 올해의 진전(陳田)은 애초 거론하지 않는다. 이것을 각 면의 존위와 풍헌·약정에게 전령한다.

단자를 작성하는 규식[單子[1]規式][2]

○○면 ○○리 제○통 ○호 주호 ○○○의 전답 재해단자(某面 某里 第幾統 幾戶 主戶某人 田畓災單子)

○○면 ○○리 ○자 제 ○답 ○부 ○속(某面 某里 某字 第幾畓 幾卜 幾束)은 '처음부터 씨를 뿌리지 않음'. 동쪽 한 배미[夜昧]는 횡경답(橫耕畓),[3] 서쪽 두 배미는 직경답(直耕畓),[4] 남쪽 두 배미는 부종답(付種畓),[5] 북쪽 다섯 배미는 이종답(移種畓)[6]이다. 전부(田夫) ○○○이라 이름을 쓰거나 수촌(手寸)[7]하고 전답이 소재한 면에 보낸다.

또 한 가지 방법[又一法]

---

1) 단자(單子) : 타인에게 보낼 물품이나 어떠한 사실을 조목조목 적어 받을 사람에게 올리는 문서. 대개는 매 조목을 별행으로 썼다.

2) 이 항목과 아래 '우일법(又一法)' 항목은 『목민고』, 「단자규식(單子規式)」과 거의 일치한다.

3) 횡경답(橫耕畓) : 가로 모양의 논.

4) 직경답(直耕畓) : 세로 모양의 논.

5) 부종답(付種畓) : 직접 씨 뿌린 논.

6) 이종답(移種畓) : 모내기한 논.

7) 수촌(手寸) : 조선시대 수결(手決)의 일종으로 왼손 가운데 손가락의 첫째와 둘째 마디 사이의 길이를 재어 그림으로 그려 도장 대신 썼다.

민간에서 단자가 모두 올라온 후 관장이 관속과 향소, 이노(吏奴)를 데리고 각자 먹을 점심을 가지고 직접 전야(田野)에 나아간다. 한 자(字)당 5결씩 각자에게 나누어 맡겨 재해 입은 곳을 살피게 한다. 관장은 높은 언덕으로 가서 재해를 입은 것이 맞으면 푸른 기를 세우게 하고, 그렇지 않으면 흰 기를 세우게 한다. 관장이 내려가 깃발을 따라 답험(踏驗)하여 실(實)로 돌릴 것은 실로 돌리고 재(災)로 파악한 것은 재로 처리하여 날마다 기록하여 문서를 작성한다. 재실심사를 신속히 진행하는 것은 힘써서 총명하게 관찰하는 데 달려 있다. 그 사이에 새롭게 경작한 곳을 숨기거나 누락된 전답은 붉은 깃발을 세우고 기록한다.

매년 잡탈(雜頉)[8]이라 하여 서원(書員)의 주머니로 들어가는 것은 제1조의 방법으로 수괄하고, 민간에서 올린 단자의 허실을 조사하는 것은 상단의 방법처럼 자세히 살피면 착오가 발생하지 않을 것이다. 다만 (다른 마을이나 면에서 소재한 토지를 문서상으로) 옮겨 오고 옮겨 가는 것과 8결을 기준으로 한 명의 작부(作夫)를 세우는 일[八結作夫][9]은 관리하기가 어렵다. 양호(養戶)[10]의 폐단이 없는 읍은 없으니 이는 이익이 있는 곳에서는 잘못을

8) 잡탈(雜頉) : 각묘(各廟), 능(陵), 원(園), 묘위전(墓位田), 궁방전(宮房田), 아문둔전(衙門屯田), 영문둔전(營門屯田), 각양잡위전(各樣雜位田), 구진전(舊陳田) 등 부세가 면제되는 전지. 잡탈에 시기전(時起田)을 합한 것이 원장부(元帳付) 전답(田畓)이다. 국역(國役)과 같은 국가적 의무를 이행해야 할 경우 빠질 수 있는 공식적인 면제 사유 이외의 다양한 이유를 들어 의무에서 면제됨. 탈(頉)이란 의무를 수행할 수 없는 상태, 예컨대 부모가 돌아가셨거나 당사자가 중병에 들거나 불구자인 경우 등을 지칭함.

9) 팔결작부(八結作夫) : 전결(田結)에 부과되는 세금을 징수하는 단위로서 『속대전(續大典)』 호전(戶典) 수세(收稅)조에 다음과 같이 규정되어 있다. "매 8결(結)을 1부(夫)로 삼는다. 전부(佃夫) 중에서 살림이 넉넉하고 근면한 자를 선택하여 호수(戶首)로 삼는다. 대체로 그 8결에서 납부해야 할 전세와 역은 호수가 그 정해진 결 내에 있는 전부(佃夫)로부터 징수하여 납부한다."

10) 양호(養戶) : 토호나 관속의 무리들이 그들의 경작지를 민전(民田)과 합해서 기록하고 그 세금을 자기가 받아서 낼 때 평민으로부터 미두(米豆)를 가렴(加斂)하여 그 세금을 채우는 자, 또는 민결(民結)을 억지로 빼앗거나 역가(役價)를 억지로

방지하기가 지극히 어렵다는 사실을 의미한다. 자신이 총명하여 일 처리에 능통한 자가 아니면 순서를 잡아서 성취할 수 없을 것이다. 이 때문에 노련한 수령은 전정(田政)에 심각하게 마음을 쓰지 않고, 다만 위로 책임을 면하고 아래로 원망과 비방이 없게 하려 할 뿐이다.

또 한 가지 방법[又一法][11)]

각 읍의 전정(田政)과 관련된 규정은 일정하지 않다. 그 규정에서는 혹 서원(書員)[12)]을 보내서 답험하게 하거나 혹 민으로부터 단자를 직접 받아서 마감한다. 그러나 서원은 농간을 부려 조세를 부과할 결(結)을 훔치는 것이 매우 심하기 때문에 결코 전례에 따라서 서원을 정하여 보내서는 안 될 것이다. 민 스스로 단자를 올리게 하면 간사한 민들이 속이고 숨기는 농간을 부려 그 폐단이 끝도 없을 것이다. 또한 해마다 같은 방법으로 되풀이해서 시행하여 분명하게 조사할 방도조차 없게 해서는 안 될 것이다.[13)]

각 면 각 이에 사는 중인이나 서얼 가운데 사리에 밝고 또한 가계(家計)가 넉넉한 자를 선택하여 별유사(別有司)로 삼는다. 답험할 때가 되면 이들을

징수하는 자(『속대전』 호전, 수세)로서 이들은 가벼울 때는 장형(杖刑)으로부터 무거우면 도(徒)·유형(流刑)에 처하라고 규정하였다.

11) 이 항목과 아래의 「작결법(作結法)」, 「양호지폐(養戶之弊)」는 『목민고』, 「전정법(田政法)」에 항목 구분없이 순서가 뒤섞여서 들어 있다.

12) 서원(書員) : 조선시대 중앙과 지방의 각 관서에 배속되어 주로 행정 실무를 담당한 이속(吏屬). 지방 각 관아의 서원은 조선말기까지 지속되었다. 지방 서원은 부(府)·대도호부(大都護府)·목(牧)·도호부·군·현에 배속되었다. 그리고 해당 지역의 수령과 육방아전의 지시를 받으면서 세금 징수·손실답험(損實踏驗) 등의 행정 실무를 담당하였다. 각 관아별 배속 인원은 『경국대전』에 부는 34인, 대도호부·목은 30인, 도호부는 26인, 군은 22인, 현은 18인으로 명문화되었으며, 이 인원이 한말까지 계속되었다. 이들은 중앙의 서원과 달리 산계, 상급서리 배속, 영직, 실직 등과는 유리된 만큼 천역시 되면서 기피되었다.

13) 본문은 '丁弊'인데, 『목민고』는 '無'로 되어 있어 이를 따른다.

모두 관정으로 불러서 엄중히 신칙하여 분부하기를 "너희들이 조금의 결부라도 농간을 피우면 각별히 중한 형벌을 받을 뿐 아니라 전 가족을 군역에 강정(降定)할 것이다"고 하며 각각 다짐을 받는다. 이들을 내보낼 때 행심책(行審冊)을 각각 쪼개서 혹 1~2자(字)[14]씩, 혹은 4~5자씩 나누어 주고 수일 안에 곳곳을 답험하여 마치고 사실대로 결부(結卜)를 파악하게 한다.

만약 이번에 새로 재해가 발생하여 탈이 생긴 곳이 있으면, 반드시 길이와 넓이를 자[尺]로 재며, 사방의 범표(犯標)는 그 자리에서 눈에 띄는 분간하기 쉬운[15] 물건으로 상세히 기록하게 한다. 성천(成川)과 포락(浦落), 복사(伏沙), 잉진(仍陳) 등도 곳곳마다 척량(尺量)하며, 사방에 혹 범표로 표시할 수 없는 곳이면 혹 도로와 나무, 돌로 경계를 삼으며, 따로 흙을 쌓아올려 만든 둔덕을 경계로 삼도록 한다.

이상의 내용을 별도의 책으로 만들어 보고하면, 반드시 직접 현장에 나아가 농간을 부렸는지 여부를 조사하는데, 몇 건을 뽑아서 자로 재어 본다. 만약 조금이라도 차이가 나면 별유사와 전부(田夫)를 함께 모아놓고 바로 그 자리에서 엄중히 다스린다. 또한 전부(田夫) 등이 실결(實結)로 파악된 것이 지나치게 많다고 원망하면 이 역시 그 자리에서 실상을 조사하여 탈로 잡아주면 민들의 원망이 없어질 것이다.

이렇게 하면 서원의 무리들이 이전부터[16] 해 먹었거나 간특한 민들이 속여서 숨겼던 결부(結卜)가 저절로 드러나 한 고을의 실결(實結) 총수(摠數)가 전에 비해 훨씬 늘어날 것이다. 이 각종 재해를 입은 곳과 오래된 진전은 모두 탈로 처리될 것이니 실질적인 혜택이 민에게 미칠 것이다.

---

14) 자(字) : 토지대장에 수록된 자번(字番)을 뜻하며, 5결마다 하나의 자번이 부과된다.

15) 본문은 '易變'이나 『목민고』의 '易卞'을 따른다.

16) 본문은 '曾於'이나 『목민고』의 '曾前'을 따른다.

작결하는 방법[作結法]

작결할 때 각 이(里)의 별유사로 하여금 한 곳에 모여서 작결하게 하고 문서가 들어오면 도장을 찍어 내보내되 일일이 살펴서 발급해 주면 이서들이 애초에 손댈 바가 없을 것이고, 촌민이 관아에 들어오는 폐단도 없어질 것이니 실로 절묘한 방법이라 할 것이다.

또 각종 재탈(災頉)이 있는 결(結)은 관가에서는 비록 모두 재해 입은 것으로 인정하더라도 별유사들이 민들에게 그 모든 수를 출급하리라고 보장하기 어렵다. 따라서 소위 급재하는 결은 반드시 작결하기 전에 먼저 골라서 내려주되, 도장을 찍어 각 면과 이에 내려 보내 민인들이 미리 입재처(入災處)를 모두 알게 한다면 유사(有司)들이 재결(災結)을 갖고 농간을 피울 수 없을 것이다.

작결한 뒤 혹 실(實)을 재(災)로 평가했다고 원망하는 일이 발생하면 유사들을 잡아들여 심문한 뒤 별유사에게 옮겨서 징수하는 것도 혹 한 방도일 것이다.

양호의 폐단[養戶之弊]

양호의 폐단[1] 역시 미리 엄하게 막아야 한다. 유사(有司)들에게 분부하여 각 면의 결부(結卜)에서 다른 마을이나 면에서 소재한 토지를 문서상으로 옮겨 오고 옮겨 갈 때 만약 실결(實結)을 뽑아서 양호들에게 모두 속하게 한 경우가 있으면 발견되는 대로 모두 엄히 다스리고 군역에 채워 넣겠다는 뜻으로 각별히 신칙한다. 또 작결할 때 부유한 자를 모두 호수(戶首)로 삼으면 양호의 폐해는 조금 줄어들 것이고, 전세와 대동미(大同米)를 거둘 때에도 어려움이 없을 것이다.

다만 전정(田政)을 이와 같이 하면 토호와 간리(奸吏)가 크게 의심하고 원망하는 마음을 일으켜 관장을 모함할 것이니, 비록 남는 결수가 있더라도 수령이 사사롭게 사용해서는 안 될 것이다. 비록 군기(軍器)나 공용 등과 같이 용도가 명확한 곳이라도 민이 세금을 내는 결[民結]을 사용하지 않은 뒤에야 낭패를 당할 염려가 없을 것이다.

---

1) 양호(養戶) : 토호나 관속의 무리들이 그들의 경작지를 민전(民田)과 합해서 기록하고 그 세금을 자기가 받아서 낼 때 평민으로부터 미두(米豆)를 가렴(加斂)하여 그 세금을 채우는 자, 또는 민결(民結)을 억지로 빼앗거나 역가(役價)를 억지로 징수하는 자(『속대전』 호전, 수세)로서 이들은 가벼울 때는 장형(杖刑)으로부터 무거우면 도(徒)·유형(流刑)에 처하라고 규정하였다.

또 한가지 방법[又一法][2)]

전정에는 세 가지 방법[3)]이 있으니 한 가지 방법은 서원(書員)을 쓰지 말고 면임(面任)을 잘 골라서 그를 엄히 신칙하여 그로 하여금 단자를 거둬들이게 한다. 실결(實結)과 진결·재결[陳災], 잡탈(雜頉)이라고 명목이 붙여진 것을 빠짐없이 기록하고, 다른 마을이나 면에 소재한 토지를 문서상으로 옮겨 오거나 옮겨 갈 것 역시 구별하여 기록한다.

---

2) 이하의 내용은 『목민고』, 「전정(田政)」과 거의 일치한다.

3) 세 가지 방법 중 두 가지는 앞서 살펴본 바와 같이 첫째 서원을 보내 답험하는 것, 둘째 민이 실결을 파악하여 단자에 써서 직접 올리는 것이 있다.

단자 규식(單子規式)

○○면, ○○리, △통(統), △호(戶), 아무개[某人] 단자(單子)

실류(實類)[1]

○자(字)[2] 제(第)△답(畓),[3] △부(負) △속(束).

제△답(畓), △부 △속.

[자(字) 안에서는 면적의 다소(多小)에 따라 분류하여 쓴다.]

○자(字) 제△전(田), △부 △속.

제△전(田), △부 △속.

탈류(頉類)[4]

○자(字) 제△답(畓), △부 △속 구성천(舊成川)[5] 내에서

환기(還起)[6] △부 △속, 잉존(仍存)[7] △부 △속

1) 실류(實類) : 실제로 경작하여 과세 대상이 되는 토지.

2) ○자(字) : 양안 상의 토지 자호. 양안의 토지 번호는 천자문의 순서대로 '천(字)', '지(地)'등으로 자호를 쓰고 다음에 지번을 제(第)△답(畓)이라고 쓴다.

3) 제(第)△답(畓) : 양안 상의 토지 지번.

4) 탈류(頉類) : 여러 가지 이유로 탈이 나서 규정대로 과세하기 어려운 토지.

5) 구성천(舊成川) : 경작지가 개천으로 바뀐 지 오래된 토지.

○자(字) 제△답(畓), △부 △속 묵은 복사[舊伏沙][8] 내에서

환기(還起) △부 △속, 잉존(仍存) △부 △속

○자(字) 제△답(畓), △부 △속 묵은 포락[舊浦落][9] 내에서

환기(還起) △부 △속, 잉존(仍存) △부 △속

[연분사목(年分事目)[10]에 혹 '올해에 인정하는 재해'가 있는 경우도 이같이 한다.]

○자(字) 제△전(田), △부 △속 묵은 진전[舊陳] 내에서

환기(還起) △부 △속, 잉존(仍存) △부 △속

[목화밭의 재해도 이같이 한다.]

이상(已上) 실답(實畓) △부 △속, 실전(實田) △부 △속,
탈답(頉畓) △부 △속, 탈전(頉田) △부 △속

다른 면[11]에서 옮겨 오는 것[他面 移來類]

○○면(面) ○○리(里)에 있는 ○자(字) 제△답(畓) △부 △속 '무슨 탈(某頉)' 내에서

환기(還起) △부 △속, 잉존(仍存) △부 △속

제△전(田) △부 △속 '무슨 탈(某頉) 내에서

---

6) 환기(還起) : 개천으로 바뀌었다가 다시 경작지가 된 토지.

7) 잉존(仍存) : 계속 개천으로 두는 토지.

8) 묵은 복사[舊伏沙] : 홍수 등으로 전답이 모래로 덮여서 오래된 곳.

9) 묵은 포락[舊浦落] : 불어난 냇물이나 강물에 논밭이 개먹어서 무너져 떨어져 나간 지 오래된 곳.

10) 연분사목(年分事目) : 연분(年分)에 대한 규정. 연분은 그 해의 농사 풍흉에 따라 해마다 토지를 상상(上上)·상중·상하·중상·중중(中中)·중하·하상·하중·하하(下下)의 아홉 등급으로 나누던 제도.

11) 원문에는 '田畓'으로 되어 있으나 '面'이어야 아래 '타면이거류'가 서로 대응된다.

환기(還起) △부 △속, 잉존(仍存) △부 △속
○○면 ○○리 ○○○으로부터 옮겨 왔다.

이상(已上) 실답(實畓) △부 △속, 실전(實田) △부 △속, 탈답(頉畓) △부 △속, 탈전(頉田) △부 △속

총계[都已上] 실답(實畓) △부 △속, 실전(實田) △부 △속

다른 면으로 옮겨 가는 것[他面 移去類]

본 면의 ○○리에 있는 ○자(字)의 제△답(畓) △부 △속
제△전(田) △부 △속
○○면 ○○리 ○○○에게로 옮겨 간다
면임 서명, 이임 서명[12)]

이 단자 규식을 두꺼운 종이에 깨끗하게 써서 이(里)마다 한 장을 준다. 이 규식에 의거하여 매 1인 당 각기 2건을 만들어 들여온다. 받아들이는 기한은 '큰 면은 며칠까지, 중간 면과 작은 면은 각각 며칠까지'라고 적절히 정하여 주고, 엄히 독촉하여 받아들인다.

면임은 단자를 들고 재탈(災頉)[13)]로 기록된 곳곳을 직접 찾아보아 지나친 것과 거짓이 없는지를 알아본 연후에 단자를 들여온다. 단자가 들어온 후에는 지나친 것, 거짓된 것이 들통 나면 면임과 전부(田夫)가 같이 죄를 받으며, 만일 간심(看審)이나 다른 농간으로 말미암아 한 사람의 민이라도 원망을 하기에 이르면 중형(重刑)에 처해서 엄하게 다스리겠다는 뜻으로

12) 『목민고』에는 이임(里任)이 상존위(上尊位)와 하유사(下有司)로 명시되어 있다.
13) 재탈(災頉) : 재해(災害)를 입어서 탈(頉)이 난 곳.

전령하여 각별히 신칙한다.

또 각기 투서(套署)[14]를 주어서, 단자의 장수를 잘 세어 보고서 안에 넣고 잘 봉한 다음 봉투에 투서를 찍어 관장 앞에 직접 내게 한다. 이렇게 하면 이서가 중간에서 열어보는 폐단을 막을 수 있다. (단자가) 들어오는 대로 시험 답안지[試紙]에 번호를 매기는 것처럼, 매 장에 1천(天), 2천(天)이라고 번호를 매겨서[15] 중간에 빼내는 폐단을 막는다. 미리 대투서(大套署)를 파두었다가 인장처럼 붉은 인주를 사용하여 글자 위에 찍어, 지우고 고치는 간사함을 막는다. (투서를 찍는 이유는) 대개 인장은 글자가 불분명하기 때문이다.

계산을 담당하는 이서[叩筭吏]를 나이가 적고 글과 계산에 밝은 근실한 자가 좋다. 면마다 한 명씩 정한다. 이들에게 1면의 총계[都已上]를 산출하게 하여 실과 탈을 모두 포함한 양안(量案)[16] 상의 면 총계[面已上]와 비교한다. 만일 줄어든 것이 있으면 면임에게 숨기고 빠트린 결[隱漏結]을 색출하도록 엄칙하여 모두 받아낸다. 또 양안이나 행심책(行審冊)[17]에 띠종이[帶紙]를 붙여서 서너 명의 이(吏)로 하여금 단자에 쓰인 곳곳을 (양안에서) 찾아서 (양안 위에 붙인 띠종이)에 기록하여 올리게 한다. 만약 (양안상의 띠종이에) 빈 곳이 생기면 곧 빼먹은 것이다. 빼먹을 경우 엄히 다스리겠다는 뜻을 미리 자세히 엄칙하면 애초에 빼먹지 않을 것이다. (비록 모두 살펴서 현록할 수 없다 하더라도 우선 현록하기 시작하면 아마도 스스로 두려워 삼갈 것이다.)

---

14) 투서(套書, 套署) : 도장.

15) 1천(天), 2천(天) : 천자문의 글자 순서대로 글자를 적어 번호를 매기는데, 1,000장이 넘는 경우를 대비하여 1天, 1地와 같이 번호를 매겨 나가고, 다음 차례에는 2天, 2地와 같이 번호를 매긴다.

16) 양안(量案) : 국가에서 전세(田稅)를 효율적이고 합리적으로 징수하기 위하여 전국의 토지를 측량하여 기록한 장부. 조선시대에는 법제적으로 20년마다 한 번씩 전국적인 규모로 양전(量田)을 실시하고, 이를 토대로 양안을 작성하여 호조 및 해당 도와 읍에 각각 1부씩을 보관하도록 하였다.

17) 행심책(行審冊) : 각 고을의 농사 작황과 재해 정도를 기록한 책.

잡탈(雜頉)에 대해서 말하자면, 새롭게 발생한 탈[新頉]은 매우 적어서 실상을 조사하기가 매우 쉬우니, 묵은 탈[舊頉]을 도로 기경하였는지를 밝히는 데에 집중한다. (이 역시 처음에 단자를 바치도록 명령할 때 상세히 지시한다.) 묵은 탈 가운데 부수[卜數]가 많아 의심스러운 것은 새롭게 발생한 탈과 같이 (금년에 풍년이 들었더라도 혹시 새로운 포락(浦落)과 복사(伏沙)가 있을 수 있다. 이는 모두 금년의 연분사목에 따른다.) 처음 먼저 바친 단자 중에서 집어내어 그날로 농간을 적발한다. (반드시 자호(字號)의 첫 번째 지번[18]부터 시작하여 1자(字) 5결 곳곳을 답험하여 적발한 곳을 기록해 두어야만 속지 않을 것이다.) 서너 곳이라도 우선 적발해서 속인 자에게 엄한 형벌을 가하여 옥에 가두고, 각 면에 무겁게 추궁하겠다는 뜻으로 다시 신칙하면, 뒤이어 들어오는 단자에는 처음부터 거짓 탈[僞頉]을 기록하여 올리지 않을 것이다.

이와 같이 하면 양안 내에서 누락된 곳이 없으며 또 거짓 탈도 방지하여 이미 실결을 많이 얻게 될 것이므로, 양안에 기재된 곳 이외로 더 기경한 곳은 혹 잃어버리더라도 무방하다. 서원(書員)을 쓰지 않았으니 잃는 것이 있더라도 모두 민에게 잃기 때문이다. 하지만 반드시 자세히 실상을 조사하고자 한다면 마땅히 면리임에게 엄칙하여 따로 단자를 바치게 하는 것도 좋다.

'옮겨 오고 옮겨 가는 일'[移來移去]은 단자 가운데 씌어 있는 것을 추출하여 따로 책을 만들어서 간 것[去]으로 온 것[來]을 대조하고 온 것[來]으로 간 것[去]을 대조하여 서로 어긋남이 없게 한다. 그런 다음 처음에 '계산을 담당하는 이서'를 물리고, 한 차례 다시 선발하여 면마다 한 명의 이서를 배정하여 단자 내의 실한 곳[實庫]과 옮겨온 조목[移來條]을

18) 양안의 토지 번호이다, '○○자(字)'는 자호이고, '제△답(전)'은 지번이다. 양안에는 자호(字號)·지번(地番)·양전 방향·토지의 등급·지형·척수(尺數)·결부수(結負數)·사표(四標)·진기(陳起)·주(主) 등을 기재하였다. 자호는 5결을 1자로 한다는 원칙에 따라 양전의 단위를 『천자문』 순서로 나타낸 것이며, 지번은 각 자호 안에서의 필지(筆地)의 순서를 나타낸 것이다.

따로 뽑아 적게 하여 깃기책(衿記冊)[19]을 만든다. 깃기책에는 각 사람 이름 아래 '실결 총계[實已上]'를 계산해 적어둔다. (단자에서 실한 곳과 옮겨온 곳(移來)의 총계[都已上]를 계산하였지만 다시 타산하도록 명령하여, 계산이 틀린 곳이 있으면 단자 위에는 붉은 글씨로 써넣고 깃기책에는 사실에 의거해 수정한다.) 또 그 이서를 물리고 다시 한 차례 선발하여 각 사람 이름 아래의 총계를 따로 뽑아 적게 한다. 작부책(作夫冊)[20]을 만들기 위함인데, 이때 쓰는 순서는 통호(統戶)의 차례를 따른다. (양호(養戶)하여 수취하는 폐단을 막기 위해서다.[21])

또 그 이서를 물리고 다시 한 차례 선발하여 타산하여 작부(作夫)한다. 이서의 숫자가 다시 선발하기에 부족하면 모두 다 새로운 이서를 쓸 필요는 없고 단지 담당하는 면만 바꾸는 것도 괜찮다. (이서가 많으면 새로운 이서를 쓰는 것이 물론 좋다.) 타산과 뽑아 적기 및 작부 모두를 가장 빨리 마친 면(面)이나 이(里) 가운데 하나를 택해서 관장이 직접 정밀하게 맞추어 본다. 이 일은 잠깐 동안의 일에 불과하니, 아객(衙客)에게 맡겨도 좋다. 1부(負) 1속(束)의 잘못이라도 발각되면 곧바로 무겁게 다스려서 엄히 가두면 나머지는 두려워서 온 힘을 다할 것이다.

상사(上司)[22]에의 마감(磨勘)[23]은 으레 문서가 반쯤 작성되었을 때 행하는데, 실결의 수가 너무 많으면 마침내는 읍폐가 된다. 대개 나는 특별한 방법을 써서 실결을 많이 얻을 수 있으나 뒷사람이 매번 반드시 이처럼 하기가 어려울 것이다. 그런데 내후년의 연사(年事)[24]가 대략 금년과 같으

19) 깃기책(衿記冊) : 지주(地主)의 성명 및 조세액을 기록한 서류.

20) 작부책(作夫冊) : 작부를 기록한 문서 책. 작부는 결세(結稅)를 거둘 때 8결을 묶어 1부(夫)로 만들어 부(夫)별로 결세를 거두는 방법이며, 작부책은 8결 1부 책정 상황을 기록한 책이다.

21) 『목민고』에는 이 세주가 본문으로 되어 있다.

22) 상사(上司) : 윗 등급의 관아나 기관.

23) 마감(磨勘) : 일을 잘 살펴서 심사하여 끝을 맺음.

24) 연사(年事) : 그해 농사의 풍흉의 정도를 말함.

면 상사(上司)는 반드시 금년의 수로 부과할 것이니, 그 때 수령이 수를 채우지 못하면 필시 민에게 부수(卜數)를 늘려 부담시킬 것이기 때문이다. 작량(酌量)하는 수를 사실대로 다 보고하지 못함은 실로 부득이한 일이다.

매년 감영에서 정하는 방법은 전년도와 비교하는 방식이다. 내가 얻은 실결의 수가 너무 많으면, 마감은 비교하는 전년도의 수에 조금 더하는 정도로 하는 것이 좋다. 마감하고 나서 나머지가 아직 많으면 매 결에 몇 부(卜)씩 감해 준다. 이 역시 부득이한 일이며, 신축하는 방법은 그 남는 수에 따른다.

가령 매 1결에 20부씩을 감해주려면, 1결에 감해주는 수를 22부 2속 2파로 계산해야 가능하다. 이는 1결 내에 20부를 감해주면 다른 20부로 메워야 하는데 그 20부 역시 2부를 감해주어야 하고, 그 2부 역시 다른 2부로 메워야 하는데 그 2부 역시 2속을 감해주기를 차례차례 이와 같이 해야 하기 때문이다. 애초에 이와 같이 계산하지 않고 단지 1결에 20부로 하면 크게 흠축이 나고 만다.

장차 남는 수를 미리 자세히 마련하고, 20결 정도를 남겨두어 작부(作夫) 후에 부수가 추가되었다거나 없는 부수라고 원망하는 자가 있거든 곧바로 덜어주는 용도로 삼는 것이 좋다. 각별히 분부하더라도 허다한 문서작업을 하다 보면 글자를 잘못 쓰는 일이 없지 않아 잘못 부과하는 일이 생기기 쉽기 때문에 처음부터 나머지를 예비하여 두지 않으면 낭패를 볼 것이다. 때로는 20부를 계산할 때 1속(束) 이하는 제해도 되지만 9속 이하는 제해서는 안 된다. 이 수가 쌓이면 역시 남는 것이 생기기 때문이다.

감하여 주는 방법은 1결에 30부를 감하면 너무 많고, 20부면 역시 큰 혜택이고 15부면 역시 혜택이라 할 만하고 10부면 괜찮다고 할 만 하지만 이 이하는 안 하는 것만 못하다. 각각의 사람 이름 밑에 적은 총계[已上] 아래에 다시 계산해서 몇 부 몇 속은 재(災)로 감해준 것이며, 몇 부 몇 속은 실(實)이라고 구분해서 세주로 기록한다. 이렇게 한 후에 다시 실수

총계[實已上]를 뽑아 적어 작부한다. 이 방법은 수령이 직접 맞추어보는 법을 시행하기도 쉽다. 작부는 가장 어려운 작업이니 더욱 마음을 써서 신칙하여야 한다. 호수(戶首)[25]는, 각 마을의 부실(富實)한 백성을 자세히 물어서 본디 말(末)을 좇아 간교하게 이익을 일삼는 자가 차정되지 않도록 하며, 감히 사사로이 양호(養戶)하는 자에게 주지 말도록 엄칙하는 것이 좋을 것이다.

단자를 받을 때 '신칙(申飭)하는 조건'은 절목으로 만들어서 엄히 신칙한다. 절목은 한문과 언문으로 각기 한 부씩을 베껴서 면리 마다 상세히 통지한다. '옮겨 오고 옮겨 가는 일' 역시 단자 안에다 써서 모두 마치도록 한다. 혹 추후에 원망하면 무겁게 다스리겠다는 뜻으로 신칙한다.[26]

또 다른 한 가지 방법[又一法]

연분사목(年分事目)이 도착하는 것을 기다려서, 면마다 양반 또는 중인으로 본디 근실하다고 일컬어지는 사람을 각기 한 사람씩 잘 가려서 택한다. 그들을 오도록 청하여 맡기는데 유의사항을 충분히 당부한다. 먼저 금년의 재탈 단자(災頉單子)를 받아들일 때는, 반드시 곳곳마다 친히 그 진위(眞僞)를 살핀 다음에 들여보내게 한다. 거짓된 것도 자신이 고치지 말고 전주(田主) 스스로 고쳐 납부케 하며, 날짜를 정해 독촉하여 단자를 받아들인 다음 장수를 세어서 잘 봉하여 바치도록 한다. 받아들인 단자에는 1, 2천(天)이라고 번호를 매기고 대투서(大套書)를 찍는다. 먼저 들어온 것을 우선

---

25) 호수(戶首) : 『속대전(續大典)』 권2, 호전(戶典), 「수세(收稅)」, "경작농부(耕作農夫)[佃夫] 중 살림이 유족(裕足)하고 근면(勤勉)한 자(者)를 가려 뽑아서 호수(戶首)를 삼는다. 무릇 그 8결(結)의 세미(稅米)를 납부하는 일은 호수(戶首)로 하여금 그 전결(田結) 내의 경작자로부터 이를 징수하여 바치게 한다." 이로써 8결 작부하여 세역을 담당한 자가 호수라는 것을 알 수 있다.

26) 『목민고』에는 이 문단이 모두 세주로 처리되어 있다.

적간하여 잘못이 드러나면 일벌백계하여 벌벌 떨게 만들면, 뒤에 들어오는 것은 웬만하게 될 것이다. 잘못에 대해서는 앞에서의 방법과 마찬가지로 처리한다.

단자 규식(單子規式)은 '○○면 △통 △호 아무개의 금탈 단자(今頉單子)'라 쓰고, 행을 바꾸어서 '○○면 ○자(字) 제△전답 △부 △속' 내에서 '△부가 금년에 내가 되었다거나, 강으로 떨어져 나갔다거나, 모래가 덮였다'고 적고, '△부는 여전히 실결(實結)'이라고 적는다. 단자가 들어오면 그때마다 곧바로 계산하여서 단자를 다 받아들였을 때 곧 계산이 끝나도록 하면 당해 연도에 새로이 탈난[新頉] 수는 이미 환하게 드러난다. 장차 지난해의 실결에 지난해의 금재(今災)를 (답진(畓陳), 답재(畓災), 목화재(木花災), 신복사(新伏沙) 등의 재(災)를 말한다. 대개 내가 되거나 강으로 떨어져 나간 것[成川浦落]은 영영 탈해주지만 모래가 덮인 것[覆沙]은 파내면 되기 때문에 단지 1년만 탈해준다.) 첨가하면 원수(元數)가 된다. 여기서 금년에 새로 탈난 곳을 계산하여 제하고 남는 것이 바로 금년의 실수(實數)이다.[27] 실수가 이미 수중에 들어오면 다시 더 어려운 일은 없으므로 이 법은 매우 간략하고 빠르다.

금년에 탈난 곳[今頉]이 많으면 (재해 등급을 지급하였거나 목화재를 인정해 준 곳을 말한다.) 이에 의거하여 금탈 단자를 먼저 받아들이고 구탈(舊頉)이 경작지로 환원된 곳은 추후에 별도로 조사한다.

금년에 재해로 탈난 곳[災頉]이 전혀 없으면 소소한 성천 포락(成川浦落)은 천만에 한두 개일 것이므로 조정에서는 탈로 인정해 주지 않으며, (조정에서 인정해 주지 않으면 처음부터 금탈(今頉)을 받아들일 수 없다. 단 민간을 세밀하게 살펴서 혹 진실로 성천포락(成川浦落)이 있으면 대략 선별하여 사적으로 급재(給災)하는 것도 좋다.) 비록 인정해 주더라도 그 숫자는 매우 사소할 것이다. 그 단자는 한 면에 몇 장(丈), 한 장에 몇 부[卜]에 지나지 않아서 거의 없는 것이나 다름없다.

---

27) 이 문장 이하는 본문에 누락되었는데, 『목민고』에 의해 삽입하였다.

구탈(舊頉)을 경작지로 환원한 단자는 동시에 받아들이는 것도 좋다. 그러나 금탈(今頉)과 구탈(舊頉) 단자는 각각 따로 받아들인다. 금탈을 통해서 위에서 말한 바와 같이 금년의 실수(實數)를 알고자 하기 때문이다. 구탈 단자의 규식은 위의 예와 같이 △부 아래에 "구진(舊陳) 안에서 △부 △속은 새로 경작지로 환원한 곳이고, △부 △속은 전부터의 묵은 진전[舊陳]이다"와 같이 기록하고,[28] 그 나머지 '묵은 포락', '묵은 성천', '묵은 복사' 등도 마찬가지다. 그 가운데서 '경작지로 환원한 곳'의 허실(虛實)을 해당 임장(任掌)으로 하여금 따로 살피게 해서 첫머리에 농간을 적발하고 징계하여 더욱 엄히 밝힌다. (다소간 의심스러운 것을 뽑아내서 간계를 적발하며 실상을 파악하기를 앞의 방법대로 한다.) 다 받아들인 다음에 새로이 환기한 수를 금년 실수(實數)에 첨입하며, 지난해의 구탈(舊頉)의 수에서는 새로이 환기한 수를 제외하는 것이 의당하다.

신구탈(新舊頉)을 다 받아들인 다음에 행심책에 띠지를 붙여서 면마다 1명의 이서를 정하여 장차 탈단자(頉單)에 실린 곳곳을 찾아서 띠지에 기록하게 한다. 띠지에 기록되지 않은 곳은 곧 실한 곳이니 '실(實)'이라고 크게 쓴다. 묵은 진전 아래에도 환기(還起)된 곳은 '환기'라고 주를 단다. 환기라고 쓴 아래에는 단자에 의거하여 경작자의 이름을 기록한다. 금탈(今頉)과 묵은 진전 위에는 모두 붉은 인주로 작은 도장을 찍어서 애초에 늘리거나 줄이지 못하도록 한다.

또 별도로 면마다 한 명의 이서를 선발하여 (이전에 서원(書員)을 지낸 자는 절대로 써서는 안 된다.[29]) 위의 책자를 주어서 기한을 정해 면에 내 보낸다. 이들에게 '실(實)'자 아래에 각각 작자의 이름을 물어서 쓰게 하고, (환기 아래에는 이미 단자를 작성할 때 이름을 썼으니 다시 물을 일이 없다.) 또 옮겨

28) 『목민고』에 의해 누락된 부분을 삽입한 것은 여기까지 이다.

29) 본문은 '極擇曾經書員者'이나 『목민고』에는 이 아래에 '斷然勿用'이 있어 이를 따른다.

오고 옮겨 간 것[移來移去]을 자세히 물어서 면마다 각기 책자를 만들어 들여오게 한다. 이 일은 내보낸 이서가 작폐하기 쉬우니 반드시 더욱 엄히 감독하여 막아야 한다. 그러나 이들은 서원(書員)과는 달라서[30] 들어온 후 또 마땅히 교체할 것이므로 폐단은 많지 않을 것이다.

이 이후 옮겨 오고 옮겨 간 것[移來移去]을 서로 대조하고 각각 사람마다의 실결을 베껴내어 깃기책을 만들고 소계[小已上]를 계산한다. 사람마다의 소계를 베껴내어 작부책을 만든다. 그런 후에 계산하여 작결(作結)하고, 남은 수[31]로 비율에 따라 감해준다. 한 가지 일이 끝나면 담당한 이서를 다시 선출하거나 혹은 면을 바꾼다. 친히 대조하여 징려하는 일은 위에 말한 방법대로 한다.

또 다른 한 가지 방법, 서원(書員)을 쓰는 경우[又一法 用書員]

만일 금년의 새로운 탈[新頉]을 조사하는 일에 서원(書員)을 전혀 쓰지 않아 그들이 손을 댈 여지가 별로 없었다면, 다음 과정부터는 으레 하는 대로 서원을 시키는 것도 나쁘지 않다. 서원에게는 단지, 양안의 원수(元數) 중에서 지난 해의 잡다한 묵은 탈[舊頉]의 수를 제외한 나머지를 모두 실수(實數)로 잡아 이를 확실히 채워 넣게 한다. (그런 다음에는) 새로이 '환기(還起)'된 것을 따로 독봉하게 할 뿐이니 심하게 해를 끼치는 일은 없을 것이다.[32] 하지만 한번 서원의 손에 들어가면 정밀하게 될 리가 만무하다. 새로이 환기(還起)된 것을 먼저 속여서 감출 것이다. 이는 속임을 당하는 것일 뿐이고 민을 직접 해치는 것은 아니니 오히려 괜찮다.

그러나 부유한 사람의 결부[結卜]를 훔쳐내어 사사로이 값을 받아낸

30) 본문은 '與書員還'이나 『목민고』의 '與書員異'를 따른다.
31) 남은 수 : 위에 보고한 실결 수와 실제 실결 수의 차이를 말한다.
32) 법제처본은 '無甚害事矣'인데 본문에서는 '害' 자가 누락되었다.

다음 장차 그 액수를 조금씩 나누어서 사람들의 결부에 각각 더하여 채우거나, 혹은 구진(舊陳)을 허위로 기경하였다고 칭하여 채우는 사태가 발생한다면, 이 두 가지는 민에게 막대한 피해를 주므로 엄중하게 막아야 한다. 하지만 매우 어려운 일이다. 그 외에도 총수(揔數) 문서를 현란시켜 각 조목(各條)에서 실수(實數)를 덜어 훔쳐내거나 또 작부할 때 양호(養戶)와 결탁하여 양호가 원하는 대로 부유한 사람의 결부를 모으기도 한다. 작부할 때 가좌 순서대로 적으라고 명령을 내리지만 소소히 옮기고 바꾸는 일을 어찌 다 살피겠는가? 이 이외에도 간폐가 반드시 또 있을 것이다. 이와 같은 간폐를 면하고 싶다면 서원을 모두 물리치고 두 번째 방법[33]을 쓰는 것이 좋을 것이다.

서원에게 맡긴다 하더라도 환기(還起) 한 가지 조목은 따로 헤아려서 처리해야 한다. 혹자는 이르기를 "양전한 지 오래되어 구진(舊陳)이 모두 개간되었으나 모두 서원의 호주머니에 들어가 환기로 파악된 것이 매우 적으니 통탄스럽다. 의당 엄히 문책하여 받아들인다."고 한다. 혹자는 이르기를 "이는 본래 잉여의 물건이니 길에 떨어뜨린 볏단은 세금으로 거두지 않는다는 뜻을 얼마간 보존하여, 서원으로 하여금 백성과 함께 이익을 나누도록 한다. 대개 환기라는 것은 서원이 역시 백성 편에서 헐하게 결부 수를 잡아주기 때문이니, 또한 무슨 큰 해가 되겠는가. 물건을 전부 다 취하여 궁지에 빠진 도적으로 만들 필요는 없다"고 말한다. 이 두 가지 말 가운데서 어느 것이 옳은지는 모르겠다.

소위 두 번째 방법은 얼마간 간단하여 시행하기 쉬우나, 일을 해 줄 양반을 얻기가 어려우니 이서를 쓰는 것도 한 방법이다. 다만 서원에게 맡기면 신탈(新頉)은 속임을 당할 것이 뻔하며, 잔민(殘民)의 묵은 진전으로 수를 채우고 실결(實結)을 훔쳐 먹는 일도 많이 벌어질 것이 분명하다.

---

33) 두 번째 방법 : 바로 위의 '又一法' 항목을 가리킨다.

화전 역시 반드시 폐단이 있을 것이다. 비록 이서를 쓴다고 하더라도 전에 서원을 했던 자이면 모두 제외시켜 발걸음을 못하게 하고, 따로 이전에 공형(公兄)[34]을 지냈던 자 가운데 염치가 있어 자기 몸을 아낄 줄 아는 자와 여러 이서 가운데 성품이 본래 청렴하고 몸가짐이 바르며 집안의 형세도 부유하여 조금은 밖에서 따르는 바가 있는 자를 택하여, 각 면(面)의 넓이의 많고 적음과 일의 쉽고 어려움을 따져서 일을 나누어 주고 엄중히 단속하고 신칙하여 내보내면 감히 속이지는 못할 듯하다. 비록 이들이 관장하고 있는 일이 있더라도 하루라도 떠나기 어려운 일이 아니면 잠시 둘 다 살피도록 하여 내보낸다. 간심(看審)은 이들이 돌아온 후에 시작해도 늦지 않을 것이다.

34) 공형(公兄) : 삼공형(三公兄)의 준말로, 관찰사나 수령 아래 각 고을의 호장(戶長)·이방(吏房)·수형리(首刑吏)의 세 상급 관속. 조선후기에는 이들을 중심으로 향리제도가 운영되었으며, 호장과 이방의 직임을 중심으로 하여 지역에 따라 수형방(首刑房)·부이방(副吏房)·승발(承發) 등이 포함되기도 하였다.

절급하는 법[折給之法]

가령 금년 실결이 120결인데 100결로 마감하려고 하면 남는 것이 20결이다. 이 20결을 100결에서 일정한 비율로 덜어내려고 한다면 1결마다 얼마나 줄여야 할까? 이렇게 생각해 보면 1결마다 20부를 줄이면 100결에서 줄어드는 것이 20결을 거의 꽉 채울 수 있다. 단 그 남는 20결은 절감하는 혜택을 받지 못하고 타인에게 절급하는 20결을 대신 충당한다면 어찌 원통하지 않겠는가? 그 20결도 역시 하나같이 동일한 비율로 절감의 혜택을 받아야 할 것이다. 그렇다면 거기서 다시 4결쯤을 감해서 충당할 수 있을 것이다. 그 4결도 또한 절감하는 혜택을 받지 못하고 20결을 절감하는 대가를 홀로 충당한다면 또한 반드시 원통하다고 할 것이다. 그 4결도 또한 하나같이 절감되어야 한다. 그렇다면 거기서 다시 80부(卜)쯤을 감해서 충당할 수 있다. 그 80부도 역시 하나같이 절감되어야 하니 다시 16부를 감해서 충당할 수 있다. 그 16부도 또한 하나같이 절감되어야 하니 다시 3부 2속을 감해서 충당할 수 있다. 그 3부 2속 역시 하나같이 절감되어야 하니 다시 6속을 감해서 충당할 수 있다. 차차로 이와 같이 계산해 가면 100결로 마감한 이외에 남는 숫자가 24결 99부 8속이 있어야만 기준을 정해서 지급할 수 있다. 1결당 20부의 숫자에서는 남는 것이 단지 20결에 불과하므로 1결마다 절감하는 숫자는 겨우 16~17부 정도에 그쳐야 한다는 것을 나누어 계산해 보면 알 수 있는 것이다. 이와 같이 유추해보면 비록 천만 결이라도 알 수 있다. 만약 절급하려 한다면 이와 같은 계산법을 먼저 통찰하지 않으면 안 된다.

전정(田政)에 관한 또 하나의 법

고을 사람 가운데 한 사람을 엄밀하게 가려서 각 면의 감관(監官)으로 정하고 급재 단자 규식(給災單字規式)을 작성하게 하는데, 직접 불러서 만나보고 지시 사항을 분명하게 내려 주고 엄하게 거듭 신칙하고 독려해야 한다. 또한 절목(節目)을 작성하여 주고 그로 하여금 단지 급재단자만을 올리게 하는데, 매 1리(里)마다 단단히 봉하고 도장을 찍어서 수령에게 직접 납부하게 해야 한다.

단자를 납부하는 규정은 재해가 없는 곳에 대해서는 원래 거론할 필요가 없고, 단지 재해를 입은 곳에 대해서만 하나같이 조정에서 내린 그 해 사목(事目)에 따라서 재해 명목을 사실대로 기록하고 감관이 직접 곳곳을 친히 살펴서 지나치거나 거짓됨이 없게 한다.

단자가 들어오기를 기다려서 면마다 각각 한 명의 이서를 정하여 즉시 계산하고 '1리(里) 이상(已上)'이라고 쓴다. 한 면에서 모두 들어오면 '1면(面) 이상'이라고 쓰고 각 '면이상(面以上)'을 합산하여 이번 양안(量案)[1]의 실총(實摠) 가운데 여기의 '재이상(災以上)'을 제외하고 그 남은 숫자가 바로 올해의 '실이상(實已上)'이다.

---

1) 양안(量案) : 조선조의 토지장부인데 전안(田案) 또는 도행장(導行帳)이라고도 하였다. 전답의 소유주와 위치, 전품의 등급, 토지의 형상, 결부의 수 및 자호 등을 기록하고 있다. 20년 마다 토지를 개량함으로써 과세의 기본자료가 되게 되어 있었으나 실제로 양전사업에는 막대한 비용이 소요되기 때문에 80~100년 사이에 한 번 개량되는 실정이었으므로 양안이 때로는 실상을 반영하기가 어려웠다.

연분(年分)[2] 단자(單字) 규식(規式)

○○면(面) ○○리(里) ○○통(統) 제△ 전답(田畓) △부(卜) △속(束) 전재(全災)[3]

제△ 전답(田畓) △부(卜) △속(束) 내(內)

△부 △속 실(實)

△부 △속 구분재(九分災)[4]

제△ 전답 △부 △속 내

△부 △속 실(實)

△부 △속 팔분재(八分災)

○○자(字) 제△ 전(田) △부 △속 목화재(木花災)

이상 답재(畓災) △부 △속

전재(田災) △부 △속

실고(實庫)[5] 및 구탈(舊頉)[6]은 처음부터 부수(卜數)를 거론하지 말고 모두 쓴다.

○○면 ○○○ ○자(字)에 있는 제△ 전답 △부 △속 ○○재(災)

이상 답재 △부 △속

---

2) 연분(年分) : 그 해의 농사의 풍흉에 따라 해마다 토지를 상상(上上)·상중·상하·중상·중중(中中)·중하·하상·하중·하하(下下)의 아홉 등급으로 나누는 제도. 조선조 4대 세종 28년(1446)부터 실시함. 연분구등(年分九等)이라고도 함.

3) 전재(全災) : 천재지변 등으로 인해 전지(田地)가 전부 재상(災傷)을 입은 상태.

4) 구분재(九分災) : 전지의 90%가 재상(災傷)을 입은 상태.

5) 실고(實庫) : 실결.

6) 구탈(舊頉) : 이전에 탈(頉)로 처리되었던 곳.

전재 △부 △속

합이상(合已上) 답재 △부 △속

전재 △부 △속

다른 면에 전답이 없는 자는 '합이상무(合已上無)라고 쓴다.[7]

사정소(査正所)[8] 성명(姓名)을 적는다.

전부(田夫)[9]의 성명을 적는다

본 이(里) 존위(尊位)[10]의 성명을 적는다

이와 같은 서식으로 장지(壯紙)[11]에 정자(正字)로 정서(精書)하여 편람(便覽)하기 좋게 한다. 또한 이것을 언문(諺文)으로도 정서하여 끝 부분에 붙여서 관계되는 민[12]이 모두 알게 한다.

모든 양전사목(量田事目)에 들어있는 재해 이름을 이상과 같은 서식으로 작성하여 사정소에 지급하여 보낸다.[13]

---

7) 원문과 법제처본 모두 "欲他面他員田畓者 合已上無"인데 『목민고』에는 "無他面他員田畓者 合已上無"로 되어 있어 이를 따른다.

8) 사정소(査正所) : 품계가 없는 양반으로서 면 단위에서 연분 단자 작성을 위해 선발된 사람.

9) 전부(田夫) : 양안에 기록된 토지 소유자.

10) 존위(尊位) : 향약의 간부. 이리동약(二里洞約) 같은 데에서는 "집강 1인이 동내의 풍속과 기강 및 상부상조 등 일체의 일을 맡는데, 속칭 존위(尊位)라고도 한다"라고 되어 있다. 존위는 이(里)에도 있으며, 면의 존위는 도존위(都尊位) 또는 상존위(上尊位)라고 불리는 지방자치의 일꾼들이었다. 주로 환정(還政)·산림보호 등 수령이 향약을 실시할 때 보조적인 역할을 하였는데 향약 실시의 실무적인 면에서는 중추적인 위치에 선다.

11) 장지(壯紙) : 우리나라에서 만든 조선 종이의 한 가지. 두껍고 질기며 품질이 썩 좋은 종이.

12) 법제처본은 '현민(縣民)', 『목민고』에는 '우민(愚民)'으로 되어 있는데 본문의 현민(懸民)에 따른다.

13) 본문은 '給送査正所者'가 아래 항목인 「節目草」의 밑에 있으나, 법제처본에 의해 바로 잡는다.

절목(節目) 초안

1. 사정소(査正所)가 담당 면에 나아가서 이와 같은 서식으로 재해 단자[災單字]를 작성하되, 전답(田畓)의 실결[實庫] 및 구진(舊陳)[14]과 이전 성천(成川)[15]·포락(浦落)[16] 등의 모든 옛날의 잡탈(雜頉)[17]은 애초에 거론하지 말고 단지 금년의 재분(災分)[18]만을 이와 같은 서식에 따라서 별도로 작성한다.

사정소가 일일이 몸소 적간(摘奸)하여 그 재해 입은 곳을 분명하게 확인한 이후 허용한다. 또한 반드시 전부(田夫) 스스로 단자를 고치게 하고 중간에 누군가가 억지로 고치지 못하게 하며, 단자의 고친 곳 뒷면에 사정소와 전부(田夫)가 모두 서명하게 한다.

1. 단자가 들어온 이후 수령이 몸소 적간하여 재해를 입은 곳이 아닌데 속여서 재해로 기록하거나 마땅히 분수재(分數災)[19]로 판정해야 하는데 전재(全災)에 함부로 집어넣거나 또는 사정소(査正所)가 탈이 없어서 재해로 처리할 수 없는 자기 땅을 마땅히 재해로 처리해야 하는 곳과 바꿔치기 하려고 재해를 인정해 주지 않는 경우에는 사정소를 단단히 가두어 두고 감영에 보고하여 별도의 무거운 형벌을 받고 법률에 따라 정배(定配)하게 한다. 이런 일들은 결코 용서해줄 이유가 없으니 절대로 후회하는 일이

---

14) 구진(舊陳) : 오래 묵은 논밭.

15) 성천(成川) : 홍수가 나서 논밭이 개천으로 변함.

16) 포락(浦落) : 강물이나 냇물에 논밭이 개먹어서 무너져 떨어짐.

17) 잡탈(雜頉) : 각묘(各廟), 능(陵), 원(園), 묘위전(墓位田), 궁방전(宮房田), 아문둔전(衙門屯田), 영문둔전(營門屯田), 각양(各樣) 잡위전(雜位田), 구진전(舊陳田) 등 부세가 면제되는 전지. 잡탈에 시기전(時起田)을 합한 것이 원장부(元帳付) 전답(田畓)이다.

18) 재분(災分) : 재해를 입은 등급.

19) 분수재(分數災) : 급재(給災)에서 분수(分數. 재해 정도를 따질 때, 전체 재해를 입은 것을 10분으로 하여 1분까지 10단계로 나눔)에 따라 감세(減稅)하는 정도를 따지는 것.

없게 해야 한다.

1. 각 이(里)마다 단자 바치기를 마치면 장(丈)마다 '일천(一天)'·'이천(二天)'이라고 쓰고[20] 장마다 사정소의 도장을 받는다. 보장(報狀)[21]에는 단자의 장수(丈數)를 명백하게 갖추어 쓰고 별도로 단단히 봉한 뒤 (봉투의) 양쪽 머리와 끝 부분의 풀로 붙인 곳에 날인한다. 해당 이(里)의 이임에게 이 봉투를 주어 시각을 맞추어 들여보내게 하는데, 수령 앞에 직접 바치게 한다. 혹 중간에서 뜯어보거나 혹은 시각을 지체하거나 혹은 직접 수령 앞에 바로 들여보내지 않고 먼저 이서배들에게 보이면 갖고 온 자를[22] 우선 중형에 처하여 모두 알게 한다.

1. 단자 작성을 마치고 들여보낸 뒤 '○○리(里)의 단자 각 △장' 하는 식으로 별도로 건기(件記)[23]를 작성하여 사정소가 몸소 와서 제출하게 한다.

> 이외에 신칙(申飭)해야 할 일은 조목을 덧붙여 작성하여 별도로 써서 지급하되, 반드시 간단명료해야 하고 번잡하게 해서는 안 된다. 또한 이 절목은 한 부를 베껴서 면마다 전령하여 면임에게 반포하게 한다. 사정소와 반포자에게 지급하는 것은 한글로 기록한 것 한 부를 뒤에 붙인다.[24]

먼저 각 면에서 면마다 한 사람을 엄밀하게 뽑아서 사정관(査正官)으로 정하고 불러 오게 하여 이 절목을 준 뒤 위엄 있는 얼굴로 간절하게 신칙한 뒤 내 보낸다. 그 중에 사대부(士大夫)가 있으면 마찬가지로 사정소라고

---

20) 『목민고』에는 '서(書)' 자가 들어 있다.
21) 보장(報狀) : 어떤 사실을 알리기 위하여 보고하는 공문.
22) 원문은 '持者'이나 『목민고』에는 '지래자(持來者)'로 되어 있어 이를 따른다.
23) 건기(件記) : 사람이나 물품의 이름 혹은 금액을 열기(列記)해 놓은 문서.
24) 법제처본에는 '한글로' 이하가 누락되었다.

칭하고,[25] 모두 향품(鄕品)[26]이면 사정관이라고 칭한다.

단자가 들어오기를 기다려서 즉시 각 면마다 한 이서를 정하여 눈앞에서 관인(官印)에 인주를 묻혀서 부수(卜數) 및 '이상(已上)' 및 '일천(一天)'·'이천(二天)'·'삼천(三天)'에 꼼꼼하게 찍게 한다. 혹 잘못된 곳이 있으면 그 이유를 조사하여 바로잡는다. 그 해당 이서에게 계산하게 하여 합계에 늘거나 준 것이 있으면 빨간 붓으로 고치게 하여 한 이의 총계를 낸다. 이것이 도착하는 대로 즉시 한 면의 총계를 계산하고 이것을 마치면 바로 한 면의 재결 합계를 알 수 있고, 각 면을 마치면 도착한 날 즉시 한 읍의 재결 합계를 알 수 있다. 보관하고 있는 양안(量案)의 시·기결수에서 이 재해 입은 결수를 빼면 그 나머지가 바로 그해 실제 수세 총 결수[實摠]이다.

그러나 고의든 아니든 이서들은 잘못 계산하기 쉽다. 먼저 한 이(里)를 계산하고 아객(衙客)으로 하여금 정밀하게 다시 계산하게 하여, 비록 1파, 1속이라도 잘못이 있으면 엄하게 매로 다스리면 그 후에는 그들도 마음을 다하여 계산하게 될 것이다.

재결 합계가 올라오면 계산을 마치고 난 후 건기는 신경 써서 보관한다. (두 개를 만들어 유실을 방지한다.) 행심책(行審冊)[27]에는 정밀하게 띠지를 붙이고, 한 면에 이서를 한 명 배정하여 이서가 부족하면 혹 이전 이서로 면을 바꾸어 정한다. 단자에 그 재해(災害)로 기록된 곳을 찾아서 그곳마다 띠지에 재해 이름을 기록한다. 분수재는 단자에 의거하여 분수(分數)와 부수(卜數)를 기록하고 정밀하게 대조하여 (아객(衙客)이 뽑아서[抽栍][28] 비교하

---

25) 『목민고』에는 '사정소(査正所)'로 되어 있고 뒤의 향품에 대한 언급이 없다.
26) 향품(鄕品) : 유향품관의 준말.
27) 행심책(行審冊) : 각 고을의 농사 작황과 재해 정도를 기록한 책.
28) 추생(抽栍) : 제비 뽑기. 추첨(抽籤).

여 살피기를 앞에서와 같이 한다.) 붉은 색 도장을 찍거나 혹은 그곳마다 먹 도장을 찍는다. 그 뒤에 또 재해로 기록되지 않은 곳에는 큰 글씨로 '실(實)'이라고 쓰고 또한 대조하여 확인한다. (8, 9분재 중에서 '재(災)'를 '실(實)'로 바꿀 때 역시 좀 큰 글씨로 쓸 것.[29])

그렇게 하고 난 이후 면마다 한 이서를 정하여 (혹은 별도로 정하거나 혹은 면을 바꾸어 정한다.) 그 행심책을 들고 띠지에 있는 촌간(村間)의 '실(實)'자 아래 작성자 이름을 쓰게 한다. 앞에 고친 8, 9분재의 '실'자 아래에도 역시 하나같이 작성자의 이름을 기록하여 올리게 한다. 이래책(移來冊)과 이거책(移去冊)이 모두 완성되어 들어오면 기일을 한정하여 그 기한 안에 관아에 나오게 한다. (옮겨 온 토지에 관한 장부[移來成冊]에는 "○○이[某里] ○○○[某員]의 ○자(字) 제 △전답 △부 △속이 ○○○쪽으로부터 본 면(面) ○○이 ○○○쪽으로 옮겨 왔다"고 적는다. 옮겨 간 토지에 관한 장부[移去成冊]에는 "본 면 ○○이 ○○○의 ○자 제 △전답 △부 △속이 본 면 ○○이 ○○○쪽으로부터 ○○면 ○○이 ○○○쪽으로 옮겨 갔다"라고 적고 그 서식대로 문서를 작성해 준다. 그것이 들어오기를 기다려서 저 이거책을 이 이래책과 비교하여 차이가 있으면 조사하여 문책한다.)

> 그런 후에 면마다 이서를 서로 바꾸어서 한 사람의 실재 전답을 그의 이름 아래 모두 모아서 합계를 계산해 낸다. 이것이 이른바 '출전(出前)'이다. 역시 아객으로 하여금 첫 머리에 있는 3, 4인의 전답을 정밀하게 조사하여 빠뜨린 것이 있으면 엄하게 다스린다. 이 일은 가장 간사한 짓을 하기가 쉬운 부분이다. 부민(富民) 전답의 합계는 줄여서 1부, 1부마다 타인에게 덮어씌우기 때문에[30] 이것을 정밀하게 살펴야 한다.[31]

그런 후에 또 이서를 바꾸어 계산하여 8결 작부(作夫)하면 여유가 있을

29) 본문에는 "八九分災中 災還之災實字 亦爲稍大書次"인데 『목민고』에는 '還'이 '邊'으로 되어 있어 이를 따른다.

30) 『목민고』에는 이 문장이 세주로 처리되어 있다.

31) 본문은 '精書次'이나 『정요 4』의 '精察次'를 따른다.

것이다.[32] 실총(實摠)을 파악한 날 감영에서 내려준 비교 연도의 총수와 비교하여 만약 여유가 있으면 그 남는 숫자를 가지고 짐작(斟酌)하여 처리하는데 많으면 1결에서 20부(卜)를 제하고 다음 적으면 15부, 혹 10부를 제하고 마련하여 유치(留置)한 후 그 실수(實數)를 감영에 보고하여 마감한다.

단 1결에 20부를 제한다는 것은 1결 내에서 20부를 제한 후 채워서 만든 1결을 말하는 듯하다. 그러나 세밀하게 추구해 보면 그렇지 않은 것은 왜인가? 20부를 만들 때 또 10부마다 2부를 제하여야 하므로 20부에서 4부가 줄어든다. 따라서 다음 추가로 얻을 수 있는 4부를 채운 연후에야 가능하다. 그 4부는 또 1부마다 2속을 제한 연후에야 그것을 채울 수 있으므로 다음으로 다시 8속을 얻어야만 채울 수 있다. 차차로 이와 같이 하면 1결 내에서 20부를 제하려면 1결 24부 9속 6파를 마련해 둔 연후에야 부족해질 근심이 없을 것이다.

제감(除減)하는 방법은 또 면마다 이서 한 명을 바꾸어 전부(田夫)의 이름과 합계를 쓴 곳 아래에 제감할 부분을 정밀하게 계산하여 '내(內)' (△부 △속은 재해로 제외하고 △부 △속은 실총이다) 라고 쓴다. 그리고 '실(實)'로 기록한 것만을 등사해 내서 8결 작부한다. 오늘날 이와 같이 줄여주는 작업은 가장 착오를 일으키기 쉬우니 엄하게 신칙해서 시행해야 한다. 먼저 한 곳은 한 이(里), 한 면(面)에서 아객으로 하여금 정밀하게 조사하여 탈난 부분을 찾아내서 징치(懲治)한 연후에야 비로소 마음을 다하여 시행할 것이다.

> 재해를 당한 해에는 반드시 이와 같이 한 연후에야 혜택이 민에게까지 미칠 수 있다. 단 서원(書員)이 없으면 경차관(敬差官)[33]이 거느릴 아랫사

32) 본문은 '作結摠然有餘矣'이나 『정요 4』의 '作八結 沛然有餘矣'를 따른다.
33) 경차관(敬差官) : 중앙에서 지방에 파견하던 임시 벼슬. 주로 전곡(田穀)의 손실을

람이 없어서 접대하는 것이 어렵다. 이런 경우 그때를 당해서 수령이 약간의 돼지머리와 청주 몇 동이를 정확하게 주고 이러한 의사를 미리 경차관 하인에게 말해서 민가에 탈을 부리지 못하게 해야 한다. 단 음직(蔭職) 수령이 있는 곳은 명관(名官)[34] 수령이 있는 곳과 달라서 하인배들의 작폐가 염려되기도 한다.

화전(火田)과 늘려서 경작하는 일[加耕]을 부친다

화전과 늘려서 경작하는 곳으로서 새로 양안에 들어간 곳은 분명하게 알아서 뽑아내기가 어렵다. 금년 양안에서 새로 경작한 것이 드러난 곳에 대해서 그 많고 적음을 알게 되는데, 이른바 '화전을 추가로 경작하여 들어온 곳'이 바로 이것이다. 평상시에 화전에서 조[粟]를 경작하는 곳을 양안에 추가하는 규정에 의하면 5부로 파악할 수 있는 면적도 헐하게 2, 3부로 파악한다. 그 중 서원(書員)이 1, 2부를 훔치고, 관에 들어오는 것은 겨우 1부에 불과하다. 양전하여 새로 경작하는 것이 드러난 5부는 관문서(官文書)에는 1, 2부로 올라간다는 것을 알 수 있다. 가경(加耕)하는 곳이 이와 같다면[35] 화전은 산 위에 있는데 어찌 새로운 양안에 넣겠는가?

조사하고 민정(民政)을 살피는 일을 맡았음.

34) 명관(名官) : 명성이 높은 벼슬아치. 조선후기에는 사헌부·사간원·홍문관 등 삼사(三司)를 중요하게 여겨, 이 기관 출신 관리를 특히 명관이라고 하였다.

35) 본문은 '他加如此法'이나 『목민고』의 '加耕如此 眞'을 따른다.

허복(虛卜)[1)]

양안에 중첩하여 기록되었다고 해서 발생한 소송을 어찌 받아들이지 않아서 백년의 고질적인 폐단이 되게 하겠는가? 소송이 발생하는 대로 면의 양전 감색을 잡아다가 소송자와 더불어 송변(訟卞)하면 허실을 밝혀낼 수 있다. 진실로 중첩되어 기록된 것은 조사를 마친 후 나열하여 기록하여 책자를 만들어서 순영(巡營)에 보고하지 않을 수 없고, 순영이 조정에 계문(啓聞)하여 변통해서 전안(田案)을 고치는 것을 그만 둘 수 없다.

전안을 고치지 않고 서원(書員)의 이름으로 기록해 두자고 말하는 것은 현실적이지 못하다. 양전 감색이 어찌 반드시 서원뿐이겠는가? 서원으로서 양전 감색이 되지 못하는 자도 많다. 법조문대로 죄를 주면 그만이지 그 이름으로 허복에서 징렴하는 것이 5년, 10년, 100년 동안 계속된다면 어찌 이러한 정치와 법제가 있겠는가?

---

1) 허복(虛卜) : 허결(虛結). 일명 허복가작(虛卜假作)·부결(浮結)이라고도 함. 조선후기 전결(田結)에 관한 토지대장과 과세·징수 등의 제반 서류를 작성·정리하는 사무를 담당하던 지방의 서리나 아전배들이 근거가 없는 전결에 결부(結負)를 허위 문서로 작성하여 백성들에게 세금을 거두어서 횡령·착복하던 폐단을 말한다.

결부를 옮기는 폐단[結卜移來移去之弊]

결부를 옮겨 오고 옮겨 갈 때 어지럽게 농간을 부리는 일이 많다. 서원(書員)의 무리가 이 면에서 이송(移送)한다고 칭하였는데 저 면에서는 원래 옮겨 온 일이 없어서 마침내 중간에서 사라져 버린다. 혹 복호(復戶) 때문에 옮겨 기록한다고 핑계대고 반드시 부실(富實)한 민인(民人)의 결부를 자기 마음대로 뽑아내어 어지럽게 농간을 부려 옮겨서 마침내 그 토지가 귀속되는 곳이 없게 된다.

토호와 품관 및 간사한 이서와 장교의 무리들이 혹 토지를 많이 가진 부민(富民)을 회유·협박하여 결가를 받아낸 뒤 부민의 조세 액수를 자기 이름으로 옮겨 기록하거나, 혹은 빈궁한 품관들이 원래 살던 이[本里]를 버리고 부실(富實)한 양민이 사는 마을을 찾아서 다른 이[他里]로 넘어 들어가 부세(賦稅)와 결역(結役)[2]을 즉시 갖추어 납부하지 않고 혹 결주(結主)[3]와 호수(戶首) 등에게 그 역을 대신 감당하게 하기도 하며, 결 단위로 분급하는 환자[還上]를 다수 받아먹은 후에 갖추어 납부하지 않으면 호수와 조세 납부자가 그의 강력한 세력을 꺼려서 받아 내지 못하고 혹 호수가 수습하여 대신 납부하거나 혹 바치지 못하고 해를 거듭하여 방치해 두었다가 탕감되기를 기다리기도 한다.

심지어 양반과 상민 가운데 부유한 자가 빈민에게 돈을 빌려주고 해를 계산하여 이자를 따져서 만약 갚지 못하면 그의 토지를 그 채무자에게 옮겨 놓고 결역에 응하게 하기도 한다. 혹은 봄·여름 사이에 미리 돈과 곡식을 지급하고 가을·겨울 사이에 그 이자를 계산하여 결역에 응하게 하면 빈민은 봄에 곤궁하고 생활에 쫓겨서 앞날에 역을 지기 어렵다는

---

2) 결역(結役) : 조선후기에 토지에 부과되었던 부가세의 일종. 당시 토지에서 거두었던 정식 세금인 전세(田稅)·대동미(大同米)·삼수미(三手米)·결전(結錢) 이외에 부가세로서, 지방의 여러 비용을 마련하기 위해 징수하던 세금.

3) 결주(結主) : 토지 소유자를 지칭한다.

것을 감안하지 않고 다투어 받아먹는다. 그해 가을에 서원이 나오면 채권자는 자신의 토지를 채무자 이름 밑으로 옮겨 놓는다. 그러면 서원 역시 뇌물을 받고 띠지에 기록하여 준다. 8결 작부(八結作夫)한 후 세금을 거두기 전에 민인들이 어지럽게 소장을 올리고 마침내 받아 내기 어려운 것은 모두 이러한 경우이다. 이러한 이유로 경내의 조금 부유한 자들도 혹은 자기 이름으로 전혀 결역에 응하지 않게 되는 일도 있다.

결부를 옮겨 다니는 일은 행심책 띠지를 별도로 조사·비교하여 반드시 그 이름으로 마땅히 옮겨 적어야 할 경우만 이송하고 다른 이름으로 결부를 합하여 기록하는 한 가지 조항은 각별히 엄하게 금지해야 한다.

결을 묶어서 작부(作夫)할 때 관례적으로 8결로 1부(夫)를 만드는데, 이때 양호(養戶)의 폐단이 있다. 반드시 4결에서 1부를 만들면 이러한 폐단을 없앨 수 있으며, 조세를 받는 일이 극히 가볍고 편해질 것이다.

복호(復戶)

복호[1]의 경우 부민(富民)의 결부에 지정해서는 절대 안 되며, ○○면 ○○리 가운데 마땅히 지급해야 할 결부를 헤아려서 그 계산된 액수를 분급하여 복호를 빙자하여 서원배들이 마음대로 농간을 부려 옮기는 폐단이 없게 해야 한다.

작부(作夫)할 때에는 가좌통호(家坐統號)의 차례에 따라 각 이별(里別)로 묶어서 작부한다. 설령 1리의 결부가 1부(一夫)를 넘거나 1부(一夫)에 미치지 못하는 등 결부의 다과(多寡)가 고르지 않더라도 그 이(里)에서 작부(作夫)하며, 호수(戶首)는 같은 이에 살고 있는 사람 가운데 토지가 많고 일에 밝으며 성실한 사람을 가려 뽑아, 거두고 역에 응할 때 과중하게 거두어들이는 일이 없게 한다. 바쳐야할 세부(稅賦)와 잡역(雜役)만 항상 때에 맞추어

---

1) 복호(復戶) : 조선시대 국가가 호(戶)에 부과하는 요역(法役) 부담을 감면하거나 면제해 주던 제도. 『경국대전』에는 경작지 8결당 1부(夫)를 차출해 연간 6일 동안 역사하도록 요역에 대해 규정하고 또 복호에 대해서도 규정하고 있다. 본래 복호는 잡역만을 면제하도록 되어 있으나 수령들이 그 뜻을 모르고 전세(田稅)·공부(貢賦)까지 면제하는 사례가 많았고, 여러 궁가(宮家)의 복호 남용이 많았다. 이에 1629년(인조 7)에는 왕명으로 이를 엄히 할 것을 신명(申命)하였다. 대동법(大同法) 실시 이후에는 전결(田結)에 따른 호세로 잡역 이외에도 대동미 공출을 면제해 주었는데, 급복(給復)이라 하여 전세 외에 대동미와 잡세를 면제받을 특수한 군호에 대해 그것을 산출한 토지가 없는 자에게 생산할 토지를 지급하기도 하였다.

갖추어 납부하도록 한다. (마땅히 작부조(作夫條)에 들어가야 한다.)

전정(田政)

전정은 수령의 가장 어려운 정사이니, 반드시 정신을 집중하여 하나하나 신중히 살펴야 하며 몸이 힘들어지는 것을 꺼려서도 안 되고 태만해서도 안 된다.

서원의 부정은 참으로 방지하기 어려운 일이다. 차라리 민인들의 뜻에 어긋남이 있다 하더라도 민인들이 재해를 입은 곳에 대한 단자를 받을 때는 자호별로 분류한 뒤 수령이 친히 살펴 적간한다. 만약 실처(實處)를 재처(災處)로 그릇 보고하였으면 사목(事目)에 의거하여 각별히 처치함으로써 일벌백계(一罰百戒)의 본을 보인다.

서원이 부득이 답험(踏驗)[1]해야 할 경우 민간에 끼치는 폐단이 많아 민인들이 감당하기 어렵다. 민인들 또한 소란스러워 정밀하게 작성하는 것이 어려운 지경에 빠지게 된다. 감색배(監色輩)들이 하직할 때 관에서 규식을 정해주어 답험기(踏驗記)는 이것에 따라 거행하게 하되, 만약 명령을 어길 경우에는 각별하게 무거운 벌을 내린다는 뜻을 엄하게 분부하여 다짐을 받고 내보낸다. 또한 각 면과 이에 체문(帖文)을 내려 보내어 자세히 알도록 한다.

---

1) 답험(踏驗) : 농사가 잘 되고 못 된 것을 관원이 실제로 현장에 나가서 조사하여 그 손실에 따라 조세를 매기던 법.

전정은 읍마다 전례가 있으므로 이 전례에 따라 집행하되, 면마다 추생(抽栍)[2]하여 몸소 부정을 살핀다. 부정을 저지른 자가 있으면 법에 따라 처벌한다. 실결 총수(實結總數)는 농사 작황을 헤아려 다른 해와 비교하여 결정한다.[3] 민인들에게 인정해 준 재해는 작은 종이에 '○○면 ○○리 ○○역 ○○○ ○답 ○○재(災) △부 △속'이라 쓰고 서명 날인한다. 한 면에 허급한 것은 한꺼번에 봉하여 해당 면임에게 내어주고, 그가 면내의 각 이임들에게 나누어 주면 각 이임들은 해당 이의 재해를 입은 민인들에게 일일이 나누어 주도록 한다. 그런 뒤, 민인들이 일 때문에 관문(官門)에 올 경우 수시로 불러들여 그가 체문(帖文)을 받았는지 여부를 묻는다. 만약 재탈을 인정받은 자이면서도 체문을 받지 못했다면 이것은 서원이 재결을 몰래 착복하고 분급하지 않았기 때문이니 엄하게 조사하여 처벌한다.

---

2) 추생(抽栍) : 수십개 가운데 한 둘을 뽑아 보는 것. 제비뽑기, 추첨(抽籤).

3) 이는 비총법(比摠法)을 의미한다. 비총법이란 조선후기 숙종 연간부터 1894년(고종 31) 갑오개혁 때까지 시행된 부세 부과의 방식으로서, 세수 총액을 미리 정해놓고 각 지방에 할당하는 세법이었는데, 국가의 총세원을 확보하려는 의도에서 실시하였다.

누결(漏泱)을 조사하여 찾아내는 방법

어느 날, 서원의 산판책(算板冊)[1] 및 행심책(行審冊)[2]을 모두 가져다가 산판과 행심책의 띠지를 대조해 본다. 상지에 재해를 입은 곳으로 기록된 곳이 산판에 들어가 있으면 이는 모두 누결로 서원의 호주머니로 들어간다.

어느 날, 서원의 산판책(算板冊) 및 행심책(行審冊)을 모두 거두어다 신구 띠지를 뜯어 낸 뒤, 각 면마다 양반인 도감과 중인 가운데 일을 잘 알면서도 글을 쓸 줄 아는 자를 각각 1명씩 정하여 이들에게 해당 면의 행심책을 나누어 주고, 특별히 신칙하고 다짐을 받은 뒤 재처(災處)와 실처(實處)를 답험하고 상지에 일일이 기록하도록 한다. 그들이 돌아온 후 이전에 작성했던 상지와 대조해 보면 종전 서원배들의 호주머니와 중간에 누락된 결수를 모두 찾아낼 수 있을 것이다.

구진(久陳)을 금년의 재탈(災頉)로 꾸미는 폐단이 흔히 있다. 날마다 답험기가 들어오면 원장책(元帳冊)[3]과 서로 대조한 뒤, 구진이었는데 금탈(今頉)로 기록되어 있으면 상지를 다시 살핀다. 중간에 다시 기경(起耕)한 곳이 아닌데도 양안(量案)에 진전으로 되어있는 것을 금년의 재탈로 기록했으면 해당 서원을 엄중 처벌한다.

---

1) 산판책(算板冊) : 고을의 실결수를 기록한 책.
2) 행심책(行審冊) : 각 고을의 농사 작황과 재해 정도를 기록한 책.
3) 원장책(元帳冊) : 양안(量案)을 가리킨다.

답험(踏驗)의 정식(定式)

감관(監官) 1명, 서원 1명, 당해 면임 1명, 사환꾼 1명, 각 전답의 주인 1명 등 모두 6명 만이 복심(卜審)[1]에 참가하며, 혹 그 외 다른 면임과 필요 없이 데리고 간 자가 있으면 감관과 서원을 엄중히 처벌한다.

전답을 복심할 때, 그 전답의 주인과 같이 답험한 뒤, 그 밭머리에 앉아 부수(卜數)를 적절히 정하여 치부책(置簿冊)에 등서(謄書)하고 그 주인에게는 부수(卜數)를 적어 준다. 그런 뒤 다른 전답으로 향한다.

위세에 눌리거나 혹은 안면 때문에 부수(卜數)를 줄이고, 힘없는 가난한 사람들의 전답 부수(卜數)는 늘려 잡아 원망을 듣는다. 수령이 친심(親審)·적간(摘奸)하여 부수(卜數)를 늘려 잡았을 때는 담당 감관과 색리에게 사목에 의거하여 중형을 내리며, 원망할 만한 단서가 없는데도 함부로 소장을 올렸을 경우에는 도리어 전주(田主)에게 벌을 준다.

이임배들이 접대와 지가(紙價) 등의 명목으로 민인들에게 거두어들이는데, 매 호당 전 5~6푼 혹은 7~8푼, 쌀과 콩 각각 2~3되, 닭 1마리 등을 억지로 정하고 납부를 독려하여 감당하기 어렵게 한다. 접대할 자는 많아야 3~4인이므로 끼니 몫으로 쌀 4~5되, 콩 1~2되, 어린 닭 1마리면 충분하고 숙소에서 먹을 때도 이 숫자의 갑절이면 될 것인데 어째서 매호마다 거두는

---

1) 복심(卜審) : 결부를 사정(查定)하는 일.

가? 지가(紙價)는 서원이 담당하도록 한다.

오래된 진전, 오래된 포락(浦落),[2] 묘입진(墓入陳),[3] 성천(成川)[4]은 여름에 미리 조사하여 수정하고 가을의 답험을 대비하면 시끄럽고 어지러워지는 폐단을 제거할 수 있으며 또 새로운 재해처를 뽑아내는 것이 정확하고 자세해질 것이다.

재실성책(災實成冊)[5]을 거둘 때, 재처로 들어간 경우에는 '○○○ 전답 가운데 ○○ 곳의 ○○원(員) ○○자 ○○ 제(第) ○○답 ○○형답(形沓) 4표(四標)'를 분명히 기록하고, 전재(全災)는 전재(全災), 분재(分災)[6]는 8~9 분재라 써서 보고한다. 따로 공책을 만들어 그 자호의 순서로 가려 뽑는다. 자류(字類)로 뽑아 그 자호의 순서대로 부정을 찾아내면 그 자호 근처의 재해지로 기록된 것의 부정은 모두 찾아낼 수 있으므로 자주 왔다 갔다 해야 하는 폐해를 없앨 수 있으며 민인들 또한 허위로 보고하지 못한다. 자류로 뽑지 않으면 오늘 조사한 근처를 내일 또 나와 조사하게 되어 헛되이 오고 가게 되고 정밀하게 조사할 수도 없다.

2) 포락(浦落) : 불어난 냇물이나 강물에 논밭이 개먹어서 무너져 떨어짐.
3) 묘입진(墓入陳) : 묘소를 써 진전이 된 경작지.
4) 성천(成川) : 홍수물에 휩쓸려 논밭의 형체가 무너져 개천으로 변한 곳.
5) 재실성책(災實成冊) : 재결과 실결을 정리하여 작성한 책.
6) 분재(分災) : 재해의 등급을 그 가볍고 무거움에 따라 나눔.

옥정(獄政)

옥을 수리하는 일에 유의하지 않을 수 없다. 심한 추위와 더위에는 죄수가 죽을까 염려된다. 또 담장이 무너지면 무거운 죄를 진 죄수가 도망갈까 걱정되기 때문에 수리해야 한다. 관아 내의 담장과 옥을 수리할 때는 읍 밖에 사는 민인들과 읍내 사람들에게 시키지 말고 반드시 관의 하인(下人)들에게 점심 값으로 쌀을 얼마 주고 수리하게 하는 것이 좋다. 만약 상사(上司)의 무거운 죄를 지은 죄수가 갇혀있지 않다면 옥에서 수직 서는 것을 잠시 쉬어도 된다. 관아 담장 밖에서 수직 서는 일을 쉬는 것도 좋다.

살옥(殺獄)[1]은 참으로 엄하고 무거우니, 오래된 옥사 가운데 의심나는 부분이 있으면 반드시 순사(巡使)[2]에게 직접 말하고 그 대답을 들은 뒤 주관하는 추관(推官)[3]과 상의하여 그 의견을 논보(論報)[4]하는 것이 좋을 것이다. 순사에게 직접 말하지 않고 임의로 스스로 가벼이 먼저 논보한다면

---

1) 살옥(殺獄) : 살인 사건.
2) 순사(巡使) : 순찰사(巡察使)의 준말. 순찰사는 도내의 군무(軍務)를 맡은 벼슬인데 관찰사(觀察使)가 당연직으로 겸직하였으므로 순사는 곧 관찰사 즉 감사(監司)를 말한다.
3) 추관(推官) : 죄인을 심문하는 관원. 심문관(審問官).
4) 논보(論報) : 아랫 관청에서 윗 관청에 대하여 자기의 의견을 붙여 보고하는 일.

반드시 아주 곤란한 지경에 이를 것이다.

살옥은 참으로 중요하니 비록 살인 사건이 아니더라도 이미 검험(檢驗)[5]을 했다면 영문(營門)에 보고하여 영문의 처결(處決)을 기다릴 것이며 사사로이 스스로 처결해서는 안 된다. 검험하고서도 보고하지 않는다면 책임을 추궁당할 가능성이 커진다. 그리고 피해자와 가해자 사이에 사화(私和)[6]가 이루어졌더라도 이를 가벼이 허락해서는 안 된다.

살옥이 아니더라도 사관(查官)을 따로 정해야 한다면 다만 관련되는 사람들의 공초를 가지고 보고서를 만들며 자신의 의견을 함부로 개진해서는 안 된다. 그러나 의견을 논품(論稟)하라는 제사(題辭)가 있으면 여기에 구애될 필요는 없다.

살옥에서 재검하는 것이 가장 어려우니 검장(檢狀)은 아주 정확하고도 자세하게 작성해야 한다. 사인(死因)[7]을 기록하는 곳에 '부득이(不得已)'라

---

5) 검험(檢驗) : 범죄로 인해 사람이 죽었을 때 사인(死因)을 밝혀내기 위해 담당 관원이 시체를 검시(檢屍)하고 검안서(檢案書)를 작성하던 일. 조선시대에 살옥(殺獄)사건이 발생했을 경우, 시체가 있는 곳에 검시관이 직접 가서 1차 검험인 초검(初檢)을 실시하는데, 중앙에서는 5부의 관원이, 지방에서는 관할 수령이 검시관이 되었다. 이들은 참고될 만한 모든 사실을 조사한 후에 시상식(施賞式)에 따라 검안서를 작성하여 상부인 한성부(漢城府)와 관찰사에 보고하였다. 2차 검험인 복검(覆檢)은 중앙에서는 한성부의 낭관(郎官)이, 지방에서는 사건을 통문(通文)받은 인접 수령이 검시관을 맡아 초검과 같은 방식으로 실시하는데, 그 결과를 중앙에서는 한성부에 보고하면 한성부는 형조에 보고하고, 지방에서는 관찰사에 보고하면 관찰사가 형조에 보고하였다. 형조에서는 초검과 복검의 검안서를 대조하여 내용이 일치하면 사망증명서를 발급하여 매장을 허가하지만, 그 내용이 일치하지 않을 경우에는 중앙은 형조의 낭관이, 지방은 관찰사가 지정한 차사원(差使員)이 검시관이 되어 삼검(三檢)을 실시하는데 검시관들의 의견이 일치하지 않을 때는 4검·5검을 실시하기도 하였다.

6) 사화(私和) : 국법(國法)에 저촉되는 사항을 사사로이 당사자끼리 화해하여 처리하는 것.

7) 원문은 '實仍'인데, 법제처본은 '實因'으로 되어 있어 이를 따른다. '실제 사인(死因)'이라는 뜻으로 이해된다.

는 세 글자는 써서는 안 된다. 전에 한 수령이 '실인(實因)'을 기록하는 곳에 "부득이하여 '모(某)'자로 쓴다."고 보고했다가 논책 당하는 것을 본 적이 있다.

재검장(再檢狀)의 발미(跋尾)[8] 아래에 의례히 관련된 사람들을 풀어달라는 말을 쓰는데 이를 잊기 쉬우니 반드시 유의해야 한다.

초검 때 크게 의심 가는 부분이 없으면 검장에 발미(跋尾)가 필요 없다. 검장의 형식은 본래 이와 같다.

살옥은 사람의 목숨이 관련된 것이니 검험할 때 형리(刑吏)에게 맡기지 말고 수령이 직접 눈으로 보고 손으로 만지며 충분하게 자세히 살핀 뒤 율문을 세밀히 고찰하여 그 실제 사인(死因)을 정한다. 이웃 읍과 해가 오래도록 추문(推問)을 같이 하게 될 경우, 추관이 애초 전후의 여러 문안(文案)을 보지도 않고 다만 한 달에 세 번 추문해야 한다는 기준에만 따라서 엄형(嚴刑)을 위주로 일을 처리한다면 매우 근거 없는 처리가 될 것이다. 만약 같이 추문하게 될 경우, 미리 문안을 가져다가 하나하나 자세히 읽어보아야 한다. 의심나는 점이 있으면 주추관과 상의하여 영문에 논보하는 것이 좋다.[9]

경내에서 사람이 죽었다는 발고가 들어오면 곧 형리와 용맹한 군인을 보내어 원고와 더불어 비밀리에 범인을 좇아 체포하고 사건에 연루된 사람 또한 체포하되, 다만 관련되지 않는 원촌을 시끄럽게 하지 말라는 뜻을 각별히 신칙하고 수령은 즉각 달려와 초검(初檢)한 뒤 곧바로 관찰사에게 보고한다.

---

8) 발미(跋尾) : 책의 맨 뒤에 부치는 글.

9) 이 문단은 『귀록집(歸鹿集)』 권13, 「여재건서(與載健書)」에 보인다.

형장(刑杖)

형벌을 가할 때에는 신중하지 않을 수 없다. 관장이 분을 못 이겨 인명(人命)을 손상시키는 경우가 많아서 혹 이로 인해 죽을 때까지 등용되지 못하는 경우도 있으니 어찌 애석하지 않은가. 가벼운 죄는 기록만 해두고, 무거운 죄를 저지른 자는 옥에 가두어 둔 뒤 천천히 생각하여 처리하도록 한다.

부임 초에 크게 형장을 가하는 것은 엄격함을 숭상하는 뜻을 보이기 위해서이다. 이때 반드시 매우 장을 쳐야 하지만 장수(杖數)는 적게 하고, 장을 칠 때 반드시 다짐을 받는다.

관장이 새로 부임하는 도중에 형장을 사용하는 것은 매우 적절하지 못하니 대개 죄과가 있는 사람은 기록만 해두고 부임하는 날에도 형장을 가하지 않는다. 3일 째 되는 날 공(功)과 죄를 조사하여 다스리되 형장을 사용할 경우 맹장을 가한다. 형장의 수는 죄가 무거운 경우 17~18대, 가벼운 경우에는 10여 대로 제한한다. 사적인 일과 관련하여 죄를 얻은 경우 절대 20대를 넘어서는 안 된다. 또한 둥근 모양의 형장[圓杖]은 특교(特敎)[1]에 따라서 그 사용을 엄격히 금지하고 있으니 영문(營門)을 왕래할

1) 원장(圓杖)은 신장(訊杖) 기타의 형장(刑杖)과 달라서 수형자(受刑者)에 대하여 치는 부분이 넓적하지 않고 둥근 원목(圓木) 그대로이기 때문에 치사(致死)케 하는 수가 많았다. 이는 법규정(法規定) 밖의 형구(刑具)로서 도적(盜賊)을 막자고

때도 전도(前導)가 지참하지 못하게 하고 단지 태장(笞杖)만 지니게 한다.

기근이 든 해에는 장벌(杖罰)을 경솔하게 사용해서는 안 된다. 만일 범죄를 저질러 벌을 받아야 할 자가 있으면 불러다가 가르치며, 조금 중한 자는 문책하고 결코 용서할 수 없는 자는 간단히 태형을 가하되 결코 무겁게 다스려서는 안 된다. 가르치거나 문책할 때 반드시 '성상(聖上)께서 너희들을 생각하여 근심하는 까닭에 내가 용서하지 않을 수 없다'고 해야 한다. 모든 일에는 성신(誠信)으로 힘쓰고 실질적인 은혜가 백성들에게 미치게 하며, 헛된 명성을 바라거나 구하지 말아야 한다.

어떤 사람이 말하기를 "장(杖)의 크기에는 정해진 제도가 있다."고 한다. 태(笞)라는 것은 작은 죄에 쓰는 것이므로 너무 큰 것을 써서 치명적인 상처를 주어서는 안 된다. 비록 관아의 구제(舊制)가 이와 같더라도 고쳐야

사용하게 된 것이나 도적이 아닌 사람도 도적으로 지목받아서 원장(圓杖)을 맞고 죽는 수가 많아서 예종 원년 9월 임금이 의금부와 형조에 전지(傳旨)하여 도적(盜賊)일지라도 정장(情狀)이 명백하고 또한 자백(自白)하지 않은 경우에만 원장(圓杖)을 쓰되 서울에서는 임금에게 사유(事由)를 갖추어 계청(啓請)하도록 하고 지방 수령(守令)은 관찰사에게 보고하여 매계절 끝달에 원장(圓杖)으로 고문할 사람의 이름과 죄상을 임금에게 보고하게 하였다(『예종실록』 권7, 예종 원년 9월 기해). 성종도 즉위년 12월 형조에 전지(傳旨)하여 원장(圓杖)을 쓰지 않도록 하였다(『성종실록』 권1, 성종 즉위년 12월 계축). 그러나 성종 19년 윤정월 임금은 토민(土民 : 백성)이 토주(土主 : 守令)를 쏜 사건에 대하여 (일부는 杖下에 죽었고 나머지를) 원장(圓杖)으로 속결(速決)하고자 하면서 이는 난신적자(亂臣賊子)와 무엇이 다른가라 하고 원장(圓杖)이나 낙형(烙刑)을 사용함이 타당하다고 하였지만 대신(大臣)들이 반대하였다(『성종실록』 권212, 성종 19년 윤정월 갑술). 그후에도 지방의 죄수 중, 불복자(不服者 : 자백하지 않은 자)에 대한 원장(圓杖)의 사용이 있어서 중종(中宗) 11년 2월 임금이 그 잘못을 지적하였다(『중종실록』 권24, 중종 11년 2월 갑술). 영조 9년 12월 임금은 세초(歲抄 : 정기인사) 때 죄수를 함부로 죽인 관원(官員)을 장리(贓吏)와 같이 취급한다는 것과 지방관(地方官)이 원장(圓杖)을 쓰는 것이나 난장(亂杖)을 치는 것 등은 모두 법외(法外)의 형(刑)임을 엄히 신칙한다고 하였다(『영조실록』 권36, 영조 9년 12월 갑인). 영조 37년 8월에도 임금은 지방에서 원장(圓杖)을 쓰는 것을 금하도록 지시하였다(『영조실록』 권98, 영조 37년 8월 을해).

하거늘 하물며 내가 새롭게 만들어서야 되겠는가? 반드시 고쳐서 작게 만들어야 할 것이다. 대개 작은 태는 단지 피부에만 고통을 주지만 큰 것은 골육(骨肉)에 상처를 주어 불구자로 만들 수도 있다. 어찌 작은 죄로 사람을 중상에 이르게 할 수 있겠는가?

식후 오전이 형장을 가하기에 알맞은 때이다.[2] 옛사람들은 사시(巳時)에 장형을 사용한다고 했다. 대개 식후에는 원기(元氣)가 충실하여 비록 무거운 장을 맞아도 중상을 입지 않기 때문이다.

이서들은 별도로 잡아다 심문하여 무거운 형장을 가하는 경우를 제외하고는 다짐을 받고 치죄할 필요가 없지만, 촌민의 경우는 10대를 넘기는 경우 태·장(笞杖)을 막론하고 반드시 다짐을 받고 다스린다.

형장은 절대 지나치게 사용해서는 안 된다. 비록 이노(吏奴)의 등속이라 할지라도 형추(刑推)할 때는 반드시 보고한 후 사용케 한다.

---

2) 본문은 '食後午前 最忌用刑杖'인데, 법제처본은 '忌'가 '可'로 되어 있어 이를 따른다.

상급 관청[上司]

상사의 관문(關文)[1]은 즉시즉시 베껴두었다가 빠짐없이 신속하게 전달하되 관문의 요지를 책상 위에 베껴두고 해당 이서를 엄격히 신칙하여 즉시 거행토록 해서 상사의 질책을 받는 근심에서 벗어나야 할 것이다.

영문(營門)의 관문에 있는 지시 사항은 즉시 거행하도록 명령을 내린다. 시간을 넘겨 지체되어 혹 책임을 묻는 관문을 받게 될 경우 해당 이서를 엄중히 다스리겠다는 뜻을 일일이 신칙해 두는 것이 좋다.

중앙에 상납할 것 중 ○월내에 바치도록 기한이 정해진 것은 아랫사람에게 명령하여 납부 기일을 벽에다 기록해 두게 한다. 기한이 지났는데도 상납하지 않는 것은 엄중히 다스려 발송을 독려해야 할 것이다.[2]

영문에 자주 왕래해서도 안 된다. 상관(上官)과 하관(下官) 사이에 너무 허물없이 지내면 폐단이 생기기 때문이다. 예모(禮貌)는[3] 엄숙히 하고 언어는 간결해야 하며 또한 성실히 실행한 뒤에야 오래 친분을 유지해도 폐해가 없을 것이다. 위의(威儀)가 공경스럽지 못하면 사람들이 업신여기고, 실없이 말하거나 웃으면 사람들이 싫어하며, 성실한 마음이 없으면 사람들이 의심한다. 이것이 낭패를 부르는 방도이니 삼가해야 할 것이다.

---

1) 관문(關文) : 상급 관청에서 하급 관청으로 시달되는 공문.

2) 법제처본에는 이 항목이 누락되었다.

3) 법제처본에는 '체모(體貌)'로 되어 있다.

상관과 하관이 말싸움을 하거나 얼굴을 붉혀서는 안 된다. 다만 사실대로 논보(論報)할 뿐이다. 대개 일에는 안에서 지킬 바와 밖에서 조용히 행해야 할 것이 있으니 주염계(周濂溪)[4]를 칭하는 '화의(和毅)'[5] 두 글자는 배울 만하다. 또 직무에 마음을 다하며 일 처리하는 데 삼가고 또 삼가하여 처음 부임한 날처럼 해야 한다.

어떤 사람이 말하기를 "상관과 아랫사람 사이에는 틈이 생기기 쉬우므로 공경하여 삼가며 인정과 안면을 믿지 말아야 한다."고 하였다. 어떤 경우에도 정양(靜養)하고 서두르는 것을 삼가서 바깥 일로 인해 상처 받지 않도록 하는 것이 좋다.

요즘 음직 수령 자리[蔭窠][6]를 둘러싼 다툼이 있는데 영남(嶺南)지역의 고을들은 수령하기가 좋다는 얘기가 있다. 한 가문에서 4명이나 수령 자리를 차지하기도 하였는데, 그 고을의 물산이 박한 지역이 아니어서

---

4) 주염계(周濂溪) : 북송(北宋) 때의 학자(學者) 주돈이(周敦頤 : 1017~1073)의 호(號). 자(字)는 무숙(茂叔). 도주(道州) 영도(營道) 사람이며 시호가 원(元)이므로 '원공(元公)'이라 부른다. 일찍 현(縣)의 주부(主簿)·현령(縣令), 주(州)의 판관(判官)·통판(通判)을 역임하고 지주군(知州軍)에까지 이르렀다. 주요 저술로 「태극도설(太極圖說)」과 「역통(易通)」이 있으며, 학자들은 그를 염계(濂溪) 선생이라고 부른다.

5) 화의(和毅) : 온화하면서도 의연함. 공문중(孔文仲)이 쓴 주돈이(周敦頤) 제문(祭文)에 나오는 말인데, 지방관으로서의 태도를 칭찬한 말이다. 『주원공집(周元公集)』 권8, 「제문(祭文)」, "公年將盛 玉色金聲 從容和毅 一府皆傾."

6) 음과(蔭窠) : 음관이 진출할 수 있는 벼슬자리. 일정하게 정하여 놓은, 음관의 벼슬자리. 생원(生員)·진사(進仕)·유학(幼學)의 음관(蔭官)의 벼슬자리. 음관(蔭官)이 진출할 수 있는 벼슬자리. 문·무과 급제 이외의 관료를 모두 음관이라 하며, 생원진사시 합격자로서 입사한 자도 음관에 속한다고 할 수 있음. 문음(門蔭)·습음(襲蔭)·공음(功蔭)·천음(薦蔭) 등 여러 종류가 있으며 은일(隱逸)로서 천거되어 입사한 경우는 문과급제자 이상으로 대접받아 높은 관직에 진출하였음. 그러나 6품으로 승진한 후에야 사송직(詞訟職)이나 호조·공조 및 의정부·5부의 직에 진출했으며, 수령으로 나가기 위해서는 한차례 취재(取才)를 거쳐야 하며, 군수에 바로 진출할 수 없는 제한이 있었음.

이미 분수에 넘친다는 말이 나올 두려움이 있었다. 바깥 지역의 인심은 조정(朝廷)과 다름이 없어서 또한 시기하고 질투하여 다투는 습성이 없지 않다. 다스리지 못하는 경우는 말할 것도 없고 명성과 치적이 크게 드러난 자도 같은 도(道)에 부임한 수령 가운데 세력이 있고 이기기 좋아하는 사람의 미움을 받는다. 도백(道伯)을 여러 차례 역임한 사람이라면 이러한 풍습을 잘 알고 있다. 감사(監司)가 비록 같은 가문 출신일지라도 참소하는 일이 생기면 어떻게 될지 알지 못하는 경우가 있으니 모든 일에 드러나지 않게 해야 할 것이다. 하물며 영문(營門)에 여러 수령들이 모두 모일 경우에는 더욱 조심해야 한다.

상관을 공경히 섬기기를 부형(父兄)을 섬기듯이 하며, 평소 영문과 관련된 말을 할 때에는 반드시 존칭을 사용한다. 영문에서 분부한 일은 의(義)를 해치는 일이 아니면 각별히 주의해서 거행하되, 절대로 지체해서는 안 되며 자세히 살펴 소홀히 해서도 안 된다. 만약 영문의 분부 가운데 법리(法理)를 벗어나서 민폐를 일으킬 수 있는 일이라면 혹 직접 만나서 아뢰거나 혹 첩보(牒報)를 올려서 도리를 차분히 설명하고 곡진하게 뜻을 전달한다. 하지만 중대한 사안의 경우 거취를 걸고 싸워야 할 것이다. 순영뿐 아니라 병영(兵營)과 수영(水營), 영장(營將)[7]과 도사(都事)[8] 등에 대해서도 각각의 차등이 있지만 모두 공경하고 삼가며 대우해야 한다.

제관(祭官)[9]·차원(差員)[10]·추관(推官)[11]·사관(査官)[12] 등 영문(營門)의

---

7) 영장(營長) : 조선조 때 각 진영(鎭營)의 으뜸 장관(將官). 총융청(摠戎廳)·수어영(守禦營)·진무영(鎭撫營)과 팔도(八道)의 감영(監營)·병영(兵營)에 딸리는 두 가지 계통이 있으나 그 대상은 지방 군대의 관리에 있음. 조선시대에 5군영(軍營)과 지방의 각 진영(鎭營)에 둔 최고 관직.

8) 도사(都事) : 중앙 각 관서의 제반 서무를 주관하거나 지방의 관찰사를 보좌하던 관원이다. 관찰사의 보좌관으로서의 도사가 주목되는데, 이들은 전국 각 도에 각각 1인씩 배치되었다. 주요 임무는 관찰사를 보좌하여 감사와 함께 수령을 규찰하고 문부(文簿)를 처결하는 것이었으므로 아사(亞使)라고도 불렸다. 그리고 관찰사의 유고시는 그 직임을 대행하기도 하여 아감사(亞監司)라고도 불렸다.

차역(差役)은 부득이한 사정이 아니면 피해서는 안 되고, 법에서 벗어난 휴가를 청해서도 안 된다.[13]

내가 어떤 읍에 부임했을 때 방백(方伯)을 지내고 온 재상(宰相)이 있었다. 그가 수령의 치사(治事)에 대해 말하기를 "영문의 채물(債物)을 달라고 요청해서는 안 되니 모욕을 당하는 단서가 이로부터 시작된다. 처음 영문을 왕래할 때 절대로 영문에 체류하지 말아야 할 것이다. 영문에서 하는 바가 반드시 좋지 못할 것이니, 수령이 그 뒷말을 할 염려가 있다. 수령이 일없이 머물면 영문이 매우 괴롭다."고 하였다.

---

9) 제관(祭官) : 제향을 맡아 주장하는 관원. 제사에 참례하는 사람.

10) 차원(差員) : 차사원(差使員). 중요한 임무를 맡겨 임시로 파견하는 관원. 어떤 특정의 임무를 수행하기 위하여 뽑혀진 관원.

11) 추관(推官) : 죄인(罪人)을 신문(訊問)하는 관원. 추국(推鞫)할 때 신문(訊問)하는 관원. 절도사·감찰사(監察使)의 속관(屬官)으로서 주로 형명(刑名) 관계의 일을 맡았다.

12) 사관(査官) : 사건에 관한 상세한 내용 등을 조사하는 담당 관리.

13) 이 문단은 『귀록집(歸鹿集)』 권13, 「여재건서(與載健書)」에 보인다.

별성[1)]을 대접하는 일[別星秩]

객사(客舍)에는 깔개[鋪陳]·요강[溺江]·타구(唾口)·대야(大也)·세수건(洗水巾)·세석(洗席)·인상(印床)·인(印)·북심(北心)·침장(寢帳)·옷걸이[衣巨里]·촉롱(燭籠)·좌촉롱(坐燭籠)·병풍 등 비치해 두는 모든 물건은 한꺼번에 새롭게 한다. 개조하기 어려운 것은 세척하여 쓴다. 사환(使喚)·통인(通引)·식모(食母)·다모(茶母)[2)] 등도 머리를 빗고 얼굴을 닦고 머리를 꾸미고 깨끗한 옷을 입혀서 대령한다. 나장(羅將)[3)]·취수(吹手)[4)]의 의복과 갓도 깨끗이 하며, 순시할 때 사용하는 영기(令旗)도 새로 준비하고, 곤장에도 붉은 칠을 해 두어야 한다.

도로와 교량은 향소(鄕所)와 군관, 담당 이서를 신칙하여 출송할 때 각별히 보수하도록 하고 황토도 정밀하게 깔아야 한다.

5리(里) 10리마다 설치된 이정표[長栍]는 반드시 큰 나무에 그 내용을 분명히 써서 세운다.

---

1) 별성(別星) : 조정에서 파견하는 대소 관원의 통틀어 일컬음. 봉명(奉命) 사신(使臣). 성(星)은 사자(使者)의 뜻으로서, 중앙 정부에서 지방에 파견하는 대소 관원들을 두루 일컬음.

2) 다모(茶母) : 혜민국(惠民局 : 세조 12년 1월 惠民署로 개칭)에 소속되어 있는 관비(官婢)로서 차를 끓이는 등의 일을 하였다. 관청의 식모 노릇하는 천비(賤婢).

3) 나장(羅將) : 군아(郡衙)의 사령(使令)의 하나.

4) 취수(吹手) : 나팔을 부는 사람.

소반과 그릇도 청결하게 하고, 비장(裨將)[5] 등의 거처에도 깔개와 그릇, 음식 등에 더욱 마음을 쓰도록 신칙한다. 비록 영리(營吏)와 역졸을 대접하는 것일지라도 반드시 잘 대접해야 한다.

감사나 병사(兵使)가 대청(大廳)에서 업무를 볼 때 아사(衙舍)에서 물러가서는 안 된다. 헐청(歇廳)[6]이나 벽대청(甓大廳)에 앉아 있다가 감·병사가 다담(茶啖)과 진지상을 물리고 방에 들어간 뒤에 물러난다. 그리고 별도의 군관을 정하여 대문과 중문 그리고 사방을 봉쇄하고, 떠들거나 잡인들이 드나드는 것을 금지한다.

대략 살펴보건대 수령 가운데 벌열(閥閱) 출신인 자는 상관(上官)과 사신을 공경스럽게 대하지 않음이 없으니 대개 일의 형편을 알기 때문이다. 청음(淸陰)[7] 형제가 고을을 다스릴 때에 비록 밤나무를 베기 위해 파견된 경차관[栗木敬差官][8]에 대해서도 몸소 요강을 검사하였으니 이 또한 본받지 않을 수 있겠는가.[9]

> 전하는 소문에 '객행(客行)이 경계에 들어왔는데도 네가 급히 마중 나가지 않았다'고 들었다. 너는 모든 일에 급히 서둘러서 시간을 맞추려고 하지

---

5) 비장(裨將) : 막료(幕僚). 감사·유수(留守)·병사(兵使)·수사(水使)에 딸린 무관으로서 그 장관(長官)이 임의로 임명함.

6) 헐청(歇廳) : 휴게소(休憩所). 대기실(待機室).

7) 청음(淸陰) : 金尙憲(1570～1652)의 호. 본관은 안동(安東). 자는 숙도(叔度), 호는 청음(淸陰)·석실산인(石室山人). 우의정 상용(尙容)의 동생이다. 서인(西人)으로 인조반정(仁祖反正)에 가담하지 않은 청서파의 영수. 1636년 병자호란 때에는 척화(斥和)를 주장하여 이듬해 강화되고 난 뒤 파직된다. 이후 청을 배척한다는 이유로 심양에 잡혀가기도 한다. 1645년 석방되어 귀국 후 좌의정, 영돈령부사 등을 역임하였다. 1653년 영의정에 추증되었으며, 1661년(현종 2) 효종 묘정에 배향되었다.

8) 율목경차관(栗木敬差官) : 신주나 그 궤를 만드는 데에 쓰려고 산에 심은 밤나무를 감독, 순시하기 위해 파견된 경차관.

9) 『송자대전(宋子大全)』 권123, 「여숙제(與叔弟)」(1662년 12월), 총간 112-298c.

않으니, 이것은 매우 잘못된 일이다. 반드시 충분히 조심하여, 문제가 생겨서 이 애비가 부끄러워지는 일이 없도록 해라. 대체로 국사(國使)를 대접하는 예는 매우 융숭해야 하는데 어찌 게으르고 소홀히 해서 사체(事體)에 미치지 못하는 허물이 있어서야 되겠느냐. 이러한 일은 사체에 매우 중요한 것이다. 퇴계(退溪)가 자식에게 보낸 편지에서[10)]

감영과 병영·수영(水營)의 비장(裨將)의 무리에게도 존대하여 서로 답배(答拜)한다. 읍내를 지나가는 자들이 잠시 쉬는 막사에서 사용할 깔개와 음식, 사환 등을 각별히 처리하도록 신칙한다. 감사와 병사, 수사, 대소 별성(別星)이 지나칠 때면, 참(站)에 나아가 안부를 묻는 등의 예절에 성심을 다한다. 다담을 올리는 등의 일도 지나치게 풍족하거나 또한 지나치게 간소해서도 안 되며, 청결하게 해서 먹을 만하게 힘쓴다. 이졸(吏卒) 등의 음식과 숙소 역시 검사해야 한다.

대개 형세가 있는 수령의 경우 감관과 색리가 그 세력을 믿고 크고 작은 손님 일행을 게을리 대접하여 문제가 생겨 욕을 당하는 일이 있다. 내가 용강(龍岡)에 있을 때[11)] 아랫사람들과 약속하기를 만약 별성에게 형장을 받는 자가 있으면 다시 그 장수만큼 형장을 가할 것이라고 하였다. 이 때문에 아랫사람들이 특별히 유념하였으니 이 방법을 쓰는 것도 괜찮다.[12)]

---

10) 『퇴계선생속집(退溪先生續集)』 권7, 「답자준(答子寯)」, 총간 31-196d, "傳聞不及客行之入界 '慮必生事明欲伻問于本驛之際 適見來書 知猶得無事 深以爲慰. 然' 汝於凡事 每不爲汲汲趁期之計 常自緩慢 此甚不可. 勿以今番無事而自恃 須十分操心措處 勿至生事爲老父羞. 至可至可. 大抵國使 待之之禮極隆 何可慢忽 而有不及事之累乎 於事體甚關 故云云."

11) 용강(龍岡) : 조현명은 1725년 6월부터 이듬해 5월까지 용강현령을 역임하였다. 『귀록집(歸鹿集)』 권20, 「자저기년(自著紀年)」, 총간 213-167a 참조.

12) 이 항목과 아래 항목은 모두 『귀록집(歸鹿集)』[권13, 「여재건서(與載健書)」, 총간 212-494d]에 나온다. 이것은 조현명(趙顯明)이 그 아들 조재건(趙載健)에게 보낸 편지이므로 여기의 '나'는 조현명이다.

칙사(勅使)가 올 때 저 사람들을 대접할 경우 그릇을 각별히 잘 닦고 음식도 각별히 정성을 들여 깨끗이 하여, 일이 발생하여 나라를 욕되게 하는 염려가 없게 해야 한다.

절약해서 씀[節用]

관가의 날마다의 지출 용도는 크고 번거로워서 재물과 곡식, 잡물을 사용하는 데 잠깐만 주의를 기울이지 않아도 곧 부족해지고 만다. 매일매일 절제에 뜻을 두면 자연 넉넉할 것이니, 절약을 마음에 새겨야 한다.

만일 신영(新迎)[1]에 책정된 쇄마가(刷馬價)[2]가 많으면, 일행을 수행하는 인부와 말 수를 조금 줄여서 책정하고, 남은 쇄마가는 달리 활용한다. 부임 첫머리에 쓰임새가 지나쳐서 빚을 져서는 안 된다.

어떤 사람이 아들에게 편지하여 다음과 같이 일렀다.

> "보내준 제수(祭需)는 지난 번 편지에서 보내지 말라고 썼는데, 어찌하여 이렇게 마련해 보냈느냐? 또 옷값은 무엇으로 마련하였느냐? 이제 막 부임한 관장이 이처럼 비용을 쓰니 편안치 않거니와 혹 법망에 걸려들 염려가 있으니 충분히 경계하고 삼가는 것이 좋다. 역(驛)을 맡은 관이 무슨 재용(財用)이 있어서 이처럼 남용하느냐? 제수를 보내오는 것도 이미 번거로운 일이거늘, 하물며 큰 흉년을 당해 어공(御供)[3]까지도 줄이는 상황에서 사사로운 일에 어찌 이처럼 할 수 있겠느냐. 매우 근심스럽구나."[4]

---

1) 신영(新迎) : 새로 부임(赴任)하는 감사·수령을 그 도(道) 또는 고을의 장교(將校)나 이속(吏屬)이 찾아가 모셔오는 일.
2) 쇄마가(刷馬價) : 사람이나 물건을 운반하는 데 드는 말과 인부의 비용.
3) 어공(御供) : 임금께 물건을 바침. 또는 바치는 물건.

또 아래와 같이 일렀다.

"지난번에 듣건대, 네가 관(棺)을 만들 목재를 샀다고 하였다던데, 60전문(錢文)은 어디서 얻은 것이냐? 작은 벼슬아치가 되어 가지고 이처럼 관의 돈을 방자하게 사용하는 것은 도리에 어긋남은 물론이고 형(刑)을 받을 수도 있으니 두렵지 않느냐? 이처럼 긴요하지 않은 물건으로 도리를 어기고 형벌을 받을 이유가 있겠느냐? 바라건대 하루 속히 고쳐라."[5)]

또한 아래와 같이 일렀다.

"석물(石物)을 이로써 완성하였으니 어찌 다행이 아니겠느냐. 그러나 관의 돈을 써서 사사로운 일을 도모하였으니 실로 미안한 일이며 또 사람들의 입방아에 오를 수도 있으니 이 이후에는 절대로 개인적인 역사(役事)를 운영하지 말거라."[6)]

또한 아래와 같이 일렀다.

---

4) 이것은 윤증(尹拯)이 그 아들 행교(行敎)에게 보내는 편지를 인용한 것이다. 『명재선생유고(明齋先生遺稿)』 권28, 「여자행교(與子行敎)」, 11월 27일, 총간 136-73c 참조.

5) 이 부분의 출전과 원문은 다음과 같다. 『명재유고(明齋遺稿)』 권28, 「여자행교(與子行敎)」, 9월 8일, 총간 136-75b, "昨偶於休紙中 得見拙之與汝書 有棺材貿得之語 使之勿貿矣 何不聽從而有此事耶 六十錢文 何從得之耶 汝方爲小官 而使用官錢 如此之恣 犯義不可言 而犯刑豈不畏耶 須卽送人還退 取還官錢 勿爲我羞僇可也 爲此不關之物 而犯義犯刑而爲之 寧有是理 千萬速改 勿爲執迷可也 每事不聽我言如此 則將來事 不可說不可說."

6) 이 부분의 출전과 원문은 다음과 같다. 『명재유고(明齋遺稿)』 권28, 「여자행교(與子行敎)」, 8월 13일, 총간 136-75b, "石物之因便得成 豈不幸甚 而當此荒歲 用官錢營私役 實爲未安 且貿板之事 雖還退 人言則必已不少 不可又營私役也 此後切勿爲私事 拱坐待遞而歸 極可極可."

"열흘 사이에 문득 3번이나 물품이 오니 비록 제수용이라고 하더라도 마음이 매우 불안하다. 단지나 항아리 같은 물건은 점(店)에서 가져다 쓰느냐? 그 정해진 숫자가 있는 것이 아닌가? 만약 들어가는 대로 배정하면 1년에 봉진하는 제물의 수가 매우 많아서 점인이 감당하기 어려울 듯하다. 이후에는 하나하나 숫자에 맞게 가지고 돌아가서 보관해 두었다가 다음 차례에 대비하는 것이 좋겠다. 이번에 온 것은 제사를 지낸 후에 거두어 놓고 다음 인편을 기다리도록 하겠다. 모든 일에 그 출처를 생각하고 힘써 절약토록 하는 것이 좋겠다."[7)]

퇴계가 아들에게 보내는 편지에 아래와 같이 일렀다.

"이번에 보낸 잡물은, 너의 벼슬이 본래 맑은 자리라 비록 받아먹은 나머지가 있더라도 반드시 많지 않을 것이니 필시 무역하여 보냈을 것이므로 내 마음이 매우 편치 않다. 조그마한 먹거리는 해가 없으나 그렇더라도 강요하거나 지나치게 한다면, 관직에 있는 자가 마음을 맑게 하고 일을 살피는 도리가 아니다. 아마도 습관을 이와 같이 들이면 후일에 수습하기 어려울 것이다. 근래에 보면, 문음인(門蔭人)[8)]이 수령이 되어 망령된 일인 줄도 모르고 오직 자기에게 이(利)로운 일만 하고 다른 것은 돌아보지 않아서 사람들로 하여금 개탄하게 만든다. 사람의 마음은 지극히 위태로우니 진실로 경계해야 한다."[9)]

관고(官庫)의 갖가지 쓰임새는 많건 적건 12달로 배분한다. 정해 놓은 쓰임에 따르는 외에는 아무리 작은 돈이나 포, 곡식이라도 그 달 몫 외에

---

7) 『명재유고(明齋遺稿)』 권28, 「여자행교(與子行敎)」, 1699년 9월 10일, 총간 136-89a.

8) 문음인(門蔭人) : 문음(門蔭)은 선조나 친척이 국가에 큰 공을 세웠거나 고관직을 얻으면 후손이 일정한 벼슬을 얻게 하는 제도로서, 문음인은 이를 통하여 벼슬에 진출한 사람을 가리킨다.

9) 『퇴계선생속집(退溪先生續集)』 권7, 「답자준(答子寯)」(1556년), 총간 31-195d.

함부로 사용해서는 안 된다. 기름·꿀[油淸], 어물(魚物) 등과 같은 제사에 긴요한 물품이 혹 부족할 때가 있더라도, 변통할 만한 다른 방법이 없으면 제사 찬수의 한두 가지는 빠져도 괜찮으니 달마다 정해놓은 숫자를 어겨서는 안 된다.[10]

우리 집은 대보름 차례를 지내지 않으며, 제물도 정해 놓은 가짓수가 있다. 집안 형님이 임피(臨陂)[11] 수령을 지낼 때 관의 이바지는 집에서 드시는 것과는 다르다고 여겨 대보름 차례를 지냈으며, 제물도 넉넉하게 지내는 격식을 따랐다. 그러나 내 생각은 이와 같지 않다. 귀신을 섬기는 도리는 집에 있을 때와 관에 있을 때가 어찌 다르겠는가? 돌아가신 아버님께서 직장(直長)[12] 당숙과 이 문제로 논변을 하셨는데, 아버님도 나와 같은 설을 주장하셨다고 한다. 오직 네가 헤아려서 처리할 뿐이니라.

부모를 모신 자는 간혹 소를 잡는 일을 범해도 오히려 괜찮다. 그러나 귀신을 모시는 일에는 법외의 예가 아닌 물건으로 받들어서는 안 된다. 제사지낼 때 절대로 송아지를 써서는 안 되고 대신에 꿩이나 닭을 쓰는 것이 좋다. 제물을 마련하여 안으로 들이는 것은 힘써 정성들여 준비하고 관속의 손에 맡기지 말라.[13]

누군가가 어떤 어르신에게 다스림에 대해서 질문을 드렸다. 그 분이 말씀하시기를 "다스림은 재물을 쓰는 것으로부터 시작한다. 마음 속에 마땅히 박절할 박(迫)과 아낄 린(吝) 두 글자를 간직한 후에야 일을 하는데 폐단이 없을 것이다."라고 하였다. 그 어르신은 여러 번 큰 고을을 맡으셔서 공적(功績)이 크게 드러난 분이었다. 절제하는 데는 박절할 박(迫)과 아낄 린(吝) 두 글자가 가장 효력이 있으니 일절 단호하게 끊어버리라는 뜻이다.

---

10) 이 아래 3항목은 모두 『귀록집(歸鹿集)』 권13, 「여재건서(與載健書)」, 총간 212-495~6에 보인다.

11) 임피(臨陂) : 전라북도 옥구군 임피면.

12) 직장(直長) : 중앙 각 관아에 두었던 종7품관.

13) 『귀록집(歸鹿集)』 권13, 「여재건서(與載健書)」에 보인다.

진휼하는 정사[賑政][1]

고을 수령이 진휼 곡식을 모으기 위한 계책에 다방면으로 힘쓰다가 혹 이로 인해 추문을 얻기도 하니, 이 역시 걱정하지 않을 수 없다. 오직 지나친 비용을 줄이고 자기의 쓰임을 절약하여 아랫사람들을 진휼할 뿐이며, 별도로 경영하여 진휼을 잘하였다는 명성을 구하여서는 안 된다. (어떤 사람이 아들에게 준 편지에 있다.[2])

아속(衙屬)[3]이 크건 작건 간에 24명이나 되니 적지 않은 수이다. 이와 같은 흉년에 그들을 배불리 먹일 계획을 해서는 안 된다. 노비 무리는 다만 집에 있을 때와 같으면 되고, 그 스스로의 처신 역시 다만 굶주린 백성과 더불어 똑같이 한 연후에야 비로소 굶주린 백성의 목숨을 구할 수 있을 것이다. 그런 다음에야 혹 구함을 받지 못한 자가 있더라도 민이 나를 원망하지 않을 것이다.[4]

어떤 수령이 병 때문에 움막으로 내보낸 읍내 사람들을 모두 도로 들이라고 명하면서 말하기를 "민은 다 같다. 산 자를 위한다고 병든 자를 얼어

---

1) 진정(賑政) : 진휼(賑恤)에 관한 행정. 법제처본에는 이 항목이 완전히 누락되었다.

2) 『명재유고(明齋遺稿)』 권28, 「여자행교(與子行敎)」, 1695년 11월 27일, 총간 136-73d.

3) 아속(衙屬) : 아례(衙隸). 지방 관아에서 부리는 하인.

4) 『명재유고(明齋遺稿)』 권28, 「여자행교(與子行敎)」, 1697년 10월 21일, 총간 136-76b~c.

죽게 하는 것은 차마 할 수 없다."고 하였는데, 이는 옛 사람의 정치이다. 요사이 병자가 많이 죽는 것은 대개 움막으로 내보내기 때문이다. 모름지기 신칙하여 반드시 병자의 움막을 견고하게 짓도록 하며, 또 주막처럼 온돌을 놓고 그 식구를 같이 내보내 간호케 하여 얼어 죽을 염려가 없도록 해야 한다. 이것도 중요한 정사이니 소홀히 해서는 안 된다.[5)]

5) 『명재유고(明齋遺稿)』 권28, 「여자행교(與子行敎)」, 1698 12월 3일, 총간 136-83c.

해유(解由)[1)]

해유는 일단 교체된 이후에 마땅히 해야 하는 일이므로, 혹 소홀히 내버려 두었다가는 교체되어 집에 돌아가는 때가 되어 구애(拘碍)되는 일이 많아 해유가 나오지 않을 염려가 있다. 마땅히 도임하기 이전에 전임 수령들의 해유 규식을 호조에서 베껴 적어 가지고 가며, 도임한 이후에는 해유에 구애될 만한 조건을 기록하여 벽 위에 붙여 놓는다. 그리고 위에 바칠 때마다 상납 자문[尺文][2)]을 받아서 해유를 담당한 이서에게 맡기고, 그에게 교체된 후에 구애될 만한 단서가 생기지 않도록 신칙하는 것이 좋다.

해유채(解由債)[3)]의 많고 적음은 읍마다 같지 않다. 만일 교체 후에 구획하여 체급[帖給][4)]하면 장부에 기록할 때 난처하거나 낭패할 염려가 없지

---

1) 해유(解由) : 관원의 교체시 전임자와 후임자 사이에 인수·인계하는 법률적 절차. 후임자에게 그 사무와 소관 물건을 인계하고 재직 중의 회계(會計)와 물품 관리에 대한 책임을 면하는 제도이다. 재정·현물·군기(軍器)에 관계되는 것이므로 호조·병조의 소관이었으며, 해유를 받지 못하면 전직(轉職)·승진·녹봉에 제약을 받았다. 특히 전곡(錢穀)의 출납을 맡아보던 관청의 관원이나 지방관의 해유는 더욱 엄격하였다.

2) 자문[尺文] : 조세·부과금·수수료 등을 받고 교부하는 영수증서.

3) 해유채(解由債) : 해유를 받는 데 드는 정채(情債).

4) 체급[帖給] : 관아에서 역인(役人) 또는 상인(商人)에게 금품을 내어줄 때 서면(書面)으로 기록하고 내어주는 것.

않다.[5] 마땅히 부임 초에 유의하여 마련해서 준다. 비록 한꺼번에 다주지 못하더라도 수년에 걸쳐 생기는 대로 내려주면 자연 액수가 채워질 것이다. 만일 해유를 담당한 향리가 착실하지 못하면 해유채를 이청(吏廳)[6]에 이자 없이 맡겨서 보관하도록 하거나, 혹은 호조의 계사(計士)[7]에게 미리 주는 것도 무방하다.

해유문서가 곧바로 올라오지 못하는 것은 대개 담당 아전이 해유채(解由債)를 먼저 사용해버리고, 때에 닥쳐 이리저리 끌어오기 때문이다. 이미 호조의 계사에게 먼저 주었거나 이청(吏廳)에 맡겼으면 오늘 교체되더라도 다음날 해유가 나오는 것도 자연 어렵지 않을 것이다. 반드시 길 떠나기 전에 겸관(兼官)[8]이 서류를 꾸미는 즉시 마감하여 길 떠날 때 같이 가져오는 것이 마땅하다. 교체되어 돌아간 뒤에는 권위와 명령이 미치지 않는 바가 있으므로 올 때 가져오는 것이 편할 것이다.

5) 본문은 "若於遞後 區劃帖給 則治簿時 不無苟艱良貝之患"인데 법제처본에는 '治'가 '置'로, '良'이 '狼'으로 되어 있어 이를 따른다.

6) 이청(吏廳) : 향리들의 집무처. 인리청(人吏廳) 또는 이청(吏廳)이라 했고, 일반적으로 질청(作廳) 또는 성청(星廳)이라 일컬었다.

7) 계사(計士) : 호조의 관원의 하나. 호조의 속사인 회계사(會計司)는 서울과 지방의 각 관청에 비축된 미곡·포(布)·전(錢) 등의 연도별 회계, 관리의 교체 때 맡은 물건의 부족함을 살펴 해유(解由)를 내는 일 등을 관장하였다.

8) 겸관(兼官) : 수령이 장기간 부임지를 떠나가 있게 될 때 감사가 그 이웃 고을 수령에게 그 고을을 아울러 다스리게 하는 것. 또는 그 수령.

형옥(刑獄)

문종(文宗)은 다음과 같이 말하였다.

> "감옥을 설치한 본뜻은 죄인을 징벌하기 위한 것이지 사람을 죽음에 이르게 하기 위한 것이 아니다. 옥을 관장하는 이졸(吏卒)이 법을 어기면서 죄수를 괴롭히고 마음대로 침탈한다면 마땅히 죄수의 친속에게 소장을 내는 것을 허락하여 통렬하게 다스려야 한다."[1)]

또 성종(成宗)이 말하기를 "관리 가운데 무자비한 자는 죄를 꾸며 법망(法網)에 끌어넣는 잘못을 범하고, 어리석은 자는 오래 가두어 두고 판결을 미루는 문제가 있다."고 하였다. 죄를 꾸며 법망에 끌어넣는 경우에는 법을 지나치게 엄하게 적용하여 너무 엄하게 신문(訊問)하므로 죄 없는 사람이 뜻밖의 재앙에 걸려 주륙을 당한다. 오래 가두어 두고 판결을 미루는 것은 우물쭈물하면서 결단하지 못하기 때문이다. 갇혀서 움직이지 못하고 차꼬와 수갑을 몸에 채우고 굶주림과 추위가 몸에 닥쳐서 슬프게

---

1) 『문종실록(文宗實錄)』 권1, 문종 즉위년(卽位年) 4월 18일, 신묘, 6-231, "傳旨刑曹曰 犴獄之設 本以懲有罪 非欲致人於死. 故救恤之方 考察之法 具載令甲 且累降敎旨 丁寧曉諭 務令矜恤. 京外司獄官吏 奉行未至 罪人非法囚禁 獄卒又欲侵漁 稱爲點考 任意歐打 多般侵虐. 今後一應非法侵虐之事 許令囚人親屬 告官推考論罪 京中司憲府 外方觀察使 申明考察 以除冤抑."

울부짖고 병고에 시달리다가 마침내 감옥에서 죽기에 이르니 어찌 원통하지 않겠는가?[2]

명종(明宗)은 죄수를 위하여 살길을 구하였으니 이것이 인정(仁政)의 한 단서이다.[3]

효종(孝宗)은 다음과 같이 말하였다.

> "이러한 혹독한 추위의 계절에 우리 백성이 금령과 법에 저촉되어 차가운 감옥에 갇혀서, 먹는 것이 배를 채우지 못하고 입는 것이 몸을 가리지 못하니 이들을 애처로워하는 나의 마음을 품고만 있을 수는 없다. 겨울 저고리를 만들어 지급하고 또 땔감을 지급하라고 모든 도(道)와 각 읍에 유시(諭示)하여 모든 죄수들에게 두루 땔감을 지급하여 얼어 죽는 근심이 없게 하라."[4]

숙종(肅宗)이 즉위하던 해인 갑인년(甲寅年, 1674)에 광주(廣州) 사람 이상신(李尙信)이 집 뒤에서 활쏘기를 연습하다가 손가락에 끼는 깍지가 떨어져 나가 갑자기 화살이 그 어머니의 허리를 관통하여 3일 뒤에 죽었다. 시체를 수습하여 장사를 치른 후 관에 나아가 자수하고 죽여줄 것을 청하였

---

2) 『성종실록(成宗實錄)』 권58, 성종 6년 8월 임인, 9-255, "予觀中外讞獄 官吏所失非一. 苛暴深刻者 常失於羅織 昏迷庸暗者 常失於淹滯 鄕愿摸稜者 常失於雷同. 夫箠楚之下 何求不得? 今之喜於羅織者 一向偏係 徒務速成 深文峻法 嚴加拷訊 援引傅會 一切增飾. 至使無辜之人 橫罹斧鑕 身首易處 豈不冤哉? 夫囹圄之苦 度日如年 一夫在獄 擧室廢業. 今之喜於淹延者 捕繫罪囚 不卽斷決 初非曖昧難明之事 例以不緊節目 往來推詰 動隔炎涼 桎梏加於四體 飢寒砭於肌膚 悲號疾痛 瘦死狴獄 豈不痛哉?"

3) 법제처본에서는 '明宗曰'로 되어 있으나 『명종실록(明宗實錄)』에서는 나오지 않는다.

4) 『효종실록(孝宗實錄)』 권21, 부록(附錄), 효종대왕 행장(行狀), "甲午十二月 史官承命察典獄書啓 囚中八人 衣裳尤甚單薄. 敎曰 當此寒冱之節 吾民觸禁抵法 縶縲凍獄 食不充腹 衣不掩體 予用矜惻 無以爲懷. 其令該曹 造給襦衣 且給薪炭. 又命諭諸道各邑庶囚 遍給薪炭 俾免凍死之患."

다. 그 아버지도 역시 말하기를 "상신이가 여러 차례 스스로 목을 매고 죽으려 했는데, 겨우 구해 냈다."고 하였다. 이에 숙종이 이 사건을 형조에 내려서 대신과 의논하게 하였다.

영의정(領議政) 허적(許積)[5] 등이 다음과 같이 말하였다.

> "그 어머니가 죽은 이유가 이상신이 화살을 잘못 발사했기 때문이니 이상신의 도리로서는 하루라도 이 세상에 살아있는 자신을 용납할 수 없을 것이므로 마땅히 즉시 자결하여 그 망극한 마음을 조금이라도 풀었어야 할 것입니다. 그런데 비록 스스로 목을 매었을 때 그 아버지가 구해 주었다고는 하지만 지금까지 죽지 않고 있는 것을 보면 그 어리석고 완고하기 짝이 없음을 알 수 있습니다. 자손이 그 부모를 실수로 죽였을 경우 장(杖) 100대를 치고 3천 리 밖으로 유배시키는 것이 본래의 법률이니[6] 조정이 법률을 적용할 때 이러한 조문을 버리고 죄를 더할 수는 없습니다."

이에 (숙종이) 그 법조문대로 시행하라고 명하였다.[7]

경신년(庚申年, 1680) 경성(京城) 민 9세의 준걸(俊乞)이 이웃에 사는

---

5) 허적(許積) : 1610(광해군 2)~1680(숙종 6). 조선후기의 문신. 본관은 양천(陽川). 자는 여차(汝車), 호는 묵재(默齋)·휴옹(休翁). 초(礎)의 증손으로, 할아버지는 잠(潛)이고, 아버지는 부사 한(漢)이며, 어머니는 김제(金悌)의 딸이다.

6) 『대명률(大明律)』 권19, 형률(刑律), 인명(人命), 과실살상인(過失殺傷人) 조.

7) 『숙종실록(肅宗實錄)』 권1, 숙종 즉위년 10월 경술, 38-215, "廣州民李尙信嘗習射於家後庭場 其母適坐於籬内 尙信彎弓將發之際 手決脫落 矢離絃橫發 正中其母腰背間 三日而斃. 斂葬後 尙信詣官自告 請被戮死 本府推覈得實. 尙信之父亦以爲 尙信遭變之後 累次自縊 堇得救解 使之受罪於官家事. 下刑曹 議大臣. 許積等議曰 '李尙信母之致死 旣由於尙信射矢之誤中 則在尙信之道 不可一日自容於覆載之間 宜卽自決 以少伸罔極之情. 而雖曰當初自縊之時 爲其父所救解 至今不死 亦可見其頑蠢無狀. 而子孫於父母 過失殺者 杖一百 流三千里 自有本律 非如比律之比. 朝家用法 不可捨律而加其罪.' 上命依議施行."

11세 아동인 호량(虎良)과 싸우다가 호량을 다치게 하여 3일 만에 죽은 사건이 있었는데, 형조에서 형장으로 심문하여 자백을 받게 하기를 청하였다. 상(上)이 다음과 같이 하교(下敎)하였다.

> "살인자는 사형에 처한다는 법률이 지극히 중하지만 나이가 이제 겨우 9세이니 어리석고 지식이 없는 유치한 아동에 불과하다. 옛 사람이 말한 '만약 그 정상을 안다면 불쌍히 여기고 기뻐하지 않는다'는 것은 바로 이러한 무리를 지칭하는 것이다. (따라서) 살인죄로 단죄하는 것은 애처로운 일이다."

이에 대신들에게 의논하게 하여 살인죄를 감하여 정배(定配)하였다.[8)]

갑자년(甲子年, 1684, 숙종 10)에 임금께서 청성 부원군(淸城府院君) 김석주(金錫胄)[9)]에게 다음과 같이 말하였다.

> "형조의 문안을 보니 백년(百年)의 옥사가 있던데, 경(卿)도 들어 알고 있는가? 어미에게 간부(奸夫)가 있었는데 아비가 마음 아파하다가 병이 나서 죽음에 임하여 자식들에게 반드시 원수를 갚으라고 유언하였다. 어느 날 간부가 그 어미의 방에 와 있으니, 백년(百年)이 분함을 견디지 못하고 또 차마 그 아비의 유언을 저버리지 못하여, 드디어 그를 찔러 죽였으며 일을 일으키고도 스스로 숨기지 않았다"

---

8) 『숙종실록(肅宗實錄)』 권12, 숙종 7년 7월 신미, 38-543, "京城民九歲兒俊傑 與隣居十一歲兒虎良鬪鬨 虎良被毆傷 三日而死. 刑曹請刑訊 就服. 上下敎曰 : 殺人者死 三尺雖曰至嚴 年纔九歲 則特一朦無知識之稚兒. 古人所謂如得其情 哀矜而勿喜者 正指如此輩而說也. 斷以一罪 實涉矜惻. 議于大臣. 左議政閔鼎重 判中樞府事鄭知和以爲聖敎至當 遂命減死定配."

9) 김석주(金錫胄) : 1634(인조 12)~1684(숙종 10). 조선후기의 문신. 본관은 청풍(淸風). 자는 사백(斯百), 호는 식암(息庵). 강릉참봉 흥우(興宇)의 증손으로, 할아버지는 영의정 육(堉)이고, 아버지는 병조판서 좌명(佐明)이며, 어머니는 오위도총부도총관(五衛都摠部都摠管) 신익성(申翊聖)의 딸이다.

이에 김석주가 다음과 같이 답하였다.

"신이 일찍이 한서(漢書)를 보니, 경제(景帝) 때에 아내가 지아비를 죽인 자가 있었는데 그 아들이 또 그 어미를 죽이니 경제(景帝)가 결단하지 못하였습니다. 이때에 무제(武帝)가 어린 나이로 곁에 있다가 말하기를 '그 어미가 지아비를 죽였을 때에는 곧 그 어미가 될 수 없는데, 무슨 죽이지 못할 의리(義理)가 있었겠습니까?'[10]라고 하니, 경제가 매우 기특하게 여겼다고 하였습니다. 신의 생각으로는 이 옥사(獄事)도 용서할 만하다고 여깁니다."

이에 드디어 귀양 보냈다.

정묘년(丁卯年, 1687, 숙종 13)에 경상도(慶尙道)의 사비(私婢) 춘옥(春玉)이 그의 지아비를 위해 복수한 사건이 있었는데, 장차 상명(償命)[11]으로 처리하려 하자 대신들에게 의논하게 하였다. 여러 대신(大臣)들이 모두 다음과 같이 말하였다.

"자식이 부모에게와 아내가 지아비에게는 그 의리가 동일하니, 그 복수한 것을 처리하는 도리도 달리 보는 것은 합당하지 않습니다. 이 여인의 의열(義烈)은 세속을 깨우치기에 족하니, 포상(褒賞)할 수는 있지만 죄줄 수는 없습니다."

임금께서 다음과 같이 전교하였다.

---

10) 『숙종실록(肅宗實錄)』 권15, 숙종 10년 6월 계묘, 38-691 참조. 거기에는 '有今不可殺之義'가 '有何不可殺之義'로 되어 있다.

11) 상명(償命) : 피살자의 목숨에 대하여 살인자의 목숨으로 갚는 형벌. 곧 살인자는 사형에 처한다는 말. 본문에는 '贖命'으로 되어 있는데, 『숙종실록』(권 18, 숙종 13년 5월 을사, 39-103)에는 '償命'으로 되어 있다. 이어지는 숙종의 전교에 비추어 보아 '償命'이 맞다는 것을 알 수 있다.

"율(律)에 이미 부모를 위해 복수하는 것에 관한 조문이 있으니,[12] 지아비의 원수에 관한 것도 자연히 그 속에 들어 있음을 미루어 알 수 있다. 함부로 사람을 죽인 죄에 대해서 상명(償命)으로 처벌하는 관한 율은 거론할 바가 아니니 특별히 정려(旌閭)[13]하라."

경진년(庚辰年, 1700, 숙종 26)에 황해도(黃海道) 곡산(谷山) 땅의 김이제(金二悌)란 자가 어린 나이로 장시(場市)[14]에서 사람을 찔러서 그 어머니를 죽인 원수를 갚고 이내 스스로 관가(官家)로 가서 함부로 사람을 죽인 죄에 대해 벌받기를 청하였다. 대신(大臣)에게 의논하게 하니, 여러 대신들이 모두 아뢰기를 "마땅히 포상을 할 일이니 죄주는 것은 옳지 못합니다." 하므로, 분간(分揀)[15]하라고 명하였다.[16]

을축(乙丑)년[17]에 삼가(三嘉)의 출신(出身)[18] 홍방필(洪邦弼)이 다른 사람에게 살해되자, 그의 처(妻) 최씨(崔氏)와 딸이 여러 해 동안 기회를 엿보다가 손수 칼로 찔러 원수를 갚았다. 대신에게 의논하게 하니, 이유(李濡)[19]와 서종태(徐宗泰)[20]가 모두 말하기를 "법에 의하여 살인죄로만 처리

---

12) 이와 관련되는 법 조문은 『신보수교집록(新補受教輯錄)』 형전(刑典) 살옥(殺獄)조가 가장 빠른 것이다.

13) 정려(旌閭) : 국가에서 미풍양속을 장려하기 위해 효자·충신·열녀 등이 살던 동네에 붉은 칠을 한 정문(旌門)을 세워 표창하던 일.

14) 장시(場市) : 전통적으로 시장을 장(場) 또는 장시(場市)·시상(市上) 등으로 불러왔는데, 이들 모두가 주기적 또는 지속적으로 교역이 이루어지던 한정된 장소, 즉 장터로서의 의미를 갖는다.

15) 분간(分揀) : 죄를 저지른 형편을 보아 처리하고 결정하는 일.

16) 『숙종실록』 권34, 숙종 26년 12월 갑신, 39-585 참조.

17) 동일한 기사가 『숙종실록』 권49, 숙종 36년 10월 경진, 40-373에 보인다.

18) 출신(出身) : 조선시대 문과(文科 : 大科)·무과(武科)·잡과(雜科) 등의 시험에 합격한 사람을 일컫는 말. 이들 과거합격자, 즉 출신자들은 시험성적이 우수한 몇몇 사람을 제외하고는 대부분 산관직(散官職)인 권지(權知)에 임명되었다.

19) 이유(李濡) : 1645(인조 23)~1721(경종 1). 조선후기의 문신. 본관은 전주(全州). 자는 자우(子雨), 호는 녹천(鹿川). 세종의 다섯째 아들인 광평대군 여(廣平大君璵)

하는 것은 뒷날의 폐단(弊端)이 염려됩니다. 그렇다고 정려(旌閭)[21]하는 일은 가볍게 시행하기 어려우니, 특별히 급복(給復)[22]하여 가상하게 여김을

의 후손이며, 후재(厚載)의 증손으로, 할아버지는 형(逈)이고, 아버지는 군수 중휘(重輝)이며, 어머니는 김광찬(金光燦)의 딸이다. 1668년(현종 9) 별시 문과에 병과로 급제, 설서가 된 이래, 헌납·정언·지평·교리·수찬·응교 등을 거쳐 1680년(숙종 6) 경신대출척으로 서인이 재집권하자 승지로 발탁되었다. 이어 경상도관찰사·대사헌을 역임했고, 1694년 갑술환국 후 평안도관찰사를 거쳐 호조판서가 되었다. 1702년 양역(良役) 사무에 밝아 특별히 병조판서로 임명되면서 이듬해 설치된 양역이정청의 구관당상을 겸임, 양역변통문제를 담당하였다. 그 뒤 1704년 오군문개군제급수군변통절목(五軍門改軍制及水軍變通節目)·군포균역급해서수군변통절목(軍布均役及海西水軍變通節目)·교생낙강자징포절목(校生落講者徵布節目)을 마련해 조선후기에 들어와 처음으로 양역 사무를 크게 정비하였다. 그 공으로 1704년 우의정에 오르고, 뒤이어 좌의정·영의정에까지 올랐다. 상신(相臣 : 삼정승의 총칭)으로 있으면서 특히 도성 방어의 강화를 힘써 주장, 경리청이라는 재정 마련의 특별기구까지 설치해 가면서 일부 관료의 반대를 무릅쓰고 북한산성의 수축을 완료하였다. 1718년 영중추부사가 되고 기로소(耆老所)에 들어갔다. 당대의 경세가로서 양역 문제에 큰 관심을 가졌다. 특히 호포론(戶布論)을 비현실적이라고 비판하고, 군문·군액의 조정과 감축, 군포 부담의 균일화와 같은 점진적인 개선책과 교생·원생(院生) 등의 명목으로 피역하는 자[閑游者]에게 군포를 거두는 유포론(游布論 : 校生贖布論)을 주장하였다. 송시열(宋時烈)의 문인으로 이단하(李端夏)·민정중(閔鼎重)의 아낌을 받고 김창집(金昌集)·이이명(李頤命)·민진후(閔鎭厚) 등과 친하였다. 1726년(영조 2) 민진후와 함께 경종 묘정에 배향되었다. 시호는 혜정(惠定)이다.

20) 서종태(徐宗泰) : 1652(효종 3)~1719(숙종 45). 조선후기의 학자. 본관은 대구(大丘). 자는 노망(魯望), 호는 만정(晩靜)·서곡(瑞谷)·송애(松厓). 병조참의 문상(文尙)의 아들이다. 1675년(숙종 1) 생원시에 장원, 1680년 문과별시에 급제하고, 이듬해 검열이 되어 실록청도청(實錄廳都廳)·낭청(郎廳)으로서 『현종실록』 편찬에 참여하였다. 1689년 기사환국으로 인현왕후 민씨(仁顯王后閔氏)가 폐위되자, 오두인(吳斗寅)·박태보(朴泰輔) 등과 소를 올리고 은퇴하여 저술에만 전념하였다. 1694년 갑술환국으로 인현왕후가 복위되자, 다시 관직에 나와 승지·대사간·대제학·공조판서·대사헌을 역임하였다. 1703년 정조사(正朝使)로 청나라에 다녀온 뒤 이조판서·우의정·좌의정·영의정을 거쳐 1716년 행판중추부사(行判中樞府事)가 되었다. 저서로 『만정당집』이 있다. 시호는 문효(文孝)이다.

21) 정려(旌閭) : 충신(忠臣)·효자(孝子)·열녀(烈女) 등을 그들이 살던 고을에 정문(旌門)을 세워 표창하던 일.

보이는 것이 아마도 마땅할 듯합니다."라고 하니 임금이 그대로 따랐다.

22) 급복(給復) : 나라에 공이 있는 사람이나 열녀(烈女)·효자(孝子) 등에게 부역을 면제하는 특권을 주던 것.

사사로운 수요에 응함

친구가 사람과 말을 보내서 물건을 구할 때 바리로 보내는 것은 실로 어려우니 이런 일은 일절 끊어 버려야 한다. 그리고 이러한 뜻으로 상세히 사정을 말하고 거절해야지 곧바로 싫어하고 힘든 기색을 내보여서는 안 된다. 관청에서 필요로 하는 모든 것에 대해서는 한계를 정해서 응해야 하고 미리 끌어쓰거나 이리저리 옮겨서 충당해서는 안 된다. 정해진 한계 이외에는 절대로 침범하지 못하게 하는 것이 좋다.[1]

사사로운 행차의 요구에 응하는 것은 어찌 절감하지 않을 수 있겠는가? 응할 수 있는 것은 응하지만 응할 수 없는 것은 응하지 않을 뿐이다. 어찌 먼저 스스로 조급하게 굴면서 걱정하다가 마음의 병을 만들어 내겠는가?[2]

월봉(月俸)은 한계가 정해져 있다. 있을 때는 응하지만 없을 때는 또한 어찌할 방도가 없으니 그 정해진 한계를 넘어서는 안 된다. 이렇게 정해 놓으면 바로 웃으면서 이야기할 수 있다. 이로 인해 사람들의 기쁨과 노여움은 단지 순순히 받아들이면서 이야기할 뿐 미리 끌어쓰거나 이리저리 옮겨서 충당하는 것은 결코 행해서는 안 되니, 비단 의롭지 못할 뿐만

1) 『명재유고(明齋遺稿)』 권28, 「여자행교(與子行敎)」, 1698년 8월 21일, 총간 136-76a.
2) 『명재유고(明齋遺稿)』 권28, 「여자행교(與子行敎)」, 1698년 8월 26일, 총간 136-76c.

아니라 실로 법망에 걸려드는 일이다.[3)]

사람들의 요구에 응하는 방법은 분수(分數)가 분명해야 한다. 경중(輕重)과 친소(親疎)를 분별하지 못하면 차서(次序)가 없어서 비록 두텁게 베풀더라도 사람들이 그것을 덕(德)으로 여기지 않는다.[4)]

어떤 사람이 자기 자식에게 보내는 편지에 다음과 같이 말하였다.

> "네가 부채를 보내는 일을 보니 다른 일도 잘못이 있으리라는 것을 알 수 있다. 부채는 비록 작은 것이지만 예의를 갖추어 인사하는 데 있어서 권장할 만한 점이 있다. 그러나 격식이 미치지 못하면 물건이 비록 많아도 올리지 않은 것과 같은 것이니 그 이유는 물건의 많고 적음에 있는 것이 아니다. 간지(簡紙)[5)] 가운데 이와 같이 짧고 얇은 것은 한 집안에서 문안 인사를 주고받을 때 사용할 수 있는 것인데 어찌 봉송(封送)할 수 있느냐? 만약 봉송하고자 한다면 비록 얇은 종이를 쓰더라도 그 모양을 조금 길게 하는 것이 좋다. 모든 일에는 그에 알맞은 이치가 있는 것인데, 이처럼 두서없이 거칠고 간략해서는 도대체가 예의를 갖추어 존경하는 뜻이 전혀 없으니 이러한 인사는 하지 않는 것과 다름이 없다. 물력을 허비하고도 헛되이 다른 사람들의 비웃음을 사게 되니 무슨 유익함이 있겠느냐? 탄식할 일이다. 한 가족의 부자 형제가 많다면 하나로 크게 봉하여서 웃어른에게만 문안을 올리고, 나머지는 이름을 나열하여 부채 몇 자루라고 쓰면 일은 간단하면서도 예의를 다한 것이 된다. 자질구레하게 각기 봉해서 보내는 것은 힘들면서도 졸렬한 일이다."[6)]

3) 『명재유고(明齋遺稿)』 권28, 「여자행교(與子行敎)」, 1698년 8월 26일, 총간 136-76d.
4) 『명재유고(明齋遺稿)』 권28, 「여자행교(與子行敎)」, 1698년 12월 1일, 총간 136-76d.
5) 간지(簡紙) : 부채에 쓴 종이를 접어 편지지로 사용하는 것. 『목민심서』 공전 공작 참조.
6) 출전은 『명재유고(明齋遺稿)』 권28, 「여자행교(與子行敎)」, 1698년 7월 6일, 총간 136-80c이므로 이것은 윤증이 자기 아들 윤행교에게 보내는 편지이다.

또 다음과 같이 말하였다.

"짐바리를 요구한다면 지극히 난처한 일이다. 이미 거절할 수 없고 또 응할 수도 없다면 진실로 좋은 계책이 없다. 비록 고생해서 단지 힘닿는 대로 마련하더라도 다른 사람이 바라는 것을 만족시키기는 진실로 어렵다. 다만 편지로 '내가 넉넉히 드리지 못해서 사람과 말을 헛걸음하게 했습니다'라는 뜻으로 사의를 표하는 것이 마땅하다. 사람이 말을 보내는 것은 모두 절실하고 급해서 그런 것이니 그 사정은 동정할 일이지 미워할 일은 아니다. 입으로 '가난을 말하지 않고 다른 사람에게 구하지 않는다'고 말하였는데, 이것은 군자의 높은 경지로 삼는 것이요 어찌 물건을 구하는 사람을 책망할 수 있겠는가? 오직 가노(家奴)의 무리가 길을 이어서 왕래하는 것이 두려워할 일이다."[7)]

또 다음과 같이 말하였다.

"다른 사람에게 물건을 보내는 일은 물건이 좋지 않으면 성의가 없는 것 같아서 도리어 보내지 않은 것만 못하게 된다. 또한 하인이 운반할 때 주의하지 않아서 혹은 포장한 것이 찢어지고 터지거나 혹은 줄어드는 일이 있는데, 이러한 일들은 모두 성의가 부족한 것과 마찬가지가 되니 모름지기 깊이 반성해야 한다. 예의가 미치지 못하면 올리지 않은 것과 같다고 하였으니 경계하지 않을 수 없다."[8)]

수응 가운데 꼭 해야 할 것은 장부에 기록하고 살펴서 행한 연후에야 빠뜨리거나 잊어버릴 걱정이 없어진다. 만약 단지 마음속으로만 생각하고

---

7) 『명재유고(明齋遺稿)』 권28, 「여자행교(與子行教)」, 1698년 정월 15일, 총간 136-78b～c.

8) 『명재유고(明齋遺稿)』 권28, 「여자행교(與子行教)」, 1698년 10월 26일, 총간 136-82 c～d.

장부에 기록하여 확인하지 않으면 비록 매우 총명한 사람이라도 일일이 기억하기 어려운데 하물며 평범한 사람은 오죽 하겠는가.[9]

제수(祭需)는 인편에 미리 보내도 무방하다. 이런 일들은 별도로 규칙을 정해서 담당 이서에게 맡겨서 정해진 순서에 따라서 거행하게 하면 빠뜨리는 일이 없고 마음도 수고롭지 않다.[10]

모든 일은 규정을 정해 둔 뒤에야 빠뜨리는 일이 없다. 만약 오로지 마음 하나로 모든 일을 관장하려 한다면 정신이 어떻게 피폐해지지 않겠는가?

친척과 오랜 친구 가운데 물건을 구하는 자는 물력을 헤아려서 분수에 따라 응하여 공사(公私)가 모두 보전될 수 있도록 하는 것이 요점이다. 절대로 먼저 싫어하고 힘든 기색을 내보여서는 안 된다.[11]

---

9) 『명재유고(明齋遺稿)』 권28, 「여자행교(與子行敎)」, 1698년 6월, 총간 136-86a~b.

10) 이 항목과 아래 항목은 모두 『명재유고(明齋遺稿)』 권28, 「여자행교(與子行敎)」, 1698년 4월 5일, 총간 136-90c에 있다.

11) 『귀록집(歸鹿集)』 권13, 「여재건서(與載健書)」, 총간 212-496b.

참고문헌

1. 공구서(工具書)

『고법전용어집(古法典用語集)』, 법제처, 1979.
『국어대사전』, 민중서림, 1982.
『사원(辭源)』, 商務印書館, 1950.
『유교대사전(儒教大辭典)』, 유교사전편찬위원회, 1990.
『중국역대인명대사전(中國歷代人名大辭典)』, 上海古蹟出版社, 1999.
『중국유학백관전서(中國儒學百科全書)』, 中國大百科全書出版社, 1997.
『중문대사전(中文大辭典)』, 中華學術院, 1973.
『한국고전용어사전』, 세종대왕기념사업회, 2001.
『한국민족문화대백과사전』, 한국정신문화연구원, 1991.
『한국인명대사전(韓國人名大事典)』, 신구문화사, 1967.
『한국한자어사전(韓國漢字語辭典)』, 단국대 동양학연구소, 2002.
『한화대사전(漢和大辭典)』, 至誠堂, 1913.

2. 법전류(法典類)

『각사수교(各司受教)』, 청년사, 2002.
『경국대전(經國大典)』, 한국정신문화연구원, 1985.
『경제육전(經濟六典)』, 신서원, 1993.
『대명률직해(大明律直解)』, 서울대 규장각, 2001.
『대전속록(大典續錄)』, 법제처, 1975.
『대전회통(大典會通)』, 고려대 민족문화연구소, 1982.
『수교집록(受教輯錄)』, 청년사, 2001.

『신보수교집록(新補受教輯錄)』, 청년사, 2000.
『심리록(審理錄)』, 민족문화추진회, 1998~2007.
『양전편고(兩銓便攷)』, 법제처, 1978.
『육전조례(六典條例)』, 법제처, 1964, 1967.
『전록통고(典錄通考)』, 법제처, 1969, 1974.

3. 번역서(飜譯書)

『거관대요(居官大要)』, 법제처, 1983.
『경세유표(經世遺表)』, 민족문화추진회, 1977.
『만기요람(萬機要覽)』, 민족문화추진회, 1971.
『목민심서(牧民心書)』, 민족문화추진회, 1969.
『목민심서(牧民心書)』, 현암사, 1974.
『목민심서(牧民心書)』, 창작과비평사, 1981.
『반계수록(磻溪隨錄)』, 여강출판사, 1991.
『성호사설(星湖僿說)』, 민족문화추진회, 1977.
『신증동국여지승람(新增東國輿地勝覽)』, 민족문화추진회, 1970.
『연려실기술(燃藜室記述)』, 민족문화추진회, 1967.
『오주연문장전산고(五洲衍文長箋散稿)』, 민족문화추진회, 1979.
『우서(迂書)』, 민족문화추진회, 1982.
『인정(人政)』, 민족문화추진회, 1979.
『임관정요(臨官政要)』, 을유문화사, 1974.
『임관정요(臨官政要)』, 경남대학교 출판부, 2003.
『청장관전서(靑莊館全書)』, 민족문화추진회, 1980.
『춘관지(春官志)』, 법제처, 1976.
『추관지(秋官志)』, 법제처, 1975.
『흠흠신서(欽欽新書)』, 법제처, 1985.

찾아보기

_ㅊ

_ㅌ

_ㅍ

_ㅎ

근대 한국학 총서를 내면서

새 천년이 시작된 지도 벌써 몇 해가 지났다. 식민지와 분단국가로 지낸 20세기 한국 역사의 와중에서 근대 민족국가 수립과 민족문화 정립에 애써 온 우리 한국학계는 세계사 속의 근대 한국을 학술적으로 미처 정립하지 못한 채, 세계화와 지방화라는 또 다른 과제를 안게 되었다. 국가보다 개인, 지방, 동아시아가 새로운 한국학의 주요 연구대상이 된 작금의 현실에서 우리가 겪어온 근대성을 다시 한 번 정리하고 21세기에 맞는 새로운 모습으로 탈바꿈시키는 것은 어느 과제보다 앞서 우리 학계가 정리해야 할 숙제이다. 20세기 초 전근대 한국학을 재구성하지 못한 채 맞은 지난 세기 조선학·한국학이 겪은 어려움을 상기해 보면, 새로운 세기를 맞아 한국 역사의 근대성을 정리하는 일의 시급성은 아무리 강조해도 지나치지 않다.

우리 '근대한국학연구소'는 오랜 전통이 있는 연세대학교 조선학·한국학 연구 전통을 원주에서 창조적으로 계승하고자 하는 목표에서 설립되었다. 1928년 위당·동암·용재가 조선 유학과 마르크스주의, 그리고 서학이라는 상이한 학문적 기반에도 불구하고 조선학·한국학 정립을 목표로 힘을 합친 전통은 매우 중요한 경험이었다. 이에 외솔과 한결이 힘을 더함으로써 그 내포가 풍부해졌음은 두말할 나위가 없다. 연세대학교 원주캠퍼스에서 20년의 역사를 지닌 '매지학술연구소'를 모체로 삼아, 여러 학자들이 힘을 합쳐 근대한국학연구소를 탄생시킨 것은 이러한 선배학자들의 노력을 교훈으로 삼은 것이다.

이에 우리 연구소는 한국의 근대성을 밝히는 것을 주 과제로 삼고자 한다. 문학 부문에서는 개항을 전후로 한 근대 계몽기 문학의 특성을 밝히는 데 주력할 것이다. 역사부분에서는 새로운 사회경제사를 재확립하고 지역학 활성화를 위한 원주학 연구에 경진할 것이다. 철학 부문에서는 근대 학문의 체계화를 이끌고 사회과학 분야에서는 학제간 연구를 활성화시키며 근대성 연구에 역량을 축적해 온 국내외 학자들과 학술교류를 추진할 것이다. 이러한 연구들은 일방성보다는 상호 이해와 소통을 중시하는 통합적인 결과물의 산출로 이어질 것이다.

근대한국학총서는 이런 연구 결과물을 집약적으로 정리하기 위해 마련하였다. 여러 한국학 연구 분야 가운데 우리 연구소가 맡아야 할 특성화된 분야의 기초 자료를 수집·출판하고 연구 성과를 기획·발간할 수 있다면, 우리 시대 연구자들뿐만 아니라 학문 후속세대들에게도 편리함과 유용함을 줄 수 있을 것이다. 새롭게 시작한 근대 한국학 총서가 맡은 바 역할을 충분히 할 수 있도록 주변의 관심과 협조를 기대하는 바이다.

연세대학교 원주캠퍼스 근대한국학연구소

역주 백승철

1953년 충남 당진에서 태어났다. 연세대학교 사학과를 졸업하고 연세대학교 대학원 사학과에서 문학석사, 문학박사학위를 받았다. 연세대학교 강사, 연세대학교 국학연구원 교수를 지냈고, 현재 연세대학교 국학연구원 연구교수로 재직하고 있다.
대표적인 논저로는 『조선후기 상업사 연구 - 상업론·상업정책』, 번역서로는 『운양집』 전8권(공역) 등이 있다.

연세근대한국학총서 67 (H-016)

신편 목민고

백승철 역주

2014년 10월 30일 초판 1쇄 발행

펴낸이 · 오일주
펴낸곳 · 도서출판 혜안
등록번호 · 제22-471호
등록일자 · 1993년 7월 30일

주 소 · ㊙ 121-836 서울시 마포구 서교동 326-26번지 102호
전 화 · 3141-3711~2 / 팩시밀리 · 3141-3710
E-Mail · hyeanpub@hanmail.net

ISBN 978-89-8494-448-0 93910

값 28,000 원